# 古典文獻研究輯刊

## 十三編

潘美月・杜潔祥 主編

### 第 20 冊

## 印光大師年譜長編

夏 金 華 著

國家圖書館出版品預行編目資料

印光大師年譜長編／夏金華 著 — 初版 — 新北市：花木蘭文
化出版社，2011〔民100〕

目 4+276 面；19×26 公分

（古典文獻研究輯刊 十三編：第 20 冊）

ISBN：978-986-254-641-3（精裝）

1. 釋印光　2. 年譜

011.08　　　　　　　　　　　　　　　100015564

ISBN-978-986-254-641-3

古典文獻研究輯刊

十三編　第二十冊　　　　　　ISBN：978-986-254-641-3

## 印光大師年譜長編

作　　者　夏金華

主　　編　潘美月　杜潔祥

總 編 輯　杜潔祥

企劃出版　北京大學文化資源研究中心

出　　版　花木蘭文化出版社

發 行 所　花木蘭文化出版社

發 行 人　高小娟

聯絡地址　新北市永和區中正路五九五號七樓

　　　　　電話：02-2923-1455／傳真：02-2923-1452

網　　址　http://www.huamulan.tw　信箱 sut81518@gmail.com

印　　刷　普羅文化出版廣告事業

初　　版　2011 年 9 月

定　　價　十三編 20 冊（精裝）新台幣 31,000 元

# 印光大師年譜長編

夏金華　著

## 作者簡介

夏金華，一九五八年生，浙江建德人。

曾出家八年，法名靜華。上海佛學院首屆畢業生。做過監院。

華東師範大學中國哲學博士。現任上海社會科學院哲學研究所研究員。

主要著作有《佛學與易學》（臺灣新文豐出版有限公司，1997）、《金剛頂經釋譯》（臺灣佛光出版社，1997）、《佛教善惡觀》（宗教文化出版社，2002）、《緣起 佛性 成佛——隋唐佛學三大核心理論的爭議之研究》（宗教文化出版社，2003）、《寶相莊嚴——五百羅漢集釋》（上海文化出版社，2011）等八部。

此外，在香港、臺灣、加拿大、新加坡及內地報刊雜誌發表論文八十餘篇，近二百萬言。

## 提　　要

大師的生平行履簡單明瞭，出家以來，以閉關生活為主。然其行事風格卻迥出常情，思想深邃而論述平實；日常以念佛、勸善為務。本書以此為主線，將大師的文集細作爬梳，對勘考證，每年繫事，以見其思想發展、成熟之脈絡，尤其是大師提及淨土宗祖師或引用其文章，均詳加注釋，並標明出處，以突出譜主特色。其中對大師確立倡導淨土法門的因緣、惜福習勞、神通示現、文章署名 "常慚" 或 "常慚愧僧" 的原因，以及於關房內書 "死" 字條幅以警策等，書中亦有詳細表述。本書多徵引譜主文字般若，使讀者有如身臨其境，面聆大師教誨；且附錄實用藥方數則，以見其拯救眾生疾苦之無限悲心。

# 目

# 次

# 凡　例

一、年譜之作，除了按年代順序忠實記錄譜主的生平事迹之外，還應從事繫
　　年月中，顯示出譜主思想活動和實踐活動之發展線索，從而瞭解譜主周
　　圍的一些人物乃至總體的形勢。本年譜的編撰，即本著此要求而進行。

二、爲眉目清楚起見，本年譜長編採用標題形式，前列「譜主事略」，概述每
　　年所繫之事。次作「注釋」，將「事略」中之重要者，或引全文，或摘錄，
　　並用數字①②③④等標出，以便對照檢讀原文。後揭「有關人物及佛教
　　大事」，展示譜主當代的佛教形勢，以見他們的相互關係，並保存若干近
　　代佛教之史料。

三、紀年之下，兼注甲子。凡記事所用年月，依據譜主所撰文章及序、跋、
　　題記、書箚所署年月爲準，未署年月之主要文章或書信（此類情況甚多），
　　則詳加考證，力求準確，若有存疑者，則標注說明。而年月以陰曆爲主
　　者，則仍其舊。各類紀念文字，年代有出入者，則加以比較推算而定。
　　必要時，以【按】字標出簡要的文字說明，附在段落之後。

四、凡引用之文字記載，皆標出作者、題目。如屬譜主者，作者名即省去，
　　以資區別。

五、凡記事或引文中出現重要文獻及人物者，擇要介紹；凡屬淨土類經典及
　　蓮宗祖師者，除少數特別爲人熟悉的（如《阿彌陀經》）之外，均逐一解
　　釋，以明譜主淨土思想之源流及其存續關係，並用【按】字標出。

六、有時引用譜主文章或書箚時，有必要附錄他人的文章、書信，作爲輔助
　　說明的，或是有助於表明譜主思想行爲的其他內容，以【附記】標出，
　　列於主文之末。如《陰騭文》、「戒鴉片方」等。

七、本譜涉及譜主本人或相關的書籍，爲節省篇幅，概用略稱：如
　　《增廣印光法師文鈔》略稱《增廣》
　　《印光法師文鈔續編》略稱《續編》
　　《印光法師文鈔三編》略稱《三編》
　　《印光法師文鈔三編補》略稱《三編補》
　　《印光大師全集》略稱《全集》
　　《印光法師永思集》略稱《永思集》
　　《印光大師畫傳》略稱《畫傳》
　　《印光法師嘉言錄》略稱《嘉言錄》
　　《印光大師法語》略稱《法語》等。

八、按年所繫的「有關人物」，盡可能顯示其所屬宗派及身份，如「法忍禪師
　　駐錫江蘇句容赤山有年，大倡宗風，聞名遐邇」，表示屬於禪宗；「德成
　　尼出家於安徽垣城靜室庵」等，表示人物身份。「佛教大事」，則以當年
　　最重大之事件載錄，餘從略。舉凡【按】中已提及者，則不另重複列出。
　　如「楊仁山創辦金陵刻經處」一事，已在「楊仁山」的按語中提及，故
　　於當年的「佛教大事」中不再重列。

九、本年譜中，除譜主稱大師或師外，其餘人名，出於表明其身份需要之外，
　　一般恕略敬稱。

# 前　言

　　印光大師，是我國近代著名的四位高僧之一。他嚴淨毘尼，深通禪教；雖專心弘揚淨土法門，卻又透徹諸多宗派教義之精髓；表面上是倡導佛法，暗地裏則致力於挽救世道人心，解民倒懸之苦。平日一貫以「敦倫盡分，閑邪存誠，諸惡莫作，眾善奉行」以及「念佛往生西方」、「深信因果」等數語教人。其眞實行持體現於平常日用之間，身體力行，爲人楷模，被譽爲中國佛教史上近「三百年來一人而已」。聲名遠被海內，以至於香港、臺灣、東南亞等地。

　　關於大師的生平事迹，已有眞達、妙眞等人撰寫的《中興淨宗印光大師行業記》、張慧容之《印光大師略傳》、陳海量的《印光大師小史》、高鶴年的《印光大師苦行略記》和喬智如《印光大師高行記》等文分別作了較爲詳細的敘述。此外，在一些皈依弟子和緇素時賢所撰之紀念文章裏，亦有零星的記載。大師所寫的重要佛學文章不多，且基本保存完整；但他一生最主要的弘法手段基本是通過書信函件的方式，指導弟子們修行。這種方法雖古已有之，但作爲一生傳教的根本手段，的確是空前的。大師的此類信件非常之多，而今卻存佚參半。據劉瞻明居士回憶，自他皈依大師後，十餘年間，大師給他的信函即有 130 餘通，凡幾十萬言，且經裝裱保存，惜於戰亂中散失。其他類似情況亦復不少。大師遺教散佚之多，由此可以想見。

　　五十歲以前，大師於關房中韜晦潛修，疏與外界交往，著述也有限。民國以後，始弘化海內，著述頗豐。自從 1918 年徐蔚如刊行《印光法師文鈔》以來，先後出版過多次，疊經增益。現在國內已重印《增廣印光法師文鈔》（上、下卷）、《印光法師文鈔續編》、《印光法師文鈔三編》、《印光法師嘉言

錄》、《印光大師法語》等多種，臺灣亦有《印光大師全集》七冊出版流通，是爲最完整的本子。最近又有書信及文章的發現，再編爲《印光法師文鈔三編補》，是有關大師的最新資料。

如上所述，大師的思想，一以貫之。就其先後次第而言，可以說是肇始於紅螺山資福道場，成就於南海普陀法雨寺，光大於蘇州報國寺、靈岩山。

大師自光緒七年出家以來，眞參苦修，歷有年所。二十六歲時，來到北平紅螺山資福寺，此地原爲淨土宗第十二祖徹悟大師的道場。他除隨眾念佛之外，又鑽研徹祖遺教，確立了一生弘揚淨土的悲心宏願。年三十三，因緣具足，南下普陀山法雨寺，陸沈潛修，念佛閱藏，達三十餘年之久，積累了日後光大淨土教義的豐富資糧，將念佛往生與因果報應思想緊密結合起來。

之後，大師取道上海的太平寺，移錫古城蘇州穿心街報國寺，一邊發展弘化社的流通佛教書籍，以擴大弘法事業，一邊創辦靈岩寺十方專修淨土道場，前後十載，法化極盛，皈依弟子遍及海內外，念佛往生思想深入人心，中興淨土宗之潮流風起雲湧。

除此之外，大師平日生活極其儉樸，飲食居然以果腹爲足，連開水也不浪費；衣服洗滌、往來函件，均親自處理，不勞他人，直至八十高齡，依然如故，的確爲常人所難能，即便是歷史上的高僧大德，也極爲罕見。凡是信徒供養的錢物，大師一律用於印送佛經，或賑濟災民，或分予其他僧眾，從不留作私用。他曾說過：「救災即是普度眾生，亦是保護佛法。」這種崇高的精神品質，在拜金主義盛行的現代社會裏自有其存在的重要價值。至於提倡因果、推行母教等諸思想，在今日亦不無啓迪作用。

一生言教，皆實事求是，是大師言行的最大特徵。他爲信徒解決世法與佛法中許多實際的問題，且言言見諦，語語歸宗，深入淺出，豁人心目，尤爲近代文字般若中所不多見！

大師圓寂之後，佛教徒對其生平著述作了比較翔實的記錄與回顧，但非常零星、鬆散。五十多年前，應脫法師曾有編撰《印光大師年譜》之意，並在《弘化月刊》上刊登啓事，收集資料。後因形勢巨變，遂無下文。後來，又有信西居士編《印光大師簡譜》，可惜過於簡略。七年前，有臺灣見正法師著《印光大師的生平與思想》一書，較爲完整地展示了大師的一生與思想，值得稱道。

本書之作，主要是對大師的一生行迹、著作及思想，進行分析、梳理和

排比，使前後思想的發展脈絡清晰，橫向的親疏關係亦有表示。可以爲佛教界、學術界剖析其生平、研究其思想學說，以及對時代之影響，提供指引線索，並節省翻檢、考證之勞。

　　由於筆者學力所限，加之其他客觀因素，書中失察疏漏，必然甚多，尚祈十方大德不吝賜教，是所至禱。

【譜文】

# 一八六一年　一歲（清咸豐十一年　辛丑）

**譜主事略**

是年農曆十二月十二日辰時，大師出生於陝西郃陽縣赤城東村。父秉綱先生，姓趙，母張氏①。生子三人，長子從龍，次子攀龍。師居稚，取名紹伊，字子任②。師生六月，即染眼疾，晝夜哭泣，後雖得以痊癒，但視力受損嚴重③。

注　釋

① 《畫傳·莘野誕生》：「……父秉綱公，年高德劭，母張氏，慈和淑慎，並為鄉里所推敬。歲壬申（1932），郃陽旱災，辦賑諸居士訪村中父老，猶有能述師家庭舊德者。蓋關中土厚水深，素敦古處，師家世德相承，尤為人所樂道云。」

② 陳海量《印光大師小史》：「郃陽，古曰有莘。昔賢伊尹，躬耕其處。故大師俗諱紹伊，以志景仰。」

【按】伊尹，為商初大臣。名伊（一說名摯），尹是官名。相傳為奴隸出身，係有莘氏女的陪嫁之臣。後參與政事，嘗協助湯滅夏朝，頗有建樹。湯死後，又輔佐卜丙、仲壬兩王。仲壬去世，太甲即位。因其破壞商湯法制，被伊尹放逐。

③ 《覆郭漢儒居士書一》：「（師）生甫六月即病目，經六月之久，目未一開，除食息外，晝夜常哭。」（《三編》卷二）

《覆丁福保居士書六》：「光宿多罪咎，生即病目，六月之內，號咷哭泣。除食息外，了無休時。」（《三編》卷一）

**有關人物及佛教大事**

虛雲禪師於福建鼓山中，巖居澗飲，禮萬佛懺，行頭陀行。

## 一八六二年　二歲（清同治元年　壬戌）

**譜主事略**

師眼疾時發，忽好忽壞，非常痛苦[1][2][3]。

注　釋

[1] 《法語・自敍》：「印光，乃西秦百無一能之粥飯庸僧。宿業深重，致遭天譴，生甫六月，遂即病目。經一百八十日，月未一開，除食息外，晝夜常哭。承宿善力，好而猶能見天，亦大幸矣。」

[2] 《畫傳・雙溪受戒》：「師生甫六月即病目，後雖告癒，過勞輒發。……」

[3] 眞達、妙眞、了然、德森等著《印光大師行業記》：「師生六月即病目，幾喪明，後雖癒，而目力已損，稍發紅，即不能視物。……」（《三編》卷四附錄）

**有關人物及佛教大事**

冶開禪師披剃於鎮江九華寺。

## 一八六三年　三歲（清同治二年　癸亥）

**譜主事略**

居家。

**有關人物及佛教大事**

法忍至宣化朝陽寺祝髮出家。

## 一八六四年　四歲（清同治三年　甲子）

**譜主事略**

居家。

**有關人物及佛教大事**

瑞安於北平紅螺山資福寺往生。

# 一八六五年　五歲（清同治四年　乙丑）

**譜主事略**

居家。

**有關人物及佛教大事**

默庵復興湖南衡山仁瑞寺，說法山中，學者競相依從。

# 一八六六年　六歲（清同治五年　丙寅）

**譜主事略**

居家。

**有關人物及佛教大事**

鄭學川於揚州成立江北刻經處，流通佛典。
第四世章嘉呼圖克圖冶熙但璧尼瑪入藏學法。

# 一八六七年　七歲（清同治六年　丁卯）

**譜主事略**

居家。

**有關人物及佛教大事**

幻人常講經於南京及普陀山，並與楊仁山通信論學，累數萬言。

## 一八六八年　八歲（清同治七年　戊辰）

### 譜主事略

師始受業於長兄①。讀書之外，躬灑掃，習農作，悉有定程。承勤儉樸厚之家風，養肅恭仁讓之素質②。

【按】由於大師平日極少談及自己的家世及幼年情形，故其受學之年，頗難推斷。此據大師自敘「束髮讀書」之說，束髮，即成童。古來有八歲、十五歲之說，此據八歲說，故暫列於本年。

### 注　釋

① 大師《嘉言錄重排序》：「光自束髮讀書，即受韓歐、程朱辟佛之毒。……」
② 《畫傳・幼承庭訓》：「……出家後，德隆一世，雖自有夙因，而律己之嚴，作事之審，爲道之篤，利人之宏，得自庭訓者殊多。故師之立言，特重家庭教育。嘗云：『欲子弟成人，需從自己所作所爲，有法有則，能爲弟子作榜樣始。』蓋幼時所稟受，乃言之諄切如此。至垂老，仍親灑掃。其灑掃之儀，師自言，猶是長兄教。兄教不敢廢，父教可知。蓋師於幼時庭訓，終其身未之敢忘。自昔過量高人，固無不從忠信篤敬中奠其基也。」

### 有關人物及佛教大事

寄禪出家於湘陰法華寺。

## 一八六九年　九歲（清同治八年　己巳）

### 譜主事略

續從長兄學習儒家典籍。

### 有關人物及佛教大事

法忍聞僧誦《法華經・無學品》，恍然大悟。後經觀心顯慧印可。

## 一八七〇年　十歲（清同治九年　庚午）

**譜主事略**

居家學習，兼習農作。

**有關人物及佛教大事**

冶開參學杭州、普陀、天台諸多古剎，向大德長老請益。

## 一八七一年　十一歲（清同治十年　辛未）

**譜主事略**

此年開始，師漸染多病。

**有關人物及佛教大事**

大頂參謁鎮江金山寺觀心顯慧得悟，深受器重，並更名大定。

## 一八七二年　十二歲（清同治十一年　壬申）

**譜主事略**

仍在病中，時好時壞。但依然堅持學習。

**有關人物及佛教大事**

冶開參禪大悟，其師定念為之記莂，承其法嗣。

## 一八七三年　十三歲（清同治十二年　癸酉）

**譜主事略**

居家受學、勞作。

**有關人物及佛教大事**

通智於北京龍泉寺出家。

# 一八七四年　十四歲（清同治十三年　甲戌）

**譜主事略**

師讀韓歐、程朱之書，受其「辟佛」思想影響，亦仿效之。尋嬰重疾，致宿慧發露，頓覺前非①②③。

注　釋

① 《覆邵慧圓居士書一》：「光本生處，諸讀書人，畢生不聞佛名，而只知韓歐、程朱『辟佛』之說，群盲奉爲圭臬。光更狂妄過彼百倍。幸十餘歲，厭厭多病，後方知前人所說不足爲法（光未從師，始終由兄教之）。」（《三編》卷二）

② 《法語・自敘》：「……及成童讀書，又陷入程朱、韓歐『辟佛』之游渦中。從茲日以『辟佛』爲志事。而業相又現，疾病纏綿，深思力究，方知其非。」

③ 《淨土決疑論》：「余自愧多生多劫，少種善根。福薄慧淺，障重業深。年當志學，不逢善友。未聞聖賢傳薪之道，爭服韓、歐辟佛之毒。學問未成，業力先現。從茲病困數年，不能事事。諦思天地鬼神，如此昭著，古今聖賢，如此眾多，況佛法自無權力以脅人服從，必賴聖君賢相護持，方能流通天下耳。儻其法果如韓、歐所言，悖叛聖道，爲害中國，豈但古今聖君賢相不能相容於世，而天地鬼神亦將誅滅無遺也久矣，又何待韓、歐等托空言而辟之也耶？《中庸》謂君子之道，夫婦之愚，可以與知與能。及其至也，雖聖人亦有所不知不能焉。韓、歐雖賢，其去聖人遠甚，況聖人所不知不能者乎！佛法殆非凡情世智所能測度之法也。遂頓革先心，出家爲僧。……」（《增廣》卷二）

**有關人物及佛教大事**

大定繼主鎮江金山寺，宗風大振。

# 一八七五年　十五歲（清光緒元年　乙亥）

**譜主事略**

是年，師始學習佛教典籍。

**有關人物及佛教大事**

恒志於衡州岐山仁瑞寺圓寂，世壽六十五，僧臘二十七。

# 一八七六年　十六歲（清光緒二年　丙子）

**譜主事略**

因習內典，漸知佛法廣大精微，非辟佛者之門戶偏見可比。由此，始萌出家之念，但因長兄在側，不得其便①②。

　注　釋

① 《嘉言錄・重排序》：「自十四五後，病困數年。從茲遍思古今詳譯經書，始知韓歐、程朱之作此說者，全屬門庭之見，絕不計及堂奧中事之所致也。」

② 《覆邵慧圓居士書一》：「……先數年，吾兄在長安，不得其便。光緒七年，吾兄在家，光在長安（家去長安四百二十里），遂於南五臺山出家。」（《三編》卷二）

**有關人物及佛教大事**

顯振在上海創建留雲禪寺。初爲杭州海潮寺下院，故又稱海潮寺。

月霞出家於南京觀音寺。

# 一八七七年　十七歲（清光緒三年　丁丑）

**譜主事略**

與兄一道在長安學習。

**有關人物及佛教大事**

諦閑於臨海白雲山出家。

## 一八七八年　十八歲（清光緒四年　戊寅）

**譜主事略**

仍在長安學習。

**有關人物及佛教大事**

玉峰住杭州彌陀寺，一心念佛，日有定數，並摩崖刻大字《阿彌陀經》。

## 一八七九年　十九歲（清光緒五年　己卯）

**譜主事略**

師淹留長安學習。

**有關人物及佛教大事**

松岩隱居南京清涼山，窮治法相之學。

## 一八八〇年　二十歲（清光緒六年　庚辰）

**譜主事略**

在長安學習。長兄決定次年春回故里。

**有關人物及佛教大事**

敏曦講經於杭州天龍寺、上海龍華寺、嘉興楞嚴寺等，傳揚天台教義。

# 一八八一年　二十一歲（清光緒七年　辛巳）

## 譜主事略

是年春，投終南山南五台蓮花洞，禮道純和尚出家①。取法名聖量，字印光。寺內事無巨細，師皆任之。作務之暇，學習功課。師讀《發願文》、《小淨土文》，始知禪宗與淨土宗修行成就之難易，遂決定專修淨土法門。道純雖為禪門尊宿，亦不強師習禪。

【按】《發願文》，一指發起誓願求菩提心之文辭。如南嶽慧思《立誓願文》，發誓修禪解脫法、得神通力、弘揚般若、廣度眾生的大願。另指修善作福（如建寺塔、造經像、設齋、修法等）之際，告白發願意趣之文辭。如沈約《千僧會願文》、王褒《周經藏願文》等。文中似指前者。

【按】《小淨土文》，據臺灣釋會性《讀印光大師文鈔記（二）》所說，通常指《禪門日誦》中「一心歸命極樂世界阿彌陀佛」乃至「廣度眾生，滿菩提願」文，係宋代慈雲懺主所作。

披剃未久，師之長兄尋至，誆師回家別母。師知有詐，然亦順從。及歸家，嚴受訓斥，被關在家中思過，禁止出門。師勉強應之，居家八十餘日，無有異常舉動。

一日，乘兄外出之機，師又潛回終南山②。

夏日，奉剃度師之命，南下安徽徽州小南海參學。行前，僅得其師銀圓一枚作為川資。一路跋山涉水，備歷艱辛。途經湖北竹溪蓮花寺，師被常住留下，遂止行程。

師發心苦役，供養眾僧，一人兼任柴頭、水頭二職。每日寺內四十餘人所用之水及開水，皆由師擔水；燒火的煤炭，亦皆由師一人敲打，日夜不斷③。

一日，師於曬經時，偶然讀到殘本《龍舒淨土文》，益知淨土念佛圓賅萬行，普攝群機，因而專修淨土之志向，更為堅定。

【按】曬經，是指由於《大藏經》長期存放於櫥櫃之中，容易受潮發黴，或生蟲蛀，我國南方的寺院尤其如此。為防此弊，經過若干年後，僧眾們會選擇在夏日裏將藏經取出，分別放於几案之上，用一長竹片，逐頁翻閱，以清除黴味或蟲卵，從而達到維護藏經的目的。

【按】《龍舒淨土文》，十二卷。南宋龍舒（今安徽舒城）人王日休（？～1173）撰。書中集錄有關往生西方淨土之經論、傳記等。其中王氏原

著僅十卷，分〈淨土起信〉、〈淨土總要〉、〈普勸修持〉、〈修持法門〉、〈感應事迹〉、〈特爲勸諭〉、〈指迷歸要〉、〈現世感應〉、〈助修上品〉、〈淨濁如一〉十章。後人增廣爲十二卷。

注　釋

① 《覆邵慧圓居士書一》：「……光緒七年，吾兄在家，光在長安（家去長安四百二十里），遂於南五臺山出家。」（《三編》卷二）

② 《覆邵慧圓居士書一》：「……先師意光總有蓄積，云出家可以，衣服須自備。只與光一件大衫、一雙鞋。不過，住房、吃飯不要錢耳（此地苦寒，燒飯種種皆親任）。後未三月，吾兄來找，必欲回家辭母，再來修行則可。光知其是騙，然義不容不歸。一路所說，通是假話。吾母倒也無可無不可。次日，兄謂光曰：『誰教汝出家，汝便可自己出家乎？從今放下，否則定行痛責。』光只好騙他，遂在家住八十餘日，不得機會。一日，吾大兄往探親，吾二哥在場中曬穀，須看守，恐遭雞踐。知機會到了，學堂占一觀音課，云：『高明居祿位，籠鳥得逃生』。遂偷其僧衫（先是吾兄欲改其形，光謂此萬不可改，彼若派人來，以原物還他則無事。否則恐要涉訟，則受累不小。故得存之），並二百錢而去。」（《三編》卷二）

③ 《覆邵慧圓居士書一》：「至湖北蓮花寺，討一最苦之行單（打煤炭，燒四十多人之開水，日夜不斷。水須自挑。以尚未受戒，能令住，已算慈悲了）。」（《三編》卷二）


### 有關人物及佛教大事

祖印受香山法嗣，盛弘天台宗於湖北荊宜間。


## 一八八二年　二十二歲（清光緒八年　壬午）

### 譜主事略

四月，副寺回去，庫頭有病，和尚遂讓師照應庫房①。

【按】副寺，又稱知庫、櫃頭、財帛、掌財，即掌理會計、出納者。維那之上位稱上副寺，下位稱下副寺。

是年，陝西興安雙溪寺印海律師傳戒。派人赴蓮花寺請知客爲開堂。時師正掛搭寺內。知客知其尚未受戒，遂相約同往雙溪寺受戒。

【按】開堂，此處指開堂和尚。爲我國傳戒法會中的重要執事之一。負責教導戒子之受戒儀軌、生活禮儀規矩等項事宜。

戒期中，師承擔繕寫事宜。師雙眼天生有疾，後雖治癒，然過勞輒發。是時因寫字太多，目疾轉劇。師乃晝夜一心，念佛不輟；夜深人靜，亦起坐念佛。書寫時，也心不離佛，冥求加被。故雖力疾作書，仍能堅持。至戒期圓滿，書疏事竟，雙眼亦徹底康復，由是深信念佛功德不可思議。

受具戒後，師遁隱終南山，住太乙峰大寺。晨夕念佛，兼讀釋典。間或策杖層巒，危巔宴坐，長空萬里，大地平沈，從此深入法海矣[2]。

注　釋

①《覆邵慧圓居士書一》：「次年四月，副寺回去，庫頭有病，和尚見光誠實，令照應庫房。銀錢賬算，和尚自了。光初出家，見『楊歧燈盞明千古，寶壽生薑辣萬年』之對，並沙彌律言，盜用常住財物之報，心甚凜凜。凡整理糖食，手有粘及氣味者，均不敢用口舌舔食，但以紙揩而已。」（《三編》卷二）

【按】楊歧燈盞明千古，寶壽生薑辣萬年。此對聯說的是禪門裏的兩則故事。上聯，指楊歧方會禪師在石霜圓門下作監院，夜間讀經，自己另外買油，不將常住燈油私用。下聯，指洞山自寶禪師在五祖戒禪師座下作監院。五祖戒有寒病，要用生薑、紅糖熬膏，以備常服。侍者往庫房求此二物，監院說，常住公物，何可私用，拿錢來買。戒禪師即令取錢去買，且心裏極爲讚賞。後來，洞山住持缺人，戒禪師即推薦「買生薑漢」去擔任。

② 陳海量《印光大師小史》：「是年，具戒於興安雙溪寺，爾後遁隱終南，住太乙峰，曉夕念佛，並讀契經。」

### 有關人物及佛教大事

普陀山慧根和尚經西藏赴印度朝禮佛迹，又入緬甸，請得玉佛五尊，浮海抵達上海。

## 一八八三年　二十三歲（清光緒九年　癸未）

**譜主事略**

仍居終南山，韜光潛修。

**有關人物及佛教大事**

虛雲禪師發心朝禮五臺山，由蘇北獅子山寺繼續拜香，經河南嵩山少林寺、洛陽白馬寺，抵達宜陽洪福寺過年，途中風雪交加，飽受饑寒。

## 一八八四年　二十四歲（光緒十年　甲申）

**譜主事略**

居終南山，清苦修行。

**有關人物及佛教大事**

默庵居南嶽福嚴寺，精研三藏，常為四眾宣講唯識大義。

## 一八八五年　二十五歲（清光緒十一年　乙酉）

**譜主事略**

是年，師居南五臺山大頂寺，親侍觀音菩薩香火[1]。

注　釋

[1]《與高鶴年居士書》：「光緒十一年，光住大頂，親侍大士香火，……」（《增廣》卷一）

**有關人物及佛教大事**

法忍禪師駐錫江蘇句容赤山有年，大倡宗風，聞名遐邇。

# 一八八六年　二十六歲（清光緒十二年　丙戌）

## 譜主事略

十月十四日，離終南山蓮花寺[①]，前往北京紅螺山資福寺。居寺期間，師隨眾入堂念佛，沐浴徹祖遺澤，淨業大進，號「繼廬行者」。歷任常住香燈、寮元等職。後任藏主，得以閱讀《大藏經》。

【按】徹祖，指徹悟祖師，因被後世尊爲淨土宗第十二祖，故稱徹祖。法名際醒。河北豐潤人。少攻舉業，精通經史。年二十二出家。翌年受戒。先後親近諸多善知識，遍習《圓覺》、《法華》、《楞嚴》、《唯識》等經論，並嗣法廣通寺粹如，得其禪法。繼主廣通寺後，倡禪淨雙修之道。清嘉慶五年（1800），退居紅螺山資福寺，專以淨土爲說，世稱紅螺徹悟。常勸人念佛，弘化遍於南北。嘉慶十五年（1810），於大眾念佛聲中往生西方極樂世界。著有《徹悟禪師語錄》等行世。

【按】繼廬行者，大師取此號，表示承繼中土淨土宗第一代祖師——廬山慧遠之志。

【按】香燈，指禪刹中的僧職。掌管佛堂之焚香、燃燈等工作。

【按】寮元，又稱座元、寮首座等。司掌眾寮之經文物品、茶湯柴炭、請給供需灑掃洗滌等。此外，還須處理檢查眾僧閱經、告誡違規者、調和內部之爭、給新到者講規矩等事務。

【按】藏主，是主掌寺廟經藏之職稱。負責大眾之閱藏看經。

## 注　釋

① 《覆邵慧圓居士書一》：「……富者，光亦不求彼出功德；貧者，光又何能大爲周濟乎！光緒十二年進京，吾師亦無一文見賜。以後道業無進，故不敢奉書。至十七年圓寂。而諸師兄弟各行其志。故四十年來，於所出家之同門，無一字之信與一文錢之物見寄。」（《三編》卷二）

## 有關人物及佛教大事

德成尼出家於安徽垣城靜室庵。

## 一八八七年　二十七歲（清光緒十三年　丁亥）

### 譜主事略

是年，在北京琉璃廠購得《清涼山志》一部①，朝夕閱覽。去歲年底起，與蓮如法師一起，朝禮五臺山，一肩雲水，因天冷經數月跋涉，至今年三月始到，住山四十餘日②。禮畢，仍返回紅螺山，平日修持淨業，追武夢東。

【按】夢東，即徹悟。

### 注　釋

① 《重修清涼山志序》：「憶昔光緒十三年在紅螺山，告假朝五臺（即清涼山之別名），欲請《清涼山志》。至京琉璃廠，遍問各舊書店，只得一部，因而購之。」（《續編》卷下《序》）

② 《覆陳伯達居士書一》：「光光緒十二年朝五臺。先在北京琉璃廠遍求《清涼山志》，只得一部，日常看之。以天冷至三月初，方到山。住山四十餘日，見來朝山者，多說見文殊菩薩，實少真行持者。」（《三編》卷三）

《蔚州僧蓮某》：「光緒十三年，光與其師弟蓮如，由紅螺山朝五臺，回至其僧廟中，時已六十餘矣，……」（《三編補》12）

### 有關人物及佛教大事

宗仰受具於江蘇鎮江金山寺，後嗣隱儒密藏之法。

## 一八八八年　二十八歲（清光緒十四年　戊子）

### 譜主事略

居資福寺尺香齋畔。平常除念佛正行外，還研讀大乘經典，以期深入經藏，妙契佛心。

### 有關人物及佛教大事

寄禪《八指頭陀詩集》十卷，刊印出版。

經金瓶掣簽儀式，確認倉都嘉措為八世班禪之轉世靈童，取名為「班禪額爾德尼・確吉尼瑪。」

# 一八八九年　二十九歲（清光緒十五年　乙丑）

### 譜主事略

仍居資福寺修行，學行倍進。

### 有關人物及佛教大事

玉峰住持明州西方寺，弘傳淨土法門。

畫僧大須圓寂於焦山定慧寺。

# 一八九〇年　三十歲（清光緒十六年　庚寅）

### 譜主事略

四月，師至北京龍泉寺，拾得行堂一職，陸沈賤役，刻苦修煉，遠離名聞利養。

【按】行堂，指佛教叢林中，每日用齋時，爲大眾添飯菜、裝茶水之作務。

一日晨，師出寺門，在夜間「放焰口」送孤魂所燒之紙堆中，見有未燒盡的「往生錢」，約二寸厚，僅燒了一半。師將其收納於紙簍中，以免被掃於垃圾中，有罪過①。

【按】往生錢，指印有《往生咒》的紙錢，是信徒燒給亡者親屬，作爲超度用的。

冬日，師行腳東北三省，白山黑水，一缽孤征。

### 注　釋

① 《覆宋德中居士問焚經功過書》：「世每以《往生咒》寫作圓形，刻而印之，名之曰『往生錢』，多有焚之以濟孤魂者。光緒十六年，光在北京龍泉寺，於清晨至三門外，見其夜間放焰口，所燒之紙，及錫箔灰中，有二寸厚一疊往生錢，只燒了半邊。儻非我見，則佣人打掃，恐一同掃於垃圾中矣。是知燒此種咒之過，無處不有也。有僧放蒙山，用黃表紙，及錢紙，內夾一往生錢，摺作一頭大一頭小形，待出生時燃之。至近手，則丟於地，其中每每有字未燒完者。即燒完，而其灰則完全落於地下，豈能無

過？此係不慧親眼所見者。故知一法才立，百弊叢生，乃眞語實語也。……」(《續編》卷上《書》)

**有關人物及佛教大事**

月霞於陝西終南山結茅潛修，精究《華嚴經》。

## 一八九一年　三十一歲（光緒十七年　辛卯）

**譜主事略**

是年，師結束雲遊，返回北京，住阜城外圓廣寺[①]。

注　釋

① 《印光大師言行錄》：「次歲，返都，住圓廣寺。」

**有關人物及佛教大事**

諦閑閉關於浙江慈溪聖果寺，窮究天台教義。

## 一八九二年　三十二歲（清光緒十八年　壬辰）

**譜主事略**

師居圓廣寺，精修淨業，頗有心得。

一日，師在街上行走，遇一少年乞丐，向師乞錢。師予錢，讓其念佛，乞丐卻始終不肯念。此事對大師觸動很深，他深感教化之難。此次與少年乞丐的偶遇，成為其日後確立專以「念佛往生」教義示人之重要契機[①②]。

是年，有同鄉回故里，師托其捎去一函，問候家中情況[③]。

注　釋

① 竹如《永思集・印光大師軼事一》：「一日，與一僧在西直門外緩步。一丐童年十六，向大師乞錢。大師曰：『念一句佛，與汝一錢。』丐童不念。大師又曰：『念十句佛，給汝十錢。』丐童仍不肯念。大師將錢袋取出，

約有四百多錢，和顏謂之日：『汝念一句，與汝一錢。儘管念，我盡此一袋錢給完為止。』丐童大哭，終不肯念。大師歎其太乏善根，因與一文錢而去。」大師《覆張覺明書八》亦說過此事，但較為簡略。

② 蘇宗禪《永思集‧印光大師聖德觀》一文，也提及此事。且說：「大師經此因緣，深感現前之人障深慧淺，念六字洪名（即『南無阿彌陀佛』），尚難啓口，何況要契理契機，圓融無礙，談何容易！且邇來歐風東漸，禮義喪失，八德淪亡，甚至弒父弒兄。見此現象，人道幾息，是故一身荷擔，直下承當。永明壽禪師作《四料簡》，吾師作《決疑論》。於佛法上，說信願行，老實念佛；於世法上，說閑邪存誠，敦倫盡分，提倡念佛，推行母教，挽回末運，坐致太平之基。」

【按】永明壽禪師，即永明延壽（904～975）。法眼宗三祖，淨土宗六祖。年三十出家，往天台山習禪定，謁德韶國師，得其玄旨。後行法華懺，頗有感悟。於是讀誦《法華》，又精修淨業，著《萬善同歸集》、《四料簡》，倡禪淨雙修之道，影響巨大。曾召集慈恩、賢首、天台三宗僧人，輯錄印度、中國聖賢二百人之著作，廣搜博覽，互相質疑，而成《宗鏡錄》一百卷，對當時各宗派之分歧，採取調和態度，深受歡迎，聲名遠及海外。另著有《神棲安養賦》、《唯心訣》等多種。

③《覆邵慧圓居士書一》：「至於吾家，則光緒十八年有同鄉由京回家，敬奉一函。仰彼親身送去，否則無法可寄。此時未有郵局，而且不在大路（今雖有郵局，若無人承轉，亦無法可寄）。次年來南，消息全不能通。至民十三年，一外甥聞人言，遂來山相訪。始知家門已絕。」（《三編》卷二）

## 有關人物及佛教大事

玉峰法師示寂於明州西方寺。

# 一八九三年　三十三歲（清光緒十九年　癸巳）

## 譜主事略

因普陀山化聞和尚進京請《大藏經》，需人協助檢閱，眾僧薦師擔任。化聞見師戒行超卓，及歸，即請伴行南下。

至南海普陀，和尚延師居法雨寺藏經樓。後又請師充任常住首座，主理藏經事務。從此，師韜光隱迹，勵志精修[1]，二六時中，惟念彌陀，寺眾咸深欽佩。

注　釋

[1] 《續編·發刊序》：「……擬作粥飯自了僧，不做弘法利生夢。三十三歲，至普陀法雨寺，住持化聞和尚知光只會吃飯，別無所能，遂令常作食客，不委一毫事務。二十餘年頗得安樂，經年無一人來訪，無一函見投。」

**有關人物及佛教大事**

張大昌《龍興祥符戒壇寺志》十二卷，由錢塘嘉惠堂丁氏刊行。

## 一八九四年　三十四歲（清光緒二十年　甲午）

**譜主事略**

師居法雨寺藏經樓閱藏，日對一編，足不出戶，且禮誦尤勤。希冀終老小隱，不求聞達。

**有關人物及佛教大事**

通智講《楞嚴經》於寧波天童寺，聽眾雲集。

興慈於天台山下方廣寺剃染。

## 一八九五年　三十五歲（光緒二十一年　乙未）

**譜主事略**

春，從普陀山起程，前往寧波阿育王寺禮拜舍利，淹留近三月之久。

期間，大師曾見在舍利殿旁邊，有一女人用一印有佛菩薩名號並蓋有寺

院之印的手帕，當做坐墊。隨即向殿主僧指出，但僧人不以爲然。後來，大師在撰寫《普陀山志》時，特別指出其罪過①。──歸普陀後，師撰寫了《阿育王佛舍利塔記實》一文②。

【按】舍利，梵語之音譯。意爲屍體或遺骨。通常指釋迦牟尼之遺骨，稱佛骨、佛舍利。其後亦指高僧死後焚燒所剩之骨頭。一般有三種顏色：白色骨舍利、黑色髮舍利、赤色肉舍利。通常所說之舍利係骨片，故其形狀，大小不一，質地堅硬而細緻；我國則多以珠狀物者稱爲舍利。

臘月，結七念佛，誓求心佛相應③。

【按】結七，又稱打七。指於七日中克期求證之修行，因期限通常以七日爲期，故名。此處指專修念佛法門而言，七期念佛，一天六支香，以達到一心不亂之修行效果。

注　釋

① 《戒坐墊打佛菩薩名號印》：「江、浙信心婦女每以白布鋪地禮佛，名爲手方。間或墊坐，爲護衣服，固無不可，但不應列印其上。若已列印，則萬萬不可鋪以禮佛，況墊坐乎！

　　彼殆謂半截未列印，坐則無礙。不知以有字之布置之於地，尙屬褻瀆，況既坐其下半截，上半截亦貼靠自己下體，或有竟坐於列印之處矣。須知印上之字，皆是佛菩薩之聖號，理當格外尊重，何可如此褻瀆！

　　阿育王之印，則是釋迦如來眞身舍利寶塔之印；普陀普濟寺，則是敕建南海普陀禪寺觀音寶印（普陀禪寺，乃明萬曆三十三年御賜額，至清康熙三十八年始改賜普濟禪寺額。如此，諒此印是康熙三十八年以前所鑄者）；法雨寺，則是南海普陀天華法雨觀音寶印。餘可類推。

　　列印之布，只可藏於家中佛龕，或神龕內，則有功德。若用以鋪地拜佛，則其罪非小，況墊坐乎（如已經鋪地拜佛用過之手方，則又只好洗淨，焚化，切不可藏佛龕中）！譬如子孫，以祖父之名，書之於布，以作拜祖父時墊地之用，及坐地時，恐汙衣服，用此布以墊坐，則人必以爲不孝，自己心亦不忍，何竟敢以佛菩薩聖號印於墊地護衣之布上乎！其原由於僧人不知事務，唯欲多列印，則多得錢，不計此布萬萬不可列印。若此等僧，縱有修持，亦當墮落。以亂爲人列印，令一切信心婦女，同作褻瀆佛菩薩之大罪故也。

　　願諸僧俗，各各痛戒。又願識字之人，見聞此說，逢人勸誡，令一切人改此惡習，則功德無量無邊矣。」（《三編補》8）

②《覆袁德常居士書一》：「光於光緒二十一年春，往育王拜舍利近三月。從去至後，日常隨看者即附之看，其色若天台菩提拿紅了的色，數十日不改。但其大小上下，隨看隨變，忽小忽大。其大若綠豆，小則或減三分之一量。……」（《三編》卷三）

③《與康澤師書》：「光必以死期敗烈，哀求加被。即當時不蒙加被，終有加被之日。今擬三十隨眾過年，至初一日仍復起期，直至和尚退院，方始解期，再定後來章程。決定要得心佛相應，方可稍安此心。現在法道日見傾頹，後來事體，將有不忍言者，宜著力念佛求生西方，庶不虛此出家修行矣。否則恐後來雖欲修行，無地可修；雖欲求法，無法可求矣。」（《增廣》卷一）

【按】大師自釋：「死期敗烈，北方土語。烈者，功烈；敗者，敗壞。如張巡守睢陽樣，誓立滅賊功烈，以死為期，決不退敗。不死必定要成此功烈，若死才見敗壞耳。此語北人常談，南方來未曾聞。故標其意致耳。」

### 有關人物及佛教大事
虛雲禪師於「禪七」中頓悟成道。

# 一八九六年　三十六歲（清光緒二十二年　丙申）

### 譜主事略
居法雨寺，閱讀《大藏經》，修習淨土法門。

### 有關人物及佛教大事
譚嗣同從楊文會學習佛學，並撰成《仁學》一書。
冶開繼主常州天甯寺法席，宗風大盛。
圓瑛於福州鼓山湧泉寺出家。

# 一八九七年　三十七歲（清光緒二十三年　丁酉）

## 譜主事略

　　夏日，由於法雨寺僧眾一再請求講經，師不得已，開講《彌陀便蒙鈔》。此為大師生平唯一的一次講經[①]。以後雖多有開示，但不再講經。時了餘、眞達二人經人介紹，與師相識，彼此一見如故，頗為相契，兩人均發心至誠供養。尤其是眞達，與師因緣更深，彼此相處多年，其敬重大師，始終如一。講經後，師遂於珠寶殿側開始閉關。

　【按】眞達（1870～1947），年十九，出家於普陀山，逾年受具。此後學修並行，精進不懈。由人介紹得與大師相識，甚相默契。1914 年，於上海創興太平寺，作為普陀山三聖堂下院。期間與大師交往甚密。大師因印經事至滬，常卓錫於此。他還為復興靈岩山寺，頗盡心力。1928 年兼任蘇州報國寺住持。1947 年圓寂於太平寺。曾重輯《西方公據》和主編《劬勞集》。

　【按】閉關，指閉門謝客而隱居修行。我國佛教界流行閉關之風。禪僧閉關，則以一心一意於自室中持坐參禪。

## 注　釋

① 據大師《畫傳》所載：「二十三年夏，寺眾一再堅請講經，辭不獲已，講《彌陀便蒙鈔》一座。」但是，據《虛雲老和尚開示──老實念佛》所說「回憶我第一次與印光老法師相見，是光緒二十年在普陀山。那時是化聞和尚請他在前寺講《彌陀經》。」虛雲老和尚認為，大師講經的時間是在「光緒二十年」。孰是孰非，頗難定奪。又據根慧上人（當時法雨寺住持之侍者）《我與大師的因緣》回憶：「大師只講過一部《彌陀經》一次。」根慧應是此事的親歷者，其所說可以採信。因此，我們可以排除大師曾經先後兩次講經的可能性。又查《虛雲和尚年譜》中有關條目，發現光緒二十年，老和尚還住在九華山翠峰茅棚，直至光緒二十三年，才到寧波阿育王寺。由此可以推定，所謂光緒二十年大師講經之事，乃是虛雲老和尚的誤記。

## 有關人物及佛教大事

法朗重建杭州昭慶寺戒壇，中興律宗。

# 一八九八年　三十八歲（清光緒二十四年　戊戌）

## 譜主事略

於法雨寺珠寶殿側閉關。作《與大興善寺體安和尚書》，從教、行、理三個方面闡述淨土之根本思想。主張以教理約教、行果約機，認為依教理以起行，修淨土行圓滿才能證果①。

晤高鶴年居士，後交往十分密切②。

【按】高鶴年（1872～1962），江蘇興化人。名恒松。青年時，即發願行腳，遍訪名山大剎，歷經浙、閩、魯、皖、豫、贛、鄂、粵、晉、陝、滇及東北諸省。嘗舍家宅創立「貞節淨土安老院」。熱心賑災事業，多有貢獻。著有《名山遊訪記》等行世。

## 注　釋

① 《與大興善寺體安和尚書》：「教理行果，乃佛法之綱宗；憶佛念佛，實得道之捷徑。在昔之時，隨修一法，而四者兼備；即今之世，若舍淨土，則果證全無。良以去聖時遙，人根陋劣，匪仗佛力，決難解脫。

夫所謂淨土法門者，以其普攝上、中、下根，高超律、教、禪、宗，實諸佛徹底之悲心，示眾生本具之體性。匯三乘五性，同歸淨域；導上聖下凡，共證真常。九界眾生離此法，上不能圓成佛道；十方諸佛舍此法，下不能普利眾生。所以往聖前賢，人人趣向；千經萬論，處處指歸。自《華嚴》導歸之後，盡十方世界海諸大菩薩，無一不求生淨土。由祇園演說以來，凡西天東土中一切著述，末後皆結歸蓮邦。

粵自大教東流，廬山創興蓮社，一倡百和，無不率從。而其大有功而顯著者，北魏則有曇鸞。鸞乃不測之人也，因事至南朝見梁武帝，後復歸北。武帝每向北稽首，曰：鸞法師，肉身菩薩也。陳、隋則有智者，唐則有道綽，踵曇鸞之教，專修淨業。一生講《淨土三經》，幾二百遍。綽之門出善導，以至承遠、法照、少康、大行，則蓮風普扇於中外矣。由此諸宗知識，莫不以此道密修顯化，自利利他矣。至如禪宗，若單提向上，則一法不立，佛尚無著落處，何況念佛求生淨土。此真諦之一泯，一切皆泯，所謂實際理地，不受一塵，顯性體也。若確論修持，則一法不廢，不作務即不食，何況念佛求生淨土。此俗諦之一立，一切皆立，所謂佛事門中，不舍一法，顯性具也。必欲棄俗諦而言真諦，則非真諦也，如棄四大、五蘊而覓心性，身既不存，心將安寄也？若即俗諦以明真諦，乃實真諦也。

如在眼曰見，在耳曰聞，即四大、五蘊而顯心性也。此從上諸祖密修淨土之大旨也。但未廣顯傳述，故非深體祖意，則不得而知。然於百丈立祈禱病僧，化送亡僧之規，皆歸淨土。又曰：『修行以念佛爲穩當』。及眞歇了，謂『淨土一法，直接上上根器，旁引中、下之流』。又曰：『洞下一宗，皆務密修，以淨土見佛，尤簡易於宗門』。又曰：『乃佛乃祖，在教在禪，皆修淨土，回歸一源』。可以見其梗概矣。及至永明大師，以古佛身，乘願出世，方顯垂言教，著書傳揚，又恐學者路頭不清，利害混亂，遂極力說出一《四料簡偈》，可謂提《大藏》之綱宗，作歧途之導師，使學者於八十字中，頓悟出生死、證涅槃之要道。其救世婆心，千古未有也。其後諸宗師，皆明垂言教，偏贊此法。如長蘆賾、天衣懷、圓照本、大通本、中峰本、天如則、楚石琦、空谷隆等諸大祖師，雖宏禪宗，偏贊淨土。至蓮池大師參笑岩大悟之後，則置彼而取此，以淨業若成，禪宗自得。喻『已浴大海者，必用百川水；身到含元殿，不須問長安』。自後蕅益、截流、省庵、夢東等諸大祖師，莫不皆然。蓋以因時制宜，法須逗機，若不如是，則眾生不能得度矣。自茲厥後，佛法漸衰，加以□□□□，則法輪幾乎停轉，雖有知識，各攻其業，以力不暇及，置此道於不問，有談及此事，聞者若將浼焉。幸有一二大心緇白，刊刻流布，令祖教不滅，使來哲得聞，實莫大之幸也。……」（《增廣》卷一）

【按】祇園，全稱「祇樹給孤獨園」，爲印度佛教聖地之一。釋迦牟尼成道後，拘薩羅國給孤獨長者用黃金購置祇陀太子在舍衛城的花園，建築精舍，作爲佛陀居住說法的場所。祇陀則將園中樹木奉獻給佛，因以兩人的名字命名此精舍，故稱祇樹給孤獨園。佛在此處居住說法達二十五年之久。

【按】曇鸞（476～542），少年出家，修習《中論》、《百論》、《十二門論》和《大智度論》及佛性學說。後因病求「長生不老」術，至江南訪道士陶弘景，得《仙經》十卷。北歸途中，遇印度僧人菩提流支，受《觀無量壽經》一部，遂焚《仙經》而專修「淨土」。東魏孝靜帝尊之爲「神鸞」，敕住并州大寺，晚年移住汾州玄中寺。南朝梁武帝稱之爲「肉身菩薩」，曾「恒向北遙禮」。著有《往生論注》、《略論安樂淨土義》、《贊阿彌陀佛偈》等。

【按】道綽（562～645），十四歲出家，習《大般涅槃經》。後移住并州玄中寺，因見《曇鸞和尚碑文》，深有感觸，於是改信淨土。三十多年間，講《觀經》二百餘遍。且「口誦佛名，日以七萬爲限」。著有《安樂集》兩卷。

【按】善導（613～681），幼年出家，修習《法華經》、《維摩經》。唐貞觀十五年（641），赴玄中寺，禮道綽爲師，聽講《觀經》。後入長安，宣傳「淨土法門」，倡導專心念佛。相傳其一生曾「寫《彌陀經》十萬卷，畫淨土變相三百壁」，弟子不可勝數，被稱爲「彌陀化身」。是中國淨土宗的實際創始人。著有《觀經四帖疏》、《法事贊》、《觀念法門》、《往生贊》等多種。

【按】承遠（712～802），淨土宗第三祖。漢州（今四川廣漢）人，始居衡山西南的岩石下，羸形垢面，躬負薪樵，專修般舟念佛。久之，遠近風聞，受其教化者數以萬計，唐代宗賜其道場「般舟道場」之號、「彌陀寺」之額。門人弟子千餘人，其中以法照、日悟、惠詮、知明等最爲著名。

【按】法照，又稱五會法師。唐代宗永泰年中，因慕慧遠高風，入廬山修念佛三昧。後入衡山師事承遠。大曆元年（766），發願修般舟三昧，同年又受五會念佛誦經之法。四年夏，入五臺山湖東寺，修五會念佛，感見阿彌陀佛及文殊、普賢等菩薩。後往來於五臺山、長安之間，致力於弘法事業。示寂後，敕諡「大悟和尚」，被尊爲蓮宗第四祖。著有《淨土五會念佛誦經觀行儀》三卷、《淨土五會念佛略法事儀贊》一卷。

【按】少康（？～805），七歲剃染，年十五受戒。後於洛陽白馬寺讀善導《西方化導文》，遂決心專修淨土。他將乞食所得之錢，讓孩童念阿彌陀佛一聲，即與一錢，一年後，凡男女見少康，即稱阿彌陀佛。後至睦州烏龍山開淨土道場，集衆念佛。貞元二十一年示寂。著有《二十四贊》、《瑞應刪傳》各一卷。

【按】大行，又稱妙行。唐乾符年間，入泰山專修法華、普賢懺法，如是三載，感得普賢現身。後得《彌陀經》，日夜誦持，至三七日之夜半，感見阿彌陀佛及觀音、勢至菩薩等化身。其後專以念佛教化道俗，遠近風從。唐僖宗聞其德望，召入宮中問法，敕號「常精進菩薩」。後於其所居之禪室示寂。世壽不詳。

【按】蓮池，即祩宏（1535～1615）。青年時習儒，以孝行著稱。年三十二出家，爲遍融、笑岩二僧弟子。隆慶五年（1571），居杭州雲棲寺，故稱「雲棲大師」。本屬禪宗，但其一生著重傳揚持名念佛，並主張儒、釋、道三教一致。著有《禪關策進》、《彌陀疏抄》、《西方發願文》等二十餘部，後人輯爲《雲棲法彙》三十四卷行世。與紫柏、憨山、藕益並稱爲明代「四大高僧」。

【按】蕅益，名智旭（1599～1655）。少習儒學，誓滅釋老，著《辟佛論》。後讀蓮池《自知錄序》及《竹窗隨筆》，改信佛法。年二十四出家。此後學法相、禪、律、華嚴、天台、淨土諸宗教義，主張諸宗融合，佛、道、儒三教一致。所著《彌陀要解》，予後世淨土宗影響很大。著有《毗尼事義集要》、《楞嚴玄義》等四十餘部。弟子成時輯其遺文，題爲《靈峰蕅益大師宗論》。

【按】截流，名行策（1628～1682）。二十三歲出家。五年不倒單，徹達法要。後住報恩寺，修習淨土法門，同時研習天台學。清康熙二年（1663），於杭州法華山西溪河渚間結庵，專修淨業。數年後，移住虞山普仁院，復興蓮社，學者景從。著有《勸發眞信文》、《楞嚴經勢至圓通章》、《起一心精進念佛七期規式》、《寶鏡三昧本義》等。

【按】省庵（1686～1734），清代淨土宗僧，蓮宗第九祖。十五歲出家，年二十四受具。後聽講《唯識》、《楞嚴》、《摩訶止觀》，通達天台、法相教義，並接傳爲靈峰派天台正宗。晚年，絕諸外緣，結集蓮社，專修淨土，人稱永明再來。著有《淨土詩一○八首》、《勸發菩提心文》、《續往生傳》等。

② 高鶴年《永思集·印光大師苦行略記》：「二十四年，余二次訪道普陀。……與師會晤於化鼎丈室。次早，師略示淨宗信、願、行修持法。寮房之中，淡薄衣單，外無長物，眞是一個清淨僧寶。」

### 有關人物及佛教大事

應慈披剃於普陀山，後至南京三聖庵學修。

月霞於安徽九華山創設華嚴道場。


# 一八九九年　三十九歲（光緒二十五年　乙亥）

### 譜主事略

師撰《與陳錫周居士書》，縱論倡導念佛法門之理由、念佛之綱要，以及具體實踐之方法①。

【按】從大師思想發展脈絡看，此信似應作於《與大興善寺體安和尚書》之後，具體年代不易推斷，暫列於本年。

注　釋

①《與陳錫周居士書》：「如來出世，說法度生，原欲一切眾生，直下了生脫死，親證無上覺道而已。但以眾生根機不等，不能究竟暢佛本懷，只得隨順機宜，循循善誘。大根則稱性直談，為說佛乘，令其即生圓證佛果。如《華嚴經》之善財、《法華經》之龍女等。次則為說菩薩乘、聲聞乘，令其漸次修習，漸次證果。又其次則為說五戒十善，令其不墮惡道，受人天身，漸種善根。隨其所種善根大小，將來於三乘法中，隨宿善力，發諸現行。或依菩薩乘，修六度萬行，而得親證法身；或依緣覺、聲聞乘，悟十二因緣及四諦法，而得斷惑證真。此諸法門，雖則大小不同，頓漸各異，然一一皆須自己修習力深，斷惑證真，方可超出輪迴，了生脫死。若三界內見、思二惑，絲毫未盡，則生死根本，未能斬斷。縱令定慧力深，依舊無由解脫。如三果聖人，尚生五不還天，經許多劫，方證四果。若證四果，則生死根本，斷盡無餘。然只是小果聲聞，尚須回己所證小果，趣向如來大道。於十方世界，乘願受生，廣行六度萬行。上求佛道，下化眾生。隨己功行深淺，或漸或頓，以次證入十住、十行、十回向、十地、等覺諸位。至等覺已，再破一品無明，證一分三德，便入妙覺位而成佛矣。

　　如來一代時教，所說法門，雖則無量無邊，其證入地位，畢竟不能超越於此。雖禪宗直指人心，見性成佛，最為圓頓直捷。然見性成佛，乃約本有法身，不涉凡聖、因果、修證而論。若依修證地位而言，亦與教家了無異趣。而末世之中，人根陋劣，知識鮮少，悟者尚難其人，何況實證？如來知諸眾生唯仗自力了脫之難，故於一切法門之外，特開念佛求生淨土一門。但能信願真切，即五逆十惡極重罪人，臨命終時，地獄相現。有善知識教以念佛，若能念佛十聲，或止數聲，或止一聲，亦得蒙佛慈力，接引往生。況彼修行世善，不作諸惡者乎！若是精修梵行，禪定力深，則往生品位更高，見佛聞法最速。即大徹大悟，斷惑證真之人，亦須回向往生，以期圓證法身，速成佛果。其餘法門，小法則大根不須修，大法則小根不能修。唯茲淨土一門，三根普被，利鈍全收。上之則觀音、勢至、文殊、普賢，不能超出其外；下之則五逆十惡，阿鼻種性，亦可預入其中。使如來不開此法，則末世眾生，欲即生了生脫死，便絕無企望矣。

　　然此法門如是廣大，而其修法又極簡易。由此之故，非宿有淨土善根者，便難諦信無疑。不但凡夫不信，二乘猶多疑之。不但二乘不信，權位菩薩，猶或疑之。唯大乘深位菩薩，方能徹底了當，諦信無疑。能於此

法深生信心，雖是具縛凡夫，其種性已超二乘之上。喻如太子墮地，貴壓群臣。雖其才德未立，而仗王力故，感如此報。修淨土人，亦復如是。由以信願持佛名號，即能以凡夫心，投佛覺海，故得潛通佛智，暗合道妙也。

欲說淨土修法，若不略陳諸法仗自力了脫之難，此法仗佛力往生之易，則不是疑法，便是疑自。若有絲毫疑心，則因疑成障。莫道不修，修亦不得究竟實益也。由是言之，信之一法，可不急急講求，以期深造其極乎哉？所言信者，須信娑婆實實是苦，極樂實實是樂。娑婆之苦，無量無邊。總而言之，不出八苦。所謂生、老、病、死、愛別離、怨憎會、求不得、五陰熾盛。此八種苦，貴極一時，賤至乞丐，各皆有之。前七種是過去世所感之果，諦思自知，不須詳說，說則太費筆墨。第八『五陰熾盛苦』，乃現在起心動念，及動作云為，乃未來得苦之因。因果牽連，相續不斷。從劫至劫，莫能解脫。五陰者，即色、受、想、行、識也。色，即所感業報之身；受、想、行、識，即觸境所起幻妄之心。由此幻妄身心等法，於六塵境，起惑造業，如火熾然，不能止息，故名熾盛也。又陰者，蓋覆義，音義與蔭同。由此五法，蓋覆真性，不能顯現。如濃雲蔽日，雖杲日光輝，了無所損。而由雲蔽故，不蒙其照。凡夫未斷惑業，被此五法障蔽，性天慧日，不能顯現，亦復如是。此第八苦，乃一切諸苦之本。

修道之人，禪定力深，於六塵境界，了無執著，不起憎愛。從此加功用行，進證無生。則惑業淨盡，斬斷生死根本矣。然此工夫，大不容易。末世之中，得者實難。故須專修淨業，求生極樂。仗佛慈力，往生西方。既得往生，則蓮花化生，無有生苦。純童男相，壽等虛空，身無災變。老、病、死等，名尚不聞，況有其實？追隨聖眾，親侍彌陀。水鳥樹林，皆演法音。隨己根性，由聞而證。親尚了不得，何況有怨？思衣得衣，思食得食；樓閣堂舍，皆是七寶所成，不假人力，唯是化作。則翻娑婆之七苦，以成七樂。至於身，則有大神通，有大威力；不離當處，便能於一念中，普於十方諸佛世界，作諸佛事，上求下化。心則有大智慧，有大辯才，於一法中，遍知諸法實相，隨機說法，無有錯謬。雖說世諦語言，皆契實相妙理，無五陰熾盛之苦，享身心寂滅之樂。故經云：『無有眾苦，但受諸樂，故名極樂也。』娑婆之苦，苦不可言；極樂之樂，樂莫能喻。深信佛言，了無疑惑，方名真信。切不可以凡夫外道知見，妄生猜度，謂淨土種種不思議勝妙莊嚴，皆屬寓言，譬喻心法，非有實境。若有此種邪知謬見，便失往生淨土實益。其害甚大，不可不知。

既知娑婆是苦，極樂是樂。應發切實誓願，願離娑婆苦，願得極樂

樂。其願之切，當如墮廁坑之急求出離，又如繫牢獄之切念家鄉。己力不能自出，必求有大勢力者提拔令出。娑婆世界，一切眾生，於逆順境，起貪、瞋、癡，造殺、盜、淫，穢汙本有妙覺明心，乃無底之廁坑。既造惡業，必受惡報。久經長劫，輪迴六道，乃不赦之牢獄。阿彌陀佛於往劫中，發四十八願，度脫眾生。有一願云：『若有眾生，聞我名號，求生我國，乃至十念，若不生者，不取正覺。』阿彌陀佛誓願度生，若眾生不求接引，佛亦無可奈何。儻志心稱名，誓求出離娑婆者，無一不蒙垂慈攝受也。

阿彌陀佛有大勢力，能拔娑婆無底廁坑不赦牢獄之人，直下出離其中，悉皆安置於極樂本有家鄉，令其入佛境界，同佛受用也。欲生西方，最初須有真信切願，若無真信切願，縱有修行，不能與佛感應道交，只得人天福報，及作未來得度之因而已。若信願具足，則萬不漏一。永明所謂『萬修萬人去』者，指信願具足者言也。既有真信切願，當修念佛正行。以信願為先導，念佛為正行。信、願、行三，乃念佛法門宗要。有行無信、願，不能往生；有信、願無行，亦不能往生。信、願、行三，具足無缺，決定往生。得生與否，全由信、願之有無；品位高下，全由持名之深淺。言念佛正行者，各隨自己身份而立，不可定執一法。如其身無事累，固當從朝至暮，從暮至朝，行住坐臥，語默動靜，穿衣吃飯，大小便利，一切時，一切處，令此一句洪名聖號，不離心口。若盥漱清淨，衣冠整齊，及地方清潔，則或聲或默，皆無不可。若睡眠及裸露、澡浴、大小便時，及至污穢不潔之處，只可默念，不宜出聲。默念功德一樣，出聲便不恭敬。勿謂此等時處，念不得佛。須知此等時處，出不得聲耳。又睡若出聲，非唯不恭，且致傷氣，不可不知。雖則長時念佛，無有間斷。須於晨朝向佛禮拜畢，先念《阿彌陀經》一遍，《往生咒》三遍畢，即念《贊佛偈》，即《阿彌陀佛身金色偈》。念偈畢，念『南無西方極樂世界大慈大悲阿彌陀佛』，隨即但念『南無阿彌陀佛』六字，或一千聲，或五百聲，當圍繞念。若不便繞，或跪，或坐，或立皆可。念至將畢，歸位跪念觀音、勢至、清淨大海眾菩薩各三稱。然後念《淨土文》，發願回向往生。念《淨土文》者，令依文義而發心也。若心不依文而發，則成徒設虛文，不得實益也。《淨土文》畢，念《三皈依》，禮拜而退。此為朝時功課，暮亦如之。

若欲多多禮拜者，或在念佛歸位之時，則禮若干拜佛外，九稱菩薩，即作九禮。禮畢，即發願回向。或在功課念畢禮拜。隨己之便，皆無不可。但須懇切至誠，不可潦草粗率。蒲團不可過高，高則便不恭敬。若或事務多端，略無閒暇，當於晨朝盥漱畢，有佛則禮佛三拜，正身合掌念『南無

阿彌陀佛』。盡一口氣爲一念，念至十口氣，即念《小淨土文》。或但念『願生西方淨土中』四句偈。念畢，禮佛三拜而退。若無佛即向西問訊，照上念法而念。此名『十念法門』。乃宋慈雲懺主爲王臣政務繁劇、無暇修持者所立也。

何以令盡一口氣念？以眾生心散，又無暇專念。如此念時，借氣攝心，心自不散。然須隨氣長短，不可強使多念，強則傷氣。又止可十念，不可二十、三十，多亦傷氣。以散心念佛，難得往生。此法能令心歸一處，一心念佛，決定往生。念數雖少，功德頗深。極閑極忙，既各有法。則半閑半忙者，自可斟酌其間而爲修持法則也。

又念佛之人，必須事事常存忠恕，心心提防過愆。知過必改，見義必爲，方與佛合。如是之人，決定往生。若不如是，則與佛相反，決難感通。又舉凡禮拜、讀誦大乘經典，及作一切於世於人有益之事，悉皆以此回向西方，不可唯以念佛回向西方，其餘功德另去回向世間福報，則念不歸一，便難往生。須知眞能念佛，不求世間福報，而自得世間福報（如長壽無病，家門清泰，子孫發達，諸緣如意，萬事吉祥等）。若求世間福報，不肯回向往生，則所得世間福報，反爲下劣。而心不專一，往生便難決定矣。

此念佛法門，一代時教大乘經典，盡皆讚揚。小乘經中，絕不提起。有不通教理者，斥爲小乘，乃無知邪說，不可聽從。……」（《增廣》卷一）

【按】慈雲懺主，名遵式（964～1032），又稱靈音尊者、天竺懺主等。台州寧海（今浙江寧海）人。年十八剃染，二十歲受具。嘗於普賢像前燃一指，誓傳天台教法。後從寶雲寺義通修學天台教義，盡其玄奧，與同門知禮成爲山家派中心人物。二十八歲時，於講經之同時，集僧眾專修淨土，並撰述多部念佛懺儀著作，講經修懺，名聲大噪。宋仁宗明道元年示寂。著作除《大彌陀懺儀》、《小彌陀懺儀》、《往生淨土懺願儀》、《金光明三昧儀》等懺儀之作外，還有《大乘止觀釋要》、《肇論疏科》等專論數十種。

## 有關人物及佛教大事

祖印遊歷江、浙一帶，頻開講席，弘揚天台教義。
笠雲於湖南長沙開福古刹設立僧學堂。

## 一九〇〇年　四十歲（清光緒二十六年　庚子）

**譜主事略**

一期三年閉關結束，師淨業大增，又欲閉關①。

注　釋

①《與融明大師書》中云：「故當仁不讓，又欲閉關，大約總在普陀，未知定歸何所。恐汝於淨土法門錯過，便可惜三年護關之一番辛苦，故不禁落索如此耳。」（《增廣》卷一）

**有關人物及佛教大事**

乾隆年間所刊之滿文《大藏經》經板，毀於入侵中國的八國聯軍之手。

第六世章嘉呼圖克圖葉錫道爾濟在京被授予札薩克達喇嘛。

敦煌千佛洞佛龕坍塌，敦煌石室文獻始為世人所知。

## 一九〇一年　四十一歲（清光緒二十七年　辛丑）

**譜主事略**

春日，在法雨寺閉關苦修。

大師與高鶴年居士談禪，經五晝夜，毫無倦意，並示以方便多門，歸元無二①。師作《與諦閑法師書》，討論修行經驗②。

【按】諦閑（1858～1932），近世天台宗耆宿。浙江黃岩人。少時習醫，二十歲時，常為貧者施藥，旋以妻死子亡、慈母見背而出家。先後從師習《法華》、《楞嚴》等經。光緒十二年（1886），受瑞融之法，傳持天台教觀第四十三世。前後閉關三次，專修禪觀。民國八年（1919）年創辦觀宗學社，培養僧材多人，對天台義學貢獻頗巨。民國二十一年入寂。其著作由後人輯為《諦閑大師遺集》傳世。他是大師生平最相契之蓮友。

注　釋

①高鶴年《永思集·印光大師苦行略記》：「師函金山詢余禪學如何，囑往一談。隨至普陀，師已深入經藏，智慧如海，開示淨宗諸家法要。余好禪學，留談經五晝夜。示以方便多門，歸元無二。」

②《與諦閑法師書》:「光自出家以來,即信淨土一法。但以業障所遮,二十年來,悠悠虛度,口雖念佛,心不染道。近蒙法師訓勵,誓期不負婆心。無奈昏散交攻,依舊昔時行履。因日閱十餘紙淨典,以發勝進之心,至寶王隨息法門,試用此法,遂覺妄念不似以前之潮湧瀾翻。想久而久之,當必有霧散雲消、徹見天日之時。又查《文類》、《聖賢錄》,皆錄此一段。因悟慈雲十念,謂藉氣束心,當本乎此,而《蓮宗寶鑑》亦載此法,足見古人懸知末世機宜,非此莫入,而預設其法。然古人不多以此教人者,以人根尚利,一發肯心,自得一心。而今人若光之障重根鈍者,恐畢生不能得一心不亂也。故述其己私,請益高明。當與不當,明以告我。光又謂只此一法,具攝五停心觀。若能隨息念佛,即攝數息、念佛二觀,而攝心念佛,染心漸可斷絕,瞋恚必不熾盛,昏散一去,智慧現前,而愚癡可破矣。又即勢至都攝六根法門,愚謂今之悠忽念佛者,似不宜令依此法,恐彼因不記數,便成懈怠。有肯心者,若不依此法,決定難成三昧。法師乘願利人,自雖不用,當為後學試之,以教來哲。若是利根,一七二七,定得一心。縱光之昏鈍魯劣,想十年八年或可不亂矣。」(《增廣》卷一)

【按】寶王,此處指最上、最勝之意。隨息寶王,隨息法門,為天台宗六妙門之一。略稱隨息門、隨門,意謂修行者細心依隨息(呼息)之自然出入,入時知入,出時知出,但不計其數。如此心安明淨,專住而不散,則禪定自易引發。

【按】慈雲,即慈雲懺主。

【按】《文類》,即《樂邦文類》。南宋宗曉編。五卷。樂邦,指安樂國,即西方極樂淨土之意。此書係編集有關淨土宗經論的要文及祖師的著述、詩偈、傳記等,分為十四門,合計二百二十餘篇。

【按】《聖賢錄》,指《淨土聖賢錄》。清代彭希涑著。本書主要記述阿彌陀佛和觀音、大勢至、文殊、普賢等菩薩以及歷代宣揚淨土法門的比丘、比丘尼的事迹。全書分為十門:(1)淨土教祖;(2)闡教聖眾;(3)往生比丘;(4)往生比丘尼;(5)往生人王;(6)往生王臣;(7)往生居士;(8)往生雜流;(9)往生女人;(10)往生物類。每門之後,撰有總記贊詞。

【按】《蓮宗寶鑑》,元代優曇普度著。十卷。編集有關念佛三昧之經說、史傳等內容。本書廣述念佛要旨,其綱目依次為:念佛正因十四章、念佛正教十九章、念佛正宗八章、念佛正派二十二章、念佛正信六章、念佛正行十四章、念佛正願七章、念佛往生訣十二章、念佛正報五章、念

佛正論二十五章。每卷初設總說，下接經論要文、古德行狀、教語等。
此書與《文類》、《聖賢錄》三者，均爲淨土宗之重要典籍。

【按】五停心觀，爲息止惑障所修之五種觀法。(1) 不淨觀，指觀想自身、
他身之不淨而息止貪欲之心；(2) 慈悲觀，由觀想與樂拔苦而得到眞正
之快樂，以對治嗔恚煩惱；(3) 緣起觀，乃觀想順之十二緣起，以對治
愚癡煩惱；(4) 無我觀，謂觀想一切諸法皆由地、水、風、空、識所和
合，以對治我執；(5) 數息觀，即計數自己之出息、入息，以對治散亂，
令心念止於一境。

【按】勢至都攝六根法門，指《楞嚴經·大勢至圓通章》所說之法門。其
中說：「若眾生心憶念佛，現前當來必定見佛，去佛不遠，不假方便，自
得心開。如染香氣，身有七香。此則名曰：『香光莊嚴。』我本因地，以
念佛心，入無生忍。今於此界，攝念佛人歸於淨土，佛問圓通，我無選
擇，都攝六根，淨念相繼，得三摩地，斯爲第一。」大師用功辦道時，
於此法門獲益良多，故屢向學人提及，以爲念佛之妙法。

## 有關人物及佛教大事

應慈先從鎮江金山寺大定習禪，旋至揚州高旻寺隨月朗參究，後於常州
天寧寺冶開處學修，深有領悟。


# 一九○二年　四十二歲（清光緒二十八年　壬庚）

## 譜主事略

師兩期閉關結束，淨業倍進。出關後，了餘、眞達等人特建蓮蓬供養，
大師與諦閑先後居之。未幾，仍被僧眾迎歸法雨寺內。師一邊繼續潛修淨業，
一邊閱讀《大藏經》。

## 有關人物及佛教大事

寄禪擔任寧波天童寺住持。

道階於寧波天童寺、七塔寺宣講《成唯識論》、《法華經》、《楞嚴經》等
經論。

## 一九○三年　四十三歲（清光緒二十九年　癸卯）

**譜主事略**

大師函約高鶴年居士往普陀山一敍。其中提到有欲回陝西之意①，高氏銘記於心。

注　釋

① 高鶴年《永思集・印光大師苦行略記》：「……師約往一談。留意秦中佛法，囑提倡實行其道，不可虛度光陰。並言及南方飯吃不來，欲回陝西云云。」

**有關人物及佛教大事**

虛雲重上雞足山，振興迎祥寺，將該寺改爲十方叢林，立定規約，坐香講經。

## 一九○四年　四十四歲（清光緒三十年　甲辰）

**譜主事略**

因諦閑爲溫州頭陀寺請藏，又請師入京都，助理一切。期間，在北京琉璃廠購得雍正《揀魔辨異錄》二部。一部送諦閑，一部自留。事畢南下，仍住法雨寺藏經樓。

【按】《揀魔辨異錄》，八卷。清世宗撰。明代臨濟宗漢月法藏著《五宗原》，其門人潭吉弘忍撰《五宗救》，批評曹洞宗一系之主張，引起當時禪林間之論諍，及至清代，猶有餘波。雍正撰本書，認爲法藏、弘忍之宗乘主張爲邪魔異說，並列舉彼等語錄及著作，一一加以駁斥，以維護宗門之純正。

**有關人物及佛教大事**

月霞出遊泰國、緬甸、印度等國，考察南傳佛教。

## 一九〇五年　四十五歲（清光緒三十一年　乙巳）

### 譜主事略

是年，師往南京楊公館，看望楊仁山居士。時日本弘教書院正在翻印《大藏經》，大師將自存之《揀魔辨異錄》送楊氏，托其轉寄日本有關方面，使此書入藏。

【按】楊仁山（1837～1911），名文會。石埭（今安徽石台）人。早年習孔、老、莊、列諸子之學，並天文、地理、曆數、音韻等。1863 年因病讀《大乘起信論》，乃信仰佛教，並立志搜求佛典，刻印流通。1866 年募捐集資創立金陵刻經處，從事佛經刻印事業。在出使歐洲期間，結識日本佛教學者南條文雄，回國後得日本弘教書院《縮刷藏經》及南條所贈的中國失傳的唯識學經疏，擇要刊行。1907 年又在刻經處創設「祇洹精舍」，招收教習佛典及梵文、英文，且定期講經。著有《楊仁山居士遺著》十冊行世。

因事往寧波阿育王寺，大師再次瞻仰佛舍利，又與上次所見不同：「其大若黑豆，其色若黑豆上起白黴，緊靠鐘底不動。光以黑色又加白黴，意謂或是年必死，然亦無吉無凶。此種皆普通人常見之相，並無感應奇特之事。錄而刊之，亦無所益。切不可妄造謠言，以無感應爲有感應，則罪過不淺矣。」

### 有關人物及佛教大事

道階協助寄禪先後創設杭州、寧波、南京、湖南等地僧教育會，保護寺廟財產。

笠雲率弟子東渡日本，考察該國佛教。

## 一九〇六年　四十六歲（清光緒三十二年　丙午）

### 譜主事略

從南京回普陀後，大師仍住法雨寺藏經樓。

### 有關人物及佛教大事

應慈、月霞共同得法於冶開，爲禪宗臨濟正宗第四十二世。

大定示寂於鎮江金山寺，世壽八十三，僧臘五十五。

# 一九〇七年　四十七歲（清光緒三十三年　丁未）

## 譜主事略

於藏經樓上，大師一邊閱藏，一邊續修淨土法門。

## 有關人物及佛教大事

通智圓寂於普陀山普慧庵，世壽六十五，僧臘三十五。

英籍匈牙利人斯坦因、法國人伯希和相繼至敦煌，掠走大量千佛洞經卷及器物，運回歐洲。

# 一九〇八年　四十八歲（光緒三十四年　戊申）

## 譜主事略

是年，師因感世傷懷，欲刊印《安士全書》以救之，並自作序文①。然以因緣不具，事不果行。

【按】《安士全書》，清代周夢顏著。全書由三部分組成：《萬善先資集》四卷，論述戒殺；《欲海回狂》三卷，闡論戒淫；《西歸直指》四卷，暢言淨土學說，是弘揚淨土宗教義的重要著作。

注　釋

① 《安士全書序一》：「文昌帝君，於宿世中，心敦五常，躬奉三教；自行化他，惟欲止於至善。功高德著，遂得職掌文衡。恐末學無知，昧己永劫常住之性，因作文廣訓，示吾一十七世之言，妙義無盡，誰測淵源？注釋縱多，莫窺堂奧，致令上下千古，垂訓受訓，皆有遺憾，不能釋然。安士先生，宿植德本，乘願再來。博極群書，深入經藏；覺世牖民，引為己任；淑身變俗，用示嘉謨。以奇才妙悟之學識，取靈山泗水之心法，就帝君隨機說法之文，著斯民雅俗同觀之注。理本於心，詞得其要。徵

引事實，祛迷雲於意地；闡揚義旨，揭慧日於性天。使閱者法法頭頭，有所仿效；心心念念，有所警懲。直將帝君一片婆心，徹底掀翻，和盤托出。俾千古之上、千古之下，垂訓受訓，悉皆釋然，毫無遺憾。而又悲心無既，慈願莫窮，欲使斯民推忠恕以篤胞與，息刀兵而享天年；守禮義以敘彝倫，好令德而遠美色，因著戒殺之書，日《萬善先資》；戒淫之書，日《欲海回狂》。良由世人殺業最多，淫業易犯，故不憚煩勞，諄諄告誡。又以泛修世善，止獲人天之福，福盡墮落，苦毒何所底極，乃宗淨土經論，采其逗機語言，集爲一書，名日《西歸直指》。普使富貴貧賤，老幼男女，或智或愚，若緇若素，同念阿彌陀佛，求生極樂世界，迥出輪迴，直登不退。謝妄業所感之苦，享吾心固有之樂。前三種雖明修行世善，而亦具了生死法；後一種雖明瞭生死法，而亦須修行世善。至於惠吉逆凶，縷析條陳，決疑辯難，理圓詞妙。其震聾發聵之情，有更切於拯溺救焚之勢，誠可以建天地，質鬼神，羽翼六經，扶持名教，允爲善業第一奇書。……」（《增廣》卷三）

【按】文昌帝君，又名文曲星、文星。係中國古代主宰功名、祿位之神。舊制多爲讀書人所崇拜。自從元朝延祐三年（1316年）仁宗加封梓潼帝君爲「輔文開化文昌君司祿宏仁帝君」後，被稱爲「文昌帝君」，二者遂合而爲一。

### 有關人物及佛教大事

宗仰住上海哈同花園，發心編印《頻伽大藏經》，至民國元年完成，由章太炎撰序，出版流通。

寧波僧教育會成立，推舉寄禪爲會長。

應慈於安慶迎江寺宣講《法華經》、《勝鬘經》和《大乘起信論》。其五十年的講經生涯，由此開始。

# 一九〇九年　四十九歲（清宣統元年　己酉）

### 譜主事略

是年，經華山法師紹介，太虛擔任普陀山化雨小學教員。秋日，始與大

師相識，後兩人有多次交往，相契頗深①。

【按】太虛（1889~1947），近代高僧。浙江海寧人。家世農工。年十六剃染，禮寄禪爲師。曾閉關於普陀山，於佛學深有造詣，在整理僧伽制度及僧伽教育方面，卓有貢獻。1947 年示寂於上海玉佛寺直指軒。遺著頗多，由弟子編成《太虛大師全書》行世。

注　釋

① 太虛《蓮宗十三祖印光大師塔銘》：「余識師普陀後寺於宣統元年，繼此十年間，余每每居普陀前寺，與師往返普陀前後山甚頻，書偈贈答非一。近二十年始漸疏闊，師與余相契之深，遠非後時起信諸緇素所了知。」（《全集》第七冊（1）印光大師紀念文）

**有關人物及佛教大事**

諦閑應聘至南京毗盧寺開講《楞嚴經》，並任南京僧師範學堂總監兼校長，遴選各省學僧入學，培植弘法人才。

# 一九一〇年　五十歲（清宣統二年　庚戌）

**譜主事略**

師居法雨寺，閱藏、修行。

幾年間，大師常致函高鶴年居士，瞭解外界佛教狀況，囑其提倡淨土法門，宣傳因果報應思想①。

注　釋

① 高鶴年《永思集·印光大師苦行略記》：「宣統元、二、三年，師常函詢外方佛法如何，囑提倡淨宗及因果報應。」

**有關人物及佛教大事**

楊仁山創辦佛學研究會，自任主講。

# 一九一一年　五十一歲（清宣統三年　辛亥）

## 譜主事略

居普陀山法雨寺藏經樓閱藏。將新、舊兩部藏經一一進行校正，所有錯誤均以朱筆另注於旁，字迹十分工整、清晰。至此年，師出家已三十餘載，卻不喜與人往來，亦不願人知其名字，始終韜晦①，別號「常慚愧僧」。晝夜彌陀，求證念佛三昧。

【按】念佛三昧，分爲事念和理念兩種。事念，指專注一佛，念念相續，念久成定，名爲三昧；理念，則正念佛時，反觀自心，觀久心開，名爲三昧。

【按】關於師取號常慚愧僧之含義，信眾中有不同看法：王心湛《印光大師傳》以爲，「大師於聖道，既涉其藩籬，而於韓歐、程朱謗法之習，亦未能免俗。晚號爲常慚愧僧，或以此也。」倪正和《我是由文鈔而信佛的》卻不這麼看，他認爲，「說到慚愧，我們就記起印光大師的筆名『常慚愧』三字。他就是以常自慚愧的心念，時時提防言不顧行，行不顧言的過失。如是用心，久而久之，工夫純熟，就能養成言行一致、實事求是的習慣。」而太希《慚愧慚愧》一文卻說：「光公乘願示凡，普度眾生，隨緣應化，求仁得仁，原可告無愧於心。而仍自稱常慚愧。常慚愧者，無非自勵勵人，發人生省耳。」《印光大師畫傳·普陀潛修》又說：「師出家三十餘年，始終韜晦，即名字亦不願人聞知。嘗號常慚愧僧以自勖，蓋本佛說以慚愧爲莊嚴之意也。」對於這些意見，筆者不妄加判斷，特錄以備考，以俟來哲。

時太虛因涉嫌廣州「黃花崗事件」，避走普陀山度夏，住前寺。間往法雨拜見大師，縱論佛法及國內外佛教形勢。師見其詩文，深爲贊許，並修書一封，賦詩相勉。太虛也因步其韻奉和②。兩人相訪之下，經常晤談至深夜③。然彼此之心境及佛學見地卻頗不相同。

## 注　釋

①《覆姚維一居士書》：「……光一庸碌守分之粥飯僧，自光緒十九年到普陀，一事不爲，但只在法雨寺，作吃飯僧。即偶有令支筆墨差事者，絕不用『印光』二字。即自己所爲之事，亦用別名。以故二十餘年頗安樂，終年無一人來訪，無一函相寄。」（《續編》卷上《書》）

②《覆太虛法師書》：「……竊念現今世風澆薄，師友道喪，多從謟譽，不事

箴規，致令上智遲入聖之期，下愚失日新之益。光本北陝鄙夫，質等沙石，每於良玉之前，橫肆粗厲之態，必欲令彼速成完器，為舉世珍。縱粉身碎骨，亦不暇顧。座下美玉無瑕，精金絕礦，何用箴規，豈陷諂譽？光之驢技，了無所施。然欲繼往開來，現身說法，俯應群機，引人入勝，似乎或有小補。因取座下《答易實甫詩》而敷衍之，用申昨日相緣而動，擇人而交之意。」詩云：

太虛大無邊，何物能相掩！
白雲偶爾棲，當處便黯暗。
吹以浩蕩風，畢竟了無點。
庶可見近者，莫由騁駁貶。

太虛無形段，何處能著染？
紅塵驀地起，直下亡清湛。
灑以滂沱雨，徹底盡收斂。
方知從本來，原自無增減。

太虛讀此詩後，遂酬答之。詩云：

日月回互照，虛空映還掩。
有時風浪浪，有時雲黯黯。
萬象恣妍醜，當處絕塵埃。
雖有春秋筆，亦難施褒貶。

餘霞散成綺，虛空忽煊染。
恰恰紅塵漠，恰恰青無湛。
悠然出岫雲，無心自舒卷。
泰山未嘗增，秋毫未嘗減。

③《太虛自傳》：「印老閱及大師詩文，深為贊許，因和掩字韻以相勉；相訪每深談移晷。」（《太虛大師年譜》二十三歲條）


## 有關人物及佛教大事

楊仁山去世，終年七十五歲。
持松投湖北荊州鐵牛寺出家。

# 一九一二年　五十二歲（民國元年　壬子）

## 譜主事略

是年，大師繼續於法雨寺閉關潛修。

十月，大師晤高鶴年居士，相談甚歡。時值《佛學叢報》創刊於上海。臨行，高氏遂取師所撰之《宗教不宜混濫論》、《佛教以孝為本論》、《如來隨機利生淺近論》和《淨土法門普被三根論》四篇刊出①。

編者特地為文章加了《按語》。其中有「精持全藏，高蹤卓犖，絕無誇耀之私。密行妙圓，恒切純修之願；韜光海岸，養慧珠於紫竹林中；悶迹岑樓，培智果於白蓮台畔。嘗慨宗風日下，教迹就衰，默運悲心，略施妙辯，剖申宗教非同；影響言談，力辟倡狂，昭示人天軌範。丞為錄梓，用廣弘慈，凡屬有情，共咀法味」之語。四文分別署名「常慚」和「普陀僧」，蓋師不願讓人知其名也。但大師亦由此名聲始著②。

【按】《佛學叢報》，綜合性月刊。為我國首創之佛教刊物。1912 年 10 月創刊。主辦人狄楚青，編輯濮一乘。由上海有正書局發行。主要內容有圖像、論說、學理、歷史、專件、記事、傳記、問答、文苑、雜俎、小說及佛教新聞等。諦閑、黎端甫、蔡元培及大師等皆曾在該刊發表重要論著。尤其是大師關於弘揚淨土宗的文稿連續刊出後，引起巨大反響，一股傳習和弘揚淨土法門的熱潮在滬上興起。後因故停刊。

《淨土法門普被三根論》，闡述了佛法大義，以及淨土法門的殊勝與適合一切人修習的理由。

《宗教不宜混濫論》，是大師生平最重要的論述之一。乃其真修實悟的經驗之談。在明確宗、教定義的基礎上，論證了二者不可以混濫的道理。同時，對於在修學中二者的利害關係等諸問題，均作了明晰詳盡的發揮，切中時弊，明瞭是非，對於當時佛學界的撥亂反正深有助益③。

《佛教以孝為本論》，分析了儒家之孝和佛教之孝的異同之處。在大師看來，舉凡六度萬行，無非孝道擴充。

《如來隨機利生淺近論》，闡述佛陀推出五戒十善的人天乘法，乃為隨順世間機宜而作。

注　釋

① 《淨土法門普被三根論》一文刊於民國三年二月十五日《佛學叢報》第九期，署名「常慚」。《宗教不宜混濫論》、《佛教以孝為本論》和《如來隨

機利生淺近論》三文則刊於三月十五日《佛學叢報》第十期，分別署名「常慚」、「普陀僧」。

② 《與高鶴年居士書》附陳清香《題識》：「此四篇論文，可謂印光大師初轉法輪。從此，龍天推出，大放光明矣。」

③ 《宗教不宜混濫論》：「如來說經，諸祖造論，宗教二門，原是一法，從無可分，亦無可合。隨機得益，隨益立名。上根一聞，頓了自心，圓修道品，即名爲宗。（此約後世説，當初但只圓頓教耳）中下聞之，進修道品，漸悟眞理，即名爲教。及至像季，法流此土，人根聰利，多得聞持，率以記誦、講說爲事。衲僧本分，向上一著，實悟親證者少，說食數寶者多。以故達磨大師特地而來，闡直指人心之法，令人親見本來面目。後世名之曰宗。既見本來面目，然後看經修行，方知一大藏教，皆是自己家裏話；六度萬行，皆是自己家裏事。是以宗之悟解爲目，教之修持爲足。非目則無由見道，非足則不能到家。是宗、教之相需而不相悖，相合而不相離也。

至於南嶽天台，其究竟指歸，大略皆同。故《傳燈》、《指月》二錄，皆列二師於應化聖賢科中。而高僧傳不列於義解，而列於習禪。是古之具眼知識，以宗、教爲一貫矣。及至曹溪以後，禪道大行，『不立文字』之文字，廣播寰區。解路日開，悟門將塞。故南嶽、青原諸祖，皆用機語接人，使佛祖現成語言，無從酬其所問，非眞了當，莫測其說。以此勘驗，則金鋪立辨，玉石永分，無從假充，用閑法道。此機鋒轉語之所由來也。

自後此法日盛，知識舉揚，唯恐落人窠臼，致成故套，疑誤學者，壞亂宗風。故其機用愈峻，轉變無方，令人無從摸索。故有呵佛罵祖、斥經教、撥淨土者。（如此作用，南嶽思大師兩句道盡，曰：『超群出眾太虛玄，指物傳心人不會。』認作實法，則罪同五逆矣）以此語言，剿人情見，塞人解路。根熟者，直下知歸，徹悟向上；機生者，眞參力究，必至大徹大悟而後已。良以知識眾多，人根尚利，教理明白，生死心切，縱未能直下了悟，必不肯生下劣心，認爲實法故也。

今人多是少讀儒書，不明世理。未窮教乘，不解佛法。才一發心，便入宗門。在知識只爲支持門庭，亦學古人舉揚，不論法道利害。在學者，不下眞實疑情，個個認爲實法。或有於今人舉處，古人錄中，以己意卜度出一番道理，總不出按文釋義之外，便自謂徹悟向上。參學事畢，即處知識位，開導後學，守一門庭，恐人謂非通家。因茲禪、講並宏，欲稱宗、說兼通，談宗，則古德指歸向上之語，竟作釋義訓文之言；講教，則如來修因克果之道，反成表法喻義之說。以教破宗，以宗破教，盲引盲眾，相

牽入火。致使後輩不聞古人芳規，徒效其輕佛陵祖、排因撥果而已。古人語言，絕未曉了，衲僧本分，何曾夢見？今將宗教語言意致，略爲分別。用冀唯得其益，不受其病也。

何謂宗？何謂教？演說之，宗、教皆教；契悟之，宗、教皆宗。教固有宗，宗亦有教。教家之宗，即實相妙理，三德秘藏，乃宗家之衲僧本分、向上一著也。（此對宗說，故以體爲宗；若就教論，即名爲體，教中之宗，乃是入體之門，不堪與宗之向上一著對論）教家之教，即經論所說文字語言，及法門行相。無不皆詮妙理，皆歸祕藏。亦猶宗家之機鋒轉語，種種作用也。但教則未悟亦令解了，宗則未悟不知所謂爲異耳。宗家之教，即機鋒轉語，揚拳豎拂，或語或默，種種作用，皆悉就彼來機，指歸向上。是轉語等，乃標向上，眞月之指，非轉語等，即是向上眞月。儻能依指觀月，則眞月直下親見，所見眞月，方是宗家之宗。今人以機鋒轉語爲宗，不求契悟，唯學會透，是認指爲月不復知有眞月矣。惜哉！

又，教則三根普被，利鈍全收。猶如聖帝明詔，萬國欽崇。智愚賢否，皆令曉了，皆須遵行。有一不遵者，則處以極刑。佛教有一不遵者，則墮於惡道。宗則獨被上根，不攝中下。猶如將軍密令，營內方知，營外之人，任憑智同生知，亦莫能曉。以此之故，方能全軍滅賊，天下太平。軍令一泄，三軍傾覆。祖印一泄，五宗喪亡。未悟以前，只許參究話頭，不准翻閱禪書。誠恐錯會祖意，則以迷爲悟，以假亂眞，即名爲泄，其害甚大。大悟之後，必須廣閱祖錄，決擇見地，則差別智開，藥忌明瞭。尚須歷緣鍛煉，必使行解相應，方可出世爲人，宏闡宗風。今人不教人力參，而爲人講演。使其開解路，起卜度，以己見會祖意，依稀仿佛，想個義理，全體是錯，便謂就是。直饒不錯，只是泥龍畫餅，豈能致雨充饑？所以宗須眞參，方有實益也。未開眼者，聞其講說，喜出望外；其有具眼者，必痛徹骨髓矣。如此宏宗，徒有大損，毫無實益。何異以軍令往告敵兵，相邀共戰，其不自殄滅者鮮矣。由是假充悟道者，不勝其多。壞亂佛法者，實繁有徒矣。

又，教則以文顯義，依義修觀，觀成證理，令人由解了而入。故天台以三止三觀，傳佛心印也。宗則離文顯意，得意明心，明心起行，令人由參究而得。故禪宗以直指人心，傳佛心印也。又，經教所說因果修證，凡聖生佛，事理行相，歷歷分明。若能修因，自然證果。超凡入聖，即眾生而成佛道矣。既得此事，則不涉因果修證、凡聖生佛之理，豈待外求？宗門所說，總歸本分，不涉因果修證、凡聖生佛（此理即也）。若得此意（此名字及觀行初心也），定然依此不涉因果修證、凡聖生佛之理，而起修因證果，超凡

入聖，即眾生而成佛道之事矣（此觀行至究竟矣）。所以，古德大悟後，有三次、七次閱《大藏經》者（汾州無業，三終《大藏》；育王知微，大慧杲門人，禁足於上塔院十餘年，七終《大藏》，見《育王山志》）；有以坐看為不恭，跪讀行、披立誦者（棲賢湜三終《大藏》，皆如此）；有畢生日持一部《法華》者（永明壽、首山念）；有看經唯恐打差，貼帖子於方丈門首，曰『看經時不許問話』者（仰山寂）；有持觀音聖號者（明教嵩，日誦十萬觀音，世出世間經書，不讀而知。又，華林覺常念觀音，遂感二虎常相依附）；有持《准提神咒》者（金華俱胝和尚）；有日課百八佛事者（永明壽，一部《法華》，亦在百八之數）；有對立像不敢坐，對坐像不敢臥者（大通本，又凡食物以魚名者，即不食）；有『一日不作，一日不食者』（百丈海）。

至於念佛求生西方，則多不勝數也。良以百丈乃馬祖傳道嫡子，其開示有云：『修行以念佛為穩當。』又所立清規：『凡祈禱病僧，化送亡僧，皆歸淨土。』故五宗諸師，多事密修也。多有久歷年所，躬行苦行（如潙山作典座，雪峰作飯頭之類），無非欲圓滿六度，自利利他，類皆重法如寶，輕身似塵。絕不似今人之輕慢古今，褻瀆經論也。是知宗為前鋒，教為後勁，其所辦是一事，其所說是一法。但以語言施設，門庭建立不同。門外漢不知其同而不可合，異而不可離之所以，妄用己見，強作主宰。不是互謗，便是混濫。互謗之過，愚或能知；混濫之愆，智猶難曉。蓋以歸元無二，方便多門。

宗家方便，出於格外，所有語言，似乎掃蕩。未得意者，不體離言之旨，唯嚋出酒之糟。在宗則開一解路，不肯力參；在教則妄學圓融，破壞事相。唯大達之士，雙得其益。否則醍醐甘露，貯於毒器，遂成砒霜鴆毒矣。教雖總明萬法唯心，然須就事論事，事理因果，毫無混濫，原始要終，不出唯心。宗家的實商量，亦復如是。若舉揚向上，雖指盡世間法法頭頭為問，答時總歸本分，絕不就事論事。所謂問在答處，答在問處。縱有似乎就事說者，意則在彼而不在此。若認作就事者，即白雲萬里矣。的實商量者，禪書不錄。所錄者皆屬本分話。若欲知者，必須廣閱群書。否則看《萬善同歸集》，及《淨土十要》中禪匠著述，亦可見其梗概矣。

克論佛法大體，不出真、俗二諦。真諦則一法不立，所謂實際理地，不受一塵也；俗諦則無法不備，所謂佛事門中，不捨一法也。教則真俗並闡，而多就俗說；宗則即俗說真，而掃除俗相。須知真、俗同體，並非二物。譬如大圓寶鏡，虛明洞徹，了無一物。然雖了無一物，又復胡來即胡現，漢來則漢現，森羅萬象，俱來則俱現。雖復群相俱現，仍然了無一物。

雖復了無一物，不妨群相俱現。宗則就彼群相俱現處，專說了無一物；教則就彼了無一物處，詳談群相俱現。是宗則於事修而明理性，不棄事修；教則於理性而論事修，還歸理性。正所謂稱性起修，全修在性，不變隨緣，隨緣不變，事理兩得，宗教不二矣。教雖中、下，猶能得益，非上上利根不能大通，以涉博故；宗雖中、下，難以措心，而上根便能大徹，以守約故。教則世法佛法，事理性相，悉皆通達，又須大開圓解（即宗門大徹大悟也），方可作人天導師；宗則參破一個話頭，親見本來，便能闡直指宗風。佛法大興之日，及佛法大通之人，宜依宗參究。喻如僧繇畫龍，一點睛，則即時飛去；佛法衰弱之時，及劣根陋劣之士，宜依教修持。喻如拙工作器，廢繩墨，則終無所成。教多顯談，宗多密說。宗之顯者，如達磨云：『淨智妙圓，體自空寂。』馬祖云：『即心即佛。』百丈云：『靈光獨耀，迥脫根塵；體露真常，不拘文字；心性無染，本自圓成；但離妄念，即如如佛。』此則與《法華》、《楞嚴》諸大乘經，毫無異致。總之，六祖前多顯，六祖後多密。愚人不知宗、教語言同異之致，每見宗師垂問，教家不能加答，遂高推禪宗，藐視教典，佛經視作故紙，祖語重愈綸音（綸音即聖旨）。今之欲報佛恩、利有情者，在宗則專闡宗風，尚須教印；在教則力修觀行，無濫宗言。良以心通妙諦，遇緣即宗。柏樹子、乾屎橛、鴉鳴鵲噪、水流花放、咳唾掉臂、譏笑怒罵，法法頭頭，咸皆是宗。豈如來金口所說圓頓妙法，反不足以為宗耶？何須借人家扛子，撐自己門庭。自家梗楠豫章，何故棄而不用？須知法無勝劣，唯一道而常然。根有生熟，雖一法而益別。然則『教外別傳』之說非歟？曰：言教外別傳者，令人於指外見月也。又宗家提持，超越常格之外，名為『教外別傳』。然此四字，埋沒多少豪傑！今為道破：對教說，則曰教外別傳，機鋒轉語等，亦是教；對宗說，則曰機鋒轉語外別傳，庶不至辜負佛祖、徒造口業矣。

若真佛教不能傳佛心印，則已得別傳之迦葉、阿難、馬鳴、龍樹，當另宏別傳之法，何用結集三藏，注經造論為哉？宗須教印者，如木須從繩則正也。予嘗勸一狂僧念佛，彼言『衲僧鼻孔，三世諸佛尚摸不著，用念佛作麼？』予曰：『若真摸著三世諸佛摸不著的鼻孔，尚須步步隨著三世諸佛腳後跟轉。儻不隨三世諸佛腳後跟轉，則摸著者非衲僧鼻孔，乃阿鼻地獄鐵床銅柱上火孔也。』達磨云：『二百年後，明道者多，行道者少；說理者多，通理者少。』智者示登五品，南嶽示證鐵輪。故知今人於宗、教二門，開眼尚難，何況實證？其有慈悲願深，生死心切者，宜隨遠公、智者、永明、蓮池，專致力於念佛求生淨土一門也。

書至此，有傍不甘者呵曰：『佛法廣大如法界，究竟如虛空，妙性遠明，離諸名相。安用汝許多落索，分疆立界為？』

予應之曰：『妙性雖離名相，名相豈礙妙性？虛空法界雖無疆界，疆界豈礙虛空法界？吾欲舍東往西，必須定南辨北，庶幾方向不迷，措足有地。又恐己見錯謬，欲請正於達人。是跋夫之路程，非輪王之輿版（輿版即地輿圖）。若夫通方開士，過量大人，世法全是佛法，業道無非佛道，祖意教理，佛經禪錄，本自融通，有何混濫？盡吾之智，不能測其境界；竭吾之力，不能窺其藩籬。吾之鄙論，姑就吾之鄙機言耳。子何以迦樓羅王之飛騰，用責於蠛蠓蚊蚋，而令其齊驅也哉？』」（《增廣》卷二）

【按】《萬善同歸集》，延壽述。三卷（或作六卷）。該書為集舉經論、祖師等禪家心要之書。各卷之初，首敘其概要，後以問答體解明意旨。卷上，初說理事相即，次以三十三條問答解說其義；卷中，初示波羅蜜等實踐行法，復以二十七問答細說；卷下，舉示妙行圓滿之旨，再以五十四條問答，論述其義。全書雖以闡揚禪宗為主，但融合天台、華嚴、淨土等思想，亦隨處可見。

【按】《淨土十要》，蕅益撰。十卷。該書將淨土教義之論書編集成十種。其中收有宋遵式《往生淨土懺願儀》、《往生淨土決疑行願二門》、明成時《觀無量壽佛經初心三昧門》及《受持佛說阿彌陀經行願儀》、隋智者《淨土十疑論》、唐飛錫《念佛三昧寶王論》、元善遇《淨土或問》、明代妙葉《寶王三昧念佛直指》等。為淨土行者修行所依之重要典籍。

【按】迦樓羅王，又名迦樓羅鳥，梵語 garuda 意譯為「金翅鳥」。為古代印度神話中，一種類似鷲鳥，性情猛烈之巨鳥。面白翼赤，身體金色。在大乘佛典中，此鳥屬八部眾之一，與天、龍、阿修羅等共列於說法之會座。

②《覆吳滄州書二》：「因民元年見《佛學叢報》載有常慚數篇（此非我名，但隨便用之，以不願令人知名故也），不知為僧為俗，因常打聽。……」（《續編》卷上《書》）

## 有關人物及佛教大事

太虛於南京毗盧寺發起「佛教協進會」，受到孫中山嘉許。後與仁山、智光、弘模、觀同諸法師赴鎮江金山寺召開成立大會，因發生長老僧與新學僧之間的衝突，釀成「金山寺事件」。

李證剛、歐陽漸、桂念祖、濮一乘等居士於南京「祇園精舍」故址發起組織「佛教會」。

鑑於各地毀寺驅僧日趨嚴重，滬上諸山長老倡議成立「中國佛教總會」，並將太虛之「佛教協進會」合併，得到各地擁護。遂於上海留雲禪寺舉行成立大會，推舉寄禪爲會長，清海、道興等爲副會長，並將各省支會改名支部，且上呈大總統及內務、教育二部備案。

爲維護寺廟財產不被侵奪，寄禪率僧進京請願，遭受侮辱，憤而圓寂於北京法源寺。

# 一九一三年　五十三歲（民國二年　癸丑）

## 譜主事略

居普陀山法雨寺。四月八日，作《與高鶴年居士書》。

師作《與謝融脫居士書》，論出家、在家修行、護法之難易[1]。

## 注　釋

[1] 《與謝融脫居士書》：「……現今法弱魔強，欲護持佛法，在俗則易，在僧則難。閣下若能嚴持五戒，專念彌陀；克己復禮，言行相應，然後廣行化導，普利群倫。不可居師位而自高，不可受錢財而自益。在家爲一家演說，對眾爲大眾詳陳，則人皆仰其德而信從其言，所謂其身正不令而行，草上之風必偃也。……但能見佛像，即作眞佛想；見佛經祖語，即作佛祖面命自己想。必恭必敬，無怠無忽，則終日見佛，終日親炙諸佛、菩薩、祖師、善知識。……出家若不眞修，更甚於俗。若欲遠離，先須了知世間一切諸法悉皆是苦、是空、是無常、是無我、是不淨，則貪、嗔、癡三毒無由而起矣。儻猶不能止，則以忠恕、忍辱治之，則自止矣。若又不止，則設想於死，自然無邊熱惱化爲清涼矣。《報恩經》謂次第受戒。今出家受戒者，亦先三皈，次五戒，次十戒，次具戒，次菩薩戒。但古之受戒者，是發心爲了生死，今之受戒者，多是爲充大僧而圖體面。得戒之言，從未措懷，故外方之蟒流子、下流坯，無不皆是受過三壇大戒之僧。此其弊，由於清世祖罷試僧、免度牒，與近世之爲師者貪名利、喜眷屬之所致也。吾恐貴地諸僧不知此義，謂度人出家，是第一好事，

致匪類入法，法隨以滅，故不避繁瑣而覼縷言之也。」（《增廣》卷二）

【按】試僧，又稱試經度僧、試經。指唐代朝廷為控制僧尼人數，禁止私自出家而設立之制度。出家者須讀誦經論，且陳述其義，以試驗學力，方須落髮。如《隆興編年通論》卷十五：「至德二年，聽白衣能誦經五百紙者度為僧。」其後，宋、元、明各朝亦相繼行之，但時鬆時嚴，清初始廢。

【按】度牒，又名祠部牒。原指由唐代祠部給合法出家者頒發的證書。《佛祖歷代通載》卷十二：「天寶五載丙戌五月，制天下度僧尼，並令祠部給牒。」僧尼以此牒作為身份證，可免除徭役。後代基本延襲，直至清代乾隆年間廢止。

### 有關人物及佛教大事

諦閑於寧波觀宗寺創辦「觀宗研究社」，自任主講，教習天台宗教義。

袁世凱政府頒佈《寺院管理暫行規範》，將寺廟管理大權交付地方行政長官，未經其許可，不得變更寺廟財產。

## 一九一四年　五十四歲（民國三年　甲寅）

### 譜主事略

晤狄楚青於法雨寺。師提議印行清雍正皇帝所撰之《揀魔辨異錄》。此後，狄氏乃遵囑於滬上石印此書一千部流通[1]。

【按】狄楚青（？～1941），名葆賢，又號「平等閣主」。江蘇溧陽人。維新派人士，佛教學者。早年主張變法，與譚嗣同等人過從甚密。「戊戌變法」失敗後，曾兩度亡命日本。1912年創辦《佛學叢報》，設「有正書局」。曾推薦月霞至上海弘法，創辦華嚴大學。1931年，與葉恭綽等在滬發起影印宋版《磧砂藏》。初信淨土，後皈依常州天寧寺冶開和尚，經其點化，有省。生平喜好詩詞書畫，著有《平等閣詩話》、《平等閣日記》等。

應約為《佛學叢報》撰《淨土決疑論》[2]。署「紅螺山慕蓮法師遺稿，雲水僧釋常慚鈔寄。」[3]連同舊稿一共五篇。覆高鶴年居士書，說明為《佛學叢報》撰稿之事。由於《佛學叢報》因故停刊，大師之《淨土決疑論》及其他

四篇文稿均未能刊出④。

此年十月，太虛來普陀山，閉關於錫麟禪院，大師親自爲其封關，並題其關房曰：「遁無悶廬」。

注　釋

①《覆如岑法師》：「民國三年，狄楚青來普院。光勸伊流通此書（指《揀魔辨異錄》），云：『當向諦公（指諦閑）處請其書。』伊云：『我有。』問：『從何而得？』云：『在北京爛貨攤買的。』伊回申，即付印刷所，照式石印一千部。以八部送光。」（《三編》卷一）

②《淨土決疑論》：「一日，有一上座久參禪宗，兼通教理，眼空四海，誓證一乘。效善財以遍參知識，至螺山以叩關余舍。時余適以《彌陀要解》文深理奧，不便童蒙。欲搜輯台教，逐條著鈔，俾初學之士，易於進步。非敢效古德之宏闡道妙，聊以作後進之入勝因緣。喜彼之來，即贈《要解》一本，且告以著鈔之意。上座因謂余曰：『《要解》一書，吾昔曾一視之。見其詞曰：『華嚴奧藏，法華秘髓，一切諸佛之心要，菩薩萬行之司南，皆不出於此矣。』若此者不勝枚舉，直是抑遏宗、教，過贊淨土，謗正法輪，疑誤眾生。不意蕅益大師，以千古希有之學識，不即直指人心，宏揚止觀。反著斯解，以爲愚夫愚婦之護身符。俾舉世縉素，守一法以棄萬行；取蹄涔以捨巨海。同入迷途，永背覺路。斷滅佛種，罪過彌天矣。欲報佛恩者，當即毀滅令盡，又何堪著鈔，以助其流通耶？』憤心屬氣，若對讎仇。余俟其氣平，徐謂之曰：『汝以蕅益此解，爲罪過藪者，但知其末流，而不知其本源，是逐塊之癡犬，非擇乳之鵝王也。須知其過，實不在於蕅益此解，在於釋迦、彌陀，及十方諸佛，與淨土三經，及《華嚴》、《法華》，諸大乘經；文殊、普賢、馬鳴、龍樹、智者、善導、清涼、永明等，諸大菩薩祖師也。汝若能爲大法王，正治其罪，庶汝之所言，舉世奉行矣。否則即是山野愚民，妄稱皇帝，自製法律，背叛王章，不旋踵而滅門誅族矣。汝作是說，謗佛、謗法、謗僧，當即生陷阿鼻地獄，永劫受苦，了無出期，恃宿世之微福，造窮劫之苦報，三世諸佛，名爲可憐憫者，即汝是也。』彼瞿然曰：『師言罪在釋迦、彌陀等者，何反常之若是也？請詳陳其故。若其理果勝，敢不依從？』

　　余曰：『如來爲一大事因緣故，出現於世。所謂大事因緣者，欲令眾生，開示悟入佛之知見，直下成佛而已，豈有他哉！無奈眾生，根有大小，迷有淺深，不能直下暢佛本懷。因茲隨機設教，對病發藥；爲實施權，開權顯實。於一乘法，作種種說，或有善根成熟者，令其誕登覺岸；其有惡業深厚者，

令其漸出塵勞。曲垂接引，循循善誘。雖天地父母，不能喻其少分矣。

又，以一切法門皆仗自力，縱令宿根深厚，徹悟自心，儻見、思二惑，稍有未盡，則生死輪迴，依舊莫出。況既受胎陰，觸境生著，由覺至覺者少，從迷入迷者多。上根猶然如是，中下又何待言！斷見惑如斷四十里流，況思惑乎？了生脫死，豈易言哉！以是不能普被三根，暢佛本懷。唯念佛求生淨土一法，專仗彌陀宏誓願力，無論善根之熟與未熟，惡業之若輕若重，但肯生信發願，持佛名號，臨命終時，定蒙彌陀垂慈接引，往生淨土。俾善根熟者，頓圓佛果，即惡業重者，亦預聖流，乃三世諸佛度生之要道，上聖下凡共修之妙法。由是諸大乘經，咸啓斯要；歷代祖師，莫不遵行。汝以禪教自負，而妄謂宏淨土者，為謗正法輪，斷滅佛種，足徵汝乃魔附其身，喪心病狂，認迷為覺，指正為邪之地獄種子耳！

夫釋迦、彌陀，於往劫中，發大誓願，度脫眾生。一則示生穢土，以穢以苦折伏而發遣；一則安居淨土，以淨以樂攝受而鈞陶。汝只知愚夫愚婦，亦能念佛，遂至藐視淨土，何不觀《華嚴·入法界品》，善財於證齊諸佛之後，普賢菩薩，乃教以發十大願王，回向往生西方極樂世界，以期圓滿佛果，且以此普勸華藏海眾乎？夫華藏海眾，無一凡夫二乘，乃四十一位法身大士，同破無明，同證法性，悉能乘本願輪，於無佛世界，現身作佛。又，華藏海中，淨土無量，而必回向往生西方極樂世界者，可知往生極樂，乃出苦之玄門，成佛之捷徑也。以故自古迄今，所有禪、教、律叢林，無不朝暮持佛名號，求生西方也。汝歷參叢林，何日日修習，而反生譭謗之若是也。儒書所謂習焉不察、日用不知者，莫汝為甚也。

夫《華嚴》為諸經之王，王於三藏。《華嚴》不信，即一闡提。縱不生陷阿鼻，報終定墮無間。吾欲離苦而求生淨土，汝欲得苦而譭謗《華嚴》。汝守汝志，吾行吾道。將軍不下馬，各自奔前程。道不同，不相為謀，汝去，吾不語汝。』

彼曰：『道貴宏通，疑須剖決。師何見拒之甚也。嘗聞毗盧遮那，遍一切處。其佛所住，名常寂光，則但證法身，當處即是寂光淨土，又何必以生滅心，捨東取西，然後為得也？』

余曰：『談何容易！寂光淨土，雖則當處即是，然非智斷究竟，圓證毗盧法身者，不能徹底親得受用，圓教住、行、向、地等覺，四十一位，尚是分證。汝若圓證毗盧法身，則不妨說當處便是寂光。其或未然，則是說食數寶，不免饑寒而死也。』

彼曰：『唯心淨土，自性彌陀，宗門常談，不應有錯。』

余曰：『宗門所說，專指理性，非論事修。所以然者，欲人先識不涉因果修證、凡聖生佛之理。然後，依此理以起修因證果。超凡入聖，即眾生而成佛道之事。汝何事理籠統，知見顛倒之若是也。又，汝以捨東取西，爲生滅者，不知執東廢西，乃斷滅也。夫未證妙覺，誰離取捨？三祇煉行，百劫修因，上求下化，斷惑證眞，何一非取捨之事乎？須知如來欲令一切眾生速證法身，及於寂光，所以特勸持佛名號，求生西方也。』

問：『棗柏李長者《華嚴合論》，謂西方淨土，乃爲一分取相凡夫，未信法空實理，以專憶念，其心分淨，得生淨土，是權非實。何以華藏海眾，同願往生？棗柏現生證聖，神通智慧，不可思議，定是華嚴會上菩薩示現。所有言說，當無錯謬。』

答：『棗柏雖菩薩示現。以經未全來，不能預斷，故作此說。按棗柏造論，在唐玄宗開元年間。論成之後，隨即入滅。歷五十餘年，至德宗貞元十一年，南天竺烏荼國王，方進《普賢行願品》四十卷之梵文。至十四年，始譯畢流通。其前之三十九卷，即《八十華嚴》之《入法界品》，而文義加詳。彼第八十，善財承普賢威神之力，所證與普賢等、與諸佛等。普賢乃爲說偈，稱讚如來勝妙功德。以文來未盡，故未結而終。及《行願品》來，第四十卷，普賢乃以十大願王，勸進善財，及與華藏海眾，令其迴向往生西方極樂世界。說畢，如來讚歎，大眾奉行，文方圓備。故古德以此一卷，續於八十卷後流通。欲後世學者，咸得受持全經云耳。

古德謂念佛求生淨土一法，唯佛與佛，乃能究盡；登地菩薩，不能知其少分者，即此是也。則一切上根利器，淨土總攝無遺矣。《大集經》云，末法億億人修行，罕一得道，唯依念佛，得度生死。則一切人天六道、具縛凡夫，淨土亦總攝無遺矣。汝信棗柏而不信《行願品》、《大集經》，是遵縣令一時權宜之告示，而違皇帝萬古不易之敕旨，何不知尊卑輕重之若是也。』

問：『彼既海眾示現，何待經來方知？』答：『宏揚佛法，大非易事。須有證據，方可取信。《華嚴》一經，迴越群典，無從引類，以自裁度。』

問：『涅槃全經未至，生公何以預倡闡提皆有佛性？將謂棗柏，不及生公。』

答：『闡提原是眾生，一切眾生皆有佛性，闡提何得獨無？有智識者，皆可預斷。往生圓滿佛果，諸經絕未宣說，誰敢自出心裁，豎此奇義？二者事理絕不相侔，不可引以爲證。至於二公所證，則非吾輩博地凡夫可知，何敢戲論？須知菩薩宏法，或順或逆，種種方便，不可思議，得非棗柏示以不知，以敦後世之信向耶？』

問：『禪宗諸師，多撥淨土，此又何說？』

答：『禪宗諸師，唯傳佛心。所有言說，皆歸向上。汝參禪有年，尚不知此，則汝之所解，皆破壞禪宗之惡知見也。』

問：『博地凡夫，豈敢自任，諸祖誠言，斷可依憑。六祖謂東方人造罪，念佛求生西方；西方人造罪，念佛求生何國？趙州云：「佛之一字，吾不喜聞。」又云：「老僧念佛一聲，漱口三日。」禪宗諸師，多有此等言句，則又何說？』

答：『六祖直指向上，令人識取自心。汝當作訓文釋義，辨論修持法門。所謂認驢鞍橋作阿爺下頷，幾許誤哉！汝須知西方之人，見、思淨盡，進破塵沙，及與無明。只有進修，絕無造罪之事。謂彼求生何國者，若在此間，未斷見、思，仗佛慈力，帶業往生之人，則生凡聖同居淨土。一生彼土，則見、思二惑，徹底消滅。喻如洪爐片雪，未至而化；德人覿面，鄙念全消。若是見、思淨盡，則生方便有餘淨土；分破無明，則生實報無障礙淨土；無明淨盡，福慧圓滿，則生常寂光淨土。在此土現證者如是，在彼土進修者亦然。汝何過慮彼無生處，而自障障人，不肯求生，聞噎廢食，自喪性命，則天下癡人，莫汝若也。汝但知趙州「佛之一字，吾不喜聞」，何不領取下文僧問「和尚還為人也無」，州云「佛佛」乎？但欲依「念佛一聲，漱口三日」，何不依僧問「和尚受大王如是供養，何以報答」，州云「念佛」乎？又何不依僧問「十方諸佛，還有師也無」，州云「有」；問「如何是諸佛師」，州云「阿彌陀佛，阿彌陀佛」乎？汝謂禪宗諸師，多有此等言句，不知禪家酬機之言，名為機鋒，名為轉語，問在答處，答在問處，不知返照迴光，叩己而參，一向但嚙酒糟，逐土塊，有甚了期！吾出家三十餘年，「漱口三日」、「佛不喜聞」之言，則眾口同宣。至於以「佛佛」為人，以念佛報恩，以阿彌陀佛為十方諸佛師，絕未聞一人說一句者。夫言出一口，既以彼為實為可依，則此亦是實是可依，何受損者即依，得益者即違？一依一違，自相矛盾。夫趙州所言，總歸本分。「佛不喜聞」與「念佛」等，皆屬轉語。若能直下識得自心，方知趙州道越常情，語出格外。當孜孜念佛，唯日不足矣。儻不能親見趙州，則寧可以念佛為修持，不可依撥佛為把柄；依念佛，則即生便出輪迴，將來定成佛道；依撥佛，則謗佛、謗法、謗僧，現生則罪業山積，福慧冰消，命終則永墮阿鼻，長劫受苦。其利害得失，奚啻天淵！總之，今人率皆福薄慧淺，業重障深。於得益者，皆若罔聞；於受損者，全身頂戴（得益受損，且約未悟錯會說，非古德所說之法，有益有損也）。諸師酬機之言，悉皆若是，不勞備釋。

汝謂祖師誠言，斷可依憑，何不依百丈云：「修行以念佛爲穩當」乎？又何不依百丈立祈禱病僧，化送亡僧之規，皆悉回向往生淨土乎？將謂百丈唯令死者往生，不令生者求生乎？又何不依西天第十四祖龍樹菩薩，如來預記往生，龍宮誦出《華嚴》，廣造諸論，遍贊西方，如《毗婆沙論》，稱爲易行、疾至之道乎？又何不依第十二祖馬鳴菩薩，於《起信論》末後，示最勝方便，令人念佛求生西方，常侍彌陀，永不退轉乎？又何不依二祖阿難、初祖迦葉，結集三藏，與淨土諸經乎？儻淨土不足爲法，有害於世，彼何不知好歹，貽後世以罪藪乎？又諸大乘經，皆贊淨土，而小乘經則無一字言及，將謂諸大乘經，不足爲法乎？又佛說《彌陀經》時，六萬恒河沙數諸佛，悉皆出廣長舌，勸信此經。將謂六萬諸佛，亦貽人以罪藪乎？如謂六祖、趙州等，不可不信，則龍樹、馬鳴、阿難、迦葉、釋迦、彌陀、六萬諸佛、諸大乘經，更爲不可不信；若謂諸佛、諸祖、諸經，皆不足信，又何有於六祖、趙州爲哉！見近而不見遠，知小而不知大，如鄉民慕縣令之勢力，而不知皇帝之威德，小兒見銅錢而即拾，遇摩尼寶珠而不顧也。汝還知永明《四料簡》，所示禪淨有無利害得失乎？夫永明乃彌陀化身，豈肯貽人罪藪，謗正法輪，疑誤眾生，斷滅佛種乎？』

彼曰：『永明料簡，語涉支離，不足爲法。何以言之？彼謂「有禪有淨土，猶如戴角虎，現世爲人師，來生作佛祖。」若如是說，則今之禪者，類多皆看「念佛的是誰」。又有住念佛堂，長年念佛者，彼皆現世能爲人師，來生即成佛祖乎？』又云：『「無禪有淨土，萬修萬人去，若得見彌陀，何愁不開悟？」今之愚夫愚婦，專念佛名者，處處皆有，未見幾人臨命終時，現諸瑞相，蒙佛接引，往生西方也。故知永明料簡，爲不足法。』

余曰：『汝何囫圇吞棗，不嘗滋味之若是也。夫永明料簡，乃大藏之綱宗，修持之龜鑑。先須認准如何是禪，如何是淨，如何是有，如何是無。然後，逐文分剖，則知字字皆如天造地設，無一字不恰當，無一字能更移。吾數十年來，見禪、講諸師所說，皆與汝言，無少殊異。見地若是，宜其禪與淨土，日見衰殘也。』

問：『何名禪淨，及與有無？請垂明誨。』

答：『禪者，即吾人本具之眞如佛性，宗門所謂父母未生以前本來面目。宗門語不說破，令人參而自得，故其言如此。實即無能無所，即寂即照之離念靈知，純眞心體也（離念靈知者，了無念慮，而洞悉前境也）。淨土者，即信願持名，求生西方，非偏指唯心淨土，自性彌陀也。有禪者，即參究力極，念寂情亡，徹見父母未生前本來面目，明心見性也。有淨土

者，即真實發菩提心，生信發願，持佛名號，求生西方也。禪與淨土，唯約教約理。有禪有淨土，乃約機約修。教理則恒然如是，佛不能增，凡不能減，機修須依教起行，行極證理，使其實有諸己也。二者文雖相似，實大不同。須細參詳，不可籠統。儻參禪未悟，或悟而未徹，皆不得名為有禪。儻念佛偏執唯心，而無信願；或有信願，而不真切，悠悠泛泛，敷衍故事；或行雖精進，心戀塵境；或求來生，生富貴家，享五欲樂；或求生天，受天福樂；或求來生，出家為僧，一聞千悟，得大總持，宏揚法道，普利眾生者，皆不得名為有淨土矣。』

問：『出家為僧，宏法利生，又有何過，而亦簡除？』

答：『若是已斷見、思，已了生死，乘大願輪，示生濁世，上宏下化，度脫眾生者，則可。若雖或有智願，未斷見、思，縱能不迷於受生之初，亦復難保於畢生多世。以雖能宏法，未證無生，情種尚在，遇境逢緣，難免迷惑。儻一隨境迷，則能速覺悟者，萬無一二。從迷入迷，不能自拔，永劫沈淪者，實繁有徒矣。如來為此義故，令人往生淨土，見佛聞法，證無生忍。然後乘佛慈力，及己願輪，回入娑婆，度脫眾生，則有進無退，有得無失矣。未斷見、思，住此宏法，他宗莫不如是，淨宗斷斷不許也。世多謂參禪便為有禪，念佛便為有淨土。非但不知禪、淨，兼亦不知文意，辜負永明古佛一番大慈悲心，截斷後世行人一條出苦捷徑。自誤誤人，害豈有極！所謂錯認定盤星，毫釐有差，天地懸隔也。』

彼曰：『禪淨有無，略知旨趣。四偈玄文，請詳訓釋。』

余曰：『「有禪有淨土，猶如戴角虎，現世為人師，來生作佛祖」者，其人徹悟禪宗，明心見性。又復深入經藏，備知如來權實法門。而於諸法之中，又復唯以信願念佛一法，以為自利利他通途正行。《觀經》上品上生，讀誦大乘、解第一義者，即此是也。其人有大智慧，有大辯才，邪魔外道，聞名喪膽，如虎之戴角，威猛無儔。有來學者，隨機說法，應以禪、淨雙修接者，則以禪、淨雙修接之；應以專修淨土接者，則以專修淨土接之。無論上、中、下根，無一不被其澤，豈非人天導師乎？至臨命終時，蒙佛接引，往生上品，一彈指頃，華開見佛，證無生忍。最下即證圓教初住。亦有頓超諸位，至等覺者。圓教初住，即能現生百界作佛，何況此後，位位倍勝，直至第四十一位等覺位乎？故曰：「來生作佛祖也。」

「無禪有淨土，萬修萬人去，若得見彌陀，何愁不開悟」者，其人雖未明心見性，卻復決志求生西方，以佛於往劫，發大誓願，攝受眾生，如母憶子。眾生果能如子憶母，志誠念佛，則感應道交，即蒙攝受。力修

定、慧者，固得往生。即五逆十惡，臨終苦逼，發大慚愧，稱念佛名，或至十聲，或止一聲，直下命終，亦皆蒙佛化身，接引往生，非萬修萬人去乎？然此雖念佛無幾，以極其猛烈，故能獲此巨益。不得以泛泛悠悠者，校量其多少也。既生西方，見佛聞法，雖有遲速不同，然已高預聖流，永不退轉。隨其根性深淺，或漸或頓，證諸果位。既得證果，則開悟不待言矣。所謂「若得見彌陀，何愁不開悟」也。

「有禪無淨土，十人九蹉路，陰境若現前，瞥爾隨他去」者，其人雖徹悟禪宗，明心見性。而見、思煩惱不易斷除，直須歷緣鍛煉，令其淨盡無餘，則分段生死，方可出離。一毫未斷者，姑勿論，即斷至一毫未能淨盡，六道輪迴依舊難逃，生死海深，菩提路遠。尚未歸家，即便命終。大悟之人，十人之中，九人如是。故曰「十人九蹉路」。蹉者，蹉跎。即俗所謂擔閣（耽擱）也。陰境者，中陰身境。即臨命終時，現生及歷劫善惡業力所現之境。此境一現，眨眼之間，隨其最猛烈之善、惡業力，便去受生於善、惡道中，一毫不能自作主宰。如人負債，強者先牽，心緒多端，重處偏墜。五祖戒再為東坡，草堂清復作魯公，此猶其上焉者。故曰「陰境若現前，瞥爾隨他去」也。陰，音義與蔭同，蓋覆也。謂由此業力，蓋覆真性，不能顯現也。瞥，音撇，眨眼也。有以「蹉」為「錯」，以陰境為五陰魔境者，總因不識禪及有字，故致有此胡說巴（八）道也。豈有大徹大悟者，十有九人，錯走路頭，即隨五陰魔境而去、著魔發狂也？夫著魔發狂，乃不知教理，不明自性，盲修瞎煉之增上慢種耳，何不識好歹以加於大徹大悟之人乎？所關甚大，不可不辯。

「無禪無淨土，鐵床並銅柱，萬劫與千生，沒個人依怙」者，有謂無禪無淨，即埋頭造業，不修善法者，大錯大錯。夫法門無量，唯禪與淨，最為當機。其人既未徹悟，又不求生，悠悠泛泛，修餘法門，既不能定、慧均等，斷惑證真，又無從仗佛慈力，帶業往生。以畢生修持功德，感來生人天福報。現生既無正智，來生即隨福轉，耽著五欲，廣造惡業。既造惡業，難逃惡報。一氣不來，即墮地獄，以洞然之鐵床銅柱，久經長劫，寢臥抱持，以償彼貪聲色、殺生命等，種種惡業。諸佛菩薩，雖垂慈愍，惡業障故，不能得益。昔人謂修行之人，若無正信求生西方，泛修諸善，名為第三世怨者，此之謂也。蓋以今生修行，來生享福，倚福作惡，即獲墮落，樂暫得於來生，苦永貽於長劫，縱令地獄業消，又復轉生鬼畜，欲復人身，難之難矣。所以佛以手拈土，問阿難曰：「我手土多，大地土多？」阿難對佛曰：「大地土多。」佛言：「得人身者，如手中土；失人身者，如

大地土。」「萬劫與千生，沒個人依怙」，猶局於偈語，而淺近言之也。

夫一切法門，專仗自力；淨土法門，專仗佛力。一切法門，惑業淨盡，方了生死；淨土法門，帶業往生，即預聖流。永明大師，恐世不知，故特料簡，以示將來。可謂迷津寶筏，險道導師。惜舉世之人，顢頇讀過，不加研窮，其眾生同分惡業之所感者歟？』

彼曰：『我昔何罪，早昧真詮。宿有何福，得聞出要。願廁門牆，執侍巾瓶。』

余曰：『余有何德，敢當此說。但余之所言，皆宗諸佛諸祖。汝但仰信佛祖，宏揚淨土，則無德不報，無罪不滅。昔天親菩薩，初謗大乘，後以宏大贖愆。汝能追彼勞蹤，我願捨身供養。』

上座乃禮佛發願云：『我，某甲。從於今日，專修淨業。唯祈臨終，往生上品，見佛聞法，頓證無生。然後，不違安養，遍入十方，逆順隱顯，種種方便，宏通此法，度脫眾生。盡未來際，無有間歇。虛空有盡，我願無窮。願釋迦彌陀，常住三寶，愍我愚誠，同垂攝受。』

余曰：『淨土事者，是大因緣；淨土理者，是秘密藏。汝能信受奉行，即是以佛莊嚴而自莊嚴。』上座唯唯而退。因錄其問答，以為不知此法者勸。」（《增廣》卷二）

【按】《彌陀要解》，蕅益撰。乃調和禪與念佛之作，旨在闡述淨土法門之殊勝。為《彌陀經》重要註疏之一。近人黃智海嘗以此書與《彌陀經疏鈔》之義，寫成《阿彌陀經白話解釋》一書，頗有影響。

【按】毗盧遮那，佛名。又稱「盧舍那」，意譯為「光明遍照」、「遍一切處」、「大日」。主要有三個解釋：（1）華嚴宗據《華嚴經》認為，毗盧遮那是報身佛，是華藏世界的教主。（2）天台宗、法相宗認為毗盧遮那是法身佛，盧舍那為報身佛，釋迦牟尼為應身佛。（3）密教視毗盧遮那為「大日如來」，為理智不二的法身佛。

【按】《普賢行願品》，又名《四十華嚴》、《貞元經》。唐代般若譯。內容記述善財童子歷參五十三位善知識，而成就普賢菩薩之行願。此經雖僅《入法界品》一品，但其篇幅卻占整部《華嚴經》四分之一以上，故視之為異譯。此經歷來被看作是「淨土四經」之一，深受大師看重，認為是「華嚴一生圓滿菩提之大結穴，亦淨土法門之大緣起。」

【按】《觀經》，即《觀無量壽經》。「淨土三經」之一。南朝宋疆良耶舍譯。一卷。主要宣說西方阿彌陀佛極樂淨土無比美妙莊嚴。若真發心持戒修

行，或思念阿彌陀佛，或口稱「南無阿彌陀佛」，即可滅罪消災，死後往生極樂世界。

【按】五祖戒再爲東坡，此說出自《禪林僧寶傳》卷二十九《雲居佛印元禪師》：「東坡嘗訪弟子由於高安。將至之夕，子由與洞山眞淨文禪師、聖壽聰禪師連床夜語，三鼓矣。眞淨忽驚覺曰：『偶夢吾等謁五祖戒禪師。不思而蒙，何祥耶？』子由撼聰公。聰曰：『吾方夢見戒禪師。』於是起品坐，答曰：『夢乃有同者乎！』俄報東坡已至奉新。子由攜兩衲候於城南建山寺。有頃，東坡至，理夢事。問：『戒公生在何所？』曰：『陝右。』東坡曰：『軾十餘歲時，時夢身是僧，往來陝西。』又問：『戒妝奚若？』曰：『戒失一目。』東坡曰：『先妣方娠，夢僧至門脊而眇。』又問：『戒終何所？』曰：『高安大愚，今五十年。』而東坡時年四十九。後與眞淨書其略曰：『戒和尚不識人嫌，強顏復出，亦可笑矣。既是法器，願痛加磨勵，使觀舊觀。』自是常著衲衣。……」

③《覆馬契西居士書九》：「《便蒙鈔》，乃道光末年紅螺山慕蓮法師所著。《淨土決疑論》特借彼口氣，而作發起。民國三年，狄楚青致書令作論，以湊《佛學叢報》材料。光先概不用印光之名，故借彼名，於題下標云：『紅螺山慕蓮法師遺稿，雲水僧釋常慚鈔寄』。及與孟由寄，則標云借紅螺慕蓮法師口氣。及蔚如排印，兩種標語全刪去。……」（《增廣》卷二）

④《覆永嘉某居士昆季書》：「《淨土決疑論》，係民國三年狄楚青居士以端甫回籍，十三期報料不足，令作一二篇以助熱鬧耳。後竟以主持無人，遂停版不出。此論文雖鄙菲，而於斷疑生信，不無少補。」（《增廣》卷一）

### 有關人物及佛教大事

月霞於上海哈同華園創辦華嚴大學。持松、常惺、慈舟等皆在該校受業。歐陽漸至南京金陵刻經處，設研究部教授佛典，繼承楊仁山之事業。

# 一九一五年　五十五歲（民國四年　乙卯）

### 譜主事略

是年，仍居法雨寺經樓。一日，華山師來訪。相談之後，大師云：「設今

淨土一宗，無後人傳之、說之、行之者，則佛法真畏將滅盡矣。」①

　　高鶴年居士發心於終南山營建普同塔、念佛堂。又欲建造大覺精舍，以備迎請大師返回陝西老家弘法利生。

　　注　釋

① 華山《記印光法師語》：「南海法雨寺活埋關中印光法師，專修淨業，甚懇克過人。一日，雲泉子訪之，相談良久，將辭去。印公攜手囑曰：『從來禪教諸宗嘗曰「天台教觀一宗，如或無人傳之、說之，則爲佛法趨滅之時」，今則不然矣。』雲泉子殷勤問故，印公喟然曰：『今日聖教愈趨愈下，人根淺薄，於止觀一法，得出生死者，萬無一二，唯淨土可依怙耳。設今淨土一宗，無人傳之、說之、行之者，則佛法真畏將滅盡矣。吾人爲佛弟子，尤宜勉焉。』雲泉子再拜，俯受而退。以其言雖出乎平常，實有關乎淨土之大奧藏也，因記之以示來哲。」（《全集》第七冊（十）附錄）

## 有關人物及佛教大事

太虛撰《整理僧伽制度論》。

內務部頒行《管理寺廟條例》三十一條。

覺先至北京第一模範監獄，宣揚佛教教義，此爲中國佛教徒監獄傳教之始。

# 一九一六年　五十六歲（民國五年　丙辰）

## 譜主事略

　　是年，師於修習淨土法門的實踐中，通過鑽研《楞嚴經》中大勢至菩薩都攝六根法門，並結合參考慈雲懺主的十念法，創立「十念記數」的念佛方法。

　　【按】十念記數法，是大師爲心思散亂、妄念紛飛的念佛人所設立的對治方法。所謂十念記數，指念佛從第一句至第十句，要句句念得分明。念完十句，又從第一句至第十句念，如此重複不斷。不可以二十、三十句隨念隨記，也不必撚珠數，須全憑心記。若覺得一下子記十句有困難，也可改爲從一至五、從六至十兩段來念；儻還以爲費力，甚至還可以分爲從一至三、從四至六、從七至十三段念。但須切記念念清楚，句句分明。久而久之，妄念自然無處安頓，達到攝心歸一的境界。大師常以此教人，屢試不爽。

三月，王一亭來普陀法雨寺晉見大師，並皈依佛門。

【按】王一亭（1867～1938），幼習書畫。1905 年加入中國同盟會，1911
年辛亥革命爆發後，出任軍政府商務總長。曾參與創辦立大麵粉廠、中
華銀行、華商電氣公司等。1913 年後，深居簡出，潛心畫藝，與吳昌碩
等交往頗密。其一生信奉佛教，多致力於慈善事業，嘗與人舉辦華洋義
賑會、孤兒院、殘廢院、中國救濟婦孺會、普善山莊等。1924 年出任上
海世界佛教居士林副林長，1927 年後，連任三屆林長。1927 年會同上海
佛教界創辦上海佛學書局，被推舉為董事長。著有《白龍山畫集》、《廿
四孝畫冊》、《王一亭選集》等流行於世。

覆永嘉某居士書。其中詳論看佛經之要求[1]。

大師之《宗教不宜混濫論》等四篇文章刊出後，社會上反響很大，這引
起了徐蔚如居士的注意，他一邊開始搜集大師的文稿，一邊多方打聽大師的
下落，並托友人疏通，欲函請益，師拒之不許。

【按】徐蔚如（1878～1937），浙江海鹽人。早歲奉佛，後至京城為官。皈
依諦閑座下，法名顯瑞。曾於清末成立北京刻經處、天津刻經處，歷數十
年，校刻佛典近二千卷。民國七年（1918），嘗集印《印光法師文鈔》行世。

注　釋

① 《覆永嘉某居士書五》：「……至於閱經，若欲作法師，為眾宣揚，當先閱
經文，次看註疏。若非精神充足，見解過人，罔不徒勞心力，虛喪歲月。
若欲隨分親得實益，必須至誠懇切，清淨三業。或先端坐少頃，凝定身
心，然後拜佛朗誦，或止默閱。或拜佛後，端坐少頃，然後開經。必須
端身正坐，如對聖容，親聆圓音，不敢萌一念懈怠，不敢起一念分別，
從首至尾，一直閱去。無論若文若義，一概不加理會。如是閱經，利根
之人，便能悟二空理，證實相法。即根機鈍劣，亦可以消除業障，增長
福慧。六祖謂但看《金剛經》，即能明心見性，即指如此看耳，故名曰『但』。
能如此看諸大乘經，皆能明心見性，豈獨《金剛經》為然。若一路分別，
此一句是什麼義，此一段是什麼義，全屬凡情妄想，卜度思量，豈能冥
符佛意，圓悟經旨，因茲業障消除，福慧增長乎！若知恭敬，猶能少種
善根，儻全如老學究之讀儒書，將見褻慢之罪，嶽聳淵深，以善因而招
惡果，即此一輩人也。古人專重聽經，以心不能起分別故。如有一人出
聲誦經，一人於旁，攝心諦聽，字字句句，務期分明，其心專注，不敢
外緣一切聲色。若稍微放縱，便致斷絕，文義不能貫通矣。誦者有文可

依，心不大攝，亦得誦得清楚，聽者唯聲是托，一經放縱，便成割裂。若能如此聽，與誦者能至誠恭敬之功德等。若誦者恭敬稍疏，則其功德，難與聽者相比矣。

今人視佛經如故紙，經案上雜物與經亂堆，而手不盥洗，口不漱蕩，身或搖擺，足或翹舉，甚至放屁摳腳，一切肆無忌憚，而欲閱經獲福滅罪，唯欲滅佛法之魔王，爲之證明讚歎，謂其活潑圓融，深合大乘不執著之妙道，真修實踐之佛子見之，唯有黯然神傷，潛焉出涕，嗟其魔眷橫興，無可如何耳。智者誦經，豁然大悟，寂爾入定，豈有分別心之所能得哉！一古德寫《法華經》，一心專注，遂得念極情亡，至天黑定，尚依舊寫。侍者入來，言天黑定了，怎麼還寫，隨即伸手不見掌矣。如此閱經，與參禪看話頭，持咒念佛，同一專心致志。至於用力久之，自有一旦豁然貫通之益耳。

……閱經時，斷斷不可起分別，自然妄念潛伏，天真發現。若欲研究義理，或翻閱註疏，當另立一時，唯事研究。當研究時，雖不如閱時之嚴肅，亦不可全無恭敬，不過比閱時稍舒泰些。未能業消智朗，須以閱爲主，研究但略帶，否則終日窮年，但事研究，縱令研得如撥雲見月、開門見山一樣，亦只是口頭活計，於身心性命，生死份上，毫無干涉，臘月三十日到來，決定一毫也用不著。若能如上所說閱經，當必業消智朗，三種情見當歸於無何有之鄉矣。若不如是閱經，非但三種情見未必不生，或恐由宿業力引起邪見，撥無因果，及淫、殺、盜、妄種種煩惱，相繼而興，如火熾然。而猶以爲大乘行人，一切無礙，遂援六祖『心平何勞持戒』之語，而諸戒俱以破而不破爲真持矣。」（《增廣》卷一）

## 有關人物及佛教大事
曼殊參與護國行動，討伐袁世凱稱帝。
虛雲赴緬甸迎請玉佛雕像。


# 一九一七年　五十七歲（民國六年　丁巳）

## 譜主事略
三月四日，大師覆丁福保居士書一，談輯錄觀音菩薩事述之事①。

四月十八日，覆丁福保居士書二，稱讚丁氏所著《佛學初階》一書，「先說因果，後說淨土。凡通文義者，皆能領會。讀之者，自有欣欣向榮、欲罷不能之勢；演說者，亦可就文宣說，不須東摘西采，誠爲勸善入佛之初步。」

六月十八日，覆丁福保居士書三，寄贈《印光法師文鈔》一冊，兼及印刷《文鈔》之前後因緣。

六月二十三日，覆丁福保居士書四，論述念佛程式及方法②。

七月初五，覆丁福保居士書五，談論糾正丁氏注經之種種錯誤③。

【按】丁福保（1874～1952），江蘇無錫人。日本醫科大學畢業。初行醫，後自創醫學書局於上海。一邊刊書行醫，一邊閱讀佛典，收藏佛經，並參與地方公益事業，對弘揚佛教尤有貢獻。著述甚多，主要有《文選類詁》、《歷代詩話續編》、《説文解字詁林》等。其佛學著作，大多屬於入門書、工具書和佛經箋注，重要的有《一切經音義提要》、《翻譯名義集新編》、《六祖壇經箋注》、《佛學指南》、《佛學大辭典》等。

夏，同鄉王典章專程至普陀謁師，師格外關照，一起用餐，相契頗深。臨行時，師囑其云：「君年已漸老，若研究佛學，恐不可能。只好蹋（踏）實念佛，以求往生極樂，方不負我倆相見因緣。」④

八月，覆張雲雷居士書。由於張氏主報館事宜，大師在函中建議，因世道人心，日趨低下，宜在報上日載一二條戒殺放生等言論，以及因果報應之事迹，以爲世人殷鑑，戒身存懷，有益於世。張氏從之，曾辟一欄目，專門刊載佛門言論。

覆徐福賢女士書，囑其不可入山皈依，宜在家修行⑤⑥。

十一月初一日，覆丁福保居士書八，大師指出，劉演宗居士一片婆心，述《法華經》六十五種不思議力，卻與淨土一一對舉而論其優劣，實乃未通達如來權實法門，且有斷眾生往生西方之善根。所以，此書萬萬不可流通。

徐蔚如從其友人處，得師之書信三通，印成《印光法師信稿》五千本送人。大師之名始爲世人所知。

是年冬，大師「打七」。期間，高鶴年居士來訪，請求撰寫五臺山茅蓬緣起碑記，師答應來年四月左右進行⑦。

陳錫周居士祈求大師修撰《普陀山志》，師亦有此念，預備遍閱《大藏經》，將觀音大士的感應事迹搜集大備之後，「用頌體頌之，仍於每句注其事。」後因視力不佳，加上各類函件日益增多，回覆佔用了大師最多的時間，修志之

事，一直難以如願⑧。

注　釋

① 《覆丁福保居士書一》：「觀世音菩薩尋聲救苦，隨類現身，事多義廣。光昔欲修《普陀志》。遍閱群籍，悉薈萃而輯錄之。其有人所疑議不能徹了處，加以評論，以期於凡屬同胞咸沾恩澤。但以宿業不消，有目如盲，無從措手。今閣下發此大心，可釋印光一大憾事，感極慰極。《白衣咒》未見出處，想菩薩俯順劣機，夢授之類也。然以至誠心念者，無不所求皆應，有願必從。但佛門知識，不以此教人，以無出處，恐後人杜撰，及妄謂佛經皆非的確從佛國來，多屬後人偽造之端耳。俗念增數句，乃祝願之詞，有亦無礙，無亦無礙。

　　……菩薩隨機施化，不可以常格測度，豈可以凡夫知見而爲判斷。但當仰信而奉行之，則其利溥矣。杭州昭慶寺經房，有《觀音靈感賦》，但內中敘事多有節略過甚，詞不達意處。又有《觀音持驗記》，閣下不知有否？去歲，孟由托蔚如由東洋藏抄出寄來，係周克復集，只三四十頁。若無，祈函示，當即奉上。《海南一勺》，其事迹甚多，皆堪採集。……」（《三編》卷一）

② 《覆丁福保居士書四》：「念佛儀軌，須分同眾、獨修兩種。若同眾修，當依日誦中念佛起止儀，庶可通途無礙，彼此攸宜。至於獨修，雖可隨人自立，然其念誦次第，不可錯亂。所云放下身心，閉目凝神，念《淨法界護身咒》及默想《贊佛偈》，禮佛及三菩薩畢。若誦經，則誦《彌陀經》一遍，《往生咒》三遍畢。然後，朗念《贊佛偈》畢，即接『南無西方極樂世界大慈大悲接引導師阿彌陀佛』。即唯念『南無阿彌陀佛』，宜圍繞念，或數百聲或一千聲。末念觀音、勢至、清淨大海眾三菩薩。然後，念《發願文》。文畢，念『三自皈』，是爲一期起止。若欲多誦經，多持咒者，當另立一誦經時。若一時並行，當先誦經，次誦咒，次贊佛、念佛，次發願三皈。此決定不易之程式也。

　　「十念一法，乃慈雲懺主爲國王大臣政事多端，無暇專修者設。又欲令其淨心一心，故立盡一口氣爲一念之法。俾其心隨氣攝，無從散亂。其法之妙，非智莫知。然只可晨朝一用，或朝暮並日中三用；再不可多，多則傷氣受病。切不可謂此法最能攝心，令其常用，則爲害不小。念佛聲默，須視其地其境何如耳。若朗念無礙者，宜於特行念佛儀軌時朗念。然只可聽其自然，不可過爲大聲。過爲大聲，或致傷氣受病。儻所處之境地不宜朗念，則只可小聲念及金剛持。其功德唯在專心致志，音聲猶屬小焉

者耳。除特行念佛外，若終日常念，固宜小聲念，金剛念，默念。以朗聲常念，必至於傷氣。未證法身，必須調停得中，方可唯益無損耳。朗念費力，默持易昏，散持雖亦功德難思，較之攝心淨念，何啻天淵。光於此數則，曾頗費研究。去歲得一巧方便法，書示知己，皆同讚歎。」（《三編》卷一）

③《覆丁福保居士書五》：「如來生期，多有異說。雖則皆有理致，究不如周昭王二十四年者爲恰當。以漢廷效夢時，通人傅毅、博士王遵以此見對。而又據《周書異記》作證。今雖《周書異記》不可得見，而漢廷問答，決非杜撰。況歷代禪教著述，多皆以此爲准。斷不可舍眾人之所依，而立新義，以添後世無學之人之疑。縱有一二部書依此而說，乃係有志衛道，而未博覽群書，意以莊公七年恒星不現，夜如明晝，非佛出世，何以當之？不知非常之人誕生，及非常之法流布，皆有非常之瑞。豈唯如來方有，而其餘縱法身大士示現概無乎？禪書記南嶽讓生時，白氣屬天，太史上奏，則此祥瑞，其軼逸不傳者，不知凡幾。若必以莊王九年爲是，閣下後來詳閱佛門典故，其前後年代皆不能致論。何以故？以佛生在後，佛弟子及佛遺迹事實在前。既不肯謂佛生在前，又不能挽此諸事於後。若緘默不論則已，論則自相矛盾矣。況序中以昭王二十六年注之（有謂甲寅屬二十六年，然作二十四年者多）。經中以莊王九年注之，一人之著作，豈可立此歧論，實大有礙於初機。……

「諦法師《彌陀經箋注序》，謂『通經居士出手眼疏解者，概喜繁言莊飾』，並下二句，其說頗不安帖。注中引紀大奎謂《華嚴》名義極繁，然實頭緒井井，自應只就本文名色體會，清涼添出行布、圓融、四法界、十玄等名色爲裝塑，爲疊床架屋等，實令人驚駭無似。不意以黃居士及閣下之見地，而引此以注諦師之序，致通人咸所驚怪，啓後人皆競駁古，其弊誠非淺淺。故不得不言，不忍不言矣。竊以佛所說法，被九法界後世注者，各隨一類之機而立言。其欲利初機，非詳釋訓詁字義、文義不可；其欲利大機，非詮釋大義、仰體佛意不可。二者各有所主，非二者各有是非，故天臺釋經，有因緣約教、本迹觀心之不同，以經義淵深，未可以一文一義而盡也。若只許依字義、文義釋經，則盡世間識字讀書文人，皆悉道高清涼，心契佛心，而清涼反爲破壞《華嚴》第一罪人矣。有是理乎？君子一言以爲智，一言以爲不智，言不可不愼也。如唯依文義，而《華嚴·入法界品》海雲比丘謂如來爲我演說普眼法門，假使以大海量墨，須彌聚筆，書此法門一品中一門，一門中一法，一法中一義，一義中一句，不得少分，何況能盡，便爲妄語，便爲

自破《華嚴》？而天台、賢首諸尊宿，皆佛門之罪人也。紀大奎之言，何可引以為證？然推其本心，亦非故作排斥。但以世間文字知見，論出世間不思議大法，其原由未親近明眼知識，遂致宏法而直成謗法也已。

「下論《彌陀經箋注》，初閱『星即三千大千世界』，不勝驚異。再閱『過十萬億佛土』注，及『三千大千世界』注，又不勝驚異，何閣下既知其實事實理，作此無稽之說？祈下次出版《箋注》、《雜記》第一段或全取消。否則將『星即世界』等文，改令與後注相符，則有益而無損矣。如來舌相，覆面至髮，此三藏佛舌之常相。若為界內小機眾生決疑，則出此舌相，以表不妄，遍覆三千大千世界，亦可作譬喻說。若謂絕無其事，歷來注者，皆是呆看呆解。葉錫鳳之流見之，便稱讚不已。通人達士觀之，當痛惜嗟吁，謂閣下以極力弘經之心，竟作此謗佛、謗法、謗僧之語矣。葉錫鳳一介儒生，經文血脈語意，尚不了明，便肆無忌憚，謂古之作是注者，誕妄不經，無理之極，殊足令人發一大噱。彼作此說，亦以凡夫知見，測度如來不思議境界，而經文絕未明瞭而致然也。今不避繁葐，聊為釋之。

三千大千世界，為一佛所王之土。當釋迦如來說西方極樂世界依正莊嚴，彌陀光壽，眾生持名，即蒙接引等事之時。東方有恒河沙三千大千世界，有一世界名阿閦鞞，一世界佛名須彌相，乃至一世界佛名妙音，於東方恒河沙數三千大千世界之佛中，略舉五名，下以如是等超略而全舉之。其恒河沙數諸佛，各在彼自所主三千大千國土，聞釋迦說此稱讚不可思議功德一切諸佛所護念經，欲令法會大眾生信、發願、修行，各各皆於其國現大神通，出廣長舌相，遍覆三千大千世界，說誠實言，汝等眾生，當信是釋迦牟尼佛所說，稱讚不可思議功德，一切諸佛所護念經，下五方皆如此。即唐譯十方，不過廣其所略。實則秦譯不減，唐譯不增。葉氏不知各佛各有國土，當作此一世界東、西等方，有恒河沙數佛，遂慮其抵觸，憂其山川人民無可容處，而更憂其諸佛之舌陵躒而無地安放，直令人笑得齒冷。而彼固洋洋自得曰：『吾補經之缺，正僧之訛，淨土三經，今而後可以無憾矣。』夫娑婆世界三世三千佛，其出各有時節，前後不亂。一佛出世，一切諸佛縱欲助宣法化，皆不得現作佛身。故觀音、文殊等，悉皆隱十力德，現菩薩身。一如天無二日，民無二王。法道統緒，必須歸一。葉氏不知此義，尚令閣下受其迷惑，則其惑人之多，多於恒河沙數矣，惜哉！

「《雜記》第二紙第一行，『星球』二字宜去。

「十五紙，非是算數之所能知（注云：多至不可勝數），義雖明瞭，字未訓清。算數者，算計之數也。此方，則一、十、百、千、萬、億、兆、

京、秭、垓、壤、溝、澗、正、載是也。佛經，則如《華嚴‧阿僧祇品》所說，有一百四十數，而無量無邊，皆其中之數名。故藕益云：阿僧祇，無量無邊皆數名，實有量之無量。以既是數名，則有量，然經中實總顯不勝其多，則是無量之無量矣。

「《觀世音經箋注》『爾時無盡意菩薩』下，宜加注云：『爾者，此也，其也。爾時者，即說《妙音菩薩品》已竟之時也。』十六紙十八行（第二行小字），『觸』訛作『觴』。

「《心經箋注雜記》第二紙十一、二、三、四行，高宗《心經》石刻，咒語不同者，係高宗初年章嘉喇嘛將一大藏咒，通用蒙古喇嘛念法譯之，名《滿蒙番漢合璧大藏全咒》。其滿字，蒙古字，番字，皆不可識。即漢字雖可識，而有二字、三字、四字書作一處者。若不向蒙古及西藏人學之，則不能讀，讀亦不得其法。然自漢至宋，千有餘年，譯經之人，若非法身示現，亦屬出類拔萃，英烈丈夫，豈皆不通咒語？而必於章嘉所譯者，生崇重心，起奇特想，則是舍眾聖之同然，而守一賢之獨然矣，其可乎哉！

「《金剛經箋注》第十三紙第九、十，二行四句偈，古今所說不一。彌勒為補處之尊，以無我相等答者，對病發藥也。如禪家無論問何義，皆指歸於向上一著耳。若謂彌勒極盡經中四句之義，則是門外漢之知見耳。中峰國師謂：『「於此經中，受持乃至四句偈等」，其四句偈上，必有「乃至」二字，下必有「等」之一字，是指未能受持全經，或大半卷，少半卷，乃至最少四句，及一句耳。』中峰此言，甚得釋文之法。而從來注者，每崖板謂偈必非散文，不知西域梵經橫書，每排以三十二字為準，故記《華嚴》字數曰：『有十萬偈』，非全經皆偈也。又無論文字多少，以詮義盡者，即為一偈。非必於經文外，唯指四句者然也。若謂偈即是偈，則全經皆無功德，唯偈方有功德，豈非謗佛、謗法、謗僧？只此最淺近之『乃至四句偈等』六字，多少腹蘊萬卷、文雄一世者，尚不奈何，佛經豈易言之乎？

「《四十二章經箋注》九紙第十、十一二行，三世諸佛及無念無住（『住』字訛作『任』）、無修無證之者，當依藕益三世諸佛約藏教果頭，無念住修證，約圓教初住以上而說。否則屈極尊為下寮，推下寮為極尊。縱能強說理致，終是徒造口業。佛經豈可唯執訓詁而解釋哉！ 十六紙十行（注小字二行），長者如母（『母』訛作『女』）；又十八行，功曹，當作元帥講，則經義自明。以下文『功曹若止，從者都息』，故功即功能，曹即曹輩。曹輩之功，皆歸統領一人，謂元帥為功曹。……

「《盂蘭盆經注》四紙十六行（小字二行），『始竊道士之名』，『竊』

訛作『窮』。

「《高王觀世音經注雜記》一紙十三行，『雲棲大師擔荷法道，深恐後世無知，效尤作偽，故作是說。』非雲棲未閱《法苑珠林》等書，而冒昧言之也。此經無文理，乃確論也。有功德者，以盡屬佛菩薩名，念之自能消業障而增福慧矣。菩薩隨眾生之庸常心，故夢授此經。若專門研究佛學之士，自有一大藏經在，何須致力於此？古今多有夢感神授等經，然皆不敢流通，深恐妄人憑空妄造，開偽造之端，斷唯知儒門道義，而未深明佛法者之善根（謂：彼謂佛經，皆後人偽造）。故大明仁孝皇后（永樂后）夢感佛說，《第一希有大功德經》，當永樂時即入藏，至清高宗三十年奉旨撤出，以防杜撰。故翻譯佛經，必須奉旨。其譯場中，有譯梵文者，有譯語者，有回綴者（西方語多倒，故須回綴。如『波羅蜜』為『彼岸到』，乃『到彼岸』也），有證義者，有潤文者。其僧俗少則數人，多則數十人。其潤文者，率皆當權重臣充之，如此認真，絲毫不容苟簡。而後世無知儒生，尚謂佛經皆僧徒剽竊老、莊而為之，何況直以渺無來歷之經流通，欲令不因此經以疑西來翻譯之經，豈不難哉！閣下注此經，宜將雲棲護眾生心，護佛法道之心，表而出之。勿謂雲棲正訛有訛，則兩全其美矣。雲棲、蕅益，乃末法之大導師，真模範也。祈觀彼著作時，推原其心之用意處，則自法法頭頭，皆與機理符契矣。

「《佛經精華錄》三十六紙九行，未曾有經。十二部經，通於一切諸經。有一經具足十二部者，有少一、二、三、四、五部者。所謂十二部，華言即長行、重頌、授記、孤起頌、無問自說、因緣、譬喻、本事、本生、方廣、未曾有、論議。內中長行、重頌、孤起頌，三者約文而立。其餘九者，皆約義而立。未曾有部，記佛菩薩種種不思議大神變事。此經亦以此義，故立此名。不可以為十二部經之一。四十紙六行，《梵網經》中十戒、因緣法、業，皆悉顛倒錯亂。查閣下注語，有無不一，然係錄合注之文：殺戒（在十三行），方便殺（殺字脫落），十四五行，殺因、殺緣、殺法、殺業，何得作殺業、殺法、殺緣、殺因？因謂發此殺心；緣謂方便助成殺事，如設方定計，及礪刃、合藥等；法謂持刀劍、毒藥去殺；業謂其人命斷，殺事已成，凡事成者，概名謂業。其先後次第，深淺親疏，秩序不亂。何閣下自立科條而移易之乎？殺、盜二戒，則業法因緣。餘下八戒，皆又作因業法緣。

「妄語戒中，妄語緣下注，全錄合注，何以節去『以顯聖德』四字？須知行來動止，語默威儀，種種方便，皆欲令人謂己已證聖果，故曰『以顯聖德』。去此四字，便不顯裝模作樣之一片妄語本心矣。此經文本無錯

謬，而合注又極明瞭，何得違經畔注、自立章程乎？一條則曰偶錯，十條豈是偶錯乎？

「凡錄佛祖經論，須先經次論，然後方及此方著述。經論又須先大乘，次小乘，不可前後倒置。如綸音告示，不可倒列。一部中不能如此列者，一門斷不可不依此而列。否則令無知者藐忽佛經，而大方家謂不知法耳。

「又，《梵網經》『妄語戒』注，『前人領解』。前人，即指為彼所說妄語之人。領解者，其聽妄語之人，已領會解了也。若不領解，則業尚未成，領解則業成矣。今改作『使人領解』，其解與不解，未可知也。第十戒中亦然。又，第十戒原文，『若佛子自謗三寶，教人謗三寶、謗因、謗緣、謗法、謗業。而菩薩見外道及以惡人一言謗佛音聲，如三百矛刺心』，略作『菩薩見人謗佛，如矛刺心（注云『子』字讀『與』）』。祈改正而刪除之。

「蕅益大師久證法身，乘願再來。其學問、見地、行持、道德，不但末法不多見，即隋唐佛法盛時，高人如林，若在此時，亦屬出類拔萃之不思議大士。凡所著述，機理雙契，閣下但將唯執訓詁為是之心放下，息心研窮而體會之。其法喜之樂，當獨契於心，而不能開口向人言之，何也？以其所得皆失，而歸無所得也。……」（《三編》卷一）

【按】《法苑珠林》，一百卷。唐道世著。是一種佛教類書。全書分類為一百篇，細分為六百六十八條目，廣引經、律、論原典，內容包括佛教思想、術語、法數等概說，有一定的史料價值。

④ 王典章《印光法師圓寂感言》：「余久聞普陀名，因動往謁之念，搭舟以行。次日到山，直趨法雨寺，夕陽已西下矣。投剌求見，寺中知客謂，時已晚，約以明期。再三請其轉達，師即出見，隨同晚餐。傾談之下，深相投契，設榻樓上。余住居兩星期，日必數面，且同食焉。寺僧無不異之。以師每遇同鄉，只見一面，或留一飯即止，深訝余之破格也。次晨，邀余參佛，拜跪稍快，即正色曰：『禮佛須恭敬，不可草率。』余謹服其言。乘間，問佛教與儒教比較何如？良久答曰：『佛教能包括儒教，儒教不能包括佛教。蓋以儒教係世間法，佛教乃出世法，合過去、現在、未來而為一者也。』余初疑之，及閱師《文鈔》，漸有所悟，然尚未深知也。

……山中名勝，師偕余遍觀。一日，乘山兜依岩行，下臨巨海，驟遇颶風，師大聲念佛，履險如夷。行至佛頂山，有觀經僧眾十餘人，當面請示。師一一解釋，如數家珍，毫不思索，余更為敬服。……」（《全集》第七冊（3）印光大師生西二周年紀念文）

⑤ 《覆徐福賢女士書》：「佛法者，一切眾生即心本具之法也。三乘（聲聞、

緣覺、菩薩）六凡（天、人、阿修羅、地獄、餓鬼、畜生），皆當遵行。在家出家，俱能受持。而況女身多障，諸凡不能自由。離鄉別井，易招外侮譏毀。為爾慮者，只宜在家持戒念佛，決志求生極樂世界，斷斷不可遠離家鄉，出家為尼。至於研窮經教，參訪明師，乃決烈男子分內之事，非女人所宜效法也。女人但當篤修淨業，專持佛號，果能『都攝六根，淨念相繼』，自然現生親證念佛三昧，臨終往生上品。縱未能親證三昧，亦得以高預海會，長侍彌陀。由是親證無生，復本心性。無邊教誨，皆悉了知。如寶鏡當臺，萬象俱現。然後，承佛慈力，及己願輪，不違安養，回入娑婆，種種方便，度脫眾生。俾一切有情，同登蓮邦，悉證無生，庶不負一番決烈修持之心，可謂火裏蓮花、女中丈夫矣。

……欲詳知者，當熟讀《阿彌陀經》、《無量壽經》、《觀無量壽佛經》，此名淨土三經，專談淨土緣起事理。其餘諸大乘經，咸皆帶說淨土。而《華嚴》一經，乃如來初成正覺，為四十一位法身大士稱性直談一乘妙法，末後善財遍參知識，於證齊諸佛之後，普賢菩薩為說十大願王，普令善財及與華藏海眾，回向往生西方極樂世界，以期圓滿佛果。而《觀經》下品下生，五逆十惡，具諸不善，臨命終時，地獄相現，有善知識教以念佛，彼即受教稱念佛名，未滿十聲，即見化佛授手，接引往生。……

是知念佛一法，乃上聖下凡共修之道，若愚若智通行之法。下手易而成功高，用力少而得效速。以其專仗佛力，故其利益殊勝，超越常途教道（導）。昔人謂餘門學道，似蟻子上於高山；念佛往生，如風帆揚於順水，可謂最善形容者矣。若欲研究，《阿彌陀經》有蕅益大師所著《要解》，理事各臻其極，為自佛說此經來第一注解，妙極確極。縱令古佛再出於世，重注此經，亦不能高出其上矣。不可忽略，宜諦信受。《無量壽經》有隋慧遠法師疏，訓文釋義，最為明晰。《觀無量壽佛經》有善導和尚《四帖疏》，唯欲普利三根，故多約事相發揮。至於《上品上生章》後，發揮專、雜二修優劣，及令生堅固真信，雖釋迦諸佛現身，令其捨此淨土，修餘法門，亦不稍移其志。可謂淨業行者之指南針也。若夫台宗《觀經疏》、《妙宗鈔》，諦理極圓融，中、下根人莫能得益，故不若《四帖疏》之三根普被，利鈍均益也。

既知如上所說義理，必須依此諦信。自己見得及者如是信，即自己見不及者，亦必也如是信。仰信佛言，斷斷不可以己情不測，稍生絲毫疑念，方可謂真信矣。既生信已，必須發願，願離娑婆，如獄囚之冀出牢獄；願生極樂，如窮子思歸故鄉。若其未生淨土以前，縱令授以人天王位，亦

當視作墮落因緣。了無一念，冀慕之想，即來生轉女為男，童真出家，一聞千悟，得大總持，亦當視作紆曲修途，了無一念，希望之心。唯欲臨命終時，蒙佛接引，往生西方。既得往生，則了生脫死，超凡入聖，位居不退，忍證無生。

……以故修淨土人，斷斷不可求來生人天福樂，及來生出家為僧等。若有絲毫求來生心，便非真信切願，便與彌陀誓願間隔，不能感應道交，蒙佛接引矣。以此不可思議殊勝妙行，竟作人天有漏福因，而況享福之時，必造惡業，難逃惡報。如置毒於醍醐之中，便能殺人。不善用心者，其過若是，必須徹底斬斷此等念頭，庶淨土全益，通身受用矣。既有真信切願，必須志於心執持『南無阿彌陀佛』六字聖號。無論行、住、坐、臥，語默動靜，穿衣吃飯，及大小便利等，總不離此六字洪名（或四字持亦可），必須令其全心是佛，心佛無二，心佛一如。若能念茲在茲，念極情忘，心空佛現。則於現生之中，便能親證三昧。待至臨終，生上上品，可謂極修持之能事也已。

至於日用之中，所有一絲一毫之善，及誦經、禮拜種種善根，皆悉以此功德，回向往生。如是則一切行門，皆為淨土助行。猶如聚眾塵而成地，聚眾流而成海，廣大淵深，其誰能窮？然須發菩提心，誓願度生。所有修持功德，普為四恩三有法界眾生回向，則如火加油，如苗得雨。既與一切眾生深結法緣，速能成就自己大乘勝行。若不知此義，則是凡夫二乘自利之見，雖修妙行，感果卑劣矣。

念佛雖一切時，一切處，皆無妨礙。然須常存敬畏，必須視佛像一如見活佛；視佛經祖語，一如佛祖對己說法一樣，不敢稍存疑慢。雖孝子之讀遺囑，忠臣之奉敕旨，當不過是。至於平時念佛，聲默隨意。若睡臥、大小便、澡身濯足等，及經過臭穢不潔之地，俱宜默念，不可出聲。出聲則便為不恭，默念則功德一樣。吾常謂欲得佛法實益，須向恭敬中求。有一分恭敬，則消一分罪業，增一分福慧；有十分恭敬，則消十分罪業，增十分福慧。若或了無恭敬，則雖種遠因，而褻慢之罪，有不堪設想者矣。

今之在家讀佛經者，皆犯此病。故於有眼者前，每諄諄言之。念佛必須攝心，念從心起，聲從口出，皆須字字句句，分明了了。又須攝耳諦聽，字字句句，納於心中。耳根一攝，諸根無由外馳，庶可速至一心不亂。大勢至所謂『都攝六根，淨念相繼，得三摩地，斯為第一』者，即此是也。文殊所謂反聞自性，性成無上道者，亦即此是也。切不可謂持名一法淺近，

舍之而修觀像、觀想、實相等法。夫四種念佛，唯持名最爲契機。持至一心不亂，實相妙理，全體顯露；西方妙境，徹底圓彰，即持名而親證實相，不作觀而徹見西方。持名一法，乃入道之玄門，成佛之捷徑。今人教理觀法，皆不了明。若修觀想實相，或至著魔，弄巧成拙，求升反墜。宜修易行之行，自感至妙之果矣。

……《淨土聖賢錄》，歷載彌陀因中行願，果上功德，及觀音、勢至、文殊、普賢、馬鳴、龍樹諸菩薩，自行化他之事；次及遠公、智者，暨清初諸大師、善知識往生事迹，及比丘尼、王臣、士庶、婦女、惡人、畜生，念佛往生之事。又復采其言論之切要者，並錄傳中，俾閱者取法有地，致疑無由。以古爲師，力修淨業。較參叩知識，更加眞切矣。《龍舒淨土文》，斷疑起信，修持法門，分門別類，縷析條陳，爲導引初機之第一奇書。若欲普利一切，不可不從此以入手。

……女人出門，大有妨礙。況用度艱難，更爲不便。受戒一事，若男子出家爲僧，必須入堂習儀，方知叢林規矩，爲僧儀則，則遊方行腳，了無妨礙；否則十方叢林，莫由住止。若在家女人，家資豐厚，身能自主，詣寺受戒，亦非不可。至於身家窮困，何必如此。但於佛前懇切至誠，懺悔罪業一七日，自誓受戒。至第七日，對佛唱言：『我弟子福賢，誓受五戒，爲滿分優婆夷（優婆夷，此云近事女，謂既受五戒，堪事佛故。滿分者，五戒全持也），盡形壽不殺生，盡形壽不偷盜，盡形壽不淫欲（若有夫女，則曰『不邪淫』），盡形壽不妄語，盡形壽不飲酒。』如是三語，即爲得戒。但自志心受持，功德並無優劣，切勿謂自誓受戒者，爲不如法。此係《梵網經》中如來聖訓。

普陀秋不傳戒。傳戒在於正月上旬開堂，至二月十九圓滿。然祈安住修持淨業，不可奔馳跋涉。儻或執著不改，便爲不識好惡，妨自己之清修，負老僧之忠言。我欲汝即生成就道業，斷不至障汝法緣。汝但諦思，自知取捨。

至於不能出家，即欲捨命，此念雖烈，此心實癡。今之尼僧，誰堪爲師？住持庵廟，強暴實多。汝既是女，上士則難爲禦侮，爲避嫌故。下愚則竭力寅緣，欲造業故。汝只知出家尼之解脫，不知出家爲尼之障礙。故不辭煩瑣，剴切言之。」（《增廣》卷一）

【按】遠公，此指廬山慧遠（334～416），俗姓賈，雁門樓煩（今山西省原平市）人。「博綜六經，尤善老莊」。年二十一，依道安出家。二十四歲開始講經，嘗「引《莊子》義爲連類」，使聽者易解。東晉太元六年（381）

入盧山，住東林寺傳法，在宣揚大乘般若學的同時，兼弘小乘禪數之學。元興元年（402），與劉遺民等人在阿彌陀佛像前立誓，共期往生西方淨土；同時建立蓮社，提倡「彌陀淨業法門」，宣說人死後可往生西方淨土。故後世淨土宗尊其為初祖。著有《沙門不敬王者論》、《明報應論》、《法性論》等。而隋代慧遠，則為另一位高僧。

【按】《四帖疏》，即《觀經四帖疏》。善導著。四卷。是對《觀無量壽經》的注釋書。由玄義分、序分義、定善義和散善義「四帖」組成。認為一切善惡凡夫皆可靠阿彌陀佛的願力往生西方極樂淨土。把稱名念佛作為「正業」，將讀經、禮拜、讚歎、觀察作為「助業」，「一心專念彌陀名號，行住坐臥，不問時節久近，念念不捨者」，即可死後往生淨土。對後世影響頗巨。

⑥ 王典章《印光法師圓寂感言》：「一日，五六時未曉，師忽持一函來示，乃《覆徐福賢女士書》也。女士求來山皈依。師以女人不可入山，宜在家修行。洋洋數千言，反復開導，字字珠璣，苦口婆心，一洗往常習慣，心折益深。」（《全集》第七冊（3）印光大師生西二周年紀念文）

⑦ 《與高鶴年居士書一》：「閣下去冬（民國六年）來山，令作緣起碑記。光以正在『打七』，不願屬思，故約於四月間，寄至陝西。……」（《三編補》1）

⑧ 《覆卓智立居士書一》：「六年，陳錫周祈光修《普陀山志》，光欲將大士本迹感應各事理，搜集大備，用頌體頌之，仍於每句注其事。但目力不給，尚需懺悔，求大士加被，再行遍閱大藏之大士因緣。豈知從此以後，信箚人事，日見增益，了無閒暇。……」（《三編》卷四）

## 有關人物及佛教大事

諦閑創設「觀宗學社」，聘仁山擔任副講。

歐陽漸撰《瑜伽師地論序》，發明「一本十支」之奧蘊，為法相宗全體大義。

倓虛投河北高明寺出家。

月霞圓寂於杭州玉泉寺。

# 一九一八年　五十八歲（民國七年　戊午）

### 譜主事略

正月初九日，大師致函高鶴年居士，談論五臺山觀音菩薩尋聲救苦之事、元代殘碑以及恢復刻碑等事宜①。

二十五日，覆丁福保居士書九，大師稱讚《佛學指南》一書，上編所引之「因果事迹、言論，洵足以振聾發聵，啓迪世人，縱有不大恰當處，但大體有益。」；下編也「大體固好」。同時，再次申明反對丁氏流通劉演宗有關《法華經》與淨土對照不當之書。

同日，覆丁福保居士書十，談論《文鈔》出版發行事宜，並特別指出，《慧命經》乃外道之書，專門以佛法證明煉丹之法。要求丁氏誤將此書作為佛典的做法進行改正，以消除不良影響。

二十八日，覆丁福保居士書十一，具體指出《佛學指南》一書中的「不恰當」的錯誤。

二月初七日，覆丁福保居士書十三。

二十八日，覆丁福保居士書十四，信中一一列舉丁氏所排印的《法華經》本子的錯訛，並注明理由和改正之法。

春，檢校雍正皇帝《揀魔辨異錄》兩遍②，並撰《重刻序》。

因募印《安士全書》，函約高鶴年居士陪同往揚州藏經院刻印。此是師隱居普陀二十五年後的初次出山。高氏前去普陀，與師一同抵滬，卓錫天台中方廣下院，並會晤狄楚青、程雪樓、王一亭、陳子修、鄧心安諸居士，大師以老實念佛、因果報應思想相告。

五月二十一日，覆丁福保居士書十五，主要談論對江西劉謙所著《海南一勺》一書的意見。

七月初八日，大師致函高鶴年居士，交代函件往返及自己八月份去上海之行程。

十二日，師覆丁福保居士書十六，從中華書局出版的《靈學叢志》開始，談到扶乩之不可行。

【按】扶乩，又稱為「扶鸞」。古代民間流行的一種巫術。將木制的丁字架放在沙盤上，由兩人各扶一端，依法請神靈。木架的下垂部分即在沙上畫出文字，作為神靈的啓示，或與人唱和，或示人吉凶。這是神靈降

臨畫出的字迹，就是降乩。

印經事畢，九月初八日，大師回普陀山[3]，途中遇風浪，暈船，抵法雨寺後，甚不安適。

大師覆陳慧恭、孫慧甲居士書。

十月十五日，師覆高鶴年居士書二，感謝在滬期間的細心照料，並敘及回普陀途中之事等。

同年，師因覺《淨土十要》流通本節略過多，文多隱晦，遂囑徐蔚如搜集原本，準備重新校刊[4]。

時徐蔚如搜集大師之文章（或書信）二十餘篇，印成《印光法師文鈔》一書，並陪其母來普陀求皈依，大師讓其皈依諦閑。

由於《文鈔》影響巨大，師之函件日多，有時甚至一月有一百多封，大師皆親力親爲，不勞他人，頗覺辛苦[5]。

注　釋

① 《與高鶴年居士書》：「……又，菩薩示迹之記，係光於光緒十一年，住大頂時，每念大士開山，千數百年，了無碑記可考，實爲第一憾事。一日至劉村，散步西寺中，見有數碑，皆臺山碑，然所說皆不關緊要，不須記錄。中有一碑，係一塊石板，了無一字。光試取磚磨之，乃元至元七年所立之緣起碑記，以歲經六百餘年，被水垢封蔽淨盡。遂喜不自勝，錄而存之。又告會首劉四，令立碑山上。

次年，北上紅螺，後復南至普陀，每憶此事。至民國三年，定慧師來山，囑彼抄而寄來，一則欲登佛報，一則人欲修《普陀志》時敘其事於中，以示大士尋聲救苦之一端。今台殿重新，祈居士印《淨土緣起記》時，一併印之，以開發信心。至山，當白修工首人，令其刻碑山上，俾大士一番慈佑，不至久而湮滅。

又，光所作贊，及贊前小序，一併刻之。茅蓬碑及此碑，具宜字迹粗大，庶易閱，而復能垂久。儻用高大石料，不但費錢，兼難擡運，似宜用兩塊碑，合在一處，則石料省錢，擡運便當；但取聖迹昭著，不計樣子好看，宜以光意，告與首人。

又印時，必須仔細校對，勿令錯訛增減。又須圈明句讀，以便觀覽，否則學業膚淺者，便難領會矣。印出，須寄幾張於光，以作紀念。……」
（《增廣》卷一）

② 《覆永嘉某居士昆季書》：「《揀魔辨異錄》，文理高深，禪教融貫。係雍正

十一年夏初始著，至十三年方畢，未及刊板，龍馭賓天，迨合刊時，以草書替字，鈔者不察，便許多直作本字，而錯訛便不勝其多。使世宗在世，斷斷不至如此耳。今春細校兩次，俾還本來面目。倘後因緣果就，當不負世宗一番至意矣。……」（《增廣》卷一）

③ 高鶴年《永思集・印光大師苦行略記》：「民國七年，余賑畢返申。師以初次出山，人地生疏，函約往揚州刻經。以經貲不敷，意在隨緣而不募緣，邀余相助。余隨至普陀，同師到滬。余擬到海潮寺或玉佛寺掛單，師堅不允。云你的熟人太多，人家要客氣辦齋。你、我是苦人，何必苦中求樂，又要花費錢文，消耗光陰。於是再四思維，覓得最冷落之小廟——天台中方廣下院。二人住四日，共費伙食二元（中方廣下院是照禪上人所開，乃興慈法師之師，余朝天台相識也）。由余介紹會晤狄楚青、程雪樓、王一亭、陳子修、鄧心安諸居士，廣談孔孟諸家歷史及淨土因果等事。另有善信多人，欲送香儀禮物。師卻之。到揚州寓萬壽寺。開示於人，皆言因果報應、老實念佛而已。余返里掃墓，復回揚城，送師返申。師仍回普陀。」

④ 《畫傳・重刊十要》：「蕅益大師以正法眼，於闡揚淨土諸書中，選其契理契機、至極無加者，輯為《十要》。大師逝後，其門人成時欲便加流通，恐文長卷博，費巨而難廣布，遂節略字句，於各要敘述意致，加以點評，實煞費苦心。惜其隨閱隨節，未經複勘，即覆梓人，致文多隱晦。師於民國七年，囑徐蔚如居士搜集原本。……」

⑤ 《覆姚維一居士書》：「……次年搜羅二三十篇，於京排印，名《印光法師文鈔》。從此印光之名，常刺人耳目，而從前之自在幸福完全失之。此後，函件日多，甚至月有百多封，貼通歸自辦。況尚有人情往返，頗覺辛苦。」（《續編》卷上《書》）

## 有關人物及佛教大事

李叔同出家於杭州定慧寺，法名演音，號弘一。

曼殊病逝於上海廣慈醫院。

# 一九一九年　五十九歲（民國八年　己未）

## 譜主事略

元月廿一，覆謝慧霖居士書一，談及印刷《安士全書》相關事宜。

函邀高鶴年，往普陀商量印經之事，然後一同抵滬。在滬期間，仍下榻於天台山中方廣下院。經高氏介紹，與簡氏兄弟及狄楚青、程雪樓、王一亭、陳子修、鄧心安諸居士相見。師爲說淨土法門及因果報應之事。簡氏兄弟及諸居士發心供養千餘元，師用於償還刻經之貲①。

【按】簡氏兄弟，指簡照南、簡玉階二人。兄弟倆早年即遠赴日本經商。後創辦廣東南洋兄弟煙草公司，在香港、上海兩地開設分廠，男女職工達萬餘人。二十年代成爲中國人自辦的最大煙草公司之一。兄弟倆均爲虔誠的佛教徒，曾資助不少佛教事業，又將自己的住宅「南園」捐給佛教界公用，對近代佛教的復興有一定貢獻。

是年，收周孟由兄弟及庶祖母爲皈依弟子，各賜法名。此爲師允許人皈依之始。自是道風遠播，遐邇景從。或航海梯山，躬承慈誨；或函來牘往，乞賜法名。法化廣被，漸遍中外矣。

三月二十五日，覆丁福保居士書十六，談論丁氏欲流通《釋迦牟尼成道記注》及相關事宜。

五月十五日，覆丁福保居士書十七，討論丁氏所著《六道輪迴》等書，並附解除鴉片癮的藥方。

【附記】

烏煙（即鴉片——編者注）之害，不能盡言。去歲與陳錫周談及，彼遂言伊昔曾吃煙，其癮甚大。後得一方，隨即斷根。因不勝欽佩。今年又來山，因令將其方抄出，以饗同人。然光僻居海島，不與人交。雖有其方，亦難利人。前者有友人哈爾濱來，言彼處大開煙禁，了無畏忌。然亦有欲戒無由者，每發憂思。因將此方寄去，祈彼展轉傳播。俾有志戒煙者，同得利益。今思閣下有心世道，兼以行醫。其交遊甚廣，信向甚多。儻有此病，欲永斷根本而不得其方者，或可以此見贈也。故附寄之。又及仙傳戒煙絕妙神方（即素稱國手之名醫，亦不可妄加一味藥。儻加一味藥，便不靈驗矣。至禱至禱）

好甘草（半斤）　　川貝母（四兩）　　杜仲（四兩）

用六斤水，將三味藥共煮。及至水熬去一半，去渣。用上好紅糖一

斤，放藥水內再熬。少時收膏。

初三日，每一兩膏，放煙一錢。二三日，一兩膏，放煙八分。三三日六分。四三日四分。五三日二分。以後一兩膏，放煙一分。再吃十日八日。吃到一月後，無用加煙，永斷根本矣。

若服膏期內，有別外毛病發作，可將煙多加一分。服一、二日即止，仍照原方服膏，再勿多加。此方止（治）病，比吃煙更勝一籌。縱日吃幾兩煙之大癮，依此方戒，無不斷根，且無別病。屢試屢驗，真神方也。

陳錫周先生日吃三、四兩煙。後得此方，即熬一料服之，藥盡癮斷。不但無別毛病，而且身體強健，精神充足。從茲遍告相識，無不藥盡癮斷。因與談及煙之禍害，彼遂說自己戒煙來由，隨祈抄出，以醫同受此病者。又，戒煙之人，須具百折不回、死不改變之心，方能得其藥之實效。若心中了無定戒之念，勿道世間藥味，不能得益，即神仙親與仙丹，亦不得益矣。戒煙之士，祈各勵志服之，則幸甚。

二十日，覆謝慧霖居士書二，接受其皈依，為之取法名慧霖，意謂三界火宅烈焰，非智慧霖雨不能熄滅。同時，兼及印刷《印光法師文鈔》事宜。

六月十九日，覆丁福保居士書十八，談論對於丁氏《靜坐法精義》一書的意見。大師指出，禪家打坐與儒家論坐參究本體、道家煉丹運氣的差異，以及指正書中的謬誤之處。

覆永嘉某居士長信，縱論師友、念佛、禪定、證悟等事②，並撰《護法錄序》。

陝西督軍陳柏生令臥龍寺住持顯安，力促大師回故里弘法。師以年老力衰婉辭③。

十二月初四，大師覆高鶴年居士書三，談論委託揚州藏經院刻印雍正《揀魔辨異錄》、《三十二祖傳》和《安士全書》，以及《文鈔》諸事宜。在談到從九月半起七至明年二月底止的「打七」之事時，其中有「誰知宿業竟與真如法性，同一不生不滅」之句，時人將此視為大師悟道之語，云云。

【原按】《雲棲遺稿》有偈云：「二十年前事可疑，三千里外遇何奇。焚香擲戟渾如夢，魔佛空爭是與非。」憨山大師說，此是雲棲老人悟道偈。今大師親見宿業與真如法性同一不生不滅，竊謂即是此偈意歟！

溫州周群錚居士發心出資排印《了凡四訓》結緣。師為之序④⑤。

徐蔚如居士又搜得大師之信函，再印成《印光法師文鈔續編》。後又將大師之初、續編合而為一。

是年冬日，雲南督軍唐繼堯電令繆延延請大師、諦閑二人赴滇講經，諦閑以無暇請辭，師以目力不濟、才疏學淺辭謝。後轉請歐陽竟無居士前往[6]。

注　釋

① 高鶴年《永思集‧印光大師苦行略記》：「民國八年，余賑湘。賑畢，到滬。師復邀往普陀商談印經之事。須同到申，余介紹往南園，與簡氏弟兄諸居士相見。師說淨土法門及因果報應事，簡氏兄弟及諸居士遂發意供養千餘元，正好填還刻經之資。」

② 《覆永嘉某居士書五》：「夫人生大倫，其數唯五。謂君臣、父子、兄弟、夫婦、朋友。而父生、師教、君食三者相等，何五倫之中，不列其師？不知師有成我之德者，則屬於父；次則誘掖獎勸，以達其材，則屬於兄，故孟子謂：『師也，父兄也。』次則麗澤互益，如二月互照，二手互援。則屬於友，故佛門每謂尋師訪友。……

　　「十念記數，不是數息。以其從一至十，同於數息，又以《蓮宗寶鑑》訛作至百千萬，恐受其病，引爲證明。目爲數息持名，斷斷不可。欲證三昧，自有佛祖所示三世不易之法，何得問我所證，方能續步？《彌陀經》云：『執持名號，若一日乃至若七日，一心不亂。』（此一日七日，乃是舉例之詞，不可執定。若是等覺根性，一念即能不亂，何待一日？若是逆惡根性，畢生亦難一心，何況七日？王耕心混上、中、下根爲一例，發而爲論，深自矜誇，謂爲發前人所未發，實爲上違佛祖誠言，下啓後進狂妄，令人不勝悲痛哀憐而莫之能止也）《觀經》云：『諸佛如來是法界身，入一切眾生心想中，是故汝等心想佛時，是心即是三十二相、八十隨形好，是心作佛，是心是佛。』（作，指心想：是指心是：觀想，既是作，持誦、禮拜豈不是作？舉一反三，儒者尚然，況博地凡夫，上窺佛意，何得不依圓頓妙解，而以擔板之見推測乎？）……《四十二章經》云：『夫心者，置之一處，無事不辦。』夢東云：『眞爲生死，發菩提心，以深信願，持佛名號。』此十六字爲念佛法門一大綱宗。欲修三昧，何不於此等語句中全身靠倒？……

　　「不知三昧者，華言正定，亦云正受。正定者，寂照雙融之謂；正受者，妄伏眞現之謂。寂照雙融，有何境界之可得？《心經》云：『照見五蘊皆空，度一切苦厄。』又曰：『以無所得故，三世諸佛得阿耨多羅三藐三菩提。』《楞嚴》云：『圓滿菩提，歸無所得。』修禪定人（指四禪八定）及參禪人以唯仗自力，不求佛加，故於工夫得力、眞妄相攻之時，每有種種境界幻出幻沒，譬如陰雨將晴之時，濃雲破綻忽見日光，恍惚之間，變化不測，所有境界，非眞具道眼者，不能辨識，若錯認消息，則著魔發

狂，莫之能醫。……

「大徹大悟與大開圓解，不是依稀彷彿明瞭而已。如龐居士聞馬祖『待汝一口吸盡西江水，即向汝道』，當下頓亡玄解。大慧杲聞圓悟『薰風自南來，殿閣生微涼，』亦然。智者誦《法華》，至《藥王本事品》：『是真精進，是名真法供養如來』，豁然大悟，寂爾入定，親見靈山一會，儼然未散。能如是悟，方可名大徹大悟、大開圓解。若云證實相法，則非博地凡夫之所能為。南嶽思大禪師，智者之得法師也。有大智慧，有大神通。臨終有人問其所證，乃曰：『我初志期銅輪（即十住位，破無明，證實相，初入實報，分證寂光。初住即能於百三千大千世界，示作佛身，教化眾生。二住則千，三住則萬，位位增數十倍，豈小可哉），但以領眾太早，只證「鐵輪」而已。』（鐵輪，即第十信位。初信斷見惑，七信斷思惑，八、九、十信破塵沙，伏無明。南嶽思示居第十信，尚未證實相法。若破一品無明，即證初住位，方可云證實相法耳）智者大師，釋迦之化身也。臨終有問『未審大師證入何位？』答曰：『我不領眾，必淨六根（即十信位，獲六根清淨。如《法華經‧法師功德品》所明），損己利人，但登五品。』（五品，即觀行位，圓伏五住煩惱，而見惑尚未斷除）。蕅益大師臨終有偈云：『名字位中真佛眼，未知畢竟付何人。』（名字位人，圓悟藏性，與佛同儔，而見、思尚未能伏，何況乎斷？末世大徹大悟人，多多是此等身分。五祖戒為東坡，草堂清作魯公，猶其上者，次則海印信為朱防禦女，又次則雁蕩僧為秦氏子檜。良以理雖頓悟，惑未伏除，一經受生，或致迷失耳。藏性，即如來藏妙真如性，乃實相之異名）蕅益大師示居名字，智者示居五品，南嶽示居十信，雖三大師之本地，皆不可測，而其所示名字、觀行、相似三位，可見實相之不易證，後進之難超越。實恐後人未證謂證，故以身說法，令其自知慚愧，不敢妄擬故耳。……」（《增廣》卷一）

③《與高鶴年居士書三》：「秦川之歸，實無其力。前月二十七，臥龍住持顯安，奉陳督軍命，促光北歸。光以年志俱頹，眼目昏衰力辭。」（《三編補》1）

④《覆丁福保居士書十八》附言：「溫州周群錚讀《了凡四訓》，謂其文理精摯，擬令商務印書館排印結緣，令光作序」云云。

⑤《袁了凡四訓鑄板流通序》：「聖賢之道，唯誠與明。聖狂之分，在乎一念。聖罔念則作狂，狂克念則作聖。其操縱得失之象，喻如逆水行舟，不進則退，不可不勉力操持，而稍生縱任也。須知『誠』之一字，乃聖凡同具，一如不二之真心。『明』之一字，乃存養省察，從凡至聖之達道。然在凡夫地，日用之間，萬境交集，一不覺察，難免種種違理情想，瞥爾

而生。此想既生,則眞心遂受錮蔽。而凡所作爲,咸失其中正矣。若不加一番切實工夫,克除淨盡。則愈趨愈下,莫知底極,徒具作聖之心,永淪下愚之隊,可不哀哉!

然作聖不難,在自明其明德。欲明其明德,須從『格物致知』下手。儻人欲之物,不能極力格除,則本有眞知,決難徹底顯現。欲令眞知顯現,當於日用云爲,常起覺照,不使一切違理情想,暫萌於心,常使其心,虛明洞徹,如鏡當臺,隨鏡映現。但照前鏡,不隨鏡轉,妍媸自彼,於我何干?來不預計,去不留戀。或若違理情想,稍有萌動,即當嚴以攻治,剿除令盡,如與賊軍對敵,不但不使侵我封疆,尚須斬將搴旗,剿滅餘黨。其制軍之法,必須嚴於自治,勿怠勿忽,克己復禮,主敬存誠。其器仗須用顏子之四勿,曾子之三省,蘧伯玉之寡過知非,加以戰戰兢兢,如臨深淵,如履薄冰,與之相對,則軍威遠振,賊黨寒心。懼罹滅種之極戮,冀沾安撫之洪恩。從茲相率投降,歸順至化,盡革先心,聿修後德,將不出戶,兵不血刃,舉寇仇皆爲赤子,即叛逆悉作良民,上行下效,率土清寧,不動干戈,坐致太平矣。

如上所說,則由格物而致知,由致知而克明明德。誠明一致,即凡成聖矣。其或根器陋劣,未能收效。當效趙閱道日之所爲,夜必焚香告帝,不敢告者,即不敢爲;袁了凡諸惡莫作,眾善奉行,命自我立,福自我求,俾造物不能獨擅其權。受持『功過格』,凡舉心動念,及所言所行,善惡纖悉皆記,以期善日增而惡日減。初則善、惡參雜,久則唯善無惡,故能轉無福爲有福,轉不壽爲長壽,轉無子孫爲多子孫,現生優入聖賢之域,報盡高登極樂之邦,行爲世則,言爲世法。彼既丈夫我亦爾,何可自輕而退屈?或問:『格物,乃窮盡天下事物之理;致知,乃推極吾之知識,必使一一曉了也。何得以人欲爲物,眞知爲知,克治顯現爲格致乎?』答曰:『誠與明德,皆約自心之本體而言。名雖有二,體本唯一也。知與意心,兼約自心之體用而言,實則即三而一也。格致誠正明(此指明明德之明,與誠明之明)五者皆約閑邪存誠、返妄歸眞而言。其檢點省察造詣工夫,明爲總綱,格致誠正乃別目耳。修身正心誠意致知,皆所以明明德也。儻自心本有之眞知爲物欲所蔽,則意不誠而心不正矣。若能格而除之,則是『慧風掃蕩障雲盡,心月孤圓朗中天』矣。此聖人示人從泛至切,從疏至親之決定次序也。若窮盡天下事物之理,俾吾心知識悉皆明瞭,方能誠意者,則唯博覽群書、遍遊天下之人,方能誠意正心,以明其明德;未能博覽閱歷者,縱有純厚天姿,於誠意正心,皆無其分,況其下焉哉!有是理

乎？然一切不深窮理之士，與無知無識之人，若聞理性，多皆高推聖境，自處凡愚，不肯奮發勉勵，遵循從事。

若告以過去、現在、未來三世因果，或善或惡，各有其報。則必畏惡果而斷惡因，修善因而冀善果。善惡不出身、口、意三，既知因果，自可防護身、口，洗心滌慮。雖在暗室屋漏之中，常如面對帝天，不敢稍萌匪鄙之心，以自干罪戾也已。此大覺世尊普令一切上、中、下根，致知誠意、正心修身之大法也。然狂者畏其拘束，謂爲著相；愚者防己愧怍，謂爲渺茫。除此二種人，有誰不信受？故夢東云：『善談心性者，必不棄離於因果。而深信因果者，終必大明夫心性。』此理勢所必然也。須知從凡夫地乃至圓證佛果，悉不出因果之外。有不信因果者，皆自棄其善因善果。而常造惡因，常受惡果，經塵點劫，輪轉惡道，末由出離之流也。哀哉！

聖賢千言萬語，無非欲人反省克念，俾吾心本具之明德，不致埋沒，親得受用耳。但人由不知因果，每每肆意縱情。縱畢生讀之，亦只學其詞章，不以希聖希賢爲事，因茲當面錯過。袁了凡先生《訓子四篇》，文理俱暢，豁人心目。讀之自有欣欣向榮、亟欲取法之勢，洵淑世良謨也。……」

（《增廣》卷三）

⑥《與高鶴年居士書三》：「……又，雲南法道，其機已興，唐督軍去冬打電，命繆延延請諦法師及光去彼講經。彼以無暇辭，光以目衰學膚辭，故請歐陽竟無去矣。」（《三編補》1）

## 有關人物及佛教大事

太虛、竹溪等赴京請願，呼籲廢除《管理寺廟條例》，恢復佛教會。

丁福保編成《佛學大辭典》，前後歷時八年方成。

仁山於江蘇高郵放生寺創立「天台佛學院」。

# 一九二〇年　六十歲（民國九年　庚申）

## 譜主事略

二月二十七日，得高鶴年居士發自香港的函件，云高氏已去雲南雞足山朝覲迦葉尊者。

　　陝西臥龍寺住持顯安，受督軍陳樹藩指示，力促大師北上故鄉弘法。大師「以年志俱頹、眼目昏衰力辭。」

　　徐蔚如居士托上海商務印書館出版《印光法師文鈔》，揚州藏經院則出木刻本，比原本又有增益①，弘一、梁啓超等人分別題詞②③。該書卷首附錄明代管東溟《勸人積陰德文》④。原先在《文鈔》排印時，有弟子曾向師要求刊附照片、小傳，爲師斷然回絕，此事遂寢⑤。

【按】弘一（1880～1942），法名演音，號晚晴老人。浙江平湖人，生於天津。俗名李叔同。後奉母南遷上海。嘗留學日本，歸國後，任教於浙江高級師範學校。精通繪畫、音樂、戲劇、書法、篆刻和詩詞，爲現代中國著名藝術家、藝術教育家。後出家於杭州虎跑，常駐錫於福建泉州的寺院，長期致力於復興佛教的南山律宗，著有《南山律在家備覽略篇》、《律學講錄三十三種合訂本》、《南山律苑文集》、《晚晴集》、《晚晴老人講演錄》、《弘一大師全集》等。

【附記】《勸人積陰德文》：「昔人有云：『積金遺於子孫，子孫未必能守；積書遺於子孫，子孫未必能讀。』不如積陰德於冥冥之中，此萬世傳家之寶訓也。其義本於孔聖贊《易》。《文言》曰：『積善之家，必有餘慶。』善而曰積，不尚陽德而尚陰德也。慶而有餘，不在一身而在子孫也。必舉家咸務陰騭，而後可稱積善之家。亦必此身先德本然之慶，而後子孫受其餘慶。是故餘慶易曉，而本然之慶難曉也。《書》曰：『考終命。』又曰：『祈天永命。』此可以言本慶乎？未盡也。當以二氏因果之說，參合《易傳》之說。道家謂記功行者，天曹除其冥籍，升諸仙籍，以至於成無上正覺，皆言此身之本慶也，其義隱然合於『餘慶』二字中，而儒者失之察耳。有宋巨儒，興起斯文，以忠、孝、節、義之綱維末造，眞有罔極之功於萬世，而於此不無遺照焉。乃廓然盡掃天堂地獄，以及三世修因證果之說也。程朱蓋曰：『君子有所爲而爲善，則其爲善也必不眞，何事談及因果？其勉君子至矣。』以吾觀於君子小人之心，無所爲而爲者至少也。君子之作善也多近名，苟不徹於十方三世之因，必不足以滌名根；小人之作惡也多爲利，苟不惕以罪福報應之果，必不足以奪其利根。程朱勉君子無所爲而爲善，獨不慮小人無所忌而爲惡耶？然後知孔子道及『餘慶』、『餘殃』之際，乃徹上徹下之言也。余講修身齊家之道，一一以孔子之庸德庸言爲矩。而所以行庸德，亦必歸重於程朱之繩墨，獨於三世因果，及三祇修證之實際，則不得不破程朱之關。正欲斷君子

之名根，拔小人之利根，而使之同修陰騭也。修陰騭亦豈易言？人能充無欲害人之心，充無穿窬之心，則陰騭可修矣。其大要不出老氏之三寶：曰慈、曰儉、曰不敢為天下先，而以忠信出之。報人之德，不報人之怨；分人之過，不分人之功；成人之美，不成人之惡；隱人之惡，不隱人之善。我不負人，而任人之負我；我不謗人，而任人之謗我，以深心提人於生死之海，而人以淺心鈍置之，勿棄勿亟；以熱心共人風波之舟，而人以冷心遲遺之，勿忮勿求。銷大釁於曲突徙薪，而勳名有所不必取；蒙極誣於明珠薏苡，而心迹有所不必明。為國家扶欲墜未墜之紀綱，則眾嫌不必恤，而又不以氣節自有也；為世教發難明當明之道術，則眾咻不必虞，而又不以門戶自標也。流俗之所爭趨者，吾避之；流俗作共惡者，吾察之。幽則必闡，而過則必原。其道必不詭於中庸，而其心則不求人知，而求天知。不患人之不己知，而求為可知。求可知之中，不求可為鄉愿知，而求可為狂狷知；不求可為狂狷知，而求可為中行知；不求可為一鄉一國之善士知，而求可為天下之善士知；不求可為天下之善士知，而求可為萬世之善士知；亦不必求為萬世之善士知，而求可為依中庸之君子遯世不見知而不悔者，默相知於天眼遙觀、天耳遙聞之中。又，不求生前之逭福，而求可制諸三界之鬼神；不求死後之榮名，而求可俟千百年之後聖，則陰騭之至也。陰騭之至，人不知而天知之。可以轉凡身而為聖身，離人道而登天道。上帝命之治世，諸佛提之出世矣。此非從身所感本然之慶歟！一身不足以盡『積善之慶』，故其餘又及於子孫，皆感應自然之理也。傳家者審諸。」

又得高氏三月初四日來書，云已抵達廣西韶關禮拜曹溪六祖大師，並與巨商簡照南相契甚深。大師覆函，論及印行《安士全書》與《文鈔》、散發戒鴉片煙神方等事。

是年，師常有欲回陝西看看，但因緣不具，遂不果行⑥⑦。

大師覆謝誠明居士書，闡述因果之法⑧。

與周群錚居士等人遊覽杭州，范古農居士拜見大師⑨。

【按】范古農（1881～1951），原名運樞，後改名夢耕，字古農，復易名寄東，字幻庵，浙江嘉興人。早年遊學日本，回國後，熱心弘法。民國二十年（1931），任上海佛學書局總編輯，編有《海潮音文庫》、《佛學百科叢書》，並發行宋版藏經，整理佛教典籍。民國二十四年（1935），任《佛教日報》主筆。又曾任世界佛教居士林林長。著有《幻庵文集》、《古

農佛學問答》等。

六月十三日，致函高鶴年居士，論及時局，唏噓不已。以爲「國運日促，民不聊生」，「言之傷心，思之墮淚」，唯有「激出世之誠心，同心一志，離此濁惡，庶於此無邊大火宅中脫身而出，直達本有家鄉田地。」

高氏由滇返滬，受王一亭之托，赴普陀山解決紛爭，與法雨寺住持及大師晤談數晝夜⑩。

秋，弘一因寫經過多，用心過度，師曾致書誡之，勸其息心，專一念佛⑪。

注 釋

① 《增廣》附錄《徐蔚如跋》：「復經張君雲雷廣爲徵集，並蔚續搜之稿，共增三十四篇，由周孟由、朱赤萌、黃幼希三君合初、續兩編，按類編次，詳爲校勘，較前兩所印尤完善矣。書成，謹記緣起如是。」

② 弘一《印光法師文鈔題詞並序》：「是阿伽陀，以療群疾。契理契機，十方宏覆。普願見聞，歡喜信受。聯花萼於西池，等無量之光壽。庚申暮春，印光老人文鈔鐫板，建東雲雷囑致弁辭。余於老人向未奉承，然嘗服膺高軌，冥契淵致。老人之文，如日月麗天，普燭群品。寧俟鄙倍，量斯匡廓。比復敦囑，未可默已。輒綴短思，隨喜歌頌。若夫翔繹之美，當復俟諸耆哲。」

③ 梁啓超《題詞》：「古德弘法，皆覷破時節因緣，應機調伏眾生。印光大師，文字三昧，眞今日群盲之眼也。誦此後，更進以蓮池、憨山、紫柏、蕅益諸集，培足信根。庶解行證，得有下手處。啓超具縛凡夫，何足以測大師！述所受益，用策精進云爾。」

④ 《與魏梅蓀居士書十一》：「管東溟之文，實爲現今對症之藥。見此文者，以吐程朱拔因果之毒，而亦樂爲印光提倡因果之證。程朱說法，難取其高，不計利害。如爲善，以無所爲而爲則爲善，有所爲而爲善即是惡。夫無所爲而爲善，乃大聖人之身份。若非聖人，既難取無所爲，則有所爲者，肯不肯爲矣。其於自強不息，朝乾夕惕之旨，完全背戾矣。管公肯明言破關，則於君子、小人俱有大益。若非閣下抄出，則其救世眞詮，在佛者，人多不信；在儒者，人多不察，其前途甚屬危險，以故光特令附入《文鈔》，以公諸有緣也。」（《續編》卷上《書》）

⑤ 《覆李慧實居士書三》：「有數弟子於上海排印《文鈔》，即以照片、小傳請，光謂：『如此，則並《文鈔》亦絕不許印。』遂止。汝不知此事，故爲汝說，以免轉求照片而妄印之。光縱不能挽回近世浮奢靡之惡派，決

不肯隨波逐浪，以效彼之所爲耳。」(《三編》卷二)

⑥ 高鶴年《永思集・印光大師苦行略記》:「師常欲回秦（陝西），因關中大亂，道途不便，故不果行。」

⑦ 師於《覆康寄遙居士書》有「今年事務繁重，無暇回秦」云云。

⑧《覆謝誠明居士書》:「因果一法，乃世、出世間聖人烹凡煉聖之大冶洪爐。若最初不以因果是究，則通宗、通教之後，尚或有錯因果事。因果一錯，則墮落有份，超升無由矣。且勿謂此理淺近而忽之，如來成正覺，眾生墮三途，皆不出因果之外。而凡夫心量小，凡經中所說之大因果處，或領會不及，當以世間淺近者，爲入勝之方便。如文昌《陰騭文》、《太上感應篇》等，俾熟讀而詳審以行之，則人人可以爲良民，人人可以了生死矣。」(《增廣》卷二)

【附記】《陰騭文》

　　「帝君曰:吾一十七世爲士大夫身，未嘗虐民酷吏。救人之難，濟人之急，憫人之孤，容人之過，廣行陰騭，上格蒼穹。人能如我存心，天必錫汝以福。」於是訓於人曰:「昔於公治獄，大興駟馬之門;竇氏濟人，高折五枝之桂;救蟻，中狀元之選;埋蛇，享宰相之榮。欲廣福田，須憑心地。行時時之方便，作種種之陰功。利物利人，修善修福。正直代天行化，慈祥爲國救民。存平等心，擴寬大量。忠主孝親，敬兄信友，或奉真朝斗，或拜佛念經，報答四恩，廣行三教。談道義而化奸頑，講經史而曉愚昧。濟急如濟涸轍之魚，救危如救密羅之雀。矜孤恤寡，敬老憐貧。舉善薦賢，饒人責己。措衣食，周道路之饑寒;施棺槨，免屍骸之暴露。造漏澤之仁園，興啓蒙之義塾。家富，提攜親戚，歲饑，賑濟鄰朋。斗秤須要公平，不可輕出重入;奴婢待之寬恕，豈宜備責苛求?印經造文，創修寺院;舍藥材以拯疾苦，施茶水以解渴煩。或買物而放生，或持齋而戒殺;舉步常看蟲蟻，禁火莫燒山林;點夜燈以照人行，造河船以濟人渡。勿登山而網禽鳥，勿臨水而毒魚蝦;勿宰耕牛，勿棄字紙;勿謀人之財產，勿妒人之技能;勿淫人之妻女，勿唆人之爭訟;勿壞人之名節，勿破人之婚姻;勿因私仇，使人兄弟不和;勿因小利，使人父子不睦;勿倚權勢而辱善良，勿恃富豪而欺窮困。依本分而致謙恭，守規矩而尊法度。諧和宗族，解釋冤恕。善人則親近之，助德行於身心;惡人則遠避之，杜災殃於眉睫。常須隱惡揚善，不可口是心非。恒記有益之語，罔談非禮之言。翦礙道之荊榛，除當途之瓦石。修數百年崎嶇之路，造千萬人來往之橋。垂訓以格人非，捐資以成人之美。作事須循天理，出言要順人心。見先哲於羹牆，慎獨知於衾影。諸惡莫作，眾善奉行。永無惡曜加臨，常有吉神擁護。近報則在自己，遠報則在兒孫。百福駢臻，千祥雲集。豈不從陰騭中得來哉!」

【附記】《太上感應篇》:

「太上曰：禍福無門，惟人自召；善惡之報，如影隨形。是以天地有司過之神，依人所犯輕重，以奪人算。算減則貧耗，多逢憂患，人皆惡之，刑禍隨之，吉慶避之，惡星災之，算盡則死。

又有三台北斗神君，在人頭上，錄人罪惡，奪其紀算。又有三尸神，在人身中，每到庚申日，輒上詣天曹，言人罪過。月晦之日，竈神亦然。凡人有過，大則奪紀，小則奪算。其過大小，有數百事，欲求長生者，先須避之。是道則進，非道則退。

不履邪徑，不欺暗室。積德累功，慈心於物。忠孝友悌，正己化人，矜孤恤寡，敬老懷幼。昆蟲草木，猶不可傷。宜憫人之凶，樂人之善，濟人之急，救人之危。見人之得，如己之得。見人之失，如己之失。不彰人短，不衒己長。遏惡揚善，推多取少。受辱不怨，受寵若驚。施恩不求報，與人不追悔。所謂善人，人皆敬之。天道佑之，福祿隨之。眾邪遠之，神靈衛之，所作必成，神仙可冀。欲求天仙者，當立一千三百善；欲求地仙者，當立三百善。

苟或非義而動，背理而行。以惡爲能，忍作殘害。陰賊良善，暗侮君親。慢其先生，叛其所事。誑諸無識，謗諸同學。虛誣詐僞，攻訐宗親。剛強不仁，狠戾自用。是非不當，向背乖宜。虐下取功，諂上希旨。受恩不感，念怨不休。輕蔑天民，擾亂國政。賞及非義，刑及無辜。殺人取財，傾人取位。誅降戮服，貶正排賢。凌孤逼寡，棄法受賄。以直爲曲，以曲爲直。入輕爲重，見殺加怒。知過不改，知善不爲。自罪引他，壅塞方術。訕謗賢聖，侵凌道德。射飛逐走，發蟄驚棲，填穴覆巢，傷胎破卵。願人有失，毀人成功。危人自安，減人自益。以惡易好，以私廢公。竊人之能，蔽人之善。形人之醜，訐人之私。耗人貨財，離人骨肉。侵人所愛，助人爲非，逞志作威，辱人求勝。敗人苗稼，破人婚姻。苟富而驕，苟免無恥。認恩推過，嫁禍賣惡。沽買虛譽，包貯險心。挫人所長，護己所短。乘威迫脅，縱暴殺傷。無故剪裁，非禮烹宰。散棄五穀，勞擾眾生。破人之家，取其財寶。決水放火，以害民居。紊亂規模，以敗人功。損人器物，以窮人用。見他榮貴，願他流貶。見他富有，願他破散。見他色美，起心私之。負他貨財，願他身死。干求不遂，便生咒恨。見他失便，便說他過。見他體相不具而笑之，見他材能可稱而抑之。埋蠱厭人，用藥殺樹。恚怒師傅，抵觸父兄。強取強求，好侵好奪。擄掠致富，巧詐求遷。賞罰不平，逸樂過節。苛虐其下，恐嚇於他。怨天尤人，呵風罵雨。鬥合爭訟，妄逐朋黨。用妻妾語，違父母訓。得新忘故。口是心非，貪冒於財，欺罔其上。造作惡語，讒毀平人。毀人稱直，罵神稱正，棄順效逆，背親向疏。指天地以證鄙懷，引神明而鑒猥事。施與後悔，假借不還。分外營求，力上施設。淫慾過度，心毒貌慈。穢食餧人，左道惑眾。短尺狹度，輕秤小升。以僞雜眞，採取姦利。壓良爲賤，謾驀愚人，貪婪無厭，咒詛求直。嗜酒悖亂，骨肉忿爭。男不忠良，女不柔順。不和其室，不敬其夫。每好矜誇，常行妒忌。無行於妻子，失禮於舅姑。輕慢先靈，違逆

上命。作爲無益，懷挾外心。自咒咒他，偏憎偏愛。越井越灶，跳食跳人。損子墮胎，行多隱僻。晦臘歌舞，朔旦號怒。對北涕唾及溺，對灶吟詠及哭。又以灶火燒香，穢柴作食。夜起裸露，八節行刑。唾流星，指虹霓。輒指三光，久視日月，春月燎臘，對北惡罵。無故殺龜打蛇，如是等罪，司命隨其輕重，奪其紀算。算盡則死，死有餘責，乃殃及子孫。又諸橫取人財者，乃計其妻子家口以當之，漸至死喪。若不死喪，則有水火盜賊，遺亡器物，疾病口舌諸事，以當妄取之值。又枉殺人者，是易刀兵而相殺也。取非義之財者，譬如漏脯救饑，鴆酒止渴，非不暫飽，死亦及之。

夫心起於善，善雖未爲，而吉神已隨之。或心起於惡，惡雖未爲，而凶神已隨之。其有曾行惡事，後自改悔，諸惡莫作，眾善奉行。久久必獲吉慶，所謂轉禍爲福也。故吉人語善、視善、行善。一日有三善，三年天必降之福；凶人語惡、視惡、行惡，一日有三惡，三年天必降之禍，胡不勉而行之？」

⑨ 范古農《永思集・我之紀念印光大師》：「民國九年，大師偕周群錚等居士遊杭，農謁之於常寂光，始睹德容。」

⑩ 高鶴年《永思集・印光大師苦行記》：「民國九年，余由雞足山歸，到滬。王一亭云及法雨寺與屠提庵因修路爭訟不休，囑余往普陀解釋誤會。與法雨主人及師談數晝夜，瓦解冰釋矣。

⑪《覆弘一大師書》：「書中所說，用心過度之境況，光早已料及於此，故有只寫一本之說。以汝太過細，每有不須認眞，猶不肯不認眞處，故致受傷也。觀汝色力，似宜息心，專一念佛，其他教典與現時所傳佈之書，一概勿看，免致分心，有損無益。……一心念佛，以期自他同得實益，爲唯一無二之章程也。」（《三編》卷一）

### 有關人物及佛教大事

《海潮音》雜誌創刊，由太虛任總編輯，上海中華書局印行。

梅光羲《相宗綱要》一書出版。

太虛發表《太虛宣言》，陳述整理僧制之志願。

# 一九二一年　六十一歲（民國十年　辛酉）

### 譜主事略

春，高鶴年居士從廣東護送香港陳春廷老居士抵寧波觀宗寺出家。師約

高氏同赴上海。時眞達和尙已擔任三聖堂的當家,力邀大師掛單於下院太平寺。由此因緣,師得以常往來滬上,弘法利生①。

大師覆徐蔚如居士書,表示對流通「律藏」的態度②。

得高鶴年居士六月十一日函。次日,大師回覆,論及刻經事宜。

師至南京訪友,得見魏梅遜居士。他信佛、念佛而不能吃素,師勸其讀己所撰之《南潯極樂寺修放生池疏》數十遍③,熟讀深思即可。未過兩月,魏氏果然斷除了食肉之習焉④。

【附錄】《放生須知》

放生之款,用於放生之各種零費,只期自己無有他用,固無所礙。然亦不妨於眾集時,爲眾說明,則自、他俱無可慮矣。光一向不主張於佛菩薩誕期,及各朔、望好日期放生,此事已成鐵案。捕生者特爲放生者多捕,則買而放者,亦多有因放而捕來耳。然人情多好名,此各日放生則有名。又,人情多因循了事,若不於此各日放,則便不肯特爲買放矣。光雖爲人如此說,究只成空談。

又,生亦不可亂放。放之於江,則無不可;放之於池,凡害魚之魚亦放其中,是放賊於人民之聚處,則群魚皆爲彼之食料。然欲一一如法,實難做到。是宜極力提倡戒殺吃素,以爲根本解決之法。其於放生略爲舉行,以期人各體會放之意而已。若儘量放而設法未能合法,則亦功過不相掩耳。

放生之舉,事雖爲生,意實爲人。人若止殺,則固用不著此種作爲。然人食肉之心愈盛,不設此舉,久而久之,將舉非洲之野蠻行爲遍行於世。可不預爲設法,令彼嗜殺、嗜肉之人同生反躬自省之戒乎?

放生者,但以不忍殺生爲念,不能計及彼之食生物與否,魚多食小魚及小水蟲,若如所論,放一大魚,必日殺無數小魚、水蟲,則放一以殺多,是放之功少過多也。然穿山蛇獺,究無幾何,既不能盡生物皆買放,則似宜從緩,庶免閑議。

放生以至誠爲彼念佛、持咒爲本,所有儀式亦不過表示相法而已。如有其人,固宜按儀式行,否則,但竭誠念佛即已。

又,凡生欲放,若夏日當宜速行。懺泥於等齋,按儀式作法,或至久經時刻,有礙生命。居士放生,宜從簡略。若眞誠、無偽僭之心,即按儀式行,亦非絕不可行;若妄效僧儀,則成我慢矣。法固圓融,當善用心。在家居士可放蒙山,則此放生,固無所礙,然須絕無僭越之心,

深存度生之念方可耳。

【按】此原文出自大師《覆羅智聲居士書一》，標題爲編者所加。由於此信未標明日期，故暫列於本年。

九月二十四日，大師返回普陀山。

二十九日，將爲河東夫人所作之開示法語（約二千字），寄給上海的甘璧生居士轉交。十月初六日，大師收到甘氏覆函，云已抄錄一張自存，大師原稿並書一同寄河東夫人，並另外有補抄一份，送給簡照南居士。

十一月二十九日，覆高鶴年居士書，其中尤爲關心募印《安士全書》事宜。此爲大師拯救時局之悲心宏願⑤。

注　釋

① 高鶴年《永思集‧印光大師苦行略記》：「師約余同到滬上。是時三聖堂老當家眞達上人請師到伊下院供養庵（即太平寺）住，余遂送往。承眞老賜來蜜棗、龍眼各兩盒，決不敢受，頂禮致謝，辭往天台山中度夏。自此，師常來申江，專事弘法，隨機說法，普利群生。」

② 《與徐蔚如居士書一》：「律藏不許未受戒者看，一則恐其未明遠理之人，見其因犯制戒之迹，不知乃大權菩薩欲佛制戒以淑後世，遂現作不如法相，以啓如來立制以垂範耳。由其未明此理，唯據近迹，遂謂如來在世，佛諸弟子多有不如法者。從茲起邪見以藐視僧倫，則其罪不小。二則律藏中事，唯僧知之，儻令未爲僧者閱之，或有外道假充比丘，作不法事，誣謗佛法，則其罪非小。故此嚴禁而預防耳。至於好心護法，校正流通，何可依常途爲例。若執定此語，則律須僧書、僧刻、僧印、僧傳，方可不違佛制矣。天下萬事，皆有一定之理。而當其事者，須秉一定之理，而行因時適宜之道。理與權相契，法與道相符，斯爲得之。律中必有明文。光以目昏，未能遍閱，蕅益《毗尼集要》亦有此議，亦不須檢查。但無上不明遠理、只據近述及欲知佛法中機密之事、擬欲假充比丘等過，則放心安意，校正流通，其功德無量無邊，何須過慮！然須緘默，不可以律中文相，對無知無識之人宣說，及泛泛然錄之於尋常文集中，以啓無知人妄造口業之釁。世、出世間，理皆有定，法皆無定，大而經國治世，小而一飲一啄，莫不如是，何獨於律藏而板執乎哉！」（《增廣》卷二）

③ 《南潯極樂寺修放生池疏》：「戒殺放生之事，淺而易見。戒殺放生之理，深而難明。若不明其理，縱能行其事，其心決不能至誠惻怛。其福田利益，亦隨其心量而致成微淺。儻遇不知者阻誹，遂可被彼所轉，而一腔

善心，隨即消滅者有之。以故不避繁詞，用申其義。俾物類同沐慈恩，人倫各培福祉。以懇到之深仁，滅自、他之殺報。同臻壽域，共樂天年。尚祈以此功德，回向西方。則永出輪迴，高超三界。爲彌陀之弟子，作海眾之良朋矣。閱者幸注意焉。

原夫水陸眾生一念心性，直下與三世諸佛，無二無別，但以宿惡業力，障蔽妙明，不能顯現，淪於異類。遂致知識陋劣，除求食避死之外，了無所知。譬如大寶銅鏡，經劫蒙塵。不唯毫無光明，即彼銅體，亦不顯現，直同廢物。忽遇智人，知是寶鏡，具有照天照地，無邊光明。遂日事磨礱，初則略露鏡體，次則漸發光明，及乎磨之至極，則照天照地之光，全體顯現。無智之人，方始貴重，視爲至寶。須知此光，鏡本自具，非從磨得。雖復自具，儻無磨礱之緣，從劫至劫，亦無發光之日。一切人天六道眾生心性，悉皆如是。由無始來，惑業障蔽，不能顯發本具妙明，迷背真性，造生死業。

大覺世尊，知諸眾生一念心性，與佛同儔。因茲種種方便，隨機說法。普令修習戒、定、慧道，以期斷惑業而復本有，圓福慧以證法身。

又，令世人發慈悲心，戒殺放生。良以我與一切眾生，皆在輪迴之中。從無始來展轉相生，展轉相殺。彼固各各皆爲我之父母、兄弟、姊妹、兒女，我亦各各皆爲彼之父母、兄弟、姊妹、兒女。彼固頻頻由惡業力，或於人中，或於異類，受我殺戮。我亦頻頻由惡業力，或於人中，或於異類，受彼殺戮。久經長劫，相生相殺，了無底止。凡夫不知，如來洞見。不思則已，思之則不勝慚愧悲憫矣。我今幸承宿世福善，生於人道，固宜解怨釋結，戒殺放生。令彼一切有生命者，各得其所。

又，爲念佛回向淨土，令得度脫。縱彼業重，未能即生，我當仗此慈善功德，決祈臨終往生西方。既往生已，即得超凡入聖，了生脫死，永出輪迴，漸證佛果矣。且愛物放生，古德先賢，皆行此事，故《書》有鳥獸魚鼈咸若之文，而文王澤及枯骨，況有知覺之物哉！

至於簡子放鳩，子產畜魚，隨侯濟蛇，楊寶救雀，此固聖賢一視同仁之心，尚不知其蠢動含靈，皆具佛性，展轉升沈，互爲怨親，及將來決定成佛等義。迨至大教東來，三世因果，及生、佛心性平等無二之理，大明於世。凡大聖大賢，無不以戒殺放生，爲挽殺劫以培福果，息刀兵而樂天年之基址。古云：『欲知世上刀兵劫，須聽屠門半夜聲。』又云：『欲得世間無兵劫，除非眾生不食肉。』是知戒殺放生，乃拔本塞源之濟世良謨也。故陳智者大師，買臨海江滬溪梁六十餘所，亘四百餘里爲放生池，請敕立碑，禁止漁捕。有偷捕者，動輒得禍。直至唐貞觀中，猶然如是。唐肅宗乾元二年，詔天下諸

州各立放生池，敕顏眞卿撰碑文，並書丹。有云：『我皇舉天下以爲池，罄域中而蒙福，承陀羅尼加持之力，竭煩惱海生死之津。揆之前古，曾何仿佛？』宋眞宗天禧元年，詔天下立放生池，而杭州西湖，亦宋之放生池也。明蓮池大師立放生池於上方、長壽二處，其《戒殺放生文》，流通天下。迄今三百餘年以來，景仰高風，慈濟物類之緇素通人，何可勝數？

　　或曰：『鰥寡孤獨，貧窮患難，所在皆有，何不周濟？而乃汲汲於不相關涉之異類，其緩急輕重，不亦倒置乎哉？』答曰：『子未知如來教人戒殺放生之所以也。夫人物雖異，佛性原同。彼以惡業淪於異類，我以善業幸得人身。若不加憫恤，恣情食啖。一旦我福或盡，彼罪或畢，難免從頭償還，充彼口腹。須知刀兵大劫，皆宿世之殺業所感。若無殺業，縱身遇賊寇，當起善心，不加誅戮。又況瘟疫、水火諸災橫事，戒殺放生者絕少遭逢。是知護生，原屬護自，戒殺可免天殺、鬼神殺、盜賊殺、未來怨怨相報殺。鰥寡孤獨，貧窮患難，亦當隨分隨力以行周濟，豈戒殺放生之人，絕不作此項功德乎？然鰥寡等雖深可矜憫，尚未至於死地，物則不行救贖，立見登鼎俎以充口腹矣。』又曰：『物類無盡，能放幾何？』答曰：『須知放生一事，實爲發起同人，普護物命之最勝善心，企其體貼放之之意，心中惻然，不忍食啖。既不食啖，則捕者便息。庶水陸、空行一切物類，自在飛走，游泳於自所行境，則成不放之普放，非所謂以天下而爲池乎？縱不能人各如是，而一人不忍食肉，則無量水陸生命，得免殺戮，況不止一人乎？又爲現在、未來一切同人，斷鰥寡孤獨、貧窮患難之因，作長壽無病、富貴安樂、父子團圓、夫妻諧老之緣，正所以預行周濟，令未來生生世世永不作鰥寡等苦，長享受壽富等樂，非所謂罄域中而蒙福乎？何可漠然置之？子審思之。戒殺放生，畢竟是汲汲爲人，抑止汲汲爲物？而緩急輕重倒置乎？』……」（《增廣》卷二）

④《上海護國息災法會法語》：「民國十年，余往南京訪一友。其人請魏梅蓀見余，以信佛、念佛而不能吃素告。余令其熟讀《文鈔》中《南潯極樂寺修放生池疏》數十遍，即能吃素矣！以其文先說生、佛心性不二，次說歷劫互爲父母、兄弟、妻子、眷屬互生，互爲冤家對頭互殺，次引《梵網》、《楞嚴》、《楞伽》經文爲證，熟讀深思，不徒不忍食，且不敢食矣！魏居士不過二月，即絕不食肉矣。」（《三編》卷四）

⑤《覆高鶴年居士書五》：「……照南居士助印二千《安士全書》，托尤惜陰、張雲雷、丁福保三位料理，而惜陰實居八九。惜陰意欲遍佈全國二千四十一縣。惜陰之友劉木士（其人在南洋多年）與惜陰心願相同，擬令南

洋相識之富商各出資助印，半歸南洋新嘉坡、檳榔嶼、荷蘭（南洋各島中學校以《欲海回狂》作修身教科書）施送；半於祖國施送，令彼各各培植本生國界。此心誠溥，其果遂與否，尚不能定。

　　近來本國所募印者，當已至萬。待至明春印時，二三萬部或可湊成。若南洋華僑肯發心助，則十萬、二十萬尚未可定，且任緣辦。若吾國及南洋之人宿有善根，得聞佛法中之即俗修真，隨機可入之道，天龍當為感動。有心世道者，群起而共贊之，則全國各縣各散百十部，亦不為難。

　　若國人無此法緣，則人將以印光無道無德，不肯見信共相感發，止以所募一二萬，了此心事而已。此事雖是私事，實於國計民生大有關係。其大成與否，皆有定數。光與尤、劉、張、丁四居士，豈能令無緣者轉為有緣，而溥遍流布乎？……」（《三編》卷一）

# 一九二二年　六十二歲（民國十一年　壬戌）

## 譜主事略

是年春，應定海縣知事陶在東請求，大師著手修撰《普陀山志》。

得陶在東函，並附報紙一張。內載袁某呈江蘇省長，請以全省寺廟財產興辦教育，已經省長王鐵珊批准執行。師乃數度致函前清翰林魏梅蓀、王幼農諸居士設法挽救，後經曲折，終於成功①②③。

為揚州張瑞曾重刻《藥師琉璃光如來本願功德經》作序。

由於陶在東、黃涵之居士之呈請，民國政府徐世昌總統為師題「悟徹圓明」匾額一方，送至普陀山，香花供養，極盛一時，大師置若罔聞，不以為意④。

又，大師應邀囑智德法師至監獄，宣講《安士全書》，申述因果報應及淨土法門等要旨。獄囚多受感動。

遵大師之囑，魏梅蓀居士於三、四月內成功斷除一直喜食肉之習。師致函祝賀，並鼓勵繼續精進。同時，商請其致函商業巨子張季直，發心出資印送《安士全書》數千或數萬部，以惠及國民。

是年，真達在滬翻造太平寺，特為師闢淨室一間，作為其來滬印經時安居之用。從此，當師卓錫太平寺時，南京魏梅蓀、西安王幼農、維揚王慧常、

江西許止淨、嘉興范古農、滬上馮夢華、施省之、王一亭、朱子橋、屈文六、黃涵之、關絅之等居士，或因私人問道，或因社會慈善事務，有所諮詢，亦時往太平寺，向大師請益。至於各方投函者，更僕難數。太平寺因此名聞遐邇。

【按】施省之（1865～1945），名肇曾，浙江餘杭人。曾任江西道員、駐美國華盛頓公使館館員、紐約總領事。1897 年回國後，曾任京漢鐵路工程總辦、隴海鐵路局局長等職。中年信佛，專弘淨土，熱心慈善事業。1912 年，被推爲上海佛教淨業社董事長。曾發心修建省庵大師道場——梵天寺。1925 年起，當選爲上海世界佛教居士林林長。1934 年，復與葉恭綽、王一亭、關絅之等人聯合發起，成立中國保護動物會，宣傳放生、護生及造橋等公益事業。又曾創辦北京中央醫院，以惠貧病；資助學校，提振教育等。

【按】朱子橋（1874～1941），名慶瀾，浙江山陰人。歷任東北鳳凰、安東、錦州各廳縣事，調任四川十七鎮統制官，改文爲武，綜理軍務。民國元年（1912）起，先後任黑龍江都督署參謀長、巡按使、廣東省省長等職。1925 年退職後，熱心社會救濟事業，諸如勸募賑糧，救助山東、河南、陝西旱災，以及長江大水災等。同時，復興古刹叢林，開辦佛學講習所，尤其是發現並影印宋版《磧砂藏》，爲近代佛教事業做出了重要貢獻。

【按】屈文六（1883～1973），名映光，浙江省臨海縣人。早年加入光復會，參與革命。民國後，歷任浙江都督府民政司長、內務司長、巡按長等職。1918 年出任北京政府國務院顧問，次年任山東省省長，1926 年，一度出任北洋政府內務總長，旋辭職，閉門學佛。先後皈依諦閑、大勇、持松、班禪等高僧，顯密雙修，並從事慈善活動。1937 年抗戰爆發，擔任僧伽救護隊長，出入戰地，救護傷員。著有《金剛經詮釋》、《心經詮釋》二書行世。

【按】黃涵之（1875～1961），名慶瀾，上海人。前清貢生，早年曾赴日本留學。民國以後，歷任火藥局局長、上海高級審判廳廳長等職。後到上海任中國佛教會常務理事。修持淨業，常於滬上及外地宣講淨土諸經。著有《初機淨業指南》、《阿彌陀經白話解釋》、《朝暮課誦白話解釋》等。

【按】關絅之（1879～1942），湖北漢陽人。年二十中舉。歷任南通隸州知州、上海公共租界公廨正審官、江蘇省印花稅務局副局長、湖北同鄉會會長、紅十字會常務董事、新民輔成會副會長等職。四十二歲信仰佛

教，專修淨土。1922 年起，歷任上海佛教淨業社副社長、中國佛教會和上海市佛教會執行委員兼常務委員、上海世界佛教居士林監察委員、副林長，上海佛教公墓董事、戰區難民婦孺收容所主任等職。

五月初二日，大師致函高鶴年居士。其中說到，準備在七月份前往杭州、南京兩地，料理梵天寺、法雲寺之籌建事宜，順便去揚州處理《文鈔》版片之事。約在九月底回普陀山。

七月二十六日，師乘船離開普陀山。

二十九日，到達上海。大師至有正書局打聽，得知高鶴年居士尚未回滬，遂停留滬上太平寺。八月初七日，留信給高氏。

秉大師旨意，魏梅蓀等居士於南京三汊河創建放生念佛道場法雲寺。寺院規模與蘇州靈巖寺相當，皆由大師手訂。並於寺中設立佛教慈幼院，收養孤兒。師又為之撰《法雲寺放生池疏》、《法雲寺慈幼院疏》二文⑤。

師函約高鶴年居士來滬。簡玉階兄弟發心印佛書，囑高氏請大師午膳，席間談及道場中事，師言：「要掃除習弊，實行清修，洗滌身心，不染俗氣者，方有益處。」事後，高氏前往九華山，大師則返回普陀山。

雲南保山鄭慧洪來函，請求皈依。大師為之取法名慧洪，其父法名得純，母德懿。

大師前往揚州處理刻經事宜。途經蘇州，住一弟子家。期間，曾往訪吳引之居士。

接弘一來函，要求大師收為弟子，大師婉言謝絕。

前清翰林許業笏居士，民國二年學佛，專志淨土，經讀大師《文鈔》，遂動朝禮普陀觀音大士及大師之念。禮敬大士之後，以所撰《禮觀音疏》呈大師。師問：「汝吃素否？」答：「吃花素。」師作色呵斥曰：「倒架子！如此大通家，尚不以身作則吃長素，何能感化他人！」許氏毫不介意，欣然樂受。次日，上書請大師繼續編輯《淨土聖賢錄》，並願助成其事。同時，萬分感激大師之慈訓。師見其知見純正，文筆超妙，且虛懷若谷，殊為難得，遂請其編《觀世音菩薩本迹感應頌》。後許氏皈依大師，師為之取法名「止淨」。

大師覆陝西督軍陳樹藩書，陳述軍中進退之道⑥。

注　釋

① 《與魏梅蓀居士書四》：「現今僧多庸愚，不能宏闡道妙，致令一班奸人，欲借公濟私，圖謀僧產。特以開辦學校為藉口，而欲毀寺逐僧。竟有一

生謹慎之王鐵珊，遂彼之請，隨爲出令讚譽。謂爲無戾於法，實衷諸情，審慎周妥，良堪欽佩，令江蘇全省各縣遵照辦理。不憶鐵珊悖謬一至此極！此令若行，定致各省效尤，昆岡致炬，玉石俱焚，則與『三武滅佛』無異。然三武之世，高人林立，雖暫受厄，終復大興。今若必依此令，則佛法之滅，可坐以待。居士宿願宏深，現行淳篤。值此謬政，敢祈不惜齒芬，與督軍、省長，詳陳利害，及與去年大總統所頒條例，如能取消此令，則何幸如之！如不見聽，尚祈懇求令師馮薵庵先生，及張季直先生，同伸救援，庶可不成事實。

　　光一無門庭，二無眷屬，兼以景逼桑榆，夫何所慮？但以此際，人心陷溺，已至極點。道德仁義，視若弁髦；法律刑政，絕無所畏。若能倡明如來三世因果、輪迴報應之道，縱大奸極惡之人，亦未必絕無一念畏懼來報，洗滌先心也。光常曰：『因果者，世、出世間聖人平治天下、度脫眾生之大權也，世多淺近視之。須知從凡夫地，乃至成佛，皆不出因果之外。若深明因果，上焉者，即可明心見性，斷惑證眞；下焉者，亦可改過遷善，希聖希賢，其有益於世道人心也，大矣。』當此王制廢棄，儒教衰微之時，不以佛法相輔而治，已爲失機，況汲汲然以毀寺逐僧爲急務哉！彼殆曰：『僧皆庸愚，了無益於人國。』豈知此令一出，則縱有眞修實踐之僧，亦將隨例被逐矣。是欲續國家命脈，先斷其命根，鐵珊之罪，遍滿十虛。由鐵珊而行此舉者，亦與鐵珊無二。一盲引眾盲，相牽入火坑，正鐵珊之謂也。」（《續編》卷上《書》）

　　《與魏梅蓀居士書五》：「閣下所說，與幼農所說相合。聞已令妙蓮和尚，聯絡當地首領僧，具稟呈訴矣。說理宜透徹，詞意勿激烈，實爲至論，光亦與妙蓮略敍此意。凡事皆須於未舉行時，防其流弊。閣下謂借廟開校，年出租金，其法甚善，而不知其弊無窮也。元初道士借僧廟住，此風一起，幾至無可奈何（京城附近，占三百餘所，遠州縣更多）。後因僧上控，世祖有令退還，止還一半。然其產業，多被彼預爲盜去，可爲殷鑑。總之，作此事者，先操謀占僧產之心，其黨同伐異之見，因欲私得其利，則熾勢莫遏。『借』之一字與『改』之一字，名異而實同耳。閣下厚德君子，未詳審今人之詭計多端耳。然法道興衰，固有定數。光與閣下，固宜先盡人事，後聽天命耳。」（《續編》卷上《書》）

　　《與魏梅蓀居士書六》：「接手書，不勝感激。此事若行，法道必致速滅。若非閣下、竹莊、幼農等，鼎力維持，則便不堪設想矣。袁、唐一流，或是昔年欲滅佛法之徒，以高人林立，無從施其毒手，遂其惡願，因

宿願力,遂有此舉。然佛智鑑機,知有欲滅佛法之人,遂預令破彼魔力者,適生其間。不但法道不受阻遏,或可轉彼魔心,信向佛法。俾彼自知本具佛性,由其背覺合塵,致令自戕。今既知已,則背塵合覺,轉昔之欲自戕者,成自衛也。則淺之得改惡修善,以植人天之福,深之得斷惑證眞,親獲涅槃之果。所謂佛法如栴檀香,或捧持,或踐蹋(踏),皆得香氣所熏,而同一氣味也。光願三位成佛時,親爲輔正摧邪之護法弟子,以報此日之德。即袁、唐成佛時,亦復如是。俾全魔界以成佛界,共證眞如法性,同圓種智而後已。」(《續編》卷上《書》)

《與魏梅蓀居士書七》:「昨接妙蓮信,及省長批,知此事徹底消滅,感愧無喻。竊念此事,若非閣下,與莊(思緘)、蔣(竹莊)、王(幼農)三君鼎力維持,恐難撤消。昨日已與莊居士書,並將批文附函,祈其與內務部長疏通。以後別處若有此種情事達部者,祈依《管理寺廟條例》,斥回勿允,庶不至無人幹旋者,竟成事實。即有幹旋者,致彼此徒勞心力也。法運通塞,殆有定數。然諸佛菩薩早已預知,以故令諸公適在其地,適逢其會,而鼎力維持,俾燎原之火,隨即撲滅也。險極!幸極!」(《續編》卷上《書》)

《與魏梅蓀居士書八》:「教育會一案,完全解決,全屬閣下,與竹莊、幼農三位幹旋之力,致省長及內務部,悉依《管理寺廟條例》實行保護。其省長之批,且兩面關顧,絕不傷教育會之情面。而復力設關防,俾莫能逾越,可謂曲盡護法之深心矣,令人感佩無既。」(《續編》卷上《書》)

③ 朱石僧《最後訓示》:「民國十一年間,光在普陀之時。有定海縣知事陶在東居士,寄來報紙一張。內載袁某呈江蘇省長,請以全省寺廟財產興辦教育,經省長王鐵(珊)核准。其批示中有『無戾於法,實衷諸情,審愼周妥,良堪欽佩。著教育廳令行各縣,遵照辦理』等語。陶居士函云:『此隔江風雨,頃刻即至。師若不設法救濟,一省如是,他省效尤。佛法前途,不堪設想。』光乃致函南京魏梅蓀、王幼農諸居士,請向省府疏通,收回成命。時省長已易韓公紫石。韓云,省長既已通令辦理,未易取銷。若欲挽回,須由彼等(指諸方長老而言)具陳理由,請求省方再予核辦。時妙蓮和尚因魏、王之囑,念光遠居普陀,爲江蘇寺廟不避忌諱,竭力營救,故對具呈省長方事,奔走諸方,勸請列名。幾經波折,不辭艱阻,奔走跋涉,加以其時泰縣有數處小廟已爲官廳沒收,將及於光孝寺,故僧眾群起恐慌,乃由光孝和尚邀同寂山和尚等三十餘

人，集省請願，始與妙蓮和尚合作辦理，並淨老和尚領銜，具呈省署。幸蒙批准，其事始寢。……」

④ 眞達、妙眞等《印光大師行業記》：「民國十一年（六十二歲），定海縣知事陶在東、會稽道尹黃涵之彙師道行，呈請大總統徐，題賜『悟澈圓明』匾額一方，齎送普陀，香花供養，盛極一時，緇素欣羨，師則若罔聞知。有叩之者，答以『虛空樓閣，自無實德，慚愧不已，榮從何來』等語。當今競尚浮誇之秋，而澹泊如師，實足挽既倒之狂瀾，作中流之砥柱，若道若俗，獲益良多。」（《三編》卷四附錄）

【附記】

定海縣知事陶鏞請政府表揚印光大師呈文暨會稽道尹訓令浙江定海縣知事陶鏞呈：

爲高僧戒行高潔，精通教義，謹臚陳事實，懇請轉呈表揚事。竊查修正《管理寺廟條例》第十七條開：「凡僧、道有戒行高潔、精通教義者，准照第五條規定辦理。」第五條開：「凡寺廟在歷史上有昌明宗教成績，或其徒眾恪守清規，爲人所宗仰者，得由該管地方官開列事實，詳請該管長官，咨由內務部呈請大總統分別頒給左列各物表揚之：一、經典，二、法物，三、匾額。」各等語。茲查定海縣屬普陀山法雨寺首座僧聖量，別號常慚愧僧，世稱印光法師者也。陝西郃陽趙氏子。少爲儒生，頗事韓、歐辟佛，既而悟出世法，有九流秕糠之歎。弱冠出家於長安縣南五台蓮花洞。時清光緒七年也。次年，受具足戒於興安縣雙溪寺。自是深究毗尼，博覽經論；戒行精嚴，脅不至席；遍參知識，應緣說法；權開五位，善接三根；大闡一音，廣弘萬品。橫抽寶劍，剪諸見之稠林；平渡津梁，截百端之穿鑿。叢林名刹，爭延住持，八請汾陽，咸予謝絕，以門庭多累，車馬酬應，尤害清修也。夙昔工詩，流連光景，文藻贍美，旋復棄去，以爲翰墨物累，徒起我人，聲華標謗，亦妨苦行也。最後行腳抵普陀。普陀與南五台，同爲觀音示現道場，喜其山海大觀，林壑幽邃，爲辦道絕佳之地。自光緒十九年入山，被推法雨上座，垂三十年。今春秋六十二矣。釋惠遠之高居，風埃逖隔；支道林之好事，語默方融。普陀爲南海名山，前清敕建普濟、法雨寺。此外，寺院茅蓬，凡數百處，法眷常數十百眾，咸感德化，恪守清規。十方緇白，問道請益。玄關幽鍵，感而遂通，遙源之波，酌而不竭。國初高鶴年、張雲雷、徐文蔚諸居士，輯其談道之作，都百篇，鑴印行世，署曰《印光文鈔》。正如抒山文稿，搜自民間；永明宗鏡，歸同萬善。中年以還，專修淨土，篤信大勢至『都攝六根，淨念相繼，入三摩地，斯爲第一』之經訓，遂爲此宗耆宿。敢於一切禪、教、律人前，稱性發揮，號大無畏。時賢評騭其文，無一語無來歷。辭致懇惻，與蓮池、憨山、紫柏、蕅益相近。而妙契時機，誠末法中阿伽陀藥，少病目至盲，洎持號焚修，

雙目復明，老彌爽朗，世人異之，知事權官昌國，問道洛伽，雖瓶水天雲，愧李翺之不會，而明珠秋露，喜玄奘之親承。第觀兀處經樓，布被脱粟，數十年如一日：筆硯爐香，外長無物，艱苦卓絕，堪列獨行。贊爲高僧，應無醜色。定海監獄，創辦江經，難於得人，由其贊成，推舉釋侶智德來縣擔任，感化囹圄，具見法施。綜核事實，與《條例》第十七條暨第五條規定相符。據法雨寺住持了明蓮曦，並長生錫麟三聖磐陀各庵堂首領僧開如、了餘、明教、宗德等，合詞籲懇，呈請表揚前來。知事覆查無異，稽諸歷史，代有僧伽，冊號崇封，頒經賜紫，禪門紀載，盛世流傳，皆崇佛法以順人心，亦策前修而勉後進。地方官例得襃舉，我國家禮亦宜之，理合開列事實清摺，備文呈請鈞尹鑑核，據呈省長，咨呈大總統。俯準將普陀山法雨寺首座僧印光特予表揚，實爲公便。謹呈

浙江會稽道道尹黃

定海縣知事陶鏞

浙江會稽道尹公署訓令第五八七號令定海縣知事陶鏞

本年七月十六日奉省長公署第一六七二號訓令內開：案准內務部咨開：前准咨據會稽道道尹黃慶瀾轉據定海縣知事陶鏞呈請核獎普陀山法雨寺首座僧聖量等情，造據事實清摺，送由該道轉呈到署，相應檢同原摺一份，咨請審定，轉呈察核施行等因到部，當經本部據情轉呈。於四月十三日，奉大總統指令：據呈已悉，佛法方便，備列多門，利物度生，淨宗尤普。該首座以曇鸞之宏願，踵善導之遺規。妙應時機，圓音普被，亟宜表揚，以資觀感。著給予『悟澈圓明』匾額一方，即由該部頒給。此令等因。奉此。

本部遵將匾額繕妥，送府蓋用榮璽。茲已奉交到部，相應咨送。遵照轉發該僧具領可也等因，並附匾額一方到署。准此。查此案前據該道尹轉據定海縣知事呈請前來，當經轉咨在案。茲准前因。除咨覆外，合即檢同原送匾額，領仰該道尹轉飭查照，給領具報。此令。附匾額一方等因。奉此。查此案前具該知事呈請前來，當經指令並轉呈在案。茲奉前因，合行檢同原發匾額，令仰該知事即便查收，給領具報。此令。

中華民國十一年七月十八日道尹黃慶瀾

⑤《法雲寺放生池疏》：「……須知放生原爲戒殺，戒殺必從吃素始。儻人各戒殺，人各吃素，則家習慈善，人敦禮義；俗美風淳，時和年豐，何至有刀兵劫起，彼此相戕之事乎！此挽回天災人禍，正本清源之要務也。凡有欲家門清泰，身心康寧，天下太平，人民安樂者，請皆於戒殺放生、吃素念佛中求之，則無求不得矣。」（《增廣》卷二）

《法雲寺慈幼院疏》：「蓋欲感發於普天之下也，而惻隱之心，無所不至。凡一切鰥寡孤獨，顛連困苦、無所倚賴者，無不欲爲救援，但以

財力維艱，於法雲寺放生池旁隙地，增設一慈幼院。取無父無母，無法存活之孤兒，養之教之，俾其成才而自立，免令凍餓而死，以填溝壑，飽鴉犬，致彼祖宗斷祭祀，兼使國家少人民，其心可謂真切懇摯，知所先務矣。

良以小兒一失父母，必至死亡；即或稍能行乞，不至即死，以無力就學，亦不過終身為傭，何能開智識以達本天資，敦倫理以不悖人道乎哉！……是知神龍之雛，每有沙磧之困，仁人能以斗升之水濟之，待其羽翼既成，風雲際會，便能普天之下，悉降甘霖。縱令天資庸常，無此作略，而養其良知良能，俾名為良善，亦可以為天下太平之本。況孤兒既多，當必有出類拔萃，堪能成道立德，參贊化育。……所願仁人君子、一切善信，各推幼幼之心，勿吝涓涓之助。須知施為福本，天道好還，我既濟人之孤，則己之子孫，當必多出類拔萃，大有作為，決不至困苦顛連，無所籲告耳。……儻能俯納芻蕘，不惜家珍，俾此舉大成，豈特孤兒之大幸哉，實天下國家之大幸也。」（《增廣》卷二）

⑥《致陝西陳柏生書》：「……孟子曰：『雖有智慧，不如乘勢；雖有鎡基，不如待時。』閣下之才略，乃智慧之基也。其民不佩服，群起而攻之，乃宿世少結人緣，現政未洽民心，是無勢可乘也。無勢可乘而強為之，是失時也。大丈夫欲建大功，立大業，未有不上順天理，下合民心而能者。故孔子可以仕則仕，可以止則止，可以久則久，可以速則速，相時適宜，無所適莫。曾謂顏淵曰：『用之則行，舍之則藏，惟我與爾有是夫。』祈閣下以孔子為法，以督軍之位，視若毒藪，不但不起戰事，亦復不生憾心，非唯秦民受賜，國家無虞，實則閣下獲福無疆，餘慶覃及後裔矣。

若堅持此見，不肯回慮，則成《乾卦·上九》亢龍之象，以其貴而無位，高而無民，必有後悔。悔之於後，將何及乎！孔子釋之曰：『亢之為德也，知進而不知退，知存而不知亡，知得而不知喪，其惟聖人乎！知進退存亡，而不失其正者，其惟聖人乎！』再言『其惟聖人乎』者，令人深思而取法也。縱閣下不以聖人自居，亦豈不欲趨吉避凶為哉。懇請閣下上思綿祖宗之厚德，下思貽子孫之幸福，生知足想，頓息戰事，則秦地人民，尚可蘇息，各處強暴，無從藉口。雖退歸田里，實與秦民普施生死肉骨之莫大恩澤也。」（《增廣》卷二）

# 一九二三年　六十三歲（民國十二年　癸亥）

## 譜主事略

元月初六日，覆蔡契誠居士書，談食補強身之道。

四月，師居上海太平寺。時弘一亦在滬，常往親近大師。

廿一日，覆蔡契誠居士函，揭露社會上流行之煉丹、扶乩之害①。

六月，應施省之邀請，師赴杭州參與梵天寺的修復工作，並爲南天竺寺觀音殿上梁作法語。不久，飛錫南京三汊河指導法雲寺成立。是時，名流皈依者眾多，師爲之方便說法。同時，在佛教慈幼院的開幕式上作報告。

期間，張一留居士皈依大師。然後，大師與高鶴年同至揚州，安排《文鈔》刻印事宜②，並參觀劉莊貞節院。約十月初回到普陀③。

【按】張一留（？～1947），名援，江蘇靖江人。早年留學東瀛，歸國後，從事教育。擅長詩歌、古琴，晚年專修淨土。臨終作偈數首，安詳往生，火化後，得五色舍利花。著有《西方認識論》、《修忍堂詩鈔》、《靈巖山志》等。

是年，大師與弘一通信不少。弘一發願刻期掩關，誓證念佛三昧，且請師作「最後訓言」。師遜謝，僅勸其關中用功，當以不二爲主，不可以妄躁心先求感通。心未一而求感通，乃爲修道第一大障④。

弘一又致函師，談及修行與刺血寫經事，師覆書詳言此法之利弊及前人之證驗，供其採擇⑤。

大師覆馬舜卿居士書⑥。

陝西家鄉人及軍界首領勸師回故里，師以《普陀山志》未及修完及《文鈔》排印等事，無暇前往⑦。

九月十九日，簡照南居士去世。大師應邀赴滬，在南園爲之舉殯說法，並宣讀《簡照南居士祭文》。

十月，苦行居士以淺顯的語言文字，爲未發心者，論述如來普度眾生的淨土法門，撰成《廣長舌》一書，函請大師作序。師爲之作短序一篇。

覆卓智立居士書一，師簡述生平概要，以及修撰《普陀山志》之因緣。

十一月十七日阿彌陀佛聖誕日，弘一於佛前燃臂香，仰慈力加被，再次上書呈請大師攝受，師礙於自己所設「不收剃度徒弟」的原則⑧，仍未許。臨近歲尾，弘一第三次竭誠懇求，師始慈悲默許⑨。

二十一日晚，致函高鶴年居士，主要談論高氏舍宅修貞節淨土院之事。在滬上爲女信徒開示臨產供佛、念佛之說⑩。

注　釋

①《與蔡契誠居士書二》：「……佛法那裏教人煉精氣神，無論什麼外道，離煉精氣神，便無道可說矣。若是正人修之，亦可延年益壽；若了生死成佛，乃是說夢話。彼並不知如何是生死，如何是佛，胡說巴（八）道一套，以騙人家男女。儻是邪淫之徒，則便借坎、離交媾，嬰兒姹女交媾等名詞，誘諸少年婦女，悉爲所汙。且以此爲傳道，而無智之人，雖受彼汙，猶不以爲非法，以其是傳道，不同無道之人夫婦行淫也，哀哉！世人何迷至此。靈學扶乩，乃靈鬼作用，亦有眞仙降臨，乃百千回之一二。其平常俱靈鬼冒名，斷不可以此爲實，先《文鈔》亦略談之。

……今之出家者，每每亦學煉丹運氣、扶乩等。指竅之說，最爲惑人之本。若遇少年女子，多被此種法子所亂，罪大惡極，邪正不兩立。正法昌明，則邪法自可息滅。今魔種遍天下，亦眾生同分惡業之所感也。……汝且一心持戒念佛，任彼魔王外道，顯什麼鬼本事，皆勿理會，則可不被魔徒牽入魔堂矣。」（《三編》卷二）

②高鶴年《永思集·印光大師苦行略記》：「民國十二年，南京魏梅蓀老居士創建慈幼院、法雲寺放生池。約余請師同往參觀。是時京市名流皈依者眾，方便說法，由此放大光明，相助而成，功德不可思議。後同至揚州寓少懷學校（張瑞曾居士所辦）。師云，張居士願撥灘地百餘畝，欲助貞節院。余心不安，故力辭未收。師屢欲來劉莊觀光貞節院，余辭以關院尚未成立。歸來一看，仍回杭州，送師返申。」

③《與蔡契誠居士書二》：「六月後不可來信，以施省之發心修杭州梵天寺（係光勸發，故必要光去），即蓮宗十一祖齊大師道場，須光去料理商量。不過一二十日，又要到南京法雲寺，梅蓀以法雲寺成立，必要光到方可，遲早隨光。往南京亦不過一二十日。由南京到揚州以安頓《文鈔》事。《文鈔》將刻完矣。一出書，即又另排，已有數友購一萬部。大約九月半後，即可回到普陀。否則，十月初必到。以天氣一冷，外邊不便故也。」（《三編》卷二）

④《覆弘一師書》：「接手書，知發大菩提心，誓證念佛三昧，刻期掩關，以祈遂此大願。光閱之不勝歡喜。所謂最後訓言，光何敢當？然可不盡我之愚誠以奉之乎？雖固知座下用此種絡索不著，而朋友往還，貧富各盡其分，則智愚何獨不然。但盡愚誠即已，不計人之用得著與否耳。竊謂座下此心，

實屬不可思議，然於關中用功，當以專精不二爲主，心果得一，自有不可思議感通。於未（得）一之前，切不可以躁妄心，先求感通。一心之後，定有感通。感通，則心更精一。所謂明鏡當臺，遇影斯映，紜紜自彼，與我何涉？心未一而切求感通，即此求感通之心，便是修道第一大障，況以躁妄格外企望，或致起諸魔事，破壞淨心。大勢至謂『都攝六根，淨念相繼，得三摩地，斯爲第一。』敢爲座下陳之。」（《增廣》卷一）

⑤《覆弘一師書一》：「座下勇猛精進，爲人所難能！又欲刺血寫經，可謂重法輕身，必得大遂所願矣！雖然，光願座下先專志修念佛三昧，待其有得，然後行此法事。儻最初即行此行，或恐血虧神弱，難爲進趣耳。入道多門，唯人志趣，了無一定之法；其一定者，曰誠、曰恭敬。此二事，雖盡未來際，諸佛出世，皆不能易也。而吾人以博地凡夫，欲頓消業累，速證無生，不致力於此，譬如木無根而欲茂，鳥無翼而欲飛，其可得乎？

「今將辦法之利弊，並前人證驗，略開一二，庶可隨意作法矣。

「刺血寫經，有專用血寫者，有合金、合硃、合墨者。合金一事，非吾人力所能爲。憨山大師寫經，係皇太后供給紙與金耳。金書之紙，須用藍色方顯，白紙則不顯，即藍紙金字，亦不如白紙墨字及硃字之明瞭，光曾已見過矣。若合金、硃、墨等，則血但少許，以表其志誠心，如憨山於五台妙德庵，刺舌血研金，寫《華嚴經》，妙峰日刺舌血爲二分：一分研硃書《華嚴經》；一分著『蒙山施食』中施鬼神。高麗南湖奇禪師，見蕅益《彌陀要解》，欲廣流通，刺舌血研墨寫《要解》，用作刻板底樣刻之，冀此書遍法界、盡未來際以流通耳。其寫一字，禮三拜，繞三匝，稱十二聲佛名，可謂識見超拔，修持專摯者也！此三老之刺舌血，當不須另行作法，刺出即研金、硃、墨而寫之便了，決非純用血，當仍用水摻合之。若專用血寫，刺時先須接於小碗中，用長針盡力周匝攪之，以去其筋，則血不糊筆，方可隨意書寫。若不抽筋，則筆被血筋縛住，不能寫矣。古有刺血寫《華嚴》，以血筋日堆，塑成佛像，有一寸餘之高者。又血性清淡，著紙即散，了無筆劃，成一血團。其紙必須先用白礬礬過，方可用。礬過之紙不滲，最省血。大紙店中有賣的，不須自製，此係備畫工筆者用也。其礬過之紙，格外厚重，又復經久。如黃紙已染者便堅實。未染之紙頭即磽脆。古人刺血，或舌，或指，或臂，或胸前，亦不一定。若身則自心以下，斷不可用，若用，則獲罪不淺。不知座下擬書何經？若小部頭，則舌血或可供用；若大部及專用血書，則舌血恐難足用，須用指及臂血，方可告圓。以舌爲心苗，取血過多，恐心力受傷，難於進修耳。

　　光近見刺血寫經者，眞是造業！以了無恭敬。刺血則一時刺許多，春秋者，過二三日即臭，夏日半天即臭，猶用以寫。又有將血曬乾，每寫時，用水研乾血以寫之者。又所寫潦草，毫不恭敬，直是兒戲！不是用血以表志誠，乃用刺血寫經以博自己眞心修行之名耳！

　　竊謂指血、舌血，刺則不至太多；若臂，則一刺或可接半碗血，與其久則臭而仍用，及曬乾研而方用，似不若最初即用血合硃作錠，曬乾聽用。爲不耗虛血，又不以臭血污經，爲兩適其宜矣。然此錠既無膠，恐久則硃薄，研時宜用白芨再研，庶不至落。又將欲刺血，先幾日，即須減食鹽及大料調和等。若不先戒食此等，則其血腥臊。若先戒食此等，則血便無濁氣。又寫經不同寫字屏取其神趣，不必工整。若寫經，宜如進士寫策，一筆不容苟簡。其體必須依正式體。

　　若座下書箚體格，斷不可用。古今多有以行草體寫經者，光絕不贊成。所以寬慧師發心在揚州寫《華嚴經》，已寫六十卷，其筆法潦草，知好歹者，便不肯觀。光極力呵斥，令其一筆一劃，必恭必敬。又令作訟過記，以訟己過，告誡閱者。彼請光代作，故蕪鈔中錄之。方欲以此斷煩惑、了生死、度眾生、成佛道，豈可以遊戲爲之乎？」（《增廣》卷一）

⑥《覆馬舜卿居士書》：「……雷峰塔倒，內中之經，悉破壞不堪。好事者以重價購求，其意實非重經，乃重古也。（假）使現所完全之經，一如寶貴此經，則功德利益，唯佛能知。彼以此係古人所藏，不思完全之經，非古人所傳乎？寶貴此經，固有功德，而唯以古爲貴，不以經爲貴，則成棄本逐末矣。」（《增廣》卷二）

⑦《覆卓智立居士書一》：「今年六十三歲，陝西鄉人及督軍屢催回鄉。光初以庸辭及勢不能辭，則以現事經手，不能遠行告。明年《普陀志》成，《文鈔》排印好，當回陝一次，尙恐復來。以梵天、法雲因緣，須待其大成，方可不去關顧。然人命無常，或即隕滅，固不能隨己預定也。……」（《三編》卷四）

⑧《大師自述》：「行事　每日量己之力，念佛並持《大悲咒》，以爲自利利他之據。一生不收剃度徒弟，不接受住一寺。」（《三編》卷一）

⑨弘一《致王心湛書》：「朽人（弘一謙稱）於當代善知識中，最服膺者惟光法師。前年嘗致書陳情，願廁弟子之列，法師未許；去歲阿彌陀佛誕，於佛前燃臂香，乞三寶慈力加被，復上書陳請，師又遜謝。迨及歲晚，乃再竭誠哀懇，方承慈悲攝受，歡喜慶幸，得未曾有矣。……」（《三編》卷末《附錄》）

⑩《上海護國息災法會法語》：「江浙俗傳，謂念佛之人，血房不可入，以產婦血腥一沖，以前所念之功德都消滅矣，故視作畏途。雖親女親媳，皆不敢近，猶有預先避居別處，過月餘，方敢回家者。此風遍行甚廣，亦可怪也。不知此乃外道邪說，蠱惑人心，何可妄信！民十二年，袁海觀之次媳，年已五十多歲，頗有學問，有二子二女。其長媳將生子，一居士謂曰：『汝媳生子，汝家中一個月內供不得佛，也念不得佛。』彼聞而疑之。適余至滬，彼問此事，余曰：『瞎造謠言，歸告汝媳，令念觀音，臨產仍須出聲念；汝與照應人，各大聲念，定規不會難產及無苦痛、血崩等事，產後亦無種種危險。』彼聞之甚喜，不幾日而孫生。其孩身甚大。湖南人，生子必秤，有九斤半，且係初胎，了無苦痛。可知觀音大慈悲力，不可思議。平常念佛菩薩，凡睡臥或洗腳、洗浴時，均需默念，唯臨產不可默念，以臨產用力，默念必受氣病，此極宜注意。須知佛力不可思議，法力不可思議，眾生心力不可思議。唯在人之能虔誠與否耳。明高僧壽昌慧經禪師，生時頗難，其祖立於產室外，為念《金剛經》，以期易生。開口念出『金剛』二字，即生。其祖乃取名為『慧經』。長而皈依，及出家，皆不另取名。其人為萬曆間出格高僧。由是觀之，可知佛法之有益於世間也大矣。念觀音於生產有如是利益，豈可為邪說所惑而不信奉耶？」（《三編》卷四）

# 一九二四年　六十四歲（民國十三年　甲子）

## 譜主事略

春，大師撰《戒殺放生文序》，闡述戒殺放生之要義①。

五月，弘一自溫州抵普陀山拜謁大師。此後，隨侍師七日，用心觀察師之一言一行，總結出大師注重惜福、力行習勞、深信因果、專弘淨土四大特徵②。

九、十月間，直系軍閥、江蘇督軍齊燮元與皖系軍閥、浙江督軍盧永祥為爭奪上海而爆發戰爭。

魏梅蓀居士因江浙戰事避居滬上，思考消弭戰亂之法。大師勸其遍覽二十四史，選擇其中因果報應之顯著者，輯錄為一書，以為天下後世之殷鑑。魏

氏大喜，然因年老、力不從心而作罷③。

師為王伯謙居士所撰之《學佛淺說》作序④。杭州雲居山常寂光蘭若舉行「七七」念佛法會，大師為之撰寫《緣起疏》。

北京印行《自知錄》一書，宣揚神通變化之事，上海、杭州、餘姚等地居士欲廣印流通，大師竭力制止⑤。

十二月二十八日，覆陳士牧居士書，談子女行孝之法⑥。

注　釋

① 《勸戒殺放生文序》：「甚矣！殺生食肉之情事慘，而貽禍深且遠也。夫人與諸物，同稟天地之化育以生。同賦血肉之軀，同具靈知之性。同知貪生怕死，趨吉避凶。眷屬團聚則歡，離散則悲。受惠則感恩，貽苦則懷怨。一一悉同。無奈諸物以宿惡業力，致墮畜類。形體不同，口不能言耳。人當憫其墮落，俾彼各得其所，何忍以形異智劣，視作食料？以己之智力、財力羅而致之，令彼受刀砧燒煮之極苦，以作我一時悅口充腹之樂乎？經云：『一切有生類，無不愛壽命，恕己可為喻，勿殺勿行杖。』黃山谷云：『我肉眾生肉，名殊體不殊，本是一種性，只為別形軀。苦惱從他受，肥甘為我需，莫交閻君斷，自揣應何如？』人唯不知設身反觀，故以極慘極苦之事加諸物，中心歡悅，謂為有福。而不知其宿世所培之福壽，因茲漸漸消滅，未來所受之苦毒，生生了無已時。儻於殺生食肉時，一思及此。縱有以殺身見逼，令其殺生食肉者，亦有所不敢也。清同、光間，福州梁敬叔先生，所著《勸戒錄》，載眼前殺報云：『浦城令某公，久戒殺生。而夫人性暴戾，復貪口腹，日以屠戮眾生為快。時值誕辰，命庖人先期治具，廚下豬羊作隊，雞鶩成群，延頸哀鳴，盡將就死。公觸目憐之，謂夫人曰：『爾值生辰，彼居死地，理宜放生，以祈福壽。』夫人曰：『若遵教，禁男女而戒殺生。則數十年後，人類滅絕，天下皆禽獸矣。汝勿作此老頭巾語，我不受人欺也。』公知不可勸戒，歎息而出。夫人其夜熟寐，不覺身入廚下，見庖人磨刀霍霍，眾婢僕環立而視，忽魂與豬合為一體，庖人直前執其四足，提置大木凳，扼其首，持利刃刺入喉際，痛徹肺腑。又，投入百沸湯，搏毛刮身，痛遍皮膚。既又自頸剖至腹下，痛極難忍，魂逐肝腸，一時迸裂，覺漂泊無依。久之，又與羊合，懼極狂號，而婢僕輩嗤嗤憨笑，若無所見聞者，其屠戮之慘，又倍於豬。已爾割雞宰鴨，無不以身受之。屠戮已遍，驚魂稍安。老僕攜一金色鯉來，魂又附之。聞一婢喜呼曰：『夫人酷嗜此，正在熟睡，

速交廚中剁作魚圓，以備早饌。』有人遂除鱗剔膽，斷頭去尾。其除鱗則如碎剮，其剔膽則如破腹。及置砧上，錚錚細剁，此時一刀一痛，幾若化百千萬億身受寸磔矣。極力狂呼始醒，小婢進曰：『魚圓已備，夫人可早膳矣。』遂立命卻去。回思怖境，汗如雨下，因囑罷宴。公細詰之，具述如夢。公笑曰：『汝素不信佛，若非受諸苦惱，安能放下屠刀也。』夫人但搖首不語，自此斷葷茹素，同守殺生之戒云。此嘉慶中年事。夫人物之形體，由罪福而致異。既幸而人矣，固當憫彼物類，同此血肉之軀，同此靈知之性。設法救護，俾彼免離殺戮。則其人自可生生為人。儻再能信願念佛，求生西方。則仗此慈心不殺之力，當必長揖娑婆，速出輪迴之苦。高登安養，永享真常之樂。

……是故一夢之後，隨即覺悟。以其苦慘酷，唯恐後世復受也。然此夫人宿世，固有大善根，故得配一慈善之夫。以迷之深故，雖經數十年之薰陶，尚不能化。儻不做此夢，則將來之苦，殆不堪言矣。奉勸世人，各做此想。則視一切肉，直同己肉。縱威逼刑制，有不敢食者。況無驅使者乎？會稽道尹黃公涵之，賦性仁慈，長齋奉佛，以近世天災人禍，相繼而作，其原多由殺生食肉而起。因作《普勸戒殺放生》白話文，鑄板流傳。以期閱者同發忠恕惻隱之心。固已無義不顯，無疑不釋矣。」（《三編》卷三）

② 弘一《略述印光大師之盛德》：

（甲）習勞　大師一生，最喜自作勞動之事。余於民國十三年，曾到普陀山。其時師六十四歲。余見師一人獨居，事事躬自操作，決無侍者等為之幫助。直至去年，師年八十歲，每日仍自己掃地、拭几、擦油燈、洗衣服，師既如此習勞，為常人作模範。故見人有懶惰懈怠者，多誡勸之。

（乙）惜福　大師一生於此事最為注意。衣、食、住等，皆極簡單粗劣，力斥精美。民國十三年，余至普陀山，居七日。每日自晨至夕，皆在師房內，觀察師一切行為。師每日晨食，僅粥一大碗，無菜。師自云，初至普陀時，晨食有鹹菜。因北方人吃不慣，故改為僅食白粥，已三十年餘矣。食畢，以舌舐碗，至極淨為止。復以開水注入碗中，滌蕩其餘汁，即以之漱口，旋即咽下，惟恐輕棄殘餘之飯粒也。至午飯時，飯一碗，大眾菜一碗，師食之，飯菜皆盡，先以舌舐碗，又注入開水滌蕩以漱口，與晨食無異。師自行如是，而勸人亦極嚴屬，見有客人食後，碗內剩飯粒者，必大呵曰：『汝有多麼大的福氣，竟如此糟塌！』此事常常有，余屢聞友

人言之。又有客人以冷茶潑棄痰桶中者，師亦呵誡之。以上且舉飲食而言，其他惜福之事，亦類此也。

（丙）注重因果　大師一生最注重因果，常語人云：『因果之法，爲救國救民之急務。必令人人皆知，現在有如此因，將來即有如此果；善有善報，惡有惡報。欲挽救世道人心，必須於此入手。』大師無論見何等人，皆以此理痛切言之。

（丁）專心念佛　大師雖精通種種佛法，而自行勸人，則專依念佛法門。師之在家弟子，多有曾受高等教育及留學歐美者，而師絕不與彼等高談佛法之哲理，唯一一勸其專心念佛。彼弟子輩聞師演說，亦皆一一信受奉行，不敢輕視念佛法門而妄生疑議。此蓋大師盛德之感化，有以致之也。」（《全集》第七冊（1）印光大師紀念文）

③《歷史感應統記序》：「民國十三年，浙江交戰，魏梅蓀居士避居上海，思所以息殺劫而弭禍亂於將來者。余勸其遍閱二十四史，擇其因果報應之顯著者，錄爲一書，以爲天下後世一切各界之殷鑑。梅蓀頗歡喜，曾屢商辦法，以年老精神不給，又無力請人代勞，悵然中止。」（《續編》卷下《序》）

④《學佛淺說序》：「佛法深廣，有如大海，唯佛與佛，方能徹其源底。其餘九法界，雖則聖凡利鈍不同，各各隨己分量而爲修習，以迄證入。譬如修羅、香象，及與蚊蟲，飲於大海，各得飽腹而去。若欲一口吸盡，除非具足大海之量者方可，否則只可親嘗其味，未易窮源徹底也。然佛法乃一切眾生即心本具之法。於眾生心外，了無一法之所增益。以一切眾生之心，當體與佛，無二無別。但由迷而未悟，起惑造業，隨業受苦，以致即心本具之智慧德相，被煩惱惡業之所蓋覆，如雲籠月，不見光相。雖則不見光相，而月之光相常自如如，了無所減。如來由是起無緣慈，運同體悲，隨順機宜，與之說法。雖大小權實，偏圓頓漸，隨機施設，種種不同。在佛本意，無非令一切眾生，背塵合覺，返迷歸悟，出幻妄之生死，成本具之佛道而已。以眾生業障深重，未易消除。故特開信願念佛之淨土法門，俾一切若聖若凡，或愚或智，同仗彌陀宏誓願力，往生西方。則復本具之心性，成無上之菩提，蓋易易矣。自佛法入震旦，千八百餘年以來，凡聖君賢臣，偉人名士，莫不仰遵佛囑，護持流通。以佛法雖屬出世之法，所有世間經世之道，悉皆包括無遺。舉凡父慈、子孝、兄友、弟恭、夫和、婦順、主仁、僕忠，咸與世間聖人所說無異。世間聖人，唯令人盡義盡分，佛則具明能盡義盡分，與不能盡義盡分之

善惡報應。盡義盡分，只能教其上智。若稟性頑劣，則不是偽為，便是故悖。儻知善惡報應，則欲為善而必能勉力，欲為不善而有所不敢矣。……」（《續編》卷下《序》）

⑤《覆倪慧表居士書》：「北京有《自知錄》出，上海、杭州、餘姚各欲廣印流布。此書乃完全捏造者，光止之（不令印）。」（《三編》卷二）

《覆陳士牧居士書三》：「寶一師只聞名，未曾通信，如欲親近，亦無不可。但彼有一女弟子所出之《自知錄》，切勿看。看之恐不致力於一心，而專欲得好境界，則必致著魔。此為要義。」（《三編》卷二）

⑥《覆陳士牧居士書三》：「今之同室操戈，生民塗炭，皆由彼有權力者，宿世只知培福，不知求生淨土，故致今生仗福力以誤國害民。而百姓之受彼所害者，亦由宿世不知戒殺護生，唯知口腹之樂，不知彼此同一身體，同一性靈而忍心殺而食之。實則校比自殺自食，更酷萬倍。而愚俗不知，方以肉行孝、追遠、宴賓、待客。若無肉，則有若無顏對人，辱浼無似者。而不知造成此互相殺戮之大劫。雖佛菩薩大悲救苦，亦未如之何矣。

汝能素食勸其父母，可謂知本。而妻子眷屬，忍令長造殺業，長受殺報乎！必須全家俱素，並以此化及一鄉一邑，則救未來苦，為不可量矣。又須令其諸惡莫作，眾善奉行，生信發願，求生西方，庶可斷除苦種矣。人子孝親，唯此為大。儻不致力於此，則父母未能往生，其墮落者固多。即令一生二生不墮落，終必有墮落三途惡道之日。靜言思之，心何能安？……」（《三編》卷二）

## 有關人物及佛教大事

太虛於廬山召開「世界佛教聯合會」，中方預會者有了塵、性修、常惺等十餘人，日本方面有佐伯定胤、木村泰賢等。會上通過決議，定於次年在日本召開第二屆大會，會名為「東亞佛教大會」。

興慈於上海主持興建法藏講寺。

會泉於廈門南普陀寺創辦閩南佛學院，自任院長，聘常惺擔任教務，學僧四十餘人。

大勇於北京慈恩寺創立藏文學院，法尊、法舫等入院學習。

# 一九二五年 六十五歲（民國十四年 乙丑）

**譜主事略**

二月二十四日，覆陳士牧居士書四，為其妻皈依，取法名「智育」。同時，大師指出：「世之愚人，不知修德，唯欲借奉佛以滅罪，乃徒取其名，不務其實，豈可得實益乎哉！」

四月十八日，覆陳士牧居士書五，論念佛著魔之事①。

大師覆顯蔭法師書，委婉勸誡其韜光養晦，以待將來②。

【按】顯蔭（1902～1925），名今雲，江蘇崇明（今屬上海市）人。年十七，出家於寧波觀宗寺，並於五磊山受具。後入觀宗學社，修學天台教觀，得悟法要。二十歲，即擔任上海《世界佛教居士林林刊》的編輯部主任。後來專修密宗。1923年赴日本高野山學習，並考察東瀛佛教。1925年春回國，後至滬上，不久病逝。年僅二十三歲。

六月初二，覆陳士牧居士書六，續談念佛著魔事③。

十月二十六日，覆常熟陳伯達居士書一，論述對靈感之意見④。

十一月初七日，覆陳伯達居士書二。認為有家室者，以在家自誓受五戒、修習淨土法門最為適宜。

同日，覆陳士牧居士書七，為其父皈依，取法名「法和」，囑其認真念佛，不要學煉丹運氣，或習禪。

年間，大師曾有南京之行，住法雲寺。郭介梅居士往求一見，大師開示云：「汝既信佛，當勸汝母念佛，以求了生脫死，方謂真實報恩。」

大師給兒童周法利寫信，教導他應當努力學習，做好人，不做壞事。此番開示，不但青少年應該遵行，實際上，人人都應學習⑤。

大師覆許止淨居士書，指示禮懺之法⑥。又撰寫《募印觀世音菩薩本迹感應頌說明》，竭力提倡念誦菩薩名號，並附錄念誦之法。

德森、了然兩法師從江西百丈山來普陀山拜謁大師。師介紹他們至佛頂山藏經樓掛單。自此，德森親近大師，乃由普陀山至滬上太平寺、蘇州報國寺，直至靈巖山寺，追隨左右，將近二十年。

范古農居士夫婦來普陀，范夫人皈依大師，師為之取法名「智徹」。

注　釋

①《覆陳士牧居士書五》：「……彼念佛發光，乃屬魔境。急為寫信，令勿以

爲是，久則自息。儻以此爲聖境現前，則將來恐致魔鬼附體，著魔發狂，不可救藥。良以吾人從無量劫來，所結怨業，無邊無量。彼等欲來報怨，由其有念佛修持之力，不能直報，因彼想好境界，彼怨業遂現其境界，令彼起歡喜心，謂我修行功夫到家，或謂我已成聖道。由此妄念堅固，遂失正念，魔鬼遂入其竅，則發顚發狂，佛亦不能救矣。

　　世多有用功修行發顚發狂者，皆因自己不知在息除妄想，攝心正念上用功。每每皆是尙未用功，便想成聖。由終日唯以妄想聖境爲事，如飲毒藥，昏亂無知，謂天轉地覆，神奇鬼怪，實則皆自己妄心所感召之魔鬼作用也。當教彼一心念佛，除『南無阿彌陀佛』名號之外，槪不許心生諸念，自然如長空霧散，天日昭彰矣。」（《三編》卷二）

② 《覆顯蔭法師書》：「座下宿根深厚，聰明過人。不幾年，於宗、於教、於密悉已通達。恨光老矣，不能學座下之所得，唯望座下從茲眞修實證，則台、密二宗當大振興矣。但現在年紀尙輕，急宜韜晦力修，待其涵養功深，出而弘法，則其利溥矣。聰明有涵養，則成法器；無涵養，或所行所言，有於己於法不相應而不自知者。」（《三編》卷一）

③ 《覆陳士牧居士書六》：「夜半念佛，見一金甲神，恐是魔試，便不敢念，何無知一至於此！凡念佛人，但宜至誠懇切，一心正念，絕不妄想見佛、見境界之事。以心若歸一，見佛見境界，皆不至妄生歡喜，遂致得少爲足，便成退惰。不見佛不見境界，亦了無所欠。心未歸一，急欲見佛見境界，勿道所見是魔境，即眞係佛境，以心妄生歡喜，即受損（謂生歡喜退惰）不受益矣。

　　當以至誠念佛爲事，勿存見佛見境界之心。儻正念佛時，或有忽現佛像及菩薩、諸天等像，但心存正念，勿生取著，知所見之像，乃唯心所現。雖歷歷明明顯現，實非塊然一物，以心淨故，現此景象，如水清淨，月影便現，毫無奇特。了不生歡喜誇張之心，更加專一其心，認眞念佛。能如此者，勿道佛境現有利益，即魔境現亦有利益。何以故？以不取著，心能歸一。佛現則心更清淨；魔現則心以清淨不取著，魔無所擾，心益清淨，道業自進。今則偶有所見，便生畏懼，不敢念佛，其心已失正念。幸非魔現。倘是魔現，由不敢念佛之故，便可令魔入彼心竅，令彼著魔發狂，喪失正念。何不知好歹，一至於此！恐是魔現，正宜認眞懇切念佛，彼魔自無容身之地，如明來暗自無存，正來邪自消滅，何得怕魔現而不敢念佛？幸非是魔，若果是魔，則是授彼全權，自己對治之法，全體不用，則任魔相擾矣。……」（《三編》卷二）

④《覆陳伯達居士書一》：「接手書，知令嚴所有靈感甚多，不勝欽佩。若約受法時，大士與天龍八部皆現。尚有密宗禁戒，不許宣傳之妙，此豈爲素奉基督曲爲示現乎？若依此義判，必定有所證。若無所證，聖決不率爾虛應。至謂起信之見應身，乃念佛人臨終之相。以未破無明，所見皆應身、報法之身，非彼善根所能見者。至於普陀梵音洞之見，乃曲令眾生增長信心，人人得而見之，不可引以爲例。若引，則便致一切人，皆依此而造謠言矣。五台之文殊，古人見者頗多。然皆有大因緣，或有深工夫，見則必有悟解證入。

　　光光緒十二年朝五台。先在北京琉璃廠遍求《清涼山志》，只得一部，日常看之。以天冷至三月初，方到山。住山四十餘日，見來朝山者，多說見文殊菩薩，實少真行持者。故知朝山者說見，皆附和古人之迹以自誇耳。使其果見，其人必與隨流打混者金鍮各別。否則文殊便不自重，而輕以現身，所爲何事？

　　理即佛，即一切眾生是，非指背塵合覺而言。若背塵合覺，則便屬名字矣。某君之入定則同毗盧遮那，出定仍是凡夫，乃不知慚愧，大言欺人耳。使果同毗盧遮那，斷不至仍是凡夫，彼蓋欲以密宗壓人。不知光縱不知密宗，豈不知是非，而即可籠絡乎哉？

　　汝父一生靈感甚多，即在千百里外者聞之，亦當發生信心。況汝母去時，金台現瑞。又，復回報汝兄弟及諸婦，尚不生信，亦可謂強項之極矣。汝父母現生歿後，皆有事迹超凡入聖，不於此大利益處生感激，而乃於家道貧富上計較。謂奉耶而富，奉佛而貧，因茲不生信心。是與見摩尼寶珠，隨人心意而爲雨寶，仍復輕視此珠，而寶貴魚目，以爲至寶者，了無有異。喪心病狂，一至於此！致勞汝母又爲現身，始稍止謗語，真可謂婦有長舌，唯厲之階，孤負佛恩、孤負母恩矣。逆境苦況雖惡，然欲成就道業，尚賴此以警覺。否則奔馳於聲色、貨利之場，何暇顧及自己本有佛性，而汲汲然欲得親證，以得其受用也。……」（《三編》卷三）

⑤《與周法利童子書》：「人之一生成敗，皆在年幼時栽培與因循所致。汝已成童，宜知好歹，萬不可學時派。當學孝、學弟（即悌）、學忠厚、誠實。當此青年，精力強壯，宜努力讀書。凡讀過之書，當思其書所說之事，是要人照此而行，不是讀了就算數了。書中所說，或不易領會；而《陰騭文》、《感應篇》等皆直說，好領會，宜常讀、常思，改過遷善。於暇時，尤宜念『阿彌陀佛』及『觀世音菩薩』，以期消除業障，增長福慧。切勿以爲辛苦。古語云：『少壯不努力，老大徒傷悲』。此時若錯過光陰，

後來縱然努力，亦難成就，以年時已過，記性退半，所學皆用力多而得效少耳。

第一，先要做好人，『見賢思齊焉，見不賢而內自省焉。』

第二，要知因果報應，一舉一動，勿任情任意，必須想及此事於我、於親、於人有利益否？不但做事如此，即居心動念，亦當如此。

起好心，即有功德；起壞心，即有罪過。要想得好報，必須存好心、說好話、行好事，有利於人物，無害於自他方可。儻不如此，何好報之可得？譬如以醜像置之於明鏡之前，決定莫有好像現出；所現者，與此醜像了無有異。汝果深知此義，則將來必能做一正人君子，令一切人皆尊重而愛慕之也。」（《增廣》卷一）

⑥《覆許止淨居士書》：「禮懺無定規，但致志誠懇切即已。臥室供佛，除貧無餘屋則可。若有餘屋，斷不可在臥室供也。功課各隨己意，亦無定章。光則早晚必按朝暮課誦直念。凡起腔唱者，亦作直念，但稍緩點。光絕未學唱念。然在叢林中，只可小聲，不得聲聞於外，以致驚動別人。先則日禮數百拜，近數年來事多，只二時功課。冬則日過百拜，夏則只數十拜。亦只拜釋迦、彌陀、淨土三經及諸大乘經、觀音、勢至、清淨海眾，盡虛空、遍法界，過去、現在未來一切諸佛、一切尊法、一切賢聖僧（彌陀之拜，多少不定，按精神無時增減，餘各三拜）。……」（《三編》卷一）

### 有關人物及佛教大事

歐陽漸創立法相大學。

大勇率大剛、法尊、嚴定、觀空等二十餘人，經四川西康，依大格西潔尊者專習藏文經典。

東亞佛教大會於日本東京召開，中國出席代表有太虛、道階、倓虛、持松、曼殊揭諦、王一亭、韓清淨等多人。


# 一九二六年 六十六歲（民國十五年 丙寅）

### 譜主事略

去冬以來，德森蒙師允許，親近左右，成為侍者。幫助校對經典及處理

日常雜務①。師爲流通《觀音本迹頌》撰寫《展轉傳佈看讀諸善信回向偈》。

二月，大醒於滬上太平寺拜會大師。師以道德修養爲重作開示，並批評大勇、顯蔭不該去日本學習密法②。

【按】大醒（1900～1952），名機警，別號隨緣。江蘇東台人。年二十五，出家於天寧寺，旋入太虛創辦之武昌佛學院學習。1928 年，至廈門南普陀寺任監院，並主持閩南佛學院，創辦《現代僧伽》雜誌。1935 年東渡日本，考察日本佛教。回國後，出任江蘇淮陰覺津寺住持，發行《覺津》月刊，創立覺津佛學院。1946 年，繼太虛之後，任奉化雪竇寺住持。太虛寂後，參與《太虛大師全書》的編纂。1948 年到臺灣，居善導寺，繼續編輯《海潮音》雜誌。著有《地藏菩薩本願經講要》、《口業集》和《八指頭陀詩評傳》等。

【按】大勇（1893～1929），名錦章，四川巴縣人。1919 年到上海，依止太虛出家受戒。後與常熟興福寺持松一起，渡海赴日本高野山修習密法。返國後，曾於上海、武昌等地開壇傳法。後至四川，欲進藏修密，不幸於赴藏途中，在甘孜的絮迦寺病逝。

應眞達和尚要求，師爲靈岩山寺訂立寺規五條，永作十方專修淨土道場。後經吳縣政府核准立案，並布告遠近，勒石寺內，以垂久遠。

【附記】《吳縣政府布告》第二四四號：

　　爲布告事案：據具呈人靈岩寺監院僧妙眞呈稱，竊靈岩山寺自晉陸玩舍宅爲寺後，歷六朝、唐、宋、元、明、清迄今。雖時勢變遷，屢有興衰，而代有至德高僧住持，存繼興廢，法源不斷。迨至前清宣統末年，寺幾無主，廟產損失甚巨。眞達上人，承地方正紳敦請住持以來，舉廢振頹，並改法系專住永爲十方叢林，嗣命妙眞經理寺務。累年從事，漸具規模。復蒙印光老法師訂立規約五條，並撰《永作十方專修淨土道場及建築功德碑記》，藉垂不朽。顧立法雖嚴，規模雖善，第恐日久弊生，或有陽奉陰違，漸隳寺規，或有外魔侵陵，毀損聖迹。用特錄呈寺規五條，並檢附墨拓碑記一份，仰祈鑑核，俯賜准予立案，並頒給示諭，俾資永遵，而垂不朽，實深感戴等情，並附規條碑記到府。據此，除批示准予備案外，合行抄粘規條布告，仰即一體遵照。切切此布。

　　靈岩山寺規五條

　　一、住持不論是何宗派，但以深信淨土，戒行精嚴者爲准，只傳賢，不傳法，以杜法眷私屬之弊。

二、住持論次數，不論代數，以免高德居庸德之後之嫌。

三、不傳戒，不講經，以免招搖擾亂正念之嫌，堂中雖日日常講，但不招外方來聽耳。

四、專一念佛，除打佛七外，概不應酬一切佛事。

五、無論何人不得在寺收剃徒弟。五條有一違者，立即出院。

中華民國二十二年八月十五日<br>縣長鄒競

【附記】《靈巖永作十方專修淨土道場及此次建築功德碑記》

得最勝之地，方可宏最勝之道；建非常之事，必須待非常之人。雖否極泰來，屬於天運；而革故鼎新，實賴人為。靈巖山，乃天造地設之聖道場地。吳王夫差，於此地作館娃之宮，唯以淫樂為事，其侮辱此山也甚矣！故至築宮未久，隨即亡國殞命，實為相當之因果。使其立德施仁，以追乃祖太王、泰伯、仲雍之流風善政，當與文王之靈台相垺，生膺景福，沒遺令名，又何至跪請活命而不得，竟以幕面自刎而辱及祖先乎哉！是知無盛德而有勝地，反為禍本。願後之君子，咸以夫差為鑑，其為利益，何能名焉。

晉司空陸玩居此山，因聞佛法，舍宅為寺，此靈巖道場之肇始也。至梁，又增拓之；至唐，又重興之。期間，屢有智積菩薩畫像現形，啟人信仰，致靈巖道場為吳地冠。而昔之淫樂宮闕，今成聖道場地，足見諸法隨緣，人傑則地靈也。

晉唐間，住持無所考。自宋迄清，其住持均教海老龍，禪窟巨獅，德為人天師表，道續佛祖慧命。清初弘儲師住此，大啟法筵，殿堂寮舍，煥然一新。聖祖、高宗南巡，駐驆於此，法門之盛，耀古騰今。咸豐十年，遭兵燹，焚毀殆盡。同治中，僧念誠蒙彭宮保玉麟公護持，以期逐漸興復。光緒十八年，僧遍玉鑄大鐘，尚未造樓。宣統三年，僧道明因失衣，妄打可疑人，犯眾怒，逃去。寺既無主，所有什物一無存者，田地亦復遺失不少。木瀆鄉紳嚴公良燦，祈請真達和尚住持。真師即令其徒明煦代理，先建鐘樓。至民十五年，鄂亂，戒塵法師與學者南來，真師即以靈巖相委，永為十方專修淨業道場，概不講經、傳戒、傳法、收徒、應酬經懺，常年念佛，其章程與普通佛七同。田租只收八九百圓，限住二十人，用度不足，真師津貼，亦不募緣。十七年，戒師特往普陀，

求眞師添建房屋，以五六千圓爲准，眞師許之。彼回山，即起單往雲南去，蓋避建築之煩也。因以院事托慈舟法師。慈師色力單薄，不耐其苦，遂屢往漢口講經。去夏，又應鼓山之聘，不辭而去。

近二三年，檀越多知靈岩道風，有欲薦先亡、祝親壽者，求爲打七。人已住四十餘，堂不能容，兼矮小，夏天甚熱。今蓋五間高樓，下爲念佛堂，寬廣敞亮。此外，又添三十餘間，約用五萬餘圓。眞師出二萬二千餘圓，餘係常住用度所餘，及檀越喜助，現已圓工。妙眞當家師以兩次建築，眞師出近三萬，此次亦爲發起，此功德與改十方，均當立碑，請余爲敍其事，以記功德而示後來，固不得以不文辭也。……

應巢縣魚山圓覺禪院住持千里函請，師爲其寺傳戒作序[3]。又，代源湛師撰《紹興偏門外夔江村興教禪寺募修大殿疏》。

夏，大師抵無錫弘法。三日內，求皈依之弟子兩百餘人，爲無錫歷史上從未有過之現象[4]。秦效魯、侯保三、諸希賢三人晉見大師，師對機說法，分別以慧遠對陶淵明、周代三太（太任、太姒、太姜）以及力行教育諸事相勉。

大師離錫赴蘇，下榻於道前街自造寺。時氣候炎熱，師自取寺中井水洗臉。諸慧心居士要求代勞，爲師所拒，師云：「予居南海（即普陀山）數十年，事事躬親。出家而呼童喚僕，效世俗做官模樣，予素不爲也。」

七月，師作南京素食同緣社開示法語，黃懺華、龔慧雲記錄。

【按】黃懺華（1885～？），廣東順德人。是唯識學大師歐陽漸之弟子。早年畢業於日本帝國大學。返國後，曾任上海《新時報》與《學術周刊》編輯，學過梵文與西藏文，於印度、西洋哲學、美學亦有研究。著有《佛教各宗大意》、《中國佛教史》、《唯識學輪廓與華嚴的根本教義》、《近代美學思潮》、《現代哲學概觀》、《西方哲學史》、《近代文學思潮》、《美術概論》、《印度哲學史綱》等。

南亭法師偕友人朝禮普陀山，在大師關房外，跪求開示[5]。

九月九日，覆陳士牧居士書八，其母去世，大師勸其喪事從簡，改爲念佛。

是年，陝西長安經過兵災後，災民困苦不堪。得此消息，大師即以準備印《文鈔》的款項，速匯三千圓賑濟。師曾對高鶴年說：「救災即是普度眾生，亦是保護佛法。」

《增廣印光法師文鈔》四卷，分爲線裝四冊，由中華書局排印出版[6]。

注　釋

① 德森《印公西歸二周年紀念》：「……遂得十餘年來，時蒙慈訓（此指民十四年冬以後，常不離左右說起。若論民十親近以來，恰滿二十載）。直至老人一期事畢，預知時至，安詳西歸，吾人猶得親侍左右，目睹希有瑞相，身受特別慈恩。即目下仍承老人法蔭，乃得諸公垂青，諸緣具足。」

（《全集》第七冊（2）印光大師生西二周年紀念文）

② 大醒《永思集·拜識印光大師的因緣及其印象》：「在十五年，掛搭金陵寺的一個和煦的春天，聽得人說，印光大師已由普陀山到了上海。乃發心往滬，拜訪這位眞實所謂『渴慕久矣』的大善知識。

　　……問訊頂禮後，對面坐下，說了幾句仰慕的話，大師就開始批評大勇、顯蔭二師不應修習密宗。他說的道理當然也有他的見地。他說，中國現有的禪宗、淨土宗，以及研究教義的天台、賢首等法門，何一不可以學習？偏要到日本去學密法！他老說這話的時候，潮州王弘願正在南方大傳其法，大授其徒。一方聽說日本僧侶是所謂帶妻食肉的，因爲他老愛惜的顯蔭又恰恰死在高野山。於是，他是可以說完全不贊成，甚至反對別人習學密宗。……」

【按】王弘願，廣東潮安人。民國七年，將日本權田雷斧所撰之《密宗綱要》譯爲中文。十三年，從權氏習修密法，受其傳法灌頂。後遂於廣州六榕寺爲人灌頂，主張居士身可作阿闍黎，受比丘禮拜，嘗備受太虛、曼殊揭諦等非難。晚年事迹不詳。

③ 《巢縣魚山圓覺禪院傳戒序》：「如來以三事故，令正法久住於世，眾生悉蒙度脫。三事者何？曰戒、定、慧。以眾生一向背覺合塵，輪迴六道。今欲令其背塵合覺，趣證涅槃。非戒，則無所束縛，必至隨逐塵境，起惑造業；非定，則識波奔湧，何能心無所住？非慧，則本具之眞心，何由徹證？幻起之妄惑，何由頓滅？故《楞嚴經》云：『攝心爲戒，因戒生定，因定發慧，是則名爲三無漏學。』須知此三，全三即一，全一即三。切勿謂戒，但爲定慧之初基而已。

　　夫律儀戒，執身不作，可云初基；而定共戒，執心不起。道共戒，業盡情空，眞窮智朗，豈非定、慧之全體大用，何得唯以初基視之？然定共、道共，仍以律儀而爲本體，但以持戒功用深淺，而立此二名。初非另有所說之戒本也。世人每以律儀爲論，致不知如來制戒大意者，或藐視之。而眞戒、眞定、眞慧，無從聞薰而冀及。爲可歎也。

　　然如來法道，弘範十界。雖宏法大士，各皆三學圓明。而門庭建立，

不能不各有專主。或專主於止作持犯,則為律;或專主於修觀講演,則為教;或專主於參究本來,以期徹悟,則為宗。宗名教外別傳,律教乃教內真傳。言別傳者,欲人於言外見本體也。非謂宗迥出於教理之外也。試觀世尊拈華,迦葉微笑,本地風光,徹底顯露。了此,則盡世間所有形形色色,無非世尊所拈之華,無不令人徹見自己父母未生前本來面目,況如來金口所說之無上妙法!便非此華,便不能令人親見本來面目耶?而人天百萬,縱見世尊拈華,悉皆罔措,亦如騎牛覓牛,了不可得。若知直下便是,則多少現成,多少省力。由其迷不知返,如演若之頭,無端狂走,衣裏之珠,枉受貧窮,為可哀也。

須知律也、教也、宗也,此三者全,方可以續佛慧命,傳佛法道。若或有缺,則便不足以上證阿耨菩提,下度一切含識矣。盧舍那佛,以戒為體,以惡無不盡名淨,善無不圓名滿。斷惡修善,乃止作二持也。是律為佛身,教為佛語,宗為佛心。心、語、身三,決難分裂,決難互缺。否則隻翼難飛,單輪莫運。欲自利利他,便難如願矣。

魚山圓覺庵者,創自有明,延及當代。或仆或起,興廢不一。迨民國八年,住持境公和尚,發四弘誓,募化修葺。至十五年,殿宇房廊,煥然一新。然而,殿宇既成,乃欲傳戒,以建叢林當務。於是千里走函,索序於予,以發揮其義。予因其宏傳戒法,為法門之正典,遂不獲辭。惟光於宗、於律、於教,皆無心得,何能不負所囑?但以平日聞於佛祖古德,而鄙見所領會者,撮略言之,以塞其責。

《遺教經》云:『汝等比丘,於我滅後,當尊重、珍敬波羅提木叉。如暗遇明,貧人得寶。當知此則是汝等大師。若我住世,無異此也。』《梵網經》云:『我是已成佛,汝是未成佛,若能如是信,戒品已具足。』又云:『眾生受佛戒,即入諸佛位,位同大覺已,真是諸佛子。』願受戒諸佛子,各各自知自己計本來是佛,以迷背故,反承此佛性功德力,輪迴六道,受諸極苦。如轉輪聖王,夢作蟻子,尋膻階下,自顧藐小。而床上王體,依舊不失。及至於醒,方知幻作蟻形,了無實體。一切眾生,亦復如是。佛本是而未成,業原無而妄造。高推聖境,甘處凡愚。獨讓釋迦世尊,為一雄猛丈夫。豈不大可哀哉?……」(《三編》卷三)

【按】演若,指名伶若達多。這是《楞嚴經》裏的一則典故。說的是若達多因看見鏡子裏的頭很漂亮,即懷疑自己的頭丟了,發起瘋來,到處找頭。後經人指點,自己的頭不是長在肩膀上嗎?其瘋病也好了。大師借此比喻那些執迷不悟、不識自家寶藏、只顧向外尋求的人。

④ 諸慧心《永思集·致陳無我居士書》:「大師蒞錫,住學佛路佛學會內,三日間,求皈依男女弟子二百餘人,爲無錫從未有過之法緣。」

⑤ 南亭《永思集續編·我與印光大師的一段因緣和感想》:「這是民國十五年,我在常州清涼寺清涼佛學院當助教。在暑假期間,偕監學孝光、孝光的徒弟湘蘭,三個人聯袂朝禮南海普陀山,在印公關房門外,拜求他老人家開示法語。我們的坐位,面對著關房的洞門,舉眼就看到印公的臥鋪,一頂白、黃、黑三種顏色交織而成的蚊帳,一床薄被,一張草席。他老人家質樸而簡單的生活,於此可以類推。古人說:『誠於中而形於外。』我們從所見所聞中,對他老人家唯有五體投地佩服。」

⑥ 眞達、妙眞等《中興淨宗印光大師行業記》:「徐蔚如居士得『與其友三書印行,題曰《印光法師信稿》。』……(民國)十一至十五年間,疊次增廣,復於中華書局印行,題曰《增廣印光法師文鈔》。」(《三編》卷末《附錄》)

### 有關人物及佛教大事

胡適在巴黎、倫敦收藏的敦煌寫經中發現《神會語錄》及神會所撰之《顯宗記》。

北京法源寺創辦中華佛學院,空也任校長,聖懷、常惺諸大德任教席。

支那內學院設立「樹因研究室」,廣置梵藏文典籍,招收研究員十名。

# 一九二七年　六十七歲（民國十六年　丁卯）

### 譜主事略

幾年來,正值師大弘法化、群情仰望之時,因見災劫頻頻,時事日非,師預測大劫將臨,人民痛苦,所以常對侍者德森說,眾生惡業如此之重,吾人處此時局,正如臥積薪之上,一旦火發,避無可避,防不勝防。全世界將無安樂土,亦無安樂人。吾人悲痛有心,挽救無力,只有急求隱避,放下一切,專心念佛、觀音,以求三寶加被,爲離苦得樂之據。

應杭州緇素盛情相邀,師於杭城各寺、庵、佛堂開講法要,歷時二十餘日。每次聽眾數百之眾。

大師爲南天竺延福寺撰《募修大殿堂寮疏》文。又撰《論現在僧伽制》，其中說：「佛制固不可不遵，因時制宜之道亦不可不亟亟研求，以預防乎世變時遷，庶不致顛覆而不能爲力，有如今日之佛法也。儻諸君不乘時利見，吾恐此時震旦國中，已無佛法聲迹矣。」

時局動蕩，寺院權益無法保障。內政部不時有提出「廟產興學」之議，佛教界惶惶不可終日。所幸教界領袖紛紛站出來，力斥其非，大師與諦閑具在滬，遂得熱誠護法居士計議，主張先行疏通，再派代表赴南京請願。

事未果行，又有驅僧奪產之條例出臺。大師特函呈內政部長趙次隴設法挽救，得以取消。後大師又囑咐焦易堂居士等人從中斡旋，得以成功，使不合理之條例得到修正，僧侶得以苟安。

【按】撥廟產興學案，係由江蘇省丹徒縣教育界邰爽秋提議，形成風潮。內政部長薛篤弼亦提出改僧寺爲學校。後因遭到僧俗人士多方反對，加之僧人入南京請願，而被迫取消。

師欲滅迹長隱，故有答應香港弟子之請而離開普陀之意。爲現在印送及永遠流布《文鈔》者撰寫《回向頌》，願出資人及讀誦者「消除業障，增崇福祉，家門清吉，身心康寧」。

大師爲紹興駱季和《淨土三要述義》作序。又覆卓人居士書，以魏梅蓀斷葷吃素之因緣，勸其素食。

致函自覺居士，大師論述念佛之要。又覆潘對鳧居士書。覆康寄遙居士書，談修塔之規制①。

十月，師居滬上太平寺，弘一偕作家葉聖陶、周予同、李石岑等人來見，後葉撰《兩法師》一文以記之。

深秋，因偶得天台傳燈《般若融心論》一書的抄本，世間罕有流通，大師非常高興，積極促成此書重刻印行，並爲之撰《般若融心論重刻序》②。

十二月，師爲《印光法師嘉言錄》題詞，並作序。

由於蘇州靈巖山寺住持戒塵因外出弘法，寺中事務由監院明本暫時代理。大師聞訊，致函明本，告誡領眾修持、出理寺務等諸事項，叮囑再三，語重心長③。

注　釋

①《覆康寄遙居士書三》：「按佛制，輪王方修塔，無級。出家證初、二、三、四果，各以所證之果，分級多少。若是凡夫，不應修塔。近世僧俗各修

塔，但作表式，不起層級，尚有可原。在家絕未聞修塔者。楊仁山諸弟子為其修塔，其儀式幾同佛塔，不足為法。但彼有流通宏揚佛法之益，故諸弟子尊之過甚耳。令慈雖一生清修，臨終正念往生，其所證未可知。在此方決不能以聖人冒擬之，擬則謂之以凡濫聖。若往生後所證，不能引於此方生前。故在此生彼，各按各處分位，方為不違佛制。然已修好，只可任之以傳。但不得以此為是，令凡有心者，皆襲而效之。此光之不容不說明也。」(《三編》卷四)

② 《般若融心論重刻序》：「《金剛經》者，乃佛令發菩提心，行菩提道者，遠離凡情聖見，以行六度萬行之軌範也。故曰：『我應滅度一切眾生，滅度一切眾生已，實無眾生得滅度者。』良由內不見能度之我相，外不見所度之人及眾生相，中不見所得無餘涅槃之壽者相。四相遠離，六塵不著，故得稱性遍修六度萬行，以上求佛道、下化眾生也。正所謂無所住而生心，生心而無所住。若有所住，則所生之心，便墮於凡情聖見之中。便與三輪體空，一道清淨之義相戾。是故『應無所住而生其心』一句，實為此經綱要，亦為一切行菩薩道者之指南。幽溪大師《融心論》，約四教以釋之，而會歸於圓教。俾修持者得究竟實益，實為深契佛心，有益法道。惜未流通，頗為遺憾。善法大師得一鈔本，王謀鳳居士見之，願為刻板，令光校正其鈔寫之誤。因略取《金剛經》之要義，以弁諸首。庶可作閱此論者之前導云。」(《三編》卷三)

③ 《與明本法師書》：「現今舉世通病，皆是假公濟私，以致民困國危，兵災聯綿。吾人出家為佛弟子，固當以佛之平等大慈大悲為志事。不可仍帶在家一種驕慢自大，藐視一切，任意作為，不依舊章等派頭。須念吾人受天地之覆載，受父母之教育，若不效天地、父母之心，則便為逆天悖理，深忝所生矣。

靈岩，乃千百年古道場，亂後遂成焦土。雖小有建築，卒以無人撐持，仍舊敗破。幸光緒末，嚴大護法聞真師之名，遂以相奉，蓋以冀其復為道場故也。真師雖復接得，奈以諸事牽纏，不能親往住持。去年戒法師來，喜得其人，遂合(和)盤托出，親送入山，以為住持。而且邀請官紳，聲明永作十方常住。戒師品德、學業、名譽俱優，堪為後學模範。今雖應虞山講期，汝當格外認真，代戒師領眾修持，毋得避懶偷安。凡來此山住者，皆屬發心辦道之人，大家都要認真用功，互相勉勵，以取麗澤之益。不得浪遊、閒談及不依寺規，自作主宰。此寺已作十方，凡三聖堂子孫在此住，亦須與眾共修，均其勞逸，同其甘苦。否則，便是攪亂常住，欺侮

眞師。既爲眞師徒輩，理宜格外如法，尚不至由自己不如法，令人議及眞師也。今約略示其大概，以爲前途支持之據：

（一）時勢阢隉，只可一心辦道，不可妄擬建築。既或不得已而小有添造，但足取用即已，毋得多建，以圖寬敞。不但財力不給，須防由此招禍。

（二）世道艱難，飲食衣服，各須儉樸。常住用費，量入爲出，若不撙節，後難爲繼。所有出入帳目，必須分明。不得置買浮華之物，一則費錢，二招譏議，須留有餘，以備不足，不可謂有眞師接濟，而任意浮用。

（三）佛堂日課，即依現在所訂規矩，切實修持。然不可一向專在事相上用功，必須心心念念，對治自己習氣毛病。能如是者，方爲眞念佛人，否則如水泡石頭，絕無心得。但按淨土常規，不可別坐（做）花樣。有欲立異如燃指、燃燈者，請彼往育王去行，此山永不開此一端。

（四）戒法師既應虞山講期，恐一時難以回來，而住持之名與位，仍屬戒師。領眾修持之事，汝權爲代。當格外勤愼謙恭，不可自大自高。汝乃晚輩，代理其事，不得竟用住持口氣，庶大眾服汝虛懷，道心更加眞切矣。

（五）凡處事接物，必須謙和公平，不得固執己見，抹殺正理。尤須大家互相勸勉，精修淨業，常省己過，莫論人非，極力克治習氣毛病，習氣去一分，道業方可增一分。不得驕傲自恣，注意溫飽，總須忍苦耐勞，安貧守分。

（六）此寺既爲十方，即汝與來者同屬十方，應以大公無私之精神處之。凡三聖堂子孫在山住者，亦須打破私情，自處於十方僧眾地位。不得擅倚私意，特享優裕，任意放縱，以壞成規。否則，便是佛法罪人，眞師怨家。宜令他去，免致貽人譏誚。

時事艱難，前途可慮，再無良法，將何以成爲道場。恐汝或未慮及，故爲絡索一上。本欲統說，繼欲醒目，故分六條，不過表示光衛護靈巖道場之愚誠。切勿以越樽代俎而見誚，則靈巖幸甚，眞師幸甚。」（《續編》卷上《書》）

## 有關人物及佛教大事

唐生智指導討論整理僧制統一佛化，並改僧制爲黨制，方丈制爲委員制，寺院爲工業合作社，僧眾群起反對，素禪等僧尼十七人慘遭殺害。

弘一於杭州吳山常寂光寺閉關。時反對佛教，破壞寺院之風甚盛，他遂邀

黨政青年領袖等人至寺，多方勸導，又致函蔡子民等，始得以阻止惡風蔓延。

馮玉祥主政河南，令軍警、群眾大肆毀壞開封城內外大相國寺、國慶寺、十方院、增福庵、白衣閣以及洛陽、葉縣、南陽、汝南、陳留、商丘等地寺院，所有僧尼盡行勒逼還俗，年少力壯者，則強制從軍。

# 一九二八年　六十八歲（民國十七年　戊辰）

## 譜主事略

二月二十一日，大師覆朱仲華居士書二，其中談及一日念佛的基本章程：「五更起，禮佛畢，念《彌陀經》一遍、《往生咒》三遍（或七遍，或二十一遍）畢，即念《贊佛偈》，繞念若干聲。然後，靜坐半點鐘；再出聲念若干聲，即跪念觀音、勢至、清淨大海眾菩薩，各三稱（若欲禮拜，先拜佛若干拜，九稱菩薩，即作九拜）。念《發願文》，三皈依。此為早時功課。吃早飯畢，靜坐一刻。再念佛時，即禮佛三拜，或多拜畢，即念《贊佛偈》。念畢，繞坐皆照前。唯念佛畢，不念發願長文，但念『願生西方淨土中』四句即已，禮拜而退。早或二時，午飯後二時，晚課與早課同。夜間，再念一次佛，仍照早飯後章程。念畢發願，當念蓮池新訂《發願文》。畢，念三皈依。」

三月初一日，覆羅洪濤居士書一。

初三日，覆羅洪濤居士書二。

大師因擬赴香港，離普陀山赴滬，小住閘北太平寺①。期間，郭介梅居士皈依大師，師為之取法名慧震。

寧波七塔報恩寺住持圓瑛致函大師，請於明年春赴寧波講《阿彌陀經》。師以老病婉辭。

【按】圓瑛（1878～1953），法名宏悟，號韜光，又號一吼堂主人。福建古田人。1896年出家於福州鼓山湧泉寺，翌年受具。1908年首次講經於湧泉寺，後曾於大江南北及臺灣，並至香港、日本、朝鮮及南洋一帶弘法。1945年創辦圓明楞嚴專宗學院，親自主講《楞嚴經》。民國時期，長期擔任中國佛教會理事長。1952年代表全國佛教徒出席在北京召開的亞洲及太平洋區域和平會議。次年，被推舉為中國佛教協會第一任會長。

著有《楞嚴經講義》、《一吼堂詩集》等多種，後編爲《圓瑛法彙》行世。

六月初一，爲尤養和居士所書《華嚴經》，撰寫《敬書華嚴大經以盡孝思序》，盛讚淨土法門之殊勝②。

同日，覆萬梁居士書一，大師爲之取法名慧梁，並寄送《嘉言錄》一冊，並強調賢母家教的極端重要性。

六月十九日，上海何王氏精進修持佛法三十年，臨終預知時至，在家人念佛聲中，平靜往生。後大師爲之撰寫《善女人何王氏聖緣生西記》一文。

夏，偶識張汝釗女士，師接引之③。

【按】張汝釗（1900～1968），字曙蕉，法名聖慧。浙江慈溪人。曾就讀於滬江大學。1926 年出版《綠天簃詩詞集》。因大師接引，心始向佛。1932 年正式皈依大師，法名慧超。1948 年從寧波觀宗寺根慧上人修「法華三昧懺」，次年漸入定境，遂祝髮出家，取法名未空，字又如，號弘量。從此，禁足讀律，晨修「法華懺」，夜修禪觀。未幾，名聲鵲起。1968 年捨報於慈溪伽耶農林。

覆宋六湛、褚蓮淨、張子淨三人書，闡述因果報應思想。

十月初九日，大師覆萬梁居士書二，談論世風日下之原因，在於宋代理學家批判因果報應、生死輪迴之惡果，加上西風東漸，浸染人心。同時，又寄送《嘉言錄》、《彌陀經白話注》等書。

十四日晚，覆王照離居士書一，敍說佛書印刷、郵購諸事宜。

十九日，覆楊典臣居士書三。

十一月十七日晚，覆王照離居士書二，敍說印佛書及郵購方式等事。

二十九日晚，覆景正倫居士書，談印《放生殺生現報錄》、《紀文達摘要》、《家庭寶鑑》等書的印刷，以及《彌陀經白話注》、《學佛淺說》、《感應篇直講》等書的郵購事項。

大師撰《地藏菩薩往劫救母記序》④、《石印閨範緣起序》⑤、《到光明之路序》、《感應篇直講序》⑥、《淨土輯要序》⑦、《梵網經菩薩戒集證序》⑧、《地藏經石印流通序》。

與魏梅蓀居士書十六，提及「撥廟產興學案」⑨。

大師覆恒慚法師書，回答八個佛學問題⑩。覆劉慧焯居士書，告誡念佛中的注意事項⑪。

大師覆俞慧郁、陳慧昶居士書，回答二種邪見之疑⑫。覆馬宗道居士書，

論念佛方法⑬。覆章道生居士書三，其中回答兩個佛學疑問⑭。

注　釋

① 《大師自述》：「民十七年，有廣東皈依弟子擬請往香港，離普陀，暫住上海太平寺。」（《三編》卷一）

② 《敬書華嚴大經以盡孝思序》：「《大方廣佛華嚴經》者，乃如來初成正覺，稱法界性，與一切破無明、證法性之四十一位法身大士說如來自己所證，及一切眾生性本自具之菩提覺道也，以故《華嚴》一經，王於三藏，而一切諸經皆從此經流出。

　　……念佛法門，但具信願，持佛名號，即可仗佛慈力，帶業往生。斷惑證眞，末世眾生，頗不易到，舍此念佛一門，則芸芸眾生出苦無期矣。此經於《入法界品》，善財以十信滿心，受文殊教，遍參知識。最初於德雲座下，即聞念佛法門，及至末後至普賢所，普賢以威神加被，俾善財所證，與普賢等，與諸佛等，是名等覺菩薩。普賢乃爲稱讚如來勝妙功德，令生欣樂，隨即令其發十大願王，回向西方極樂世界，以期圓滿佛果，並勸華藏海眾一切法身大士。夫華藏海眾，皆十住、十行、十回向、十地等覺等諸大菩薩，尚須回向往生西方，方可以親證即心本具之菩提覺道，況其下焉者乎！

　　而《觀經》下品下生，五逆十惡，臨終地獄相現，有善知識教以念佛，或念十聲，或止數聲，亦可往生西方，得預末品。若非《華嚴》所說一生成佛之法，末後歸宗於往生西方，彼世之禪、教諸知識能不以念佛法門爲權小方便，非究竟道乎！而一切眾生皆具如來智慧，但以妄想執著，不能證得。若離妄想，則一切智與師智，即得現前。由聞此義故，一切凡夫當不至高推聖境，自處凡愚也。是知此經乃十方三世一切諸佛，上成佛道，下化眾生，成始成終之究竟法門。無論何種根性，皆當依之修習，而其最切要者，唯在念佛一門，良由全性成修，故上上根不能逾其閫，全事即理；故下下根亦可臻其域。此經乃一大藏教之本源，一切法門之歸宿也。……」（《三編》卷三）

③ 弘量《追慕原始要終之第一位大導師》：「民國十七年夏，我曾與中、西至友六七人，避暑於普陀山麓的極樂庵，每晚必至海上游泳，藉以領略海闊天空的大自在環境，不料其事爲老人所知，突遣一僧青年相告曰：『印光法師說，南海多漩渦，防不勝防，每年有人慘遭其滅頂，切勿兒戲，後悔莫及。』此時，我適主寧波市立圖書館事，印公著作，早已寓目，雖心香一瓣，久祝南豐，惜欠一面之緣。今於無意中，忽聞其傳語規勸，

十分欣幸，急促數友，至法雨寺相訪。老人一見歡然，賜《文鈔》一部，我即以拙著《綠天簃詩詞集》還敬。

次晨，由山童送一紙條入，展視之下：

曙蕉居士鑑：觀所作詩，其聲調意致，實不讓古人，但只是詩人之詩，其衷曲愁怨，似絕無聞道者之氣象，即與君題序者，皆與君同是一流人物，君既有些慧根，忍令以悲怨而消磨之乎！一切眾生皆有佛性，我既有佛性，可任其煩惱蓋覆，歷劫不得發現乎！當移此愁怨以念佛，則生入聖賢之域，沒與蓮池海會，儻眞有宿根，當不負老僧此一呵斥也。

頓受重大刺激，心弦波動，忐忑不停者終日，夜不能寐，似有所失！次朝黎明，乃復至法雨寺晉謁，蒙老人諄諄勸誡曰：『汝不要專學西歐虛派，當於公私之暇，實行愚夫愚婦之老實念佛，因一息不來，即屬後世，此時縱才高八斗，學富五車，亦無用處，若不及早修持淨業，待到此時，方知虛受此生，枉將宿生善根，消耗於之乎者也中矣，可不哀哉！喜作詩文，是文人習氣，若不痛除，欲於佛法中，得眞實受用，萬難萬難。』

同時，我見到先師莊重道貌，誠篤語調，即油然而動研究佛學的趣向。一星期後，我將離開普陀，乃隻身往辭，老人又勤勤懇懇勸我皈佛，坐談歷兩小時之久，因輿夫催歸，只得恭敬禮拜而出；孰知在老人生前只有普陀三見之緣。

此後，烽煙四起，山川阻梗，不復能瞻慈顏矣，思之悽然！」（《全集》第七冊（8）印光大師生西十周年紀念文）

④《地藏菩薩往劫救母記序》：「眾生之心，與佛無二。其不能作佛，常作眾生者，以其自無慧力，不能覺悟，又無善知識爲之開導，由是以本具佛性之妙心，作起惑造業之根本。致令經無量劫，輪迴六道，了無出期，可不哀哉！故我世尊，初成正覺，升忉利天，爲母說法，欲令一切眾生，悉皆圖報父母之恩。特爲表彰地藏菩薩，往劫因救母故，廣發菩提之誓願，以作未來眾生，得出苦海之舟航。全部經文，理事詳明，文詞顯豁。其中地藏救母二事，更足顯是心作佛，是心是佛，是心作眾生，是心是眾生。及心能造業，心能轉業，心不能轉業，業即能縛心等義。誠可謂險道之導師，昏衢之慧炬，貧乏之寶藏，凶歲之稻粱。俾一切迷昧眾生，速得覺悟，一切孝順兒女，得所師承。經之利益，莫能宣說。自佛說後，凡西天東土中，讀此經而興起者，何可勝數！奉持居士，悲己之未能孝

養其母，追念恩德，抱憾終天。普願世之為人子者，隨時隨事，以盡孝道，念劬勞之深恩，必致吾親於究竟安隱之寶所而後已。由是以至誠心，念佛聖號，兼以恪敦倫常，盡己天職，諸惡莫作，眾善奉行。以此功德，資益吾親，必期生則業障消除，善根增長，福壽增崇，智慧開發；歿則神超淨域，業謝塵勞，忍證無生，位登不退。……」(《續編》卷下《序》)

⑤《石印閨範緣起序》：「天地以陰陽二氣，化生萬物。聖人以男女正位（正位者，素位而行，敦倫盡分之謂也），建立倫紀。天地之大，人莫能名。而人生其間，眇爾七尺，其與天、地並立為三，稱為三才者，以其能敦倫盡分，繼往開來，參贊化育，不致天地徒有生物之功，此所以人為萬物之靈，而獨得至極尊貴之名稱也。儻不本道義，唯以飲食男女之欲是騁，則與禽獸何擇焉？

近來世道人心，陷溺已極，一班無知之民，被外界邪說之所蠱惑，競倡廢經廢倫，直欲使舉世之人，與禽獸了無有異而後已，其禍之烈，可謂極矣。推原其故，皆由家庭失教，並不知因果報應之所致也。使其人自受生以來，日受賢父母之善教，並知禍福吉凶，自為影響，不異種瓜得瓜，種豆得豆。即以勢脅之，令從彼邪說，否則必死，亦當以得盡倫而死為幸，決不致畏死而苟從也。

天下不治，匹夫有責。天下治亂之本，在於匹夫匹婦之能盡倫盡分與否。故曰：『天下之本在國，國之本在家，家之本在身。』此固一切匹夫匹婦之天職，非獨指有爵位者而言也。而家庭之教，母教最要，以人之性情，資於母者獨多。居胎則稟其氣，幼時則習其儀。其母果賢，所生兒女，斷不至於不肖。譬如熔金鑄器，視其模，即可知其器之良否，豈待出模方始知之哉！國家人才，皆在家庭，儻人各注重家庭教育，則不數十年，賢人蔚起。人心既轉，天心自順，時和年豐，民康物阜，唐虞大同之風，庶可見於今日。是以憂世之士，莫不以提倡因果報應，及家庭教育，為挽回世道人心之據。然欲提倡，須有所資。《閨範》四卷，乃明呂叔簡先生，輯於萬曆十八年庚寅歲，由是風行海內，各處刻行。近已失傳，人無知者。周業勤得之故書肆中，持之以示魏梅蓀。梅蓀見其卷一，節錄四書五經，及諸傳記訓女之嘉言。二、三、四卷，備載賢女、賢婦、賢母之善行。而傳前有圖，傳後有評。俾人觸目興感，群起景行。洵足以鎮坤維而資治道，翼家教而輔母儀，不勝欣賞。李峕卿聞之，以其夫人在日，擬流通淑閨善書而未果，遂自任五百部，以成其志，祈余為序。余惟此書一出，必有具英烈天姿之淑媛，蔚然興起，以期盡己分而完天職。上追二妃三太，於日

用倫常中，調理贊襄。鈞陶化育。俾丈夫兒女，皆成賢善，以臻至治。其為功德，何能名焉？……」（《續編》卷下《序》）

⑥《感應篇直講序》：「人性本善，由對境涉緣，不加檢察，遂致起諸執著、好惡種種情見，以埋沒本性者，比比皆是。由是古之聖人，各垂言教，冀人依行，以復其初。其語言雖多，總不出『格物致知』、『明明德』、『止至善』而已。所言格物者，如格鬥，如一人與萬人敵；物，即煩惱妄想，亦即俗所謂人欲也。與煩惱妄想之人欲戰，必具一番剛決不怯之志，方有實效。否則，心隨物轉，何能格物！致者，推極而充擴之謂；知，即吾人本具愛親、敬兄之良知，非由教由學而始有也。然常人於日用之中，不加省察檢點，從茲隨物所轉，或致並此愛親敬兄之良知亦失之，尚望其推極此良知，以遍應萬事、涵養自心乎？是以聖人欲人明明德，止至善，最初下手，令先從格物致知而起。其所說工夫，妙無以加。然欲常人依此修持，須有成範，方易得益。《五經》、《四書》，皆成範也。但以文言浩瀚，兼以散見各書，不以類聚，頗難取法。而未多讀書者，更無因奉為典型也。

《太上感應篇》撮取惠吉、逆凶、福善、禍淫之至理，發為掀天動地、觸目驚心之議論。何者為善？何者為惡？為善者得何善報？作惡者得何惡報？洞悉根源，明若觀火。且愚人之不肯為善，而任意作惡者，蓋以自私自利之心使之然也。今知自私自利者，反為失大利益，得大禍殃，敢不勉為良善，以期禍滅福集乎？由是言之，此書之益人也深矣。

故古之大儒多皆依此而潛修焉，清長洲彭凝祉，少奉此書，以期榮膺殿撰，位登尚書後，尚日讀此書，兼寫以送人，題名為『元宰必讀書』。又釋之曰：『非謂讀此書，即可作狀元宰相；而狀元宰相，決不可不讀此書。』其發揮可謂透徹之極。然見仁見智，各隨其人之性質。此書究極而論，止乎成仙。若以大菩提心行之，則可以超凡入聖，了生脫死，斷三惑以證法身，圓福慧以成佛道，況區區成仙之人天小果而已乎？……」（《續編》卷下《序》）

⑦《淨土輯要序》：「……瀏陽潘子慧純、邵子慧圓，篤信佛法，鑑時機宜。因輯古今提倡淨土法門諸要義，以為一書，分為三篇。上篇輯錄增訂廣長舌，稍加芟正，以為初機入門之階。中篇則輯錄龍舒居士、覺明妙行菩薩，以及善導、永明、優曇、天如、蓮池、憨山、蕅益、截流、省庵、徹悟諸大師，及最近彭二林諸居士，最切要、最圓頓諸開示，以期由淺入深，領略淨土法門之旨趣。下篇輯錄念佛儀式、淨土日課經咒，及回向諸文，以為朝暮課誦之儀軌。末後附錄覺明妙行菩薩，及哆哆娑婆呵

菩薩，應化因緣，以明淨土法門之深契時機。……」（《續編》卷下《序》）

【按】優曇（？～1330），弱冠出家，曾參學諸方，後往丹陽妙果寺、東林寺，專修念佛三昧。時有大行邪法之流出現，他深以爲憂，遂於元大德九年（1305）撰《蓮宗寶鑑》十卷，以闡明慈明子元之正宗。至大元年（1308）下詔禁斷蓮宗。他決計復興，北上大都持《蓮宗寶鑑》奉進。元仁宗即位，再度上書乞請再興。後仁宗敕令頒行《蓮宗寶鑑》於天下，以其爲蓮宗教主，賜號「虎溪尊者」，世稱「優曇宗主」，爲蓮宗中興之祖。

【按】彭二林（1740～1796），名紹升，號尺木。出生於士族家庭，通宋明理學。曾舉進士，然辭官不就。年二十九，始轉信佛，自號知歸子。日以禮誦爲務，受淨土之教，嘗閉關蘇州文星閣，勤修一行三昧。生平致力於淨土之弘傳，著有《一乘決疑論》、《華嚴念佛三昧論》、《淨土聖賢錄》及《居士傳》、《善女人傳》，對於晚清及近代淨土宗之昌盛，實有開啓之功。

⑧《梵網經菩薩戒集證序》：「《梵網經》者，如來陶煉一切若聖若凡，俾其究竟斷除三惑，親證三德，復本具之佛性，成無上佛果之大法也。良由眞如妙性，生、佛體同，在凡不減，在聖不增。但以從無始來，迷而未悟，如金在礦，不得受用。如來愍彼一切眾生，迷衣裡之明珠，徒向外以馳求。由是起貪、嗔、癡，造殺、盜、淫，以致輪迴六道，了無出期。縱或有斷界內惑，出離生死，然去佛地，尚大遠在，以故於初成正覺時，即爲一切凡聖，說此大法。先令了悟自心，原是佛心，……是知此經，雖屬出世大法，實爲治世良謨，以故一切國王、大臣，及出家四眾、在家四民，並諸鬼神，皆當受持也。若能受持，則如水洗器，即復本淨，如香薰衣，頓增芳馨。當此劫濁，欲爲挽回，舍此一法，其何能淑？妙朗行者，宿具靈根，篤修淨業，每讀此經，不勝景仰，發願流通，普利一切。又每於讀誦大、小乘經，及諸傳記，所示持戒要義，必節錄之，以爲自他修持之法戒，亦附於後。俾閱者知持戒利益，近則三業清淨，三學圓明，遠則三惑淨盡，三德圓彰；犯戒禍患，近則三業污濁，三途永墮，遠則三障常現，三界莫出。佛自我作，獄由己造，如臨寶鏡，妍媸洞現。誰肯自貽伊戚，舍利益而取禍患乎？……」（《續編》卷下《序》）

⑨《與魏梅蓀居士書十六》：「近來舉國若狂，論議離奇。幸上海諸居士熱心護法，爲之一再維持。法雲（寺）之事，已知其概。但時局所迫，究不知結果若何。現諸居士、沙門商定十四人，往甯（南京）請願。以其教

育會所提議，注重於撥廟產以興學校，恐大家皆欲發財，不肯認帳，則全國佛法將悉消滅。儻法道不應即滅，當必有佛菩薩大顯威靈，則或可延佛命脈。否則，彼於孔子五倫，尚肯完全推翻，況無勢力之佛教徒，豈能支持，令勿滅乎？」（《續編》卷上《書》）

⑩《覆恒慚法師書二》：

「（一）問：『佛世時，雖分有菩薩、比丘二眾，比丘形雖異俗，持戒一依佛制。結夏時，雖離佛獨居，亦尚無何等標記持犯，不過各藏蠟人一枚以志之耳。夫然，則求戒之制，固非始於佛世時也明矣。今人既多以戒疤有無判別僧俗，則戒疤關於僧也，蓋亦重焉。且戒之數必十二者，畢竟於法有何所表？今世僧人對此，絕鮮有知其所從來者。若不明其出處，及其作用，將焉以答外難？無智陋僧，又焉知戒之可重耶？』

「答：『佛初成道，即說《梵網經菩薩戒》。至於比丘戒，乃因有犯而制。何得說求戒之事，非始於佛世乎？至於坐夏之法，特用蠟人以驗其戒力之全否，此不過表示人各宜嚴持淨戒而已，如世之行『功過格』者，居心動念行事，其善惡畢記。其記者，為防非止惡，力修善行耳，非以記為行善止惡之必要也。能時時省察，不記亦無礙；不省察，記亦無益。自己持戒之全缺，自己豈有不知？雖不用蠟人之驗，能自瞞乎？自既不能瞞，則佛菩薩、神通聖人，與天地鬼神，皆不能瞞，所暫能瞞者，唯人耳。而人縱能瞞，戒德元著與不著，人亦可得而知。是則人亦不能瞞矣。但期著力於持戒，不必定欲取驗於蠟人也。

汝既受過戒，開示苦行，「令燃身、臂、指供佛，以凡夫未得忍，但止然香而已。」此語，《楞嚴》六卷末四種清淨明誨中已說。《梵網》、《法華》皆有其說。汝不在燃香供佛上作道理，在戒疤上作道理，即成捨本逐末。然末世眾生，事事作假，由有此戒疤，分別受戒與否。今則普通剃髮，疤之標幟，固屬要緊。其數乃隨人發心，何必問其所表？但知此燃香供佛，乃燃身、臂、指之一少分之苦行而已。北京傳戒，燃臂香不燃頂香。有南來參學者，則補燃頂香。今則唯燃臂香，斷斷不可，以俗人悉光頭故。未聞北京已改其燃香章程與否？』

「（二）問：『上海各地，每有男女百十為群，敬獻香金皈依，或云拜師父，此事出何經典？始於何時？佛在何處？說何經？對何眾生開此方便？若無明誨，拜者既蒙然不知，皈依後，宜如何護持齋戒？被拜者又不思德之稱否，濫受信施，恐大好佛法未免等與陳貨滯物齊價，非大可悲痛耶？請詳開示，俾拜與被拜者，知所誡勉，庶免不信者謗。』

　　「答：『佛初成道，尚未開化，欲往鹿野苑度五人，道逢商人提謂，奉佛麨蜜，佛為彼說三皈戒，並五戒、十善。佛即佛自己，法即佛與彼所說之五戒、十善，及佛後來所說一切大、小乘法。此時尚無一僧，故於皈依僧一條，則云皈依未來僧，以僧決定即有故。此皈依三寶之最初第一人也。

　　此後，凡國王、大臣以及士庶，凡信佛者無不皈依，何得云無出處？至於香敬之說，乃借物以表其誠敬而已。佛世僧不立煙爨，致金銀於無用之地。而飲食、衣服、臥具、醫藥之奉，與送資財固無少異，此方信心人少，凡所作為必賴錢財。是以彼既見信，必期於供養以備所需。此香敬之由來也。此方聖人設教，來學者需備束修以為贄金，與香敬名雖不同，而意無異也。不徒此也，凡天子、諸侯燕會，必有嘉肴，又必有珍物相饋，亦猶之乎既拜而又供養也。既皈依三寶，當必持五戒、修十善。然今之人情多屬虛設，是自己不依教之過，非佛法之過，僧之能持與否亦然。固宜分別師之真偽，與徒之真偽，不得概謂皈依三寶為非而斥之也。若無人皈依三寶，佛法將從之斷滅。以縱有真僧，了無外護，誰肯供養恭敬汝世外之人？況佛法不獨是僧分中事，實一切世人皆應修應行之事。不使皈依，即是斷滅佛種耳。……』

　　「（三）問：『昔有某居士問：「皈依佛不墮地獄，捨身後不墮耶？抑永劫不墮耶？」並問：「近來上海等地皈依者，半屬操業不規青樓之女子，當時雖稍有愧格之念，過後仍守故業造罪，使皈依後永劫不墮地獄，則二元四角之香金，孰甘吝惜？果二元四角可保造罪永劫不墮地獄，則鐵圍山之內，夫何地獄之有云？天下寧有如此便宜之事耶？」又曰：「所謂皈依佛之佛云者，過去佛耶？現在佛耶？抑未來佛耶？若云過去，則已過去，現在無佛，未來，未出世。夫何佛皈依之有云？若云皈依彌陀或釋迦之像，則但赴各像前敬禮足矣。又烏藉乎香金耶？」弟子言塞，不克剖答，畢竟如何，深企示誨。』

　　「答：『此事當從真實行上說，不可止在皈依上說。皈依佛、法、僧三句，雖分說不墮地獄、餓鬼、畜生，不可執定謂皈依佛，但能不墮地獄，猶不免墮餓鬼、畜生。若執定說，則是癡人說夢矣。佛大慈悲，汝尚不知，妄說道理。青樓女子，所作下賤，果能信仰於佛，常生慚愧，常念佛號，求生西方，尚可蒙佛接引，直登九品，與諸上善人聚會一處。佛種種方便，引誘眾生，種出世因，故於五戒任彼受一、二、三、四及全，何以令不全受？以彼或有勢不能守故，如屠戶不能持殺戒，尚可持餘四戒；娼女不能持邪淫戒，酒保不能持酒戒等。佛之深恩厚德，如天普覆，如地普載，不

以一眚棄其本具之佛性。世之自高自大者，見人一短，即有千長亦不以為然，佛則不如是。《龍舒淨土文》，有《普勸門》一卷，詳說所以然。凡列名有三十多，內有屠戶、漁人、做酒者，即在風塵青樓女子者，皆言如能改業，固為最善。如不能改，常生慚愧，念阿彌陀佛，求生西方，果能信願真切，亦可高登九品，何止不墮地獄等乎？若不生慚愧，亦不修持，以此為榮，只以拜一師為事，則不墮與否，非光所敢決斷。

至云皈依三寶，佛屬何佛，汝受戒曾有此種開示。有佛世三寶（此即所謂住持三寶），有佛後三寶。佛世，佛即釋迦佛；法，即四諦等法；僧，即隨佛出家之人。佛後，佛即釋迦之種種形像（謂金、銀、銅、鐵、土、木、繪畫、刺繡等像，乃佛之形儀，當視同真佛，而彌陀、藥師等佛，亦攝其中，以釋迦為現在教主，故專說耳）；法，即黃卷赤軸之經典；僧，即剃髮染衣之人。

又有一體三寶，此則於自心之覺義、正義、淨義，謂之佛、法、僧三寶也。若詳說太費筆墨。佛初成佛，尚未有僧，但令提謂長者皈依未來僧，以僧為負荷繼續法道之人故也。若自大自高，止知佛與法可欽仰，而藐視僧人，不肯皈依。其人於佛法中縱能得益，但以慢心，恐難得真實之益耳。』

「（四）問：『智者大師，人均以為釋迦再世，如金粟如來之現維摩居士，龍圖佛之現身子比丘，今之崇賢首者，多有辯難，以致我見嚴固，是非蜂起，或云五教美於四教，或云智者非釋迦再世，或云智者判四教時較早清涼，參考書不及唐時完備，故所判教義有所缺欠，或云智者既是釋迦後身，作《止觀》時，云何不能遽決六根功德優劣，而在拜經台拜般刺密諦未譯之《楞嚴經》，以經為道規耶？經既為佛所說，智者既是佛，宜於經洞然，若云佛亦有隔胎之昧，則烏足克稱無上正等正覺耶？是等疑問，群然雜出。自非老人俯愍群情，曲剖此難，為學界司南，深恐台、賢學子相謗有不能已者，噫！自相攻難，佛教其不淹沈也，幾矣！』

「答：『天台、賢首開法之人，或是古佛應世，或是菩薩示生，不得以此輕彼，以彼輕此。縱所說不全同，而各有所見，並非妄說。彼妄以門庭相爭者，皆佛之逆子，各宗祖師之罪人也。四教五教，本是一佛教。汝曾見蕅益大師《彌陀要解序》否（原本十要，被成時大師略去，可歎）？其文云：「不敢與二翁競異，亦不必與二翁強同，譬如橫看成嶺，側看成峰，縱皆不盡廬山真境，要不失為各各親見廬山而已。」此語係用東坡《遊廬山詩》：「橫看成嶺側成峰，遠近高低各不同。不識廬

山眞面目，只緣身在此山中。」

　　夫廬山乃塊然一物，尚隨人所居之地而成異相。況如來所說之法，如隨色摩尼珠。彼定謂此珠是何色者，乃不識珠之人，而隨青、黃、赤、白，現青、黃、赤、白，即說爲青、黃、赤、白，亦非不可。若定謂是青，非黃赤白，及是白，非赤黃青，則不可。圓會經義，諸祖皆爲如來功臣，板泥一語，宏法即是壞法魔黨。智者作《止觀》，即與《楞嚴》六根功德義相符。復聞梵僧稱其合《楞嚴》義，故有「拜經祈早來，以證己說之不謬」。汝何云不能遽決六根功德優劣乎？爲是自立章程，以屈智者，作如是說。爲是不知所以，妄聽人言，以爲如此也？拜經之事，蓋有之矣。若云「日日拜，拜多年」之說，則後人附會之詞耳。

　　智者勿道不是佛現身，即眞是佛現身，以既現爲僧，便當隱實示權。故必須有經可證，方爲宏傳之軌。儻自以爲佛，自說未來之經，即爲彼後世著魔之徒，皆說我是某佛、某菩薩而爲先導，此弘法之法身大士不顯本之所以也。汝既知《法華》「身子內秘外現」之義，何獨於智者而疑之？又《文鈔》李長者一段文（在《淨土決疑論》中），亦發明此義，何不引申類推而知，必欲絡索而問也？」

　　「（五）問：『相宗判一代爲三時教云：先有，後空，後中，但有別之時，而無通之時。天台判五時，通別互用，版見學者相攻相非。台者毀相宗三時，爲徐六擔板，義極不圓，非佛本旨；相者斥台爲籠統泥漿、亂雲漫霧，鮮有能匯通者。究孰是否，望垂弘範。』

　　「答：『此語宜於第四段領取。自知諸佛說法，隨眾生機。今之弘法者，多違機說，所以佛早已授記，謂末法爲鬥爭堅固之時也。哀哉！』

　　「（六）問：『佛未顯本前，各聲聞等皆由修成，開權後，一切八部亦皆是大菩薩，乘願輔化，然則佛弟子既無一是凡夫修成，佛出世烏裨於眾生也？』

　　「答：『汝只會執崖板話，就不曉得此等人示現之所以然。彼法華會上之人，俱已證阿羅漢等，在先皆不信佛法，皆由聞佛種種化導，方入佛法，是以四十餘年長隨如來，且問汝，此等人數十年絕無引人生信，改惡修善，皈依佛法，了生脫死者乎？汝作此問，可謂癡極癡極。』

　　「（七）問：『《法華經》舉手低頭，皆能作佛，佛又於無量劫前，曾說《法華》，由是觀之，無量劫前，曾有所謂佛者，於世度眾生矣，眾生既種善根於無量劫前，則此曾種善根之眾生，至今應皆成佛，或成菩薩矣，則應佛菩薩多而眾生少，何故佛菩薩不少概見，而眾生滔滔皆是耶？將無

量劫前之眾生，悉未有舉手低頭之善根耶？抑種而未熟耶？若曰種而未熟，畢竟至何時而熟耶？今之眾生種舉手低頭善根者，又須歷幾無量劫能成熟此善根耶？抑永不能成熟耶？』

「答：『佛菩薩多眾生少，佛菩薩少眾生多。此二語，須在佛菩薩所居土地看，譬如鄉間小民，只知鄉間之平民多，並不知國家輔弼，其多無數也。然世間法不足敵喻，汝何不看華藏海眾之多，非佛剎塵數可喻乎？佛能度眾生，而不能度無緣者。故有番番示生示滅，令眾生番番種，番番熟，番番脫。而眾生界無盡故，佛菩薩之誓願無盡。汝以斷滅知見論，故有此種種之問也。其問似乎有理，不知乃眾生之情見，渺不知佛菩薩之境界。汝果能一心念佛往生西方，將歎其菩薩多而眾生少也。吾故曰：當於佛菩薩之居處看。不當在眾生之居處看也。』

「（八）問：『弟子無論居何地，清旦盥漱後，即披衣禮拜觀音大士，至精神困乏後，即就地趺坐持名，有時過於勞倦，坐即昏沈，或胡思亂想，間亦有身心暢適，坐半時許，如數分鐘之短者，亦有時手撚念珠，不覺從頭至尾三百餘顆念珠，斯須即盡，心亦似知朗朗稱誦，但不甚明瞭焉爾，亦有時持咒，忽忘所持之咒，不覺糊裏糊塗，念誦佛號，此等畢竟是何境界，尤望發引。』

「答：『坐久不覺久，念久不覺久，此係心靜神凝所致，當不可以此為得。從茲努力做工夫，自可上進。若以此為得，則即此亦不得矣，況上進乎？持咒昏沈念佛，念佛昏沈持咒，此係意識隨妄心正念轉變而現。初修者，固多有此，若工夫有把持，庶可不致顛倒錯亂矣。然此顛倒錯亂，猶屬工夫所使；設無工夫，則並此糊裏糊塗之念亦不可得，況明白不錯乎？

般舟三昧，非今人所能行。汝作此說，其好高鶩勝耶？抑真為生死耶？如真為生死，當依凡夫通行之法。若博地凡夫，妄擬效過量聖人所行之法，則必至著魔退道。且請息此念，庶可得益耳。

光《文鈔》，意雖可取，文不足觀。蒙圓山、岡野二開士欲為流通，實深慚愧。然菩薩為利眾生，即頭目髓腦尚肯捨，況光之蕪穢語言？蒙二大士提倡，俾一般初學信仰淨宗。則光亦可仗彼二大士之功德，消除罪業，增長善根，得以往生西方，實為莫大之幸。……』」（《三編》卷一）

【按】般舟三昧，又名「佛立三昧」。佛教禪定之一種。般舟，是梵語，意譯為「佛立」、「出現」。謂修此禪定，十方諸佛就會出現在眼前。據《般舟三昧經》說，若一晝夜乃至七天七夜，一心念佛，即可見佛立面前。天台宗據此說，提出「常行三昧」之修行方法，以三個月為一期，一心

常念阿彌陀佛，繞佛像常行不息，死後當生西方極樂世界。

【按】從所述事實推斷，此信似乎是師在滬上小住時所寫，故暫列於本年。

⑪《覆劉慧焯居士書》：「……念佛極願寂靜，頗不合宜。有此厭喧之病，現已發現病相。若仍如此，久後則無可救藥矣。當靜、鬧一如。在靜亦不怕有鬧來，在鬧時我心仍靜，而不生憎惡，則無驚厭魔事發生。若不速改，後當發狂。

念佛發悲痛，亦是善相，切不可常常如是。若常令如是，必著悲魔。悲魔既著，終日悲痛，或至痛死。此種皆由不善用心所致。

頂門痛癢，皆提神過甚，心火上炎所致。當一心靜念，普爲一鄉宣說，常在稠人中念。則此種驚怖、心痛、癢事，均可日見消滅矣。」（《三編》卷二）

⑫《覆俞慧郁、陳慧昶二居士書》：「來書所說二種邪見，乃以凡夫知見測度如來境界。孔子所謂『好行小惠』，孟子所謂『自暴自棄』，此種人本無有可與談之資格價值。然佛慈廣大，不棄一物，不妨設一方便，以醒彼迷夢。佛由其了無貪欲，故感此眾寶莊嚴，諸凡化現，不須人力經營之殊勝境界，豈可與娑婆世界之凡夫境界相比乎？譬如慈善有德之人，心地行爲，悉皆正大光明，故其相貌，亦現慈善光華之相。彼固無心求相貌容顏之好，而自然會好。造業之人，其心地齷齪、污穢、凶惡，其面亦隨之黯晦凶惡。彼固唯欲面色之好，令人以己爲正大光明之善人。而心地不善，縱求亦了不可得。此約凡夫眼見者。若鬼神則見善人身有光明，光明之大小，隨其德之大小。見惡人則身有黑暗、凶煞等相，其相之大小，亦隨惡之大小而現。

彼謂《金剛經》爲空，不知《金剛經》乃發明理性，未言及證理性而所得之果報。實報無障礙土之莊嚴，即《金剛經》究竟所得之果報。凡夫聞之，固當疑爲無有此事。《金剛經》令發菩提心之善男女，心不著相，而欲度盡眾生。雖度亦不見我爲能度，生爲所度，及與所得之究竟涅槃之法。所謂無所住而生心，以迄無所得而作佛。將謂《金剛經》所成之佛，其所住之國土，亦如此五濁惡世之境界乎？爲是空空洞洞、一無所有乎？淨佛國土，人一聞名，身心清淨。彼謂之爲貪欲，是蛆蟲日居糞坑，自命香潔，以旃檀爲臭穢，不願離此糞坑，聞彼香氣也。

盜跖聚徒數千，橫行天下而爲盜，反自命有道。而痛斥堯不仁、舜不孝、禹淫佚、湯武暴亂、孔子虛僞，爲無道，正與此二種人之知見相同。又如，近來廢經、廢孝、廢倫、裸體遊行，以爲稟天地自然之德，不假造

作，然夏則競裸，多何不裸？謂稟自然，不假造作，掘井、耕田、紡織，方有飲食衣服，非造作乎？惡人阻破人之爲善，每每如是。謂善須無心爲，有心即非眞善，然古之聖賢，無不朝乾夕惕，戒愼恐懼，如臨深淵，如履薄冰，是有心乎？是無心乎？總之，此種人意欲以不修持爲高上，故作此種極下劣之瞽論，以自炫其明理，冀人以己爲高明，爲大通家，爲眞名士，而不知其全身在糞坑裏。除彼同知見者，其誰肯相許乎？」（《三編》卷二）

【附記】《來書》：「弟子業障深重，賦質愚蒙，幸聞淨土法門，而得皈依座下。惟有恪遵吾師老實念佛之訓，以期速了生死，不負婆心。夫既爲佛子，應發自度度人之心，今弟子等未能自度，焉能度人？然遇親友方便勸信，亦分內事耳。乃每有二種人所見所說，其自誤誤人，實非淺鮮。

一曰：佛無欲，《阿彌陀經》所說種種金寶，似仍爲欲，不若《金剛經》一切皆空，爲高超玄妙。因茲藐視淨土法門，而不生信。此蓋不知《金剛》、《彌陀》二經之義，而隨己意亂道者。

一曰：佛既令人看破一切，何自己反生此種種貪欲（指《阿彌陀經》所謂金寶）？吾人又何苦舍目前之實有，而希冀身後之渺茫乎？

此則執著邪見，任意謗佛、謗法者，然此二者，雖品有高下，其爲邪見則一也；其自誤誤人則一也。弟子等力告以西方種種境界，皆係阿彌陀佛功德現化之莊嚴實相，自在享用福德之報，與五濁惡世業力所成就者不同。況娑婆所有，悉皆苦空無常，故應棄之而求得實際也。然愚夫之言，縱不乖正理，終不克啓其正信。伏念吾師所有言論，如杲日麗天，無暗不照，敢乞聊書數語，以破此種邪見。」

⑬《覆馬宗道居士書一》：「汝蓋未悉心詳閱《文鈔》。縱閱，亦只泛泛然過目而已。

（一）所言先從十念進行，不知十念一法，乃爲極忙之人所設。以終日無暇，但只晨朝十念。若有工夫人，豈可以十念了之乎？如先念十念，再按自己之身分，所立之功課做，則可；若但十念即已，則不可。況此患難世道，禍機四伏。若不專志念佛及念觀音，一旦禍患臨頭，又有何法可得安樂？況汝家道向有豐裕之名，現雖不比以前，然一班癡人，固常欲奪而有之。汝不知淨土法門即已，既已知之，何可泛泛然修持乎？即謂世緣或難無礙，但宜有事時從減；無事時，何亦可作有事時之預備，免間斷之咎而不修乎？

（二）按理宜淨素。雖勢難即淨，但宜少食。即食，亦當存一憐憫度脫之心，非吃葷人念不得佛也。

（三）念佛豈有定章，但取適宜。清醒時，金剛念、默念；昏沈時，

小聲念、大聲念。

（四）禮佛一拜，罪滅河沙。當量自己工夫，勿只取其安逸。

（五）禮佛唯取志誠恭敬，固不在世儀、出世儀也。

（六）《彌陀經》，宜朝、暮作功課。若有暇，清晨洗漱畢，或先用十念法。後再禮，三拜佛。念《彌陀經》一遍，念《往生咒》三遍，念《讚佛偈》，念佛五百或一千聲。再念觀音、勢至、清淨大海眾各三聲。再念《回向文》、《三皈依》。照《文鈔》及《彌陀經白話注》後附之修行法。餘《金剛經》等，當另一時念。隨自己工夫定。

（七）佛號、《彌陀經》，均無甚別音字。『飯食』讀『反寺』，仍是世音，四書五經，皆是如此。以人多忽略，認定特別音。汝試查查字典。然『飯食』讀本音，亦可；讀本音，『飯』即是飯，『食』即是吃。讀別音，『飯』（反）即是吃，『食』（寺）即是飯，固兩皆可通也。唯佛號上之『南無』二字，必須要作『納莫』之音讀。其義，《白話注》後詳說之，不可讀本音。

（八）念佛，宜量自己之房屋，地步寬窄，如其能繞（繞行），固宜先繞。或於屋外繞，亦可。繞時，亦可舒暢氣息（繞佛乃表示隨順佛意），不徒表示隨順而已。自己修持，但取誠敬，跪、立、坐、繞，各隨其便。若欲如法，誦《彌陀經》宜跪，立誦亦可。至念佛時，則先繞。繞念一半，則坐念。坐念將畢，則跪念十聲。再念觀音、勢至、清淨大海眾各十聲，或各三聲。庶身心調適，不過勞、不過逸，氣暢身適，有益無損。……」

（《三編》卷三）

⑭《覆章道生居士書三》：

（一）問一切有情皆具佛性，大小雖異，畏死是同。凡放生者，宜先注意於小生，則自悖佛性畏死是同之說。既知是同，固宜隨分隨力去救，何所論其先後？儻能暢演佛性是同，畏死不異之理事，則其利大矣。何得偏執先後之說？

（二）謂水中、空中，微生蟲無量無邊，人一呼吸，隨之吸入者，不計其數，將來之業報，何有了期？並謂既知人畜循環，則古今大儒通佛理者甚多，何不制以為律，斷除殺生之事？

又謂一切眾生皆是過去父母、未來諸佛，不可殺害，亦不淫佚，而正式婚姻，或亦宿世之親者。此三種問，皆屬逞小聰明，妄以充類至義至盡之事相擬。不惟無益，而又害之，何也？以其不能因其細微者，並欲將粗大者而盡廢之也。譬如好潔之人，欲其不沾塵垢，詳察身內之屎

尿、膿血，身外之垢汗、髮毛，並及蚊蚋、蚤虱，日在己身便利。因思此身內外之穢惡，竟與圊廁無異，遂不復致潔，而終日在圊廁中行樂耳！

　　至謂古今名臣，何不以殺物命爲律，乃不知世、出世法有權有實，縱彼知實，以人心未能完全皈依佛化，固不易以實理制律也。敬惜字而每言紙，以紙爲書字之物，雖字有各處各物之用，終不如紙之多，故每言敬惜字紙，非在紙上宜惜，不在紙上皆不足惜。且字固宜惜，字義尤宜惜。若人不依人道行事，則是棄孝、悌、忠、信、禮、義、廉、恥之亡八字矣。人而亡八字，尚得謂之爲人乎？當致力於此，則其大本已立。縱不能斷一切物上之或污，然其污者，蓋亦鮮矣。

　　君子素其位而行，凡非力所能及者，皆不宜引力所能及者而破壞之也。知力不能及者，而格外注意於力所能及者，則爲大善；以力不能及者，破斥力所能及者，令其勿行，則爲大惡，聰明人多多具此邪見。此種言論，光不知接過多少。唯恐人不善用心，而致罪咎。因思汝或有此種邪見，或同儕中有此種邪見者，若不預爲剷除，將來或致自誤誤人，以故爲汝略說大端。至於光之折伏此種邪見之言論，固非窮數日之功，不能備書也。……」

（《三編》卷三）

## 有關人物及佛教大事

南京內政部長薛篤弼於全國教育大會提議，改僧寺爲學校。

楊度著《新佛教論答梅光羲》。

可成募資建成上海玉佛寺，前後十載，備歷艱辛。

# 一九二九年　六十九歲（民國十八年　己巳）

## 譜主事略

是年，師居太平寺，因厭交通便利，信箚過多，人事日繁，無暇修持，急欲覓地歸隱。有廣東弟子黃筱偉等數人，已在香港構築精舍，決欲迎大師赴港。師答應[①]。而各方面風聞來迎，尤有十餘處。

　　眞達和尚以江浙法緣，信眾更多，請師慈悲，留此弘法，更以「南往，恐海風浪，或致受病」相勸。

在此基礎上，關絅之、沈惺叔等居士又將蘇州報國寺舉以供養，請弘傘、明道二人前往接管。眞達出淨資數千元加以修繕。在此情形之下，大師遂允其請，決定不再他往。

【按】明道（？～1935），法名智周，浙江嘉興人，是范古農的同鄉。早年即有心向佛，曾赴普陀山法雨寺拜見大師，並皈依之。後從眞達老和尚，落髮出家，常住上海太平寺。後任蘇州報國寺住持。師嘗秉承大師旨意，於滬上覺園創辦弘化社，歷盡辛勞，貢獻尤多。

六月，大師皈依弟子吳慧濟居士在自己家中，另築一室，題名「慧濟居」，並購置「各種正知正見之善書及契理契機之佛書，冀同族同村之人，同得瞻覽，同敦孝友，同修淨業。」師以爲甚好，並爲之撰寫《慧濟居閱經室緣起》。

八月，由聶雲台居士資助，許止淨居士從《二十四史》中選出有關因果報應之事，編成《歷史感應統紀》一書。當時，大師本欲閉關靜修，得此消息，甚爲高興，覺得是完成了自己多年的宿願。由於聶氏在廬山養病，不能料理排印流通等事。大師因之便推遲閉關計劃，留在上海和德森法師一起負責該書的校對和排印流通等事務，決定排印三號字、四號字兩種版本，各印兩萬部。並親爲該書作序及撰寫《回向偈》。

【按】聶雲台（1880～1953），法名慧傑，別號息懺。湖南衡山人。曾國藩外孫。曾留學美國。歸國後，從事經濟活動，歷任大公司董事長、總經理等職。二十年代成爲商界風雲人物。後皈依大師，受五戒，嘗欲出家，因母老而止。日誦《觀世音菩薩普門品》、《華嚴經·普賢行願品》及《金剛經》等，並將自身積蓄及亡妻遺產全部捐賑湖南災民。著有《觀音經咒靈感彙編》、《地藏菩薩靈感近聞錄》、《保富法》等。

【按】《歷史感應統紀》，許止淨編輯。本書所選內容都是《二十四史》中記載的因果報應之史實。上自有虞，下迄明代。敘事千有餘條。傳記後加以評點。上引聖賢言論以明其理，旁採說部記載以證其事，更爲提倡佛教。凡二十餘萬言。其中善者升，惡者降。或於其身，或於其子孫，燦若列星，昭然在目。大師說：「此書一部，有兩部之用，前有目錄，又一分類表。如孝，凡全書中孝子，均按書卷數、頁數列之，不孝悌、不恭等共二十四類，如欲取材，即可向某類中查，按卷頁即可立見。」

七月十一日，浙江定海的樂慧靜女居士預知時至，安然往生。大師爲之撰寫《生西記》。

秋冬之交，《歷史感應統紀》印成。師偶感風寒，病十餘日②。

爲減少殺劫，大師又特地撰寫《介紹用三星素皂書》，鼓勵大家推廣使用素香皂③。

在滬期間，大師嘗爲周師導兄弟印送《蓮宗正傳》題跋，爲王一亭等人募建永年祈禱普利會作疏④，爲杭州南天竺延福寺募修大殿並各殿堂寮舍撰寫文疏。

【按】永年祈禱普利會，由王一亭等人發起。後因主持法會的明覺法師圓寂，遂未能舉行。

同時，師還撰寫《五台碧山寺由廣濟茅蓬接法成就永爲十方常住碑記》，讚賞將子孫廟改爲十方叢林的舉動⑤。

大師撰《放生殺生現報錄戒殺放生各文合編序》、《重印寰球名人德育寶鑑錄》⑥、《重印達生福幼二編序》、《淨土問辨功過格合刊序》、《覺後編序》⑦、《日誦經咒選錄序》⑧、《地藏菩薩本迹靈感錄》、《蓮宗正傳跋》、《觀音感應課序》、《新編觀音靈感錄序》、《普門品講義序》、《楞嚴經楷書序》和《福州海門蓮社緣起》。

覆陳慧和居士書二通，接受其爲皈依弟子，取法名慧和，教之以「敦篤倫常，恪盡己分，閑邪存誠，克己復禮；諸惡莫作，眾善奉行，戒殺吃素，信願念佛，以此自行，復以化他，能如是者，決定現生可入聖賢之域，臨終直登極樂之邦」。同時，勸其在家修行，並爲之寄《淨土十要》、《淨土聖賢錄》、《徹悟語錄》等書。又覆焦易堂居士書，痛斥《寺廟管理條例》二十一條⑨。

覆溫光熹居士書，回答有關佛教與儒、道十二個問題⑩。

覆駱季和居士函，主張賑災比放生更好⑪。

十月二十三日，李少垣居士來函，要求皈依。大師覆函，爲之取法名智圓。

十一月十六日，覆某居士書。此信未指明居士姓名，但從內容上看，可知對方是年輕人，剛娶妻不久，家境富有，父母均是大師的皈依弟子。師從長者角度，娓娓道來，勸其立志向善，學習獨立謀生，繼承父母家風，語重心長，非常感人。

十二月初八日，大師於滬上世界佛教居士林作開示法語，范古農做記錄⑫。

大師曾有前往香港之意，因病十餘日，隨取消赴港的計劃⑬。

此年間，有龍梓修、濮秋丞二人曾提起擬用一千六七百元錢，去寶華山做一堂水陸道場，師勸其用此錢打念佛七，他們捨不得，以爲念佛則用幾百元即可。大師感歎，「世間人多是好熱鬧鋪排，不是眞實求超薦先亡與普度孤魂也。」

注　釋

① 《覆姚維一居士書》：「……已允香港數弟子之請，決欲往彼。以言語不通，僻居海島，當可安樂以了餘生。」（《續編》卷上《書》）

② 《覆章緣淨居士書》：「十七年七月離普陀。次年，以許止淨《歷史感應統紀》脫稿，當爲料理。至秋冬之交，三月排三號字一部四本。聶雲台以學生喜看小字，故又排四號字一部二本。三月內排此兩部書，乃德森法師任初校，光任二校，夜以繼日，頗辛苦。了事後，一弟子請至其家吃飯，以不慣坐汽車，出汗受風。歸來，令雇黃包車，不肯，令開慢點，又受汗風，病十餘日。……」（《續編》卷上《書》）此外，《大師自述》亦云：「十八年春，擬去（香港），以印書事未果。」

③ 《介紹用三星素皂書》：「近世殺劫之慘，千古未聞，推原其故，多由殺生食肉而致。欲挽救者，非從提倡因果報應，令一切人同發民胞物與之心，同皆戒殺吃素，無以得其效果。於食肉之外，凡能啓殺機者，皆當設法改良。即如肥皂一事，由茲殺生者，亦莫計其數。以肥皂用油，方能去其油膩。別種油無凝結性，縱有能凝結者，皆價值昂貴，以故均以牛油爲之。牛爲畜之有大功於人者，因茲所殺無算，實爲一大憾事！

數年前，周文明居士與普陀一僧創做素肥皂，光曾爲說明所以，用告四眾，頗爲一切善信所贊許。惜資本無幾，不數月即虧折停止。後南洋燭皂廠，帶做素者，以成本大而利息薄，亦復停止。前三四年，每有遠方佛教徒，致書詢問發賣處於光，而欲購用，亦有欲代爲出售者。光常將此事繫之於心，冀得發心救生弭殺之人，復做素皂，以釋我隱憂，則幸何如之。

去年十月，上海中國化學工業社總理方液仙，與其母其妻，同來皈依。光問：『做肥皂否？』云：『做。』光囑令做素者，彼應曰：『諾。』但云：『素皂成本較大，價若定高，人不肯用，以故各皂廠均不肯做。既承師命，當滿師願，然非多方研究不可。明年春、夏間，當可出品。』至今三月初，彼來見光，云：『素皂模與坯，均皆做妥，以廠屋不足用，現爲建築。至四月中，當可出售。』光聞之，喜不自勝。孟子所謂『矢人唯恐不傷人，函人唯恐傷人』。同一求利，而慈忍罪福，大有懸殊。只此一

舉，不知少殺多少生命，誠所謂『藝也而進乎道矣』。所願一切同倫，悉
皆用此素皂，則凡一切葷皂廠，咸皆改做素皂，以期人皆惠顧，決不以葷
皂成本輕而不肯改良也。……」（《續編》卷上《書》）

④《募建永年祈禱普利會疏》：「……近多年來，刀兵水旱，饑饉疾疫，頻頻
降作，民不聊生。既然同生天地之間，可不以民胞物與為懷？是以敝同
人，多年以來，凡各處種種災患，悉各盡其棉力，為之賑濟。此蓋愍其
現在之苦茶，而為之設法者。又，死者魂無所歸，久則成屬。若不設法
超薦，則何慰此等孤魂於泉下？故必於每年特建道場，以濟孤魂，而祝
太平。此蓋預息將來災殃之急務也。向者祈禱，未定何處，隨意舉行，
以施濟度。……

　　明覺和尚，又為真實舉行公益之僧。茲擬委彼，在彼本庵，於三月
清明之期，念觀音聖號七日，圓滿之日，特放施食。七月，則念地藏聖號
七日，施食七堂。多至，則念彌陀聖號七日，至圓滿日，施食一堂。每次
均請四十八僧。以此功德，超度一切刀兵、水旱、饑饉、疾疫而死之孤魂。
俾彼各得往生善道，庶不至為屬而作凶。從茲人民安樂，天下順適。雨暘
因之時若，蟲蝗由是不生。則物阜民康，天下太平矣。又願軍民長官，各
各福壽增崇，吉祥蒞止。備膺箕疇之五福，同納伊訓之百祥。以此福德，
撫育吾民，大同之風，重見今日。凡我同倫，願各贊襄。」（《續編》卷下
《雜著》）

⑤《五台山碧山寺由廣濟茅蓬接法成就永為十方常住碑記》：「……明成化
間，有孤月淨澄禪師者，禪、淨各臻其極，道聲因之大振。代王成煉，
事以師禮，建寺於華嚴谷，以供奉焉。請敕賜額曰『碧山普濟禪寺』，法
道大興，宗風丕振。清初，蘊證如璧禪師，住持此寺，久為王臣所尊敬，
於康熙初，改寺額為『護國』焉。降及清季，哲人云亡，頗形凋敝。

　　於光緒三十二年，乘參、恒修二師，來山朝台，見各台頂，只有石
室，絕無僧侶，凡朝台者，渴不得飲，飢不得食·倦無歇處。遂發大心，
於北台頂，修一茅蓬，名為廣濟，專為朝台者，作一歇息飲食之所，隨力
結緣，以利一切中外緇素。

　　民國紀元之後，碧山寺僧，無可支持，田產典質殆盡。乘參、恒修、
果定入碧山寺籍，稱為東房。乘參更名昌乘，恒修更名昌恒，果定更名
隆果，所謂接法成就也。由是盡力募化，維持道場，建設茅蓬，接待十
方僧眾，竭力供養。從是以來，春則打念佛七，夏則講經，秋多則坐香
打靜七，以盡己分，而祝國民。添修禪堂、寮舍，擬恢復舊制，永續祖

燈。七年，募資贖回東西兩院屋地。九年，贖回光明寺村莜麥租四十石，以供僧眾道糧。九、十兩年，乘參、恒修二師，相繼圓寂。嗣法門人果定，遵遺命，勉力維持。蒙諸大護法，諸山長老，贊襄之力，添修寮舍三十餘間，印補藏經，栽種樹木，修築水渠，由光明寺村，直灌碧山寺內。修河道石壩，以防沖湮而壞禾稼。南北諸山、諸大居士，以碧山寺既爲十方常住，理應大家贊成，呈文政府，出示立案，以期永久無替。公推馬冀平、汪大燮爲代表。諦閑法師，並上海佛教維持會程雪樓等，函祈山西閻督辦維持。

於是總參議長趙君戴文，委山西佛教會會長力宏和尚，同會員等，於十六年五月來山。邀本山僧正副會長、區長、商務會長、十大諸山、僧俗名流。公議碧山寺負債甚巨，後起無人，由東房廣濟茅蓬，代還債洋一萬七千七百餘圓。碧山所有殿房、田地，永遠成立十方常住。不許再收徒弟，以免喪祖德而辱佛門。於十七年七月二十九日，當同大眾，還清隆福所欠外債洋一萬七千七百餘圓。隆福前所押出紅契約據，一併收回寺存。

山西省佛教會，代爲呈請省政府、縣政府，備案出示，俾眾周知碧山寺永爲十方常住，從茲專心辦道，修持淨業。將見獅子窟中，了無異獸；旃檀林裏，永絕伊蘭。勉繼孤月禪師之道，用慰文殊大士之心。則一切緇素贊襄成全之一番苦心，不爲虛設矣。凡住此者，各宜勉旃。」（《續編》卷下《記》）

⑥《重印寰球名人德育寶鑑序》：「……世間百工技藝，各有規矩準繩，按前人之成規而習之，及至熟極，則無不隨心應手而成耳。希聖希賢，亦復如是。舉其大綱，則『明明德』、『親民』、『止至善』三者而已。然欲明其明德，必須先從格除煩惱之物欲，推致固有之良知下手。即所謂閑邪存誠，克己復禮，直至格致至極，則人欲淨盡，天理流行。於明明德之大綱已得，其他則舉而措之，無不隨心應手而克辦耳！然須多識前言往行，以爲存養省察之助。

無錫楊章甫居士，輯古今中外名人之嘉言懿行，凡八卷。首倫理，次服官、紳商、閨閫、修省、慈善，以及中西嘉言，於家庭社會國家所應取據。當時印萬餘冊，郵寄全國各縣，其利益實非淺鮮。茲者上海大慈善家王一亭居士，謂此書頗合時機，擬印數千冊，以爲提倡，冀後之有心挽救世道人心者，相續印行，以期遍佈寰球。庶幾人人悉知因果報應、生死輪迴之事理，而敦行孝悌、忠信、禮義、廉恥之彝倫，則家行孝友，人敦

禮讓，雖居暗室，如對佛天，庶良知不蔽於物欲，明德終底於克明。其有不天下太平、人民安樂者乎？……」（《續編》卷下《序》）

⑦《覺後編序》：「孔子曰：『性相近也，習相遠也。』性，即覺之本體也，習，即覺之功用也。性，則凡聖生佛，了無二致，故云相近，亦即所謂『人同此心，心同此理』也。習，則有順性、悖性之不同。能順其性，則居心動念行事，自能懲忿窒欲，閑邪存誠，以至人欲淨盡，天理流行，圓復其本體之覺性，以至為賢為聖，初非有待於外也。如是之人，名為覺者。先覺者，必以己之所覺，轉而覺彼不覺，悉令皆覺，則彼後之未覺者，一一悉同先覺矣。此繼往開來，參贊化育，以維持天下後世之大法，亦即人與天、地並稱三才之所以然也。故伊尹云：『予天民之先覺者也，予將以斯道覺斯民也，非予覺之而誰也。』彼既以聖賢視一切人民，而人民之聞其說者，誰肯以庸愚自限，不復兢業修持，以直趨於聖賢之域乎？惜後世未受先覺之教導者，每每迷真逐妄，背覺合塵，奔馳於聲色貨利之中，遂至舉道德仁義而置之度外，雖同賦此覺性，由其悖戾之故，不唯不為聖賢，而反墮為庸愚，為暴亂，豈不大可哀哉？……

正定王克庵居士，前清之隱士也。以為時當末造，聖賢既難親炙，莫由取法，六經論孟之言，又非普通人所能領會。於是，採取《感應篇》、《陰騭文》、《功過格》等，及古今賢哲所著孝親敬長、持身涉世、改過遷善諸嘉言，輯為一編。共分十四門，首曰『明宗』，錄《感應》等三種，以為總綱。自後各門，皆發揮此三種中所當取法，所當切戒之意，後人能讀是編，則綱舉目張，本立道生。舉凡一言一動，無不納於範圍，如熔金入嘉模，勢必成為正器；如嘉禾得甘雨，決定大有收成。世間之善果既得，誰肯畫地自限，不復以修持淨土法門為事，以期圓證此覺性，而為世、出世間無上大覺也哉？……」（《續編》卷下《序》）

【按】功過格，指舊時遵守儒家儀禮或佛教戒律之人，將自己所行之事，分別善惡，逐日記載，藉以考驗功過。道教徒也有用「功過格」自記日常行為的善惡，作為權衡鬼神降與禍福的標準。

⑧《日誦經咒選錄序》：「佛法大無不包，細無不舉，……然撮其要義，則唯期洞明自心，徹證佛性。欲明自心而證佛性，必須以戒束身，以定息妄，以慧斷惑，自可出幻妄之生死、證真常之涅槃矣。其修持次序，當以開本知見為先導，信願念佛為正行，萬善莊嚴為助修，以故首列《金剛經》、《心經》、《觀世音普門品》、《大勢至念佛圓通章》、《阿彌陀經》、《往生咒》、《念佛起止儀》、《發願文》，以及《大悲》、《準提》各咒。或兼持各

種,或專持一種,悉以作修持淨業之助,以冀徹悟五蘊原空、諸法非相、遍行萬行,而不見能行之相;專志念佛,而了知心作心是,能如是修,則頓出迷途,直登覺岸矣。……

又欲初機行人,深知各種法門之所以,在家二眾,於日用倫常中,即能眞、俗並融,儒、佛兩盡,因附錄《感應篇》、《陰騭文》、《覺世經》,及淨土修持各開示,以爲改過遷善、趨吉避凶、超凡入聖,了生脫死之規矩準繩,庶可現生即出三界六道之外,直入七寶九蓮之中,願諸修士,同加注意。」(《續編》卷下《序》)

⑨《覆焦易堂居士書》:「民國肇造共和,奉教自由。以三民主義互相號召,今已十有八年。而於僧人則越格虐待,其意蓋欲驅僧奪產,而俾全國了無一僧,方可快意?又恐礙於輿論,姑以管理之名,用爲驅奪之據。其所立二十一條,如第四、第五、第九,雖冒其管理保護之名,能不令有知識者痛心、挾野心者歡愉乎?此種立法,尙得謂之爲奉教自由乎?尙有民生、民權、民族之實際乎?尙是共和國之開國政令乎?如此主義,乃實行令民死、奪民權、滅民族耳。若曰:『此係於僧界爲然,非統國民如是也。』試問僧非國民乎?若國民通作此等法令,尙有可原。今唯僧爲然,非以其微弱無力,遂用此強陵弱、眾暴寡之手段乎?

日本以蕞爾小國,稱雄全球,不以佛法爲贅疣。吾國自後漢以來,佛法流通於東西南北各國,今欲國界統一,人民安樂,以陰翼郅治,顯淑民情之佛法爲贅疣,而欲去之,是何異欲樹之茂而先截其根,欲流之遠而先塞其源?佛法之益世在精神上,非凡愚可得而見,如樹之根,水之源。世之淺知見者,只在條幹枝葉上批評,泛濫充溢上議論,於其所以榮枝葉條幹,致泛濫充溢處,則莫之能知,豈非所謂北轅而適越、卻步以求前乎哉!

前月二十九日,上海佛教會諸緇素,往京請願,昨接其來信,召在會各緇素委員同來。光本無門庭、無徒眾、無作爲之一待死老僧,彼會以光微有虛名,故亦置之於其會員之中,然光固置此身於度外者,若民國相容,則不妨盡其餘年。若不相容,則不妨與河伯海若結爲伴侶,免得窒礙民國地界,豈須請願求容,以期久存永世乎?只因佛法乃人天眼目,當此互相殘殺迄無止息之際,而欲興利除弊,先從事於滅法,則恐蹈魏武、周武、唐武之覆轍,而徒膺報於自己,遺誚於後人,而於國、於民有損無益也。以故不避忌諱,直陳利弊,冀居士發爲國、爲民之心,極力維持。俾以前所頒之條例不成事實,則共和奉教自由,三民主義之號召,其有益於國於民也,大矣,豈徒僧界蒙福利哉!……」(《三編》卷一)

⑩《覆溫光熹居士書二》：

（一）陽明乃儒者，按儒者之義而發揮，與佛法道理相近。若如汝所說，則能令儒者通皆依行乎？古人發揮道妙，多借喻以赤子之心，渾然無分別，仿佛人欲淨盡，天理流行之無分別。汝便執赤子之心，與眞如本性相校，豈可謂善教人以入道者乎？舉扇喻月，動樹訓風，汝便於扇上求光明，於樹上求披拂，則完全不知教人之方便法。縱說得有理，卻非利初心之法。況儒者絕不知眞如佛性。不於此提持之，則無由而入。

（二）儒者說話，要顧本宗。若說佛性，則是闡揚佛法矣。彼固學佛有得，其所說仍依儒之範圍，不過意義與佛相近。汝知之乎？

（三）陽明書，初未閱過。四年前，因請一部《陽明全集》，略一翻閱，豈有暇學彼！前年欲隱香港，遂寄部陽圖書館矣。

（四）汝於今日，念念以成名建祠，爲顯親之事，其志之污濁下劣，已辱汝繼祖母柴老太君於九原，況實能達柴老太夫人之目的，則恐令汝祖父母、父母同到阿鼻最下一層去矣。哀哉！

（五）袁子才乃狂士，初何嘗信佛？信佛何又辟佛？晚年閱歷深，知佛法不可思議，故於感應各事悉記之。然絕未親近知識，及多讀大乘經論。故所說者，多不如法。戒律之不傷一草，則不許吃荦。以吃荦爲殺生，此種話，皆是阻人吃素，勸人吃肉之矯枉話。何不曰：『我亦肉也，請先吃我。』此話縱殺彼身，亦不肯說。則以吃荦爲殺生，與吃肉相同之邪說，不攻自破矣。

人生世間，誰能不呼吸？以呼吸傷微生蟲爲食肉殺生，而勸人日殺大生而食肉。此種邪說，與愚人見人以糞肥地，則五穀顆粒飽滿，荦蔬嫩肥鮮香，謂糞爲至美之物，當專食此物，更加美妙不異矣。此種不按道理之邪說，世人多據之以破人食素，獎人殺生。昔年有以此問者，我爲一喻以覆之。吾人生天地間，誰能不呼吸？因呼吸而傷微生蟲，謂吃素爲不合理者，小人阻人爲善之惡劣心也。譬如有人生長於圊廁之中，每念圊廁之飲食，實爲最勝最美。而彼處有大富長者，恐其人未嘗享過此之美味，因折束相邀入彼廁中赴宴。長者罵曰：『汝眞不知羞恥之人！汝通身在糞坑裏，日以糞爲衣食，何敢邀我入汝住處！』糞坑中人聞之，生大嗔恚，而罵曰：『汝這糞坑子，何敢罵我日食糞穢乎？汝肚子裏邊，屎尿充滿，背到這糞桶，還要講清淨！蚊蚋、蚤虱在汝頭上身上屙屎、屙尿，汝完全是一個糞坑子，何敢罵人！又汝所食之米及水，皆有蟲屙屎、屙尿其中，汝不是吃屎、吃尿的人，何敢罵我爲吃屎吃尿乎？』此長者雖潔淨，然糞坑

中人所責備者，均皆不免，爲且依做得到者，講乾淨，爲便糞坑中人所說，而往赴彼宴乎？此既只能按做得到者而做，何得又以做不到者而責人乎？必欲令人食肉，何不請我食肉乎？此說亦可爲彼邪見之一明鏡耳。汝所著之《勸修行戒殺吃素文》一書，其書將來再版時，汝宜將此意引入，以示天下後世無知見人。

（六）汝作此說，頗有理。然汝破陽明，汝此處與陽明竟有何異？『人心惟危，道心惟微。』空談則易，實行則難。汝溫光熹，且莫想發財做官！果溫光熹發財做官，決不能超出流輩，立大功業，以汝未在富貴，暫寓稘家，先已失守，後來何能有守乎？

（七）以佛之金口誠言爲寓言，則此即邪見，謗佛謗法，還說甚麼因果感化人。重慶富家女子願當娼，亦是以聖人所制夫婦之倫爲虛設，彼意中亦爲豈夫婦定有不可混雜之理哉？

（八）科學家如此說，亦非無理由。其不知唯心所感、唯心所現之義。故成邪說誣民，譭謗佛法，阻人進修矣。

（九）汝作此說，則汝之心肝，完全顯露出來，則所說學道，不是學道，乃學藝耳。

（十）《感應篇》，其原出《抱朴子》。然以其言，於世有益，故尊之以爲太上君子，不以人廢言。能知五千言者，可有幾人？知五千言之平人，則不如知《感應篇》之平人，爲得其誠意、正心、修身、齊家之益多多也。汝論甚入正史不入正史，但取其有益於吾身、吾國而已耳。

（十一）定、慧二法，舉佛、道而包括之。若只認一靜字，則其小焉者耳。陳白沙、朱晦庵謂『落入空渺』，乃是認頑空爲佛家之靜。若非巧謗，便是不識佛家眞靜之義。敬之一事，乃入道之門。若違心論理，便是逆天，爲大不敬。理學先生皆主於小敬，而通通犯大不敬。以所論心性至理，皆是逆天悖理，故日『犯大不敬』，汝宜知之。

（十二）朱子教人勿誦經，是謗佛法。我教人勿誦經，乃慎重其事。以父母恩深，宜認眞請有道心之僧念佛，不宜請趕經懺之僧誦經、拜懺、做水陸，以徒張虛文也。汝何不看上下文，割中間一句，而妄說是非也？是知汝心粗氣浮，凡事草率也。……」（《三編》卷三）

⑪《覆駱季和居士函》：「以放生款賑災，則是轉濟疏輕之財，以濟親重之急。因果固有，當不致因此獲罪。……近來放生者，多多不得其道，名日放生，實無放生之益。以張名揭曉，令捕生者多捕，以故光絕不贊成定期放生。……切願認眞勸人戒殺吃素，較此勸人集資放生，仍舊吃肉，了

⑫ 范古農《永思集‧我之紀念印光大師》:「十八年佛成道日,於上海世界
佛教居士林,記錄大師開示。」

⑬《與徐蔚如居士書》:「光於去臘(民國十八年)病旬餘,因茲取消香港之
行。現病已復元,不日將往蘇州活埋。」(《三編補》3)

### 有關人物及佛教大事

國民政府於元月二十四日公佈《寺廟管理條例》二十一條。條例中授權
行政機構得以命令處分僧道、廢止或解散寺廟。僧道不得違反黨制,等等。
此條例深爲全國僧眾所不滿,力行抵制,致使內政部通令各地暫緩施行。

李證剛《西藏佛教史》出版。

國民政府於十二月七日另行頒佈《監督寺廟條例》。前頒《寺廟管理條例》
廢止。該條例取消廟產管理委員會,增加「寺廟之不動產及法物非經所屬教
會之決議不得處分或變更」之規定,而承認寺廟住持有管理寺產之權,且對
寺產性質不作決定。各地寺院住持甚感滿意。

# 一九三〇年　七十歲 (民國十九年　庚午)

### 譜主事略

是年,師決意長期隱居,遂將紙版數十百種及已付印而未流通之書數萬
冊,悉託付明道。明道承師旨意,於滬上創設弘化社,流通佛典。

【按】弘化社,由大師發起、明道法師主辦,經王一亭、黃涵之、關絅之
等居士商議籌辦,於民國十九年在上海覺園淨業社內成立。主要流通淨
土宗經書、《印光法師文鈔》、《嘉言錄》等。起先設流通部,凡書籍分爲
全贈、半價、照本三種。後業務擴大,更名爲弘化社。次年遷往蘇州報
國寺。二十四年,因明道師往生,大師乃自任流通業務,直至圓寂。大
師寂後,滬上緇素於覺園成立「印光大師永久紀念會」,遂又將弘化社遷
回上海。一九四九年以後,繼續流通佛書,一九五六年與佛學書局、大
法輪書局合併,更名爲上海佛教書店。

由眞達師引薦，無母居士往滬上太平寺拜見大師。

二月，大師遷到蘇州報國寺閉關，郭介梅居士隨眾人一起護送前往，並賦詩二首，以作紀念。

由於搬來的行李中附有許多臭蟲，繁殖甚快，關房內到處都是，師不以為意①。關房二楹，內為禮佛、誦念、經行，外為著述、起居之所。大師靜坐室中，牆上開一小窗，裝一小木板。來者扣此板，板即開。師或有言，或無言，言亦數語而止，木板即復關閉。

因拜謁者日眾，大師不得已在關房上題寫偈語，道：「虛度七十，來日無幾。如囚赴市，步步近死。謝絕一切，專修淨土。儻鑑愚誠，是眞蓮友。」

儘管如此，大師慈悲，仍不忍心拂逆信徒的熱誠，故而常立窗前方便說法，攝引初機。對於各方皈依者，師以念佛方法、三皈五戒、八苦十善諸法作為開示內容，不厭其煩，誨人不倦②。

求皈依者仍然蜂擁而至，通函請依止者，更不可數計！各地淨土蓮社紛紛成立，持名念佛之風風行國內外，淨宗中興，實基於此。

春，黃涵之居士為利初學佛法者，撰成《朝暮課誦白話解》一書，師為之撰寫序文，強調學佛者日常修持的重要性。

六月初，覆金振卿居士書，談及「錫箔」等事③。

閏六月吉日，許止淨編《歷史感應統記》重版，師為之撰《普為施資流通歷史感應統紀及展轉傳佈看讀諸善信回向偈》。

夏天，《淨土十要》原本收集齊全。師詳加校勘，並將《往生論注》、《徹悟語錄》、《蓮花世界詩》等十餘種附於各要之後，內容增加了一倍，大師作序，並讓弘化社重新刊印流通④。

【按】《往生論注》，又作《淨土論注》等。曇鸞著。二卷。上卷首先依據龍樹《十住毗婆沙論·易行品》所說難、易二道，明示淨土法門屬於易行道，全仗佛陀本願之力，往生西方。接著，逐次解釋《願生偈》，設八項問答，說明願生淨土之機與一切善惡凡夫相。下卷以長行解釋其義，分願偈大意、起觀生信、觀行體相、淨入願心、善巧攝化、離菩提障、順菩提門、名義攝對、願事成就、利行滿足十科，詳釋文義。本書為淨土類重要典籍之一。

張汝釗寄至十首七言律詩，遭大師嚴厲批評⑤。

大師修訖《普陀山志》。此次修志前後歷時九年，頗多辛勞。師以菩薩濟

世弘慈、利人大願爲修志主旨，一掃文人作志流連風景之習，特將許止淨所輯之觀世音菩薩事迹，冠於志首，凸顯菩薩慈悲度化之精神。

師爲某弟子寫《宗道名說》一文⑥，又爲解除衆生臨終之痛苦，著《臨終三大要》⑦。

九月二十九日，覆神曉園居士書，爲之取法名慧曉，並教之以「敦倫盡分，閑邪存誠，諸惡莫作，衆善奉行，戒殺護生，吃素念佛，決定現生，求生西方」等言論。

孟秋，劉達玄居士以爲，「佛法爲一切諸法之本，果能依佛所說而行，上之則斷惑證眞，以復本性；下之則改惡遷善，而爲賢人。」於是，用通俗文字寫成《普勸學佛譚》數十篇，大師爲之撰寫序文推廣。又爲《摩利支天陀羅尼》題寫跋語。

大師撰寫《大慈老人塔院重修記》⑧、《勸世白話文發隱序》、《重訂西方公據序》、《飭終津梁序》、《念佛三昧寶王論疏序》⑨、《心經添足重刊流通序》。

【按】《西方公據》，清彭紹升著。二卷。全書摘錄古德教示及勸說念佛往生西方之行業，且敍念佛之利益。分起教大綱、淨業正因、淨課儀式、西方境觀、往生功行、蓮宗開示、往生現果七章。

【按】《飭終津梁》，李圓淨編著。全書分飭終章程、飭終言論、預知利害、飭終實效四篇。係根據全國各佛學會所訂之飭終章程及諸言論，又採集古今發明臨終利害等文及近代往生之事證，綜合而成。意在爲欲臨終念佛往生者作指導。

大師覆海門蔡錫鼎居士書三通：（1）指出居士的斷見錯誤；（2）發表在外道多的地方傳播佛法的意見；（3）認爲佛弟子祭祖先，「固當以誦經、持咒、念佛爲主，焚化箔錠，亦不宜廢，以不能定其即往生也。」

師致書徐蔚如居士，談赴蘇州閉關之事⑩。

注　釋

① 眞達、妙眞等《印光大師行業記》：「十九年二月，師在太平赴蘇報國。鋪蓋衣箱，附來臭蟲極多，孳生之蕃，致關房會客窗口與外之几上。夏、秋之間，均見臭蟲往來。有弟子念師年老，不堪其擾，屢請入內，代爲收拾，師皆峻拒不許。且云：『此只怪自己無道德，古高僧不耐臭蟲之擾，乃告之曰：畜生！你來打差，當遷你單。蟲即相率而去。吾今修持不力，無此感應，夫復何言。』坦然處之，終不介意。」（《三編》卷四附錄）

【按】邊單，指僧人因犯戒而被摒棄出寺。此指趕走臭蟲之意。

② 王典章《印光法師圓寂感言》：「十九年，師移錫蘇州報國寺閉關。常往謁，談輒移時。各方來皈依者，告以念佛方法及三皈五戒、八苦、十善諸法，殷殷開示，惟恐人之不曉。余戲問曰：『師對人開示，余聞之熟矣。』師曰：『君聞雖熟，他人只此一次，故不能不詳盡。』誨人不倦之意，可見一斑。」（《全集》第七冊（3）印光大師生西二周年紀念文）

③ 《覆金振卿居士書》：「錫箔一事，雖非出自佛經，其來源甚遠。古農雖不知來源，所說本於天理人情，何得又自作聰明，不以為是？光昔看《法苑珠林》，忘其在某卷，有二三頁說錫箔（此即金銀）及焚化衣物（此即布帛）等事。其文乃唐中書令岑文本記其師與一鬼官相問答等事，其人仿佛是睚仁茜。初不信佛及與鬼神，後由與此官相契，遂相信。並令岑文本為之設食，遍供彼及諸隨從。睚問冥間與陽間何物可相通，彼云，金銀、布帛可通，然真者不如假者。即令以錫箔貼於紙上，及以紙作綢緞等，便可作金及衣服用。

　　……其時在隋之初，以此岑文本尚在讀書，至唐則為中書令矣。……汝尚不以為，便欲全國之人廢除此事，儻真提倡，或遭鬼擊。世有愚人，不知以物表心，專以多燒為事，亦不可。當以法力、心力加持，令其變少成多，以遍施自己宗親與一切孤魂，則可。若供佛菩薩，則非所宜，然佛菩薩豈無所受用，尚需世人之供養乎！但世人若不以飲食、香花等表其誠心，則將無以作感佛菩薩之誠。愚人無知，縱用此供佛，於一念誠心上論，亦有所功德，喻如小兒供佛以沙（阿育王前生事），尚得鐵輪王報。若愚人不知求生西方，用許多金錢買錫箔燒之寄庫，實則癡心妄想。……」（《三編》卷二）

【按】古農，即范古農。

④ 《畫傳·重刊十要》：「蕅益大師以正法眼，於闡揚淨土諸書中，選其契理契機、至及無加者，輯為《十要》。大師逝後，其門人成時，欲遍界流通，恐文長卷博，費巨而難廣布，遂節略字句，於各要敘述意致，加以點評，實煞費苦心。惜其隨閱隨節，未經複勘，即付梓人，致文多隱晦。師於民國七年，囑徐蔚如居士搜集原本。十九年夏，始得其全。於是逐一校勘，仍依時師之敘述評點，惟補其歉，不泯其功，令以《往生論注》、《徹悟語錄》、《蓮花世界詩》等十餘種附於各要之後，較先節本，文多一倍，重新刊印。夫千經萬論，處處指歸淨土。淨土著述，精華萃於《十要》。

靈峰以金剛眼創選於三百年前，靈岩以金剛眼增訂重刊於三百年後，璧聯珠映，功在法門，發隱闡微，嘉惠來學，所繫故不重哉！」

⑤ 弘量《追慕原始要終之第一位大導師》：「……因閱《宗鏡錄》竟，以贊永明大師的七言律詩十首，呈詩於師，自謂能括述百卷《宗鏡錄》的要領，必可蒙師印證，數日後果得先師從上海（應為「蘇州」）報國寺發來一函，內云：

『汝釗居士慧鑑：接手書，似知其病；然以文字習氣太深，雖自知而實不能痛改，則畢生終是一詩文匠。其佛法真實利益，皆由此習氣，隔之，遠之，是故佛以世智辯聰，列於八難，其警之也深矣。贊永明《宗鏡》詩，聲韻鏗鏘，非夙有慧根者不能，然亦是修道之障。以此種言句，皆係卜度而成，非真得道人隨口吐出者可比。

居士欲死作詩文之偷心，現在人無能為此種決裂開示：今引一故事，以作殷鑑，則詩文匠，即可為荷擔如來慧命之龍象，而永為閨閫母儀、女流師範於無既也。其事在《普陀山志‧妙峰大師傳》中，《清涼》、《峨嵋》二志亦載之。以此大師於三山均有因緣，故不厭其詳，此師乃叔季不多見之人，其得益在山陰王寄鞋底於關中，遂得大徹大悟，不復以詩文為事矣。』

從檢閱《普陀山志‧妙峰大師傳》後，遂深自克責，痛改前非，每當習氣暴發時，急急假設我自己頸上被印公所繫的鞋底，突然躍起，猛摑我作詩之嘴的觀想，因山陰王寄妙師的偈子謂：『者片臭鞋底，封將寄於汝，不是為別事，專打作詩嘴。』」（《全集》第七冊（8）印光大師生西十周年紀念文）

⑥《宗道名說》：「未生兒，法名宗道，此名即作畢生之稱呼，不必更起乳名、冠名並字與號也。何以故？欲其顧名思義以自淑，復以表率一切也。宗者，本也，主也。道者，即吾人所同具之性，與所應盡應行之法也。性，即佛性，由迷而未悟，遂成眾生。今以此性為宗，則主得其權，舉凡貪、嗔、癡之妄念，自不至於相挾縱暴，以欺主而作禍也。所應盡應行之法者，即父慈子孝、兄友弟恭、夫和婦順、主仁僕忠。此八者，雖屬八人，實一人無不咸具。既有其職，當盡其分，則自無家庭不睦，與兒女失教之虞。

又，須懲忿窒欲，閑邪存誠，諸惡莫作，眾善奉行，則於鄉里作一表率，咸可相觀而善矣。又須志誠念佛，求生西方，自行化他，同生淨土，親證本具佛性，宗道之名，方得其實也。願常以此教之。」（《續編》卷下《雜著》）

⑦《臨終三大要》:「世間最可慘者,莫甚於死,而且舉世之人,無一能倖免者,以故有心欲自利利人者,不可不早為之計慮也。實則死之一字,原是假名,以宿生所感一期之報盡,故捨此身軀,復受別種身軀耳。不知佛法者,直是無法可設,只可任彼隨業流轉。今既得聞如來普度眾生之淨土法門,固當信願念佛,預備往生資糧,以期免生死輪迴之幻苦,證涅槃常住之真樂。

其有父母兄弟,及諸眷屬,若得重病,勢難痊癒者。宜發孝順慈悲之心,勸彼念佛,求生西方,並為助念,俾病者由此死已,即生淨土,其為利益,何能名焉?今列三要,以為成就臨終人往生之據。語雖鄙俚,意本佛經,遇此因緣,悉舉行焉。……

第一,善巧開導安慰,令生正信者。切勸病人,放下一切,一心念佛。如有應交代事,速令交代。交代後,便置之度外,即作我今將隨佛往生佛國,世間所有富樂、眷屬種種塵境,皆為障礙,致受禍害,以故不應生一念繫戀之心。須知自己一念真性,本無有死。所言死者,乃捨此身而又受別種之身耳。若不念佛,則隨善惡業力,復受生於善惡道中(善道,即人、天;惡道,即畜生、餓鬼、地獄。修羅,則亦名善道,亦名惡道,以彼修因感果,均皆善惡夾雜故也);若當臨命終時,一心念『南無阿彌陀佛』,以此志誠念佛之心,必定感佛大發慈悲,親垂接引,令得往生。且莫疑我係業力凡夫,何能以少時念佛,便可出離生死,往生西方?當知佛大慈悲,即十惡、五逆之極重罪人,臨終地獄之相已現,若有善知識教以念佛,或念十聲,或止一聲,亦得蒙佛接引,往生西方。此種人念此幾句,尚得往生,又何得以業力重,念佛數少,而生疑乎?須知吾人本具真性,與佛無二,但以惑業深重,不得受用。今既歸命於佛,如子就父,乃是還我本有家鄉,豈是分外之事?又,佛昔發願,若有眾生,聞我名號,志心信樂,乃至十念,若不生者,不取正覺。以故一切眾生,臨終發志誠心,念佛求生西方者,無一不垂慈接引也。千萬不可懷疑,懷疑即是自誤,其禍非小。況離此苦世界,生彼樂世界,是至極快意之事,當生歡喜心。千萬不可怕死,怕死則仍不能不死,反致了無生西之分矣。以自心與佛相違反故,佛雖具大慈悲,亦無奈不依佛教之眾生何。阿彌陀佛,萬德洪名,如大冶洪爐。吾人多生罪業,如空中片雪。業力凡夫,由念佛故,業便消滅,如片雪近於洪爐,即便了不可得。又況業力既消,所有善根,自然增長殊勝,又何可疑其不得生,與佛不來接引乎?如此委曲婉轉,開導安慰,病人自可生正信心,此係為病人所開導者。至於自己所應盡孝致誠者,亦唯在此。

切不可隨順俗情，求神問醫，大命將盡，鬼神醫藥，豈能令其不死乎？既役情於此種無益之事，則於念佛一事，便紛其誠懇，而莫由感通矣。

許多人於父母臨終，不惜資財，請許多醫生來看，此名賣孝，欲世人稱我於父母爲能盡孝，不知其天地鬼神，實鑑其心，故凡於父母喪葬等事，過於張羅者，不有天災，必有人禍。爲人子者，宜注重於親之神識得所，彼世俗所稱頌，固不值明眼人一哂，況極意邀求，以實罹不孝之大咎乎？

第二，大家換班念佛，以助淨念者。前已開導病人，令生正信。然彼病人，心力孱弱，勿道平素絕不念佛之人，不易相繼長念，即向來以念佛爲事者，至此亦全仗他人相助，方能得力。以故家中眷屬，同應發孝順慈悲之心，爲其助念佛號。若病尚未至將終，當分班念，應分三班，每班限定幾人，頭班出聲念，二三班默持。念一點鍾，二班接念，頭班、三班默持。若有小事，當於默持時辦。值班時，斷斷不可走去。二班念畢，三班接念，終而復始。念一點鐘，歇兩點鐘，縱經晝夜，亦不甚辛苦。須知肯助人淨念往生，亦得人助念之報，且莫說是爲父母盡孝應如是，即爲平人，亦培自己福田，長自己善根，實爲自利之道，不徒爲人而已。成就一人往生淨土，即是成就一眾生作佛，此等功德，何可思議！

三班相續，佛聲不斷。病人力能念，則隨之小聲念，不能念，則攝耳諦聽，心無二念，自可與佛相應矣。念佛聲不可太高，高則傷氣，難以持久。亦不可太低，以致病人聽不明白。不可太快，亦不可太慢。太快，則病人不能隨，即聽亦難明瞭；太慢，則氣接不上，亦難得益。須不高不低，不緩不急，字字分明，句句清楚，令病者字字句句，入耳經心，斯易得力。

念佛法器，唯用引磬，其他一切，概不宜用。引磬聲清，聽之令人心地清淨。木魚聲濁，故不宜用於臨終助念。又，宜念四字佛號。初起時，念幾句六字，以後專念『阿彌陀佛』四字，不念『南無』，以字少易念。病人或隨之念，或攝心聽，皆省心力。家中眷屬如此念，外請善友亦如此念，人多人少均如此念，不可一起念，歇歇又念，致令病人佛念間斷。若值飯時，當換班吃，勿斷佛聲。若病人將欲斷氣，宜三班同念。直至氣斷以後，又復分班念三點鐘，然後歇氣，以便料理安置等事。當念佛時，不得令親友來病人前，問訊諭慰。既感情來看，當隨念佛若干時，是爲眞實情愛，有益於病人。若用世間俗情，直是推人下海，其情雖可感，其事甚可痛。全在主事者明道理，預令人說之，免致有礙面情，及貽害病人，由分心而不得往生耳。

第三，切戒搬動哭泣，以防誤事者。病人將終之時，正是凡聖、人鬼，分判之際，一髮千鈞，要緊之極。只可以佛號，開導彼之神識，斷斷

不可洗澡、換衣，或移寢處，任彼如何坐、臥，只可順彼之勢，不可稍有移動，亦不可對之生悲感相，或至哭泣。以此時身不自主，一動則手足、身體均受拗折、扭捌之痛，痛則瞋心生，而佛念息，隨瞋心去，多墮毒類，可怖之至！

若見悲痛哭泣，則情愛心生，佛念便息矣。隨情愛心去，以致生生世世，不得解脫。此時，所最得益者，莫過於一心念佛。所最貽害者，莫過於妄動哭泣。若或妄動哭泣，致生瞋恨，及情愛心，則欲生西方，萬無有一矣。

又，人之將死，熱氣自下至上者，爲超升相；自上至下者，爲墮落相。故有『頂聖眼天生，人心餓鬼腹，畜生膝蓋離，地獄腳板出』之說。然果大家至誠助念，自可直下往生西方。切不可屢屢探之，以致神識未離，因此或有刺激，心生煩痛，致不得往生。此之罪過，實爲無量無邊，願諸親友，各各懇切念佛，不須探彼熱氣，後冷於何處也。

爲人子者，於此留心，乃爲眞孝。若依世間種種俗情，即是不惜推親以下苦海，爲邀一般無知無識者，群相稱讚其能盡孝也。此孝與羅刹女之愛，正同。經云：『羅刹女食人，曰：我愛汝，故食汝。』彼無知之人之行孝也，令親失樂而得苦，豈不與羅刹女之愛人相同乎？吾作此語，非不近人情，欲人各於實際上講求，必期亡者往生，存者得福，以遂孝子賢孫親愛之一片血誠，不覺其言之有似激烈也。眞愛親者，必能諒之。」（《續編》卷下《雜著》）

【原按】「『頂聖眼天生』等者，謂人氣已斷，通身冷透，唯頭頂獨熱者，則必超凡入聖，了生脫死也。眼天生者，若眼及額顱處獨熱，則生天道；心處獨熱，則生人道；肚腹獨熱，則生餓鬼道；膝蓋獨熱，則生畜生道；腳板獨熱，則生地獄道。此由人在生時，所造善、惡二業，至此感現如是，非可以勢力假爲也。是時，若病人能志誠念佛，再加眷屬、善友助念之力，決定可以帶業往生，超凡入聖耳。不須專事探試徵驗，以致誤事也。至囑，至禱。」

⑧《大慈老人塔院重修記》：「……按師俗姓楊，爲延陵望族，代有顯人。父諱芳，年逾三十，尚無子。族人楊興，爲土豪誣陷，將致之死。其祖命其父往庭昭雪，官遂釋楊興而笞土豪，土豪銜之。未幾，邑中摘奸，上直指。土豪夤緣，竄其祖名於籍，直指頗嚴酷，急逮。其叔與其父爭代，其父不許，乃自去。直指深惡代者，輒以非刑斃之。是日，連斃數人，次及其父，乃大呼曰：『吾代吾父者也。』直指聞之，大感動，詳訊，知

其誣而釋之。

是年四月，即生師，乃明萬曆四十二年甲寅歲也。生時，其母繆氏，夢觀音抱一童授之而生。又其父母，常以自所受用，減刻之以買放物命。其父母之孝友仁慈，爲何如也。次年，其父皈依蓮池大師，法名廣馥。爲師亦求皈依，法名大潛。至師十二歲，其父將謝世，於蓮池像前，求高僧代爲剃髮說戒，過半月即逝。十九歲，禮磬山出家。未二年，即得大徹，磬山頗器重之。預諭爲其母剃髮說戒，取法名爲通光。師二十二歲，磬山示寂報恩，師心喪侍龕，兼攝院事。次年，緇素請繼席，百廢具舉，宗風大振。師二十九歲，遵磬山遺命，代磬山爲其母剃髮說戒，乃迎歸報恩，建草堂以終養，稱爲大慈老人。專修淨業，兼事參究，遂得大悟。

越十一年，師年四十歲，即清順治十年，大慈老人示寂，壽七十一。師於龕前，席地跏趺七日夜，不沾粒米。一侍者立師側七日夜，至足膝黃水長流，不暫去，報恩大眾，見師哀毀過禮，欲激令飲食，遂封鍋閉廚。師聞，即啜粥，令開鍋。師已出家，尚如此哀毀，世間孝子，亦不過是。而令親悟道，了脫生死，世間孝子，其孰能之？師念父師、母師之恩，思得一適宜地所，爲之安葬，以報生育啓迪之深恩。於敬山得一地，遷其父棺葬之。至順治十五年，道風上聞，十二月，天使齎詔至，祈即晉京，師以將欲建塔葬母辭。詔書云：『待見師問道已，即送師還山葬母，決不久留。』

次年三月，至京見上，上待以師禮，封大覺普濟能仁國師。至四月辭闕南還，得虞山藏海寺後地，爲大慈老人建塔。因開法藏海，命弟子德岩紹爲住持。是藏海法源由大慈老人而啓，爲法嗣者，宜所關心。當時建築，豐簡適宜。後以年久，復加兵荒，遂空存一塔，俱成荒邱。

今退居戒公，遠體國師孝思，特爲修葺，樹其坊表，圍以垣牆，墓碣亦加飾新，石路砌十餘丈，栽植樹木，以爲蔭護。俾後之來者，知爲得道高尼，玉琳國師、母師、大慈老人之塔院，由此而起景仰心，各各敦倫盡分，利濟人物，篤信佛法，自行化他，以期生福德智慧之子。窮則獨善，而表率乎一鄉一邑；達則兼善，以利濟乎四海九州也，是爲記。……」（《續編》卷下《記》）

⑨《念佛三昧寶王論疏序》：「唐飛錫法師，駐錫終南紫閣山草堂寺，大宏淨化，特撰《念佛三昧寶王論》，令一切四眾，圓念三世佛，專注於西方阿彌陀佛。以若不念未來佛，則不能發大菩提心，折伏慢幢，於一切境，猶有凡聖情見，何由遠離四相，徹證一眞。若見一切眾生皆是佛，其心自無凡聖情見可得，方得究竟斷除煩惱，究竟圓證自心也。若不圓念過、

現諸佛，則其念阿彌陀佛之心，或有拘局，不能圓滿普遍，故令念佛人，即一佛而圓念三世諸佛。雖圓念三世諸佛，而必專致力於阿彌陀佛，庶可念佛之心，橫遍十方，豎窮三際。即此念佛之心，與彼十方三世一切諸佛之心，無時不相契合也。

此論義意深廣，若不注釋，或有覿面錯過，及不悉理事之虞。幸台宗諦閑老法師，不惜精力，特為著疏，俾若文若義，悉得明瞭，其為利益，何可名焉！志淨居士，久修淨業，利人心切，發心印五千部，以施修淨諸緇素。祈余標示論之大致，俾閱者從先得其指歸。因不揣固陋，略攄所蘊。使知淨土法門，乃即淺即深、即權即實之法門。一切法門，沙河妙義，無不從此法界流，無不還歸此法界。以其為十方三世一切諸佛，上成佛道，下化眾生，成始成終之總持法門故也。儻以此語為失當者，請質之勸發十大願王，導歸極樂之普賢菩薩焉。」（《續編》卷下《序》）

⑩《與徐蔚如居士書》：「光於去臘病旬餘，因茲取消香港之行。現病已復元，不日將往蘇州活埋。……所有閉關諸事，概由真達和尚及其徒明道師料理，不須掛念。光今年已滿七十，想亦不久人世。儻或數年不死，及大有所得，或可一出。否則，畢此一生，當不復出，以免自誤誤人也。」（《三編補》3）

### 有關人物及佛教大事

中央大學邵爽秋教授等重組廟產興學促進會，並由國民政府交行政院轉飭辦理。

貴州省佛教會於東山寺舉行成立大會，持省、安定、永昌等為執行委員。

# 一九三一年　七十一歲（民國二十年　辛未）

### 譜主事略

正月十八日，大師覆甯德晉居士書一，以自己之經驗，說明念佛淨土法門之殊勝無比。

二十九日，師致函陝西老家村保長、鄉親等人，談對於挪用賑災款作蓋官所的看法，希望妥善處理①。

二月二十四日晚，覆甯德晉居士書二，爲之取法名德晉，勸其經常閱讀《印光法師文鈔》、《嘉言錄》、《安士全書》等，發菩提心，勤修淨業，並勸親屬家人不要修習外道之法。同時，附錄治療瘧疾、化痰止咳的藥方，讓他廣爲宣傳，以利益他人。

【附記一】治瘧疾神方

　　烏梅兩個　紅棗兩個　胡豆一歲一顆，其人十歲，即寫十顆；十一歲，即寫十一顆，餘可類推。

　　用白紙一條，寫此三種，折而疊之。於瘧將發之一點鐘前，即半個時辰（鄉下無鐘，故須說半個時辰）捆於臂幹之中，即手之上、肘之下，即不發矣。並不要買藥。但寫此三種捆於臂間即已，須分男左女右，捆時不須與別人說。此方妙極。《安士全書》後載之。以字過小，恐人不介意，故不得實益也。

【附記二】化痰止咳丸方

　　製法：用荊芥、橘梗、紫菀、百部、白前、陳皮、桑白皮、甘草各一兩，均生研極細末，另加生蘿蔔子二兩研，再用枇杷葉一兩煎湯，擠濾蘿蔔子得汁，再加生蘿蔔汁二兩，和蘿蔔子汁爲丸，加上百煉蜜二三兩更好，每丸重二錢五分。

　　服法：用開水化服。每次一丸，小兒減半。每日早起空肚，及晚間臨睡各一次。

【按】此方原出《醫學心悟》，《驗方新編》載之，漏去陳皮、甘草，且各經炒製，服之嫌燥。今加桑白皮，又用枇杷葉、蘿蔔子、蘿蔔汁，合爲丸。各藥生研。從此用無不效，風寒痰熱皆宜。轟雲台識。由於未注明日期，暫列於本年。

三月十六日，覆智雲居士書一，言及故里「保長、鄉老公函來，說已取消聖量會，二百圓作學校基金會，所蓋之三間門房歸祠堂。」此事遂圓滿解決。

四月初三日，覆甯德晉居士書三，爲之說建立敦倫蓮社、對信徒傳播淨土法門的方式與方法，以及注意事項，考慮非常細緻、周到。

五月初五日，覆甯德晉居士書四，大師爲敦倫蓮社作序，全序八百六十八字。

二十八日，覆智雲居士書三，反對因念佛而修三聖堂之舉，世事艱難，鄉民窮困，何有錢修堂？念佛，還是各人在家念，或在關帝廟、城隍廟、祠

堂裏念更好。

六月初九日晚，覆甯德晉居士書五，師爲之兒子取法名宗心，侄子宗惠，並詳說念佛繞念之法。信中還指出，《血盆經》是俗僧僞造之經，以引誘愚俗者。同時，大師爲消除宋儒破斥因果輪迴之流毒，準備印刷《正信錄》一書，七月底或中秋後即可郵寄。

立秋日，由於校樣時失誤，《西方公據》、《阿彌陀經》兩書印成後，才發現均遺漏「舍利弗！汝意云何，何故名爲一切諸佛所護念經」一段文字，師爲之貼補，並覆甯德晉居士書六，要求在收到的書上加上貼補。同時，信中還強調，念佛、念觀音菩薩，無論行住坐臥、洗澡、如廁等，皆可念，聲音大小或默念均可，百無禁忌。

師於報國寺閉關，本欲謝絕人事，韜光自修。然因眾弟子追隨不捨，師亦不肯遏其向道之誠心，即於關中時爲說法。故其弘化事業，反較前日爲盛。

同年，弘化社亦由上海遷往報國寺，於師閉關處繼續流通佛書。

經楊欣蓮居士寫信介紹，李智煥夫婦至報國寺皈依大師，師爲之取法名智煥、智儀。

八月二十二日，覆甯德晉居士書七，其中提到，欲查梵語，當閱《翻譯名義集》；數目名相，看《教乘法數》及《大明三藏法數》；查佛法歷代通塞事迹大略，看《釋氏稽古略》。詞典方面，大師推薦丁福保所編之《佛學大辭典》。但師亦指出，其書「名相甚博，而於考究殊欠詳審，大約三十中必有一訛。」儘管如此，大師還是認爲，時值南方水災嚴重、日本佔據東三省，天災人禍頻仍，其挽救之策，唯有念佛、念觀音菩薩名號，才是當務之急。

夏日，由文濤師陪同，大醒偕日本神田會雲居士、上海李光宇、蔡惠誠居士來報國寺拜謁大師。

大師覆王德周居士書，勸其踏實念佛，不要好高騖遠，不切實際[2]。

覆周頌堯居士函，回答一老太「多年精修，一朝慘死」之故[3]。

又，大師分別覆劉德護、恒德複、潘仲青、謝浴淮、陳彥清、王愼齋、熊慧翼、朱南圍、李自初、羅世芳、齊用修、戚友卿、習懷辛、胡奉塵、沈授人、阮和卿、陳其昌、湯慧振、王心禪、葛志亮、金善生、徐書鏞、張雲雷、談少撫、黃涵之、沈彌生、李樹棠、高契理、李印泉、鮑衡士諸居士書，所說大抵是接受皈依、一心念佛、克盡倫常、寄贈佛書之類的話題。

師覆楊德觀居士書，分析人臨終現象等諸問題[4]。又，爲周余志蓮女居士

開示法語。

覆姚維一居士書，在信函中，大師先以自己的經歷，談各人的入道因緣，並認為淨土法門最為殊勝，而且「一切世間事務均無所礙，但須各盡其分，如父慈子孝、兄友弟恭、夫和婦順、主仁僕忠而已。」至於有人「只知禪家機語之玄妙，相宗法相之精微，密教威神之廣大」，卻不知「禪縱到大徹大悟地位，若煩惑未淨，則依舊生死不了；相宗不破盡我、法二執，則縱明白種種名相，如說食數寶，究有何益？密宗，雖云現身可以成佛，然能成者，決非博地凡夫之事。」因此，還不如專志於念佛一門，來得穩當。

十一月初四日，覆甯德晉居士書八，談在家受戒之法。

覆吳慧濟、李仲和居士書，均說明子女教育的重要性⑤。

覆陳逸軒、陳重為居士書，告誡對佛法不可輕慢⑥。

覆劉漢雲、楊慧昌居士書，談論賑災之事⑦。

覆陳鳳梧居士書，勸其以慚愧心克制惡念，令其清淨⑧。覆郭介梅居士書，批判《壽生經》、《血盆經》之說⑨。

覆廣妙和尚書，覆鮑衡士居士書，詳說吃素之要⑩。又，覆傳德法師書。

覆宋德中居士書，論焚經功過⑪。

大師撰寫《三餘德堂名說》⑫、《婺源㳠田佛光分社發隱》、《淨土指要》、《敦倫蓮社緣起序》、《務本叢譚序》、《楊椒山先生言行錄序》、《江蘇水災義賑會駐揚辦賑經歷報告書序》⑬、《衛生集序》、《正學啟蒙三字頌齊注序》、《佛祖心燈禪淨雙勖合編流通序》、《淨土篇序》、《彌陀聖典序》、《普陀洛迦新志序》、《文鈔摘要序》⑭、《涵江三江口仙慶寺淨業社緣起》、《海門汲濱鎮助念往生社緣起》，並題《貴池劉公魯豬齒臼佛記贊》、《屈子建居士西歸頌》、《張冕堂居士懿行頌》、《周母徐老太太懿行頌》，又為普陀山普濟寺代寫《睿蓮花池募緣疏》。

覆周志蓮、馮右居士書二，作開示法語。

覆王壽彭居士書，師為之二子分別取名慧立、慧韜，女兒取名慧妙。此外，對於一位附帶介紹皈依的潘姓居士沒有一句懇求語，進行了批評。

大師覆曹崧喬居士書，談論賑災事宜。

覆湯文煊居士書二，贊同他發露懺悔、希賢希聖、學佛學祖之心。

覆吳滄洲居士書，認為生病時應念佛，家屬肯念佛，是宿有佛緣，若能心不失正念，則能與佛相應，蒙佛接引也。

此年，大師還先後覆楊樹枝居士四通書信。在首通書信中，師感謝居士

去大師陝西老家看望，並拜謁師之祖塋，感歎自己遠在千里之外，未能盡孝，乃至於無法禮拜父母、先祖。同時，表明自己無意於名聲，因為「縱能名滿天下，能以此了生死否？」 第二函，針對居士的出家之念，大師竭力勸阻之，其中說道：「光一向不贊成人出家，況今之亂世，多半都以俗欺僧乎？」並為之取法名慧懋，讓其在家佛菩薩像前，自誓受五戒，做一名居士。由於居士之兄「妄想甚大，欲一兩年修行，即得五眼六通」之豪言，大師在第三通書信中勸其老實念佛，方有所成。在第四函中，大師特別詳為解釋佛法與邪魔、外道的區別，苦口婆心，以防止其走火入魔。

　　注　釋

①《致故里書》：「東西村保長，鄉老及諸伯叔兄弟等鈞鑑：……十九年四月入關，因聞吾鄉荒旱，以一千六百圓托華洋義賑會辦事員、皈依弟子楊慧懋，親送吾村，彼回扶風，稍有報告，未知作何辦，光亦不問其事。

　　今（年）正（月），福雲、永貴來蘇，知吾村凋零不堪，不勝痛心。問及三分祠堂，言現就祠內立學堂，名印光學校，東、西村學生均在此讀，智傑為教師。又云，門房新蓋三間，名聖量會，村中賀保長，有幾桌人在此吃席，以此房係東、西兩村人出錢蓋的，故東、西兩村賀保長議公事，都到聖量會。光問：『何東、西兩村各家出錢，在我三分祠堂蓋官房吃肉、喝酒、議公事，取名聖量會乎？』彼云，十九年賑款一千六百圓散兩村各戶，見十抽一，得一百六十圓，在我祠堂前面蓋房，作東、西兩村的官所。以此錢又由法師放賑得的，故以法師的法名為名。光聞之，不勝歎息曰：『何得吾村發生此種規程。我以一千六百圓賑兩村，兩村抽出我賑款十分之一，在我祠堂蓋房，作宴客議事之用，謂是他們自己蓋的，又名聖量會。是我聖量以一千六百圓，引東、西兩村占我祠地，我罪過大矣。』然我學佛之人，不肯與人相爭，因備二百圓票，令福雲等帶去，到家即通知兩村一切大眾，到城隍廟議事，將此款繳保長、鄉老等，作還彼蓋房費，立即取消聖量會名目，除兩村學生讀書外，餘均不許。此學堂係三分人肯作公益而立，不得謂此祠堂在兩村學堂地上。如此辦法，兩村鄉老當肯許，幸何如之。

　　如固執不改，我當請兩位很有面子的老先生，特函婉勸，期其俯從光議，想諸位不能不看二位老先生的面子。既是事必如此，似宜以省事為妙，不必驚動這兩位，為省彼此答覆之勞。無論肯與不肯，福雲、永貴等不許與眾相爭，但以實情函知我。前所說之法，乃維持世道之法。若能以維持世道之法辦很好，否則，我便以菩薩捨身命以滿眾生願之法行之，則

向兩村大眾頂禮懺悔曰：聖量罪過，祈垂恕宥，便將此事置之東洋大海，一概不問矣。書此祈諸位明鑑。」（《三編補》3）

②《覆雲南王德周居士書》：「居士林宣言書，詞理周道，甚善。亦極嚴整周備，足見雲南佛化之興盛象。然須恪守本分，切勿學好高務勝一派，譬如穿衣、吃飯，須按各人身量、食量，夏葛冬裘，渴飲饑食，則可以養身心。施之失宜，均可以傷身心，非飲食、裘葛之有善不善也，視其人之善用與否耳。無論如何資格，必須敦倫盡分，閑邪存誠，諸惡莫作，眾善奉行。又，須注重淨土法門，以仗佛力，比仗自力，其難易奚啻天地之懸隔。

近有一種專逞口解脫者，指念佛者為腐敗待死，祈勿被此種邪說所惑。當今之世，縱是已成正覺之古佛示現，決不另於敦倫盡分及注重淨土法門外，別有所提倡也。（假）使達磨大師現於此時，亦當以仗佛力法門而為訓導。時節因緣，實為根本，違悖時節因緣，亦冬葛夏裘，饑飲渴食，非唯無益，而又害之。佛教真義與倫常道理，相契相合。世有外道，多多剽竊佛教之名，而實行煉丹運氣之道，反美其名曰：三教同源。源固同也，流則異矣。若認異見者口說同源，以為即是三教之源，則得罪於三教聖人也，大矣。

今且專致力於倫常淨土法門，將來當可左右逢源。若捨此，以秘密傳授煉丹法為源，則成永迷真源，長趨邪徑矣。……」（《續編》卷上《書》）

③《覆周頌堯居士書》：「……吾人從無始以來，所作惡業，無量無邊。《華嚴經》云：『假使惡業有體相者，十方虛空不能容受。』須知人之修持，果真誠無偽，便能轉業，轉重報、後報，為現報、輕報。凡夫肉眼，只能見當時之吉凶事實，不能知過去與未來之因果何如。

此老太太，多年精修，一朝慘死，或者由此苦報，便可消滅所造三途惡道之報，而得生善道。或在生有真信願，亦可往生西方。但吾人既無他心道眼，不敢臆斷，謂決定往生，與決定不往生也。其可決定者，為善必有善報，作惡必有惡報。為善而得惡報，乃宿世之惡業果報，非現在之善業果報也。

汝等諸人，見此老人，得此果報，心中便有『為善無福，善不足為』之邪見，故致驚惶疑惑，其知見，與未聞佛法之人，有何各異？儻深信佛言，決不以此事，作此驚惶疑惑之態。以因果之事，重疊無盡，此因未報，彼果先熟。如種稻然，早種者早收；如欠債然，力強者先牽。

古有一生作善，臨終惡死，以消滅宿業，次生便得富貴尊榮者。如

宋阿育王寺一僧，欲修舍利殿，念及親王有勢力，往募，所捐無幾，憤極，以斧於舍利殿前斷其手，血流而死。即時，其王生一子，哭不止。奶母抱之遊行，至掛舍利塔圖處則不哭，離開又哭，遂將其圖取下，奶母常向彼持之，則永不哭。王聞而異之，遂使人往育王問其僧，則即於其子生日，斷手流血而死，彼王遂獨修舍利殿。

及年二十，甯宗崩，無子，遂令彼過繼，為皇帝四十一年，即宋理宗也。此僧之死，亦屬慘死，使無常哭不止，見舍利圖則不哭，人誰知此子乃此僧斷手慘死者之後身乎？此事載《阿育王山志》。光於光緒二十一年，拜舍利數十日，看之。明理之人，任彼境遇如何，決不疑因果有差，佛語或妄。不明理，守死規矩，而不知因果複雜，遂致妄生疑議，總因心無正見故也。如所說念佛之人，有三寶加被，龍天護佑，此係一定之理，斷不致或有虛妄。然於轉重報、後報，為現報、輕報之理，未能了知，故不免有此種不合理之疑議也。

昔西域戒賢論師，德高一世，道震四竺（四天竺國）。由宿業故，身嬰惡病，其苦極酷，不能忍受，欲行自盡。適見文殊、普賢、觀世音三菩薩降，謂曰：『汝往昔劫中，多作國王，惱害眾生，當久墮惡道。由汝宏揚佛法，故以此人間小苦，消滅長劫地獄之苦，汝宜忍受。大唐國有僧名玄奘，當過三年來此受法。』戒賢論師聞之，遂忍苦懺悔，久之遂愈。

至三年後，玄奘至彼，戒公令弟子說其病苦之狀。其說苦之人，哽咽流淚，可知其苦太甚。使不明宿世之因，人將謂戒賢非得道高僧，或將謂如此大修行人，尚得如此慘病，佛法有何靈感利益乎？汝等心中所知者小，故稍見異相，便生驚疑，無善根人，遂退道心，儻造惡之人現得福報，亦復如是起邪見心。不知皆是前因後果，及轉後報、重報，為現報、輕報，及轉現報、輕報，為後報、重報等，種種複雜不齊之故也。」（《續編》卷上《書》）

【附記】周頌堯原函：「今有一疑問，請求老法師慈悲開示：弟子吃素念佛已經多年。因為信佛之人，為十方三世諸佛之所護念，天龍八部、大力神王常隨擁護。往世惡業，亦漸消滅，縱有怨對，不能為害。此乃佛經所說，決非虛語。詎於三月間，接到上海舍親處來一訃聞，係一極信佛之張太太，吃素已二十餘年，常到居士林聽經，逢人必勸念佛吃素，心極慈悲行善。不料，一日送素菜與某師兄，在馬路上行走，為汽車軋死。後為巡捕房收去，至三日後，其家子孫曉得，始去領歸安殮。余聞悉之下，心中非常驚惶，至今疑惑不解。且佛會中人聞之，

亦均不安。故特上書，懇求老法師開導，指示所以然之故。何以臨終如是之苦，究竟可能往生西方否？說個明白，可使大家安心念佛，不勝感德之至！」

④《覆楊德觀居士書》：「黃後覺之現象，頗與學佛之人有大利益，無論彼之究竟是往生，是墮落，且不必論。果念佛人知彼臨終之現象，決不敢浮游從事於了生死一法也。觀彼之行迹，似乎至誠，觀彼臨終所現之景象，蓋平日未曾認眞從心地上用功，並從前或有慳於財而致人喪命，或慳於言而致人喪命等業之所致也（慳於言，致人喪命者，如自知有寇，並知可避之處，以心無慈悲，樂人得禍，故不肯說。此事此心，極犯天地鬼神之怒，故致臨終前不能言，而且惡聞念佛等相）。然以現一時不死之象，及助念人去，未久則死，此與慳財、慳言，誤人性命，完全相同。雖不墮餓鬼，而其氣分乃是餓鬼之氣分也。彼云往生者，據易子駿之咒力，咒力固不可思議，若業力重者，亦不易得其益也。是知已生西方，或有其事，既無證據，不應妄斷也。

有云：『已入餓鬼道者，據彼所說，及所現象，似可據也。』然彼或由自己心中懺悔，或由諸人，及兒女之誠懇，遂得減輕，不致直墮餓鬼耳。爲今之計，必須其兒女，並各眷屬，念彼之苦，同發自利利人之心，爲彼念佛，求佛垂慈，接引往生，則誠懇果到，往生即可預斷。以父子天性相關，佛心有感即應。彼眷屬若泛泛悠悠從事，則便難以消業障而蒙接引也。

千鈞一髮，關係極重。凡念佛人，各須務實克己習氣，與人方便。凡可說者，雖與我有仇，亦須爲說，令其趨吉而避凶，離苦而得樂。平時侃侃鑿鑿，與人說因果報應，生死輪迴，並念佛了生死之道，與教兒女，立太平之基。心如弦直，語無模棱，居心可以質鬼神，作事決不昧天理。若到臨終，決無此種可憐、可憫之現象。如是，則黃後覺便是諸人之接引導師也。諸人既因彼而將來可得巨益，彼亦將仗諸人之心力，而滅罪往生也。……」（《續編》卷上《書》）

⑤《覆吳慧濟居士書》：「人未有不願生好兒女者，然十有八九，將好兒女教壞，後來敗家聲、蕩祖業，作一庸頑之類，或成匪鄙之徒，其根本錯誤，總因不知愛子之道，從小任性慣，大則事事任意，不受教訓，多多狎昵匪類，爲社會害。今之天災人禍，多由此不知爲父母之道者所釀成，使彼失教者，最初得賢父母之善教，則爲害之人，均是興利之人；導惡之人，盡是勸善之人，世道不期太平而自太平，此匹夫匹婦預培治世之根本要道也。汝於提倡佛法時，兼爲一切有緣者，詳示此義。俾彼等各各自盡其爲父母之道，

其利益大矣。女子關係更大，斷斷不可養而不教。俾現在有礙於自家（不教，則反令兄弟、姊妹同趨於不依規矩，任意自肆），將來攪亂夫家，後來教壞兒女，俾子子孫孫染此惡習。此義人多忽而不察。欲家道好，子孫好，均當於此善教兒女中求之。」（《續編》卷上《書》）

《覆李仲和居士書》：「女兒出嫁，則減輕負擔多矣。祈與彼說，須盡婦道、孝公婆、敬丈夫、和妯娌、惠婢使，仍守念佛之道，勿以嫁而置之。又，須婉勸其夫，令其念佛及觀世音，以爲前途恃怙。能如是者，則人敬之、神護之，災障不侵，福祥俱集，豈但汝自己有光榮，人亦當由汝而敬及汝之生身父母，謂某人有家教，故其女從小即皈依佛法，吃素念佛，今如是如是之好。豈但父母有光榮，並所皈依之師亦有光榮；若不賢孝，則汝必爲人所惡，尚是小事，人必謂汝父母無德行，故生此不賢不孝之女，則汝父母必被人常辱罵之，亦汝所皈依之師，人亦以爲不能教化汝行孝敬而受責備也。願彼等現爲賢女，出嫁爲人賢婦，後來爲人賢母，則何幸如之。……」（《續編》卷上《書》）

⑥《覆陳逸軒居士書》：「古今許多大英雄豪傑，亦有擔荷佛法，極意修持者；亦有博學多聞，畢生不知佛法爲何義；亦有概不理會，亦不讚揚，亦不譭謗者；亦有絕不知佛法，而任己意見，妄加誹謗者；又有心中深佩佛法，竊取以雄己之門庭，而又特意誹謗，以阻塞一切人入佛法者。眾生知見，變幻離奇，若一思之，不禁令人痛惜。汝等以罹苦，得爲入法之導。使事事如意，或恐終身爲門外漢，而又自以爲所得至極，無有過者也。

……汝來信，語頗懇切，然猶有輕僧慢法之習氣，此之習氣，實爲學道之障。若親來皈依，升座，則磕頭當在二三十以上，即方便說，亦須磕數頭。汝以函祈皈依，只以合掌拜啓了之。合掌作揖，是行人問路之克己儀式。汝欲皈依三寶，將資之以了生脫死，又欲報賢妻之恩德及度脫一切眾生者，所期望者甚大，所自屈處甚微，頗有因果不相符契之弊。

昔順治皇帝與玉琳國師之門人寫信，尚用法弟行癡和南（行癡，係順治法名），彼此相形，豈不天地懸隔？光並非求人恭敬，而作此說。以若按理性，則固無人我之相可得，況從無始以來，互爲父母、兄弟等，而將來皆當成佛，以度眾生乎？是以說一切眾生皆是過去父母、未來諸佛，當恭敬之不暇，何敢責人之未至乎！然住持佛法，非嚴立禮儀，則無由令人生景仰而力修持，是以律中，凡請法等，無恭敬之儀，則不爲說。而常不輕（菩薩）見人禮拜，人以杖木瓦石打之，猶遠避禮拜。此乃直據本體

而爲下種者，非凡夫住持法道之儀軌也。恐汝執此各義，以爲光之見局而量小，故爲汝略說之，亦係除煩惱之一法耳。慢，乃根本煩惱，學佛以能對治煩惱爲有益，故不得不與汝說也。……」（《續編》卷上《書》）

⑦《覆劉漢雲、楊慧昌居士書》：「值此大災見告，當隨己力設法救濟，以盡自己之天職，則其利大矣。光一向不做事，凡所有施資，均歸於印書，或救災用。今年六月，漢口初發水災，明道師往上海，代捐一百圓。後其水更大，又捐一百圓。一弟子以蕪湖水災，函祈募賑。光復彼信，謂光一向不募捐，況在關中？汝願每年給二百圓作用費，祈將此助賑，以後永勿見給，隨汝捐二百也好，四、六、八千也好。後一弟子曹崧喬，往江北賑災，打電令光勸捐，光送印書洋一千賑災。高鶴年來函祈救災，光令交二百三十圓。此今年賑災所出者。光作此說，非自誇功，蓋欲汝等同皆發心，隨分隨力而爲救濟，有力出力；無力出言，勸有力者，亦是善事。

又，今之女人首飾、臂釧、耳墜、戒指，均不可戴，戴之則招禍。若留之與兒女，則是貽禍於兒女。若死後附葬，必致掘墳露屍，其爲辱也大矣。若肯賑災，則是送禍去而迎福來矣，祈與一切人發揮此義。若女界中肯如此以施，則其款巨矣。勿謂我語迂闊，實爲至理至情。

彼高郵、邵伯之富人，在先何嘗不念念爲子孫謀，不肯少行救濟？而大水一來，房屋、器具、人口，通皆七零八散，十不存一。每村數十家，求一鍋一竈而不可得。

曹崧喬在揚州買鍋、竈、米、火柴，數十家給一鍋，以大船裝去，村間用小船往放，說之令人墮淚。用房未倒者，蛇與蜈蚣均盤踞其上，人欲上房，亦不敢上，樹上亦然，可憐可憐。彼女人尚將招禍之物，不肯用以救濟，則後生他世，恐亦罹此災，而無人肯救也。」（《續編》卷上《書》）

⑧《覆陳鳳梧居士書》：「人生最苦，是從幼時未遇明師良友，遂至肆意縱情，造諸惡業，所謂唯聖罔念作狂也。謂其心性本體，可以作聖，由不修省，便成狂愚也。今汝既知五十六歲來，身、口、意三業，俱不清淨，而意業更重。良以意業爲主，由意業起善、惡念，則身、口遂說善、惡話，及行善、惡事也。今既知慚愧，欲皈依佛法，以爲前途修持之據，固宜認眞敦倫盡分，閑邪存誠，諸惡莫作，眾善奉行。生信發願，念佛名號，求生西方極樂世界，便可超凡入聖，了生脫死，所謂唯狂克念作聖也。作狂作聖，只在罔念克念而已，則從此以後，當兢兢自守，凡有不好的念頭一起，即便生大慚愧，猶如裸露於稠人廣眾之中，慚愧欲死。如此久久，則壞念頭自然不起矣。意業一淨，身、口亦隨之而淨，三業清淨，念佛名號，其功

德便廣大莫名矣。然三業未淨，尤當志誠念佛，以求其清淨。切不可錯會，謂三業不淨，念佛無功德也。……」(《續編》卷上《書》)

⑨《覆郭介梅居士書一》：「所言俗間訛傳諸事，總因善根淺薄，惡業深重所致。鄉俗無知，只欲死後不受罪，有錢用，致有不明教理之俗僧偽造《壽生經》，投其所好，遂至本彼貪財及唯求自利之劣心，不惜多金，以還壽生錢。又復寄庫，以期其死後受用。不知受生，乃隨善惡業，豈向曹官借錢以買生乎？在生若肯修善，死後自有受用；若不修善，雖子孫為彼焚化之衣服、錢財，亦不得受用，被強有力者搶奪而去。此且約平常不念佛人說。若念佛人，在生一心念佛，求生西方，臨終自會蒙佛接引，往生西方，……何可不求生西方，唯願死後作鬼乎？真是不知自重，要討下作事做，要永在生死苦海，不願出離，其愚何其如此之極！

又，女人家每疑生產有罪，而無知劣僧遂偽造《血盆經》、《血盆懺》。女人聞此，喜出望外，各各人都要念《血盆經》，拜《血盆懺》，破血湖，直是以小兒戲，為滅罪脫苦之據，可歎孰甚！女人之罪，在於不孝父母、公婆，不敬丈夫，不以厚道待僕使，不以善道教兒女，及不及時洗濯，致有沖犯。

當以至誠恭敬念佛，以期消滅往業，洗心滌慮，不作後愆，以娑婆動多罪愆，決志往生西方，方為正理。何可不在自心懺罪過，專靠偽經懺滅罪過乎？既信佛能度苦，何不念佛所說之大乘經，如《金剛經》、《彌陀經》、《心經》、《大悲咒》、《往生咒》及《法華經》、《楞嚴經》等，以期滅罪增福乎？焰口，乃濟孤要法，反不相信，而群以破血湖、破地獄，為必不可不作之佛事，自己不得其利益，反令知世理而不知佛法之人，謂此即是佛法。因茲生出種種謗法之胡說巴（八）道，尚自以為是，一班瞎子，反奉為圭臬。……」(《續編》卷上《書》)

⑩《覆鮑衡士居士書》：「所言吃素，原為憫彼痛苦，養我仁慈，油與肉有何分別，肉湯亦當不食。然眾生根性不一，能常素，則令其常素。否則令持十齋、六齋，食肉邊菜耳，此乃為不能吃長素之方便法，非實義也。汝既以病苦之故，愍念眾生之苦，當吃淨素，勿以口腹為心性累。凡屬有知覺者，皆不宜食。雖無知覺，然有生機，如各種蛋，亦不宜食，牛奶食之無礙，然亦係取彼脂膏，補我身體，亦宜勿食。黃豆、豆油補料最多，宜常服之。早間粥中，宜下磨破之黃豆，平常食油，專用豆油，較比豬油，補力更大，何苦用錢買禍（以食肉欠殺債，故云買禍）而求補益耶？吃葷之人，若肯吃素，定規會少病強健，以肉食有礙衛生，素

食有益衛生故也。……汝既吃素，縱不能令全家吃素，當令少吃。不可買活物到家中殺，家中日日殺生，便成殺場，大不吉祥。」（《續編》卷上《書》）

⑪《覆宋德中居士問焚經功過書》：「佛經重在受持，未聞令其焚化。即謂焚之有益孤魂，及所薦亡人，尚屬功過不相掩，況無益乎？何以言之？凡焚經者，多多皆焚於焚錫箔之器中，其灰仍同錫箔灰賣之。彼收買之人，將紙灰揚去，唯留錫灰，則經灰能不歸於垃圾中乎？誰肯費事，特設一器，下以錫箔墊底，中置其經，上又加諸錫箔？焚錫箔，而經隨以焚，其上有錫箔，經灰不至飛揚於外。待其化盡冷透，將此灰，用新布袋袋之，內加淨沙，或淨石，縫其袋口。若有親友極可靠之人過海，或過大江，至極深處沈之，則無褻經之過。若照平常燒錫箔中，又賣其紙灰，吾恐其過有無量，功無幾何。

　　凡諸佛事，均以誠敬，方有感通。彼焚經者，只知焚耳，何嘗慮及乎此！諸大乘經，皆悉稱讚書寫、受持、讀誦之功德，未聞稱讚焚化之有功德也。使真有功德，此風猶不可長。以無知之人，或至誤會，則以焚經為事，不復注重受持也。《金剛經》既可焚，何大乘經不可以焚？無知之富人，必至造焚經之業於無窮也。此事不慧完全不贊成，雖聞人言有大感應，亦不出此一語以讚揚，恐其流弊無窮也。……

　　凡事均以慮及久後無弊為妥善。焚經縱有功德，恐無細心之人料理，則功德事反成罪過事，況未必真有功德乎？此不慧之知見也。至於大通家一切無礙，法法圓通，則非不慧之劣知小見所能及。不慧所說，但約不慧之分量而為準耳。」（《續編》卷上《書》）

⑫《三餘德堂名說》：「甯子德晉，以己之『三餘堂』求開示，冀『即世間法，貫通佛法，俾後世子孫，各守敦倫修心之道，以行自利利人之事』云。余曰：『「三餘」二字，不過誡其勤敏力學，勿曠時日，一刻千金，失則莫由再得耳。宜加一「德」字，則意義深長。「餘」者，如《易》積善餘慶，積不善餘殃，乃悠久不息、永傳不朽之謂。世間無一法能久常，唯立德、立功、立言者，方永傳後世而垂久常。然樹此德業，談何容易！

　　今教汝下手易而成功高，用力少而得效速，雖無彼建樹之本領，其利益當可大過彼上。所謂『篤修敦倫盡分，閑邪存誠，諸惡莫作，眾善奉行，戒殺護生，愛惜物命，廣行方便，利益一切。真為生死，發菩提心，以深信願，持佛名號，決定求生極樂世界。』以此自行，復以化他。凡內

而父母、兄弟、妻子、眷屬,外而鄉黨、鄰里、親戚、朋友,皆以敦倫盡分,及念佛求生等相勸。俾彼等同於現生,優入聖賢之域,及至臨終,高登極樂之邦。論事績,則彼勝於此者甚大。論利益,則此勝於彼者實深。良以一則專主世間法,一則兼主出世法;一則只益色身,一則並益慧命。此世法兼出世法之三餘德也。

及至往生西方,見佛聞法,悟無生忍,則法身、般若、解脫三德祕藏,由分證以至究竟圓證,方為究竟三餘德也。此之三德,豎窮三際,橫遍十方,亙古亙今,不遷不變,在凡不減,在聖不增,但以迷而未悟,不能得其受用耳。法身德,即吾人不生不滅之本性;般若德,即吾人離念常知之正智;解脫德,即吾人淨無瑕纇之淨行。此之三德,悉不相離。約義分三。實則一尚不利,何況有三?是名究竟三餘德。

若非宿種善根,窮劫莫聞斯義。即世間倫常孝悌等法,以修佛法,即出世了生死法,以導引倫常孝悌之法。猶如山巔起塔,低地掘井,其得相同,其用功大有難易相殊之相焉。果能依之而修,則其利溥矣。」(《續編》卷下《雜著》)

⑬《江蘇水災義賑會駐揚辦賑經歷報告書序》:「乾為大父,坤為大母,民吾同胞,物吾與也。故禹、稷以天下之溺饑,為己之溺饑;伊尹以一夫不被其澤,若己推而納之溝中。佛視一切眾生,猶如一子,說種種法而度脫之。後之人雖無禹、稷、伊尹之權,與佛之道,不妨隨己力所能而行之,以自盡其心焉爾。

故曹菘喬多年來專辦周濟地方貧民之義舉,又籌陝賑十餘萬圓。昔其父曾任豫藩,遺愛在民,今菘喬又廣其遺愛於陝。更不辭勞瘁,為江北百萬生靈,籌安全之策,可謂能世其德,有加無已者矣。

袁孝谷,丹徒人,其尊翁亦名太史。本人宦蘇多年,奉公守法,於地方人民,感情甚深。而且僑寓蘇垣,賦閑淨修。秋間,江北水災,振古未有。江蘇水災義賑會,於八月二十八日,急電曹、袁前往辦賑,刻不容緩。隨即起行至揚,先會官紳,次設賑局,然後分頭調查各處災狀。隨即函電向蘇州,及各方慈善家呼籲,為災民請命,陸續得洋十五萬左右,其單夾、棉衣、鞋襪等,或新或舊,共有十餘萬件,棉被千餘條,鍋巴、藥品為數甚多;別處之款,得十程(成)之四。大數之款,及諸衣物,均係蘇州所捐。一以袁、曹二人,向為地方人士所敬信,一以蘇州為維衛、迦葉二佛所住之地,而唐、宋之陸元方、范文正之流風善政猶存。故其人民,多皆慈善仁愛,視人猶己,得有此大批之賑款也。

其辦法各節，均一一開明情形，共十七條，一覽可以悉知。其款之支出者，在第四『救濟各地災民為大宗』、第七『辦理急賑』、第八『保護耕牛』、第九『舉辦工賑，興修圩堤橋梁』、第十『貸給麥種』、十一『保養災嬰』、十二『籌設粥廠』、十三『分賑隱貧』、十四『維持因利局』、十五『維持扶元柴米局』等。其緣由辦法，備詳此冊。而第十七之『冬賑』，為日甚長，須款甚多。尚望各界大慈善家，憫念災民之苦，又復特捐鉅款，以救災民，以舒國運，以祈天眷而免殺劫。將見佛天雲護，吉祥駢臻。

……經云：『菩薩畏因，眾生畏果。』畏因，則不作惡因，何有惡果？畏果，則惡因已熟，惡果難免。縱生怖畏，了無所益。何若改過遷善，以消往業而種來福，為免惡果之究竟根本之辦法乎？

又，施有三種：一財施，即以錢財，及衣、食、住給濟貧窮困苦者。二法施，其人不知善惡邪正，及三世因果，六道輪迴，並了生脫死切要法門，方便善巧而為宣說，或以佛菩薩、祖師、善知識所說契理契機之書，印送流通。俾見聞者生正信心，漸次深入，以至了生脫死、超凡入聖者，皆名法施。三無畏施，一切眾生，好生惡死，普勸同人，戒殺護生，並人有怖畏，或弭其禍，或啟其衷，是小無畏施。一切眾生，終難免死，死而復生，生而復死，永劫長懷此之怖畏。令彼信願念佛，求生西方，漸次進修，至成佛道，是名大無畏施。此三種施，財施只在現在，後二直盡未來。凡欲利人以期圓成自己福慧者，宜隨己力而實行之。則人民幸甚，國家幸甚！」（《續編》卷下《序》）

⑭《文鈔摘要序》：「藥無貴賤，癒病者良；法無精粗，合機則妙；修持法門，無量無邊，末世鈍根，實難遍通。況非證入，莫能獲益乎？光宿業深重，現行微弱；濫廁僧倫，已五十年。一句佛號，尚未持到心佛相應，遑論其他各種法門？十數年來，每有誤聽人言，謂為知識，遂至信札往來，以求開示。然光固恪守本分，即以己之所知、所修者奉告；若其識見高明，智慧廣大，即令轉求高人，決不敢以己之卑劣囿人，以致不能進於高明之域，而屈其天姿才德也。

有謂光禁錮人讀誦、研究大乘經論者，不知凡來光處求教者，或身羈塵網，或年時已過，對此事務繁冗、來日無多之人，儻泛泛然令其遍讀研究，而不先將淨土法門之所以，令其徹底明瞭，其於種善根，明教理，則或有之，於即生了生脫死，或恐無有希望。以注重於讀誦、研究，以期開悟而自證，不復以信願念佛，求生西方為事也。不知凡夫具足惑業，欲

仗自力，於現生中了生脫死，其難甚於登天。以故光不避譏誚，而攄誠以告耳。有不嫌蕪穢者，爲之流布，名曰《印光法師文鈔》。

又有採取意致，分類編輯爲《嘉言錄》者。泰縣李慧實居士，又欲摘其有合初機，及引曾讀儒書，未明儒、釋同而不同，不同而同之所以者學佛，共若干篇。擬排印而廣布之，祈予作序。予謂既有《嘉言錄》，何必又印《摘要》？彼以上所說意固請，遂爲敍其大致云。」（《三編》卷三）

### 有關人物及佛教大事

國民政府冊封班禪爲護國宣化廣慧大師。

上海佛學書局出版《海潮音文庫》。共分四編三十四種，精裝二十六冊。

# 一九三二年　七十二歲（民國二十一年　壬申）

### 譜主事略

在蘇州報國寺閉關。

正月初九，覆李圓淨居士書五。

【按】李圓淨（1894～1950），原名榮祥，別號圓晉、無相，廣東三水人。家境富有，長居上海經商。因患肺結核病，曾東渡日本療治。期間，無意中接觸到佛典，甚爲歡喜。歸國後，研讀大、小乘經籍。後皈依大師，反覆閱覽《印光法師文鈔》，並摘錄要義，分門別類，輯爲《印光大師嘉言錄》，印刷行世。另著有《妙法蓮華經觀世音菩薩普門品釋》、《佛法導論》、《梵網經菩薩戒本匯解》等。

大師用大悲水爲城內吳恒蓀之母治癒急病。由是，求醫問藥者絡繹不絕[1]。師乃以大悲水、大悲米及香灰治之，均極有靈驗[2][3]。

某曹姓居士因用心、用功不當，導致走火入魔，友人陪同之報國寺，求師療治。大師略施手段，旋爲之治癒[4]。

覆胡宅梵居士書一，師指出，「自利心淡，利他心切，亦有語病，不能自利，斷不能大利於他，二者當以不分親疏爲是。然利他正一願而已，自利則必須竭盡心力，則自利一邊，何可以淡而妄學大菩薩身份也？」同時提及，

用白話文注經，應先出經原文，下再用白話注之，方合初機者學習。

五月十九日，諦閑法師圓寂。大師為之撰挽聯，曰：「漪歟諦公，乘願示生。大張教網，我何能名！願受佛記，速返娑婆。普度含識，同生極樂。」

同年，淞滬抗戰結束後，皈依弟子洗心抵蘇拜謁大師，談及戰爭期間許多驚心動魄之事及百姓慘苦之情形，大師憂傷地說：「大劫將到，要一心皈命觀世音菩薩，多念聖號，多念《大悲咒》。」洗心有些疑問：「師父流通的佛經善書如此之多，各省都有，難道不能挽回劫運麼？」師搖頭歎息道：「力量太小了。送出去一百部書，很難有一個人用心細看。就是看了，也還不夠，還要他能悟解，能照著書上的話做，才有力量。這樣的人太少了。不過，也不要灰心，當送一萬部書。能有一個人細看，一個人照著做，也有很大的利益。我們只盡我們的心力罷了。」

七月十四日，覆甯德晉居士書九，為之設計日常功課的修持方法。

大師致函郭莊悟居士，告誡學佛不要好高騖遠，要重修持，為之取法名慧莊，並答應寄贈淨土類書籍。

由於信札太多，難以一一回覆，所以師只得採取「一函遍覆」的方式處理，將淨土法門之要點及實行之法，彙於一函之內，以利益眾生⑤。

八月二十三日，覆方耀廷居士書一，為之取法名德仁，為其夫人取法名德慈，並說明德仁、德慈之含義，並教之以克盡倫常，作好人、好事，念佛、念觀音，往生西方。

大師為南京法雨寺佛教慈幼院諸生作「誡勖」之語⑥，答曲天翔二十七問⑦，又為華權師開示病中法語⑧。

師撰《靈岩寺永作十方專修淨土道場及此次建築功德碑記》⑨，又為靈岩山寺《萬年簿》作序，作《法雲寺放生徵信錄序》、《佛學救劫編序》。

大師覆劉惠民、慧龍、朱德、宅梵、梁慧棟諸居士書。

得知郭輔庭居士的母親西逝，大師特致函囑咐其喪葬宜全素、念佛，不可用葷，並以現實生活中的事例作為依據，令人信服。

覆沙庸之等居士書，說「題贊」之事⑩。

十一月初四日，覆甯德晉居士書十，因其寄送糖果、小米，受到大師的批評。

十一日晚，覆方耀廷居士書二，接受其八十歲老母皈依，為之寄《飭終津梁》一書，並囑咐方氏在老人臨終時，須為之助念。同時，又為另外兩名

皈依者陳明鏡、王士林分別取法名德明、德林，並寄《印光法師文鈔》、《嘉言錄》、《飭終津梁》各一部。

大師致莊慧炬、梁慧棟、蔡錫鼎、沈來澐諸居士書。又覆崔德振居士書五通：（1）解說「德振」二字之含義；（2）回答有關佛經、名相、修行等七個問題；（3）提出與不肖長輩相處之意見；（4）談對女生投河之看法；（5）認爲念咒毋須經阿闍黎傳授，亦有效用。

覆尹全孝居士書，談持誦《大悲咒》治病法⑪。

接劉惠民居士要求皈依的書信，遭到大師的拒絕。理由是「以合十求皈依，是豈有此理！剃頭、修腳者拜師，也當三跪九叩，況皈依三寶，欲資之以超凡入聖，了生脫死，如此輕慢，何敢相許以自輕乎？故將原函寄回，祈另求明師。」

大師覆海門理聽濤居士書七通，基本內容爲，取法名慧才，囑其踏實修行，並要善於區別佛法與外道，諸如扶乩、煉丹運氣之類。同時，對於居士少子夭折，師囑其不要怨尤，生懈怠之心；稱讚其嘉夢頻得，非常不容易，但仍須戰戰兢兢，如臨深淵，如臨薄冰，精進努力才是。

十二月初三日，覆穆宗淨居士書一，爲之取法名宗淨，並寄《文鈔》、《嘉言錄》、《淨土聖賢錄》、《佛學救劫編》等書。

初八日，大師撰《永年佛七緣起序》。

注　釋

① 《覆張覺明女居士書八》：「光從前不持《大悲咒》，民國二十一年在報國寺關房，西華橋巷吳恒蓀之母病勢危急，恒蓀在北京，急打電令歸。其妻令人到報國求光咒杯大悲水，光即念三遍，令持去，服之即回機，無危險相。恐恒蓀著急，急打電，云病已莫要緊了。恒蓀遂未歸。其小兒九歲，生未兩月，遍身生小瘡，春則更屬害，經年不斷，醫亦無效。因求大悲水服之即癒。

　　因是每有人求，日日念幾遍。後求者多，即用大器盛。前年避難靈岩，當家言大悲水還要持，光謂現無瓶可買，且無買瓶費，當以米代之，香灰則前在報國亦備，以遠道水不能寄，灰則一切無礙。……」（《三編》卷二）

② 《覆張覺明女居士書九》：「凡臨終人，神識昏亂。若服大悲水，或者灰水、大悲米，均可神識清明。若又有人助念，決定念佛而逝。一二年來，已有三人如是者。」（《三編》卷二）

③ 除上述外，尚有羅鴻濤《印公大悲米神驗記》、寄東《印光大師大悲米誌異》、李智樹《印師大悲米靈驗記實》、倪文卿《印公先師大悲米奇驗記》等文，刊於《弘化月刊》，均極言其神驗。茲錄倪氏之文如後，以見一斑：

「古曆七月二十日，內子患病，熱度極高，胸悶劇痛，夜中尤甚，不能成寐。中西醫治，十數日無效。且年近花甲，身體素弱，不慧殊為焦急。內子憶及尚有先師加持大悲米，即取沖水吞服。服時，不慧為誦《大悲咒》及大士聖號。連服數次，胸前悶痛即止，便安然熟睡。次日，熱度降至三十七度，與常人無異。現已漸漸復原。嗚呼！先師在日，普度眾生；西歸之後，遺惠仍能救濟諸苦。非自行化他之功德成就者，曷克臻此！今特記之，以冀同倫諦信。」

④ 袁仲侯《我在紀念會上的回憶》：「曹居士子久，亦信佛法，其信心之切，用功之深，無與倫比，後亦發狂，甚至以點著火之香燭塞入口中，任其燃燒而不知其患，人皆以為得道。筆者見之，以為非也，此乃著魔，若不救治，恐有大患。思之欲治其病，恐無其人，即有其人，恐無其術，因思及先師在報國寺，求師一識其病之究竟。

當由筆者陪同前往，在輪船中，猶發狂不止，所說皆佛門中語，謂享受福德等等，皆非究竟，一切不倫不類。直至蘇州上岸，坐人力車至報國寺，沿途依然叫囂不止。走入寺門，直撲地上不起，狂叫之聲聞於內。

筆者即至關中，叩見師尊，述及來意。師囑筆者同其入內，以觀情形。筆者即出外，挾其至師前，仍撲地上狂喊不止。

師即轉身取水噴之。一口無聲，二口而靜，三口而定。筆者問師曰：『其患已除否？如何處之？』師曰：『扶其入內，睡之好了。』

於是，筆者即扶其入內安睡，回至師處，問曰：『其患可以就此而止乎？』師曰：『觀他造化。』再曰：『予昨夜得一夢，有一雀被一鷹追逐，驚而跌撲於山坡，其狀與今日相似。』

翌日，其恙盡除，皈依先師後，仍由筆者同歸。曹居士從此念佛茹素。今春遇於滬上，云茹素方面，以種種關係而停止，念佛誦經，則常行也。……」（《全集》第七冊（8）印光大師生西十周年紀念文）

⑤《一函遍覆》：「淨土法門，三根普被，利鈍全收，乃如來普為一切上聖下凡，令其於此生中，即了生死之大法也。於此不信、不修，可不哀哉！此法門，以信、願、行三法為宗。信，則信我此世界是苦，信極樂世界是樂；信我是業力凡夫，決定不能仗自力斷惑證真，了脫生死；信阿彌陀佛有大誓願，若有眾生，念佛名號，求生佛國，其人臨命終時，佛必

垂慈接引，令生西方。願，則願速出離此苦世界，願速往生彼樂世界。行，則至誠懇切，常念南無（音納莫）阿彌陀佛，時時刻刻，無令暫忘，朝暮於佛前禮拜持誦，隨自身閑忙，立一課程。此外則行、住、坐、臥，及做不用心的事，均好念。睡時當默念，不宜出聲，宜只念阿彌陀佛四字，以免字多難念。若衣冠不整齊，或洗澡、抽解，或至不潔淨處，均須默念，默念功德一樣，出聲於儀式不合。無論大聲念、小聲念、金剛念（有聲，而旁人不聞）、心中默念，均須心裏念得清清楚楚，口裡念得清清楚楚，耳中聽得清清楚楚。如此，則心不外馳，妄想漸息，佛念漸純，功德最大。

「念佛之人，必須孝養父母，奉事師長（即教我之師，及有道德之人），慈心不殺（當吃長素，或吃花素，即未斷葷，切勿親殺），修十善業（即身不行殺生、偷盜、邪淫之事；口不說妄言、綺語、兩舌、惡口之話；心不起貪欲、嗔恚、愚癡之念）。

又，須父慈子孝，兄友弟恭，夫和婦順，主仁僕忠，恪盡己分。不計他對我之盡分與否，我總要盡我之分。能於家庭及與社會，盡誼盡分，是名善人。善人念佛求生西方，決定臨終即得往生，以其心與佛合，故感佛慈接引也。若雖常念佛，心不依道，或於父母兄弟、妻室兒女、朋友鄉黨，不能盡分，則心與佛背，便難往生，以自心發生障礙，佛亦無由垂慈接引也。

「又，須勸父母、兄弟、姊妹、妻室、兒女、鄉黨、親友，同皆常念南無阿彌陀佛，及南無觀世音菩薩（每日若念一萬佛，即念五千觀音，多少照此加減），以此事利益甚大，忍令生我之人及我之眷屬，并與親友，不蒙此益乎？況且，現在是一個大患難世道，災禍之來，無法可設。若能常念佛及觀音，決定蒙佛慈庇，逢凶化吉，即無災難，亦得業消智朗，障盡福隆。況勸人念佛求生西方，即是成就凡夫作佛，功德最大，以此功德回向往生，必滿所願。

「凡誦經持咒，禮拜懺悔，及救災濟貧，種種慈善功德，皆須回向往生西方，切不可求來生人天福報，一有此心，便無往生之分。而生死未了，福愈大則業愈大，再一來生，難免墮於地獄、餓鬼、畜生之三惡道中。若欲再復人身，再遇淨土，即生了脫之法門，難如登天矣。佛教人念佛求生西方，是為人現生了生死的；若求來生人天福報，即是違背佛教，如將一顆舉世無價之寶珠，換取一根糖吃，豈不可惜？愚人念佛不求生西方，求來生人天福報，與此無異。

「念佛之人，不可涉於禪家參究一路。以參究者，均不注重於信、願求生。縱然念佛，只注重看念佛的是誰，以求開悟而已。若生西方，無有不開悟者。若開悟而惑業淨盡，則可了生死；若惑業未盡，則不能仗自力了生死，又無有信願，則不能仗佛力了生死。自力佛力，兩皆無靠，欲出輪迴，其可得乎？須知法身菩薩，未成佛前，皆須仗佛威力，何況業力凡夫，侈談自力，不仗佛力！其語雖高超，其行實卑劣。佛力、自力之大小，何止天淵之別！願同人悉體此義。

「念佛之人，不可效愚人，做還壽生、寄庫等佛事，以還壽生，不出佛經，係後人偽造；寄庫是願死後做鬼，預先置辦做鬼的用度。既有願做鬼的心，便難往生。如其未作，則勿作；如其已作，當稟明於佛：弟子某，唯求往生，前所作寄庫之冥資，通以賑濟孤魂，方可不為往生之障。

凡《壽生》、《血盆》、《太陽》、《太陰》、《眼光》、《灶神》、《胎骨》、《分珠》、《妙沙》等經，皆是妄人偽造，切不可念。愚人不知念大乘經（即《阿彌陀經》、《無量壽經》、《觀無量壽經》、《心經》、《金剛》、《藥師》、《法華》、《楞嚴》、《華嚴》、《普賢行願品》等經），偏信此種瞎造之偽經，必須要還壽生、破地獄、破血湖，方可安心。有明理人，為說是偽，亦不肯信。須知做佛事，唯念佛功德最大，當以還壽生、破地獄、破血湖之錢，請有正念之僧念佛，則利益大矣。

「念佛之人，當吃長素。如或不能，當持六齋，或十齋（初八、十四、十五、廿三、廿九、三十，為六齋。加初一、十八、廿四、廿七，為十齋。遇月小，即盡前一日持之，又正月、五月、九月，為三齋月，宜持長素，作諸功德）。由漸減以至永斷，方為合理。雖未斷葷，宜買現肉，勿在家中殺生，以家中長願吉祥。若日日殺生，其家便成殺場，殺場乃怨鬼聚會之處，其不吉祥也大矣，是宜切戒家中殺生也。

「念佛之人，當勸父母念佛求生西方。然欲父母臨終決定往生西方，非預為眷屬說臨終助念及瞎張羅並哭之利害不可。故欲父母臨終得眷屬助念之益，不受破壞正念之害者，非平時為說念佛之利益，令彼各各常念不可。如是，則不獨有益於父母，實有益於現生眷屬，後世子孫也。臨終助念，無論老少，均當如是，詳看《飭終津梁》自知。

「女人臨產，每有苦痛不堪，數日不生，或致殞命者，又有生後血崩種種危險，及兒子有慢、急驚風種種危險者。若於將產時，至誠懇切，出聲朗念南無觀世音菩薩，不可心中默念，以默念心力小，故感應亦小；又此時用力送子出，若默念，或致閉氣受病。若至誠懇切念，決定不會有

苦痛難產，及產後血崩，並兒子驚風等患。縱難產之極，人已將死，教本產婦，及在旁照應者，同皆出聲助念觀世音，家人雖在別房，亦可為念，決定不須一刻工夫，即得安然而生。

外道不明理，死執恭敬一法，不知按事論理，致一班念佛老太婆，視生產為畏途，雖親女、親媳，亦不敢去看，況敢教彼念觀音乎？須知菩薩以救苦為心，臨產雖裸露不淨，乃出於無奈，非特意放肆者比，不但無有罪過，且令母、子種大善根，此義係佛於《藥師經》中所說，非我自出臆見，我不過為之提倡而已（《藥師經》說，藥師佛誓願功德，故令念藥師佛。而觀音名號，人人皆知，固不必念藥師佛，而可念觀音也）。

「女人從十二、三歲，至四十八、九歲，皆有月經。有謂當月經時，不可禮拜持誦，此語不通情理。月經短者，二、三日即止，長者六、七日方止。修持之人，必須念念無間，何可因此天生之小恙，竟令廢棄其修持乎？今謂當月經時，可少禮拜（宜少禮，不是絕不作禮也），念佛誦經，均當照常。宜常換洗穢布，若手觸穢布，當即洗淨，切勿以觸穢之手翻經及焚香也。佛法，法法圓通，外道只執崖理，世人多多只信外道所說，不知佛法正理，故致一切同人，不能同沾法益也。

「觀世音菩薩，誓願宏深，尋聲救苦，若遇刀兵、水火、饑饉、蟲蝗、瘟疫、旱潦、賊匪、怨家、惡獸、毒蛇、惡鬼、妖魅、怨業病、小人陷害等患難者，能發改過遷善、自利利人之心，至誠懇切念觀世音，念念無間，決定得蒙慈護，不致有所危險。儻仍存不善之心，雖能稱念，不過略種未來善根，不得現時感應，以佛菩薩皆是成就人之善念，絕不成就人之惡念，若不發心改過遷善，妄欲以念佛菩薩名號，冀己之惡事成就者，絕無感應，切勿發此顛倒之心也。念佛最要緊是敦倫盡分，閑邪存誠，諸惡莫作，眾善奉行，存好心，說好話，行好事，力能為者，認真為之；不能為者，亦當發此善心，或勸有力者為之，或見人為，發歡喜心，出讚歎語，亦屬心口功德。若自不能為，見他人為，則生妒忌，便成奸惡小人心行，決定折福、折壽，不得好結果也，宜痛戒之，切不可做假招子，沽名釣譽。此種心行，實為天地鬼神所共惡，有則改之，無則加勉。

「世有女人，不明至理，或不孝公婆，欺侮丈夫，溺愛兒女，虐待婢僕，或屬填房，虐待前房兒女，不知孝公婆、敬丈夫、教兒女、惠婢僕、教養恩撫前房兒女，實為世間聖賢之道，是佛門敦本之法，具此功德，以修淨土，決定名譽日隆，福增壽永，臨終蒙佛接引，直登九蓮也。須知有因必定有果，己若種孝敬慈愛之因，自得孝敬慈愛之果，為人即是為己，

害人甚於害己，固宜盡我之職分，以期佛天共鑑也。

「小兒從有知識時，即教以孝悌忠信、禮義廉恥之道，及三世因果、六道輪迴之事，令彼知自己之心與天地鬼神、佛菩薩之心，息息相通，起一不正念，行一不正事，早被天地鬼神、佛菩薩悉知悉見，如對明鏡，畢現醜相，無可逃避，庶可有所畏懼，勉爲良善。無論何人，即婢僕、小兒，亦不許打罵，教其敬事尊長，卑以自牧，務須敬惜字紙，愛惜五穀、衣服、什物，護惜蟲蟻，禁止零食，免致受病。能如此教，大了決定賢善，若小時任性慣，概不教訓，大了不是庸流，便成匪類，此時後悔，了無所益。古語云：『教婦初來，教兒嬰孩。』以其習與性成，故當謹之於始也。天下之治亂，皆基於此。切勿以爲老僧迂談，無關緊要也。

「光老矣，精神日衰，無力答覆來信，但以郵路大通，致遠近誤聞虛名，屢屢來信，若一概不覆，亦覺有負來意；若一一爲覆，直是無此精神，以故印此長信，凡有關修持及立身涉世、事親教子之道，皆爲略說，後有信來，以此見寄，縱有一、二特別之事，即在來信略批數字，庶彼此情達，而不致過勞也。若欲大通經教，固當請教高豎法幢之大通家法師，須知大通經教者，未必即生能了生死，欲即生了生死，當注重於信願念佛，求生西方也。祈慧察是幸。」（《續編》卷上《書》）

⑥《法雲寺佛教慈幼院規約書後誠勖諸生》：「慈幼院，自發起開辦以來，諸董事均秉濟貧恤孤之誠心，費盡精力，爲之籌畫。俾貧苦孤兒，同得成就正器，成家立業，用廣大同博愛之風，以挽交欺相爭之世道人心而後已。諸董事具此誠心，故感劉院長不以衰老爲慮，親理院事，事無鉅細，一一調理適宜。由是諸教員，同皆勵精教授。在院諸生，飽食暖衣，安住其中，務必發感激心，努力讀書學藝，必期於不負院長、教員、董事及施資善士之一番至意。

果具此心，則本立道生，其後之成家立業，品行高優，爲社會所欽仰，可預斷矣。然欲後來有成就，須從現在立志行事起。必須要忠厚勤慎，謙恭和順，心口如一，隱顯不二，常懷慚愧，毋自矜驕。朝暮至誠念佛，以期消除宿業，增長善根。事事以誠爲本，念念常省自心，則汝諸生之成就，均不可量。何以故？以有本故。儻現在不發感激慚愧、奮勇勤學之誠心，只期了事混光陰，便成辜負院長諸君之婆心。以無誠故，縱不折福、折壽，短命而死，亦是行屍走肉，世咸厭棄之人。……」（《續編》卷下《序》）

⑦《答曲天翔居士問二十七則》：「問：『弟子信佛之原因，以研究催眠術始。昔聞俗語云：「九修天子，十修佛。」以爲十世方成，每恐半途而輟，則

前功盡棄。早知當生成道,則早即念佛矣。年已二十有七,甚悔發心之晚也。』

「(一)答:『「九修天子,十修佛」,乃不知佛法者之妄說。知佛之人,絕不說此。淨土法門,乃仗佛力了生死,皆須有眞信切願,決定求於臨命終時,往生西方。若不仗佛力,欲了生死,千生萬劫,不能了者多多矣。』

「問:『相信淨心成佛,如催眠術之必須沈靜,然後方有不可思議之現象。』

「(二)答:『淨心念佛、觀佛,則易與佛相應。果有眞信切願,定可往生,則漸次進修,必至成佛。且勿謂現在淨心,即得成佛也。』

「問:『相信借仗佛力,如催眠之自己催眠,則較被人催眠爲難,故知自力不如他力。』

「(三)答:『一切法門,皆仗自力,斷惑證眞,了生脫死。如跛夫自行,日難百里。淨土法門,仗佛慈力,便可帶業往生。如跛夫乘轉輪聖王輪寶,一日遍達四洲,何可以催眠之事以證?』

「問:『口念佛,心想佛,其所想之佛,是否與《觀經》之第八觀同?』

「(四)答:『觀想,須從十三觀起手作。否則,境細心粗,難以成就,或致用心不當,起於魔事。』

「問:『如遇危急時,勢不能一時兼誦各咒,應以何者應用之?』

「(五)答:『遇極危急之災難,當念觀世音聖號,爲最省心力,最有感應。』

「問:『如專誦佛號,其效力比咒如何?』

「(六)答:『佛號與咒,功德同等,唯在至誠,方有感格。若心中先有一輕視佛號之心,則便無利益。以不誠而又疑,致不得眞利益也。』

「問:『唯心淨土,自性彌陀,然則與西方之淨土及佛,是否一而二、二而一?』

「(七)答:『有唯心淨土,方生西方淨土。若自心不淨,何能即得往生?縱逆惡罪人,以十聲念佛,即得往生者,由念佛之淨心,感生西方之淨土。世多以唯心則無土,便是魔外知見,此種似是而非之邪見,居其大半,致念佛之人,不得實益。尙自以爲高明,而不知其爲執理廢事,自誤誤人之邪見也。由自性彌陀故,必須念西方彌陀,以求往生,漸進而可以親證自性彌陀。儻單執自性彌陀,而不念西方彌陀,縱令眞悟,尙未能

即了生死。況說此話者，皆是一班擔板漢、脫空漢乎？一而二，係未成佛前之事。二而一，乃已成佛後之事。』

「問：『「生則決定生，去則實不去」，生、去皆何指？』

「（八）答：『「生則決定生」，約事說。「去則實不去」，約理說。不知事理之所以然，只好老實照事相做。否則，必成執理廢事之邪魔外道。』

「問：『某命終時，忽曰：「淨土即在庭隅。」然則此地即爲淨土乎？』

「（九）答：『此正是唯心淨土發現之義。彼唯心淨土，乃彼一人之境。其餘皆是唯心穢土，何得以彼所見爲斷？』

「問：『誦經，是否在令自己生歡喜、厭離心？抑另有其他作用？』

「（十）答：『汝誦經，只知求自己歡喜，可惜無邊妙義，被汝看得一文不值。』

「問：『解第一義，何指？』

「（十一）答：『解第一義，即徹悟實相妙理，唯心自性也。』

「問：『死後所存之性，與往生及佛性，同異之點如何？』

「（十二）答：『一切眾生，生前、死後之性，與往生之性，及佛之性，同而不同，不同而同。言同者，以心性本體無二故；言不同者，以迷悟天淵懸殊故。由有此義，故令人斷惑證眞，以期親證此本同之心性也。唯其體同，而在迷未證，故設種種法，令其返妄歸眞，背塵合覺，以親證也。修法甚多，唯念佛求生西方，爲最易下手，最易成就。』

「問：『佛示修觀，正爲後世濁惡不善、五苦所逼之眾生設教。若以催眠之發現天眼通之說證之，則現極樂國土，亦非難事，況尤爲念佛求證之需要。何以勸人修觀者，言其難耶？』

「（十三）答：『催眠是術力，豈眞有天眼通乎？眞有天眼通者，豈肯爲人催眠乎？汝今既學佛，當專志學佛。現極樂國，唯心淨而念一者能之。譬如磨鏡，磨之及極，自然發光。用術現，則心先不淨，念亦不一，譬如以白粉塗鏡，望其發光，不知封蔽更甚也。』

「問：『修觀是否仗佛力？十三觀內云：「無量壽佛，身量無邊，非是凡夫心力所及。」然彼如來宿願力故，有憶想者，必得成就。其別與參禪之點爲何？較參禪易否？』

「（十四）答：『參禪唯究自心，念佛兼仗佛力。二法至究竟圓成，則全同。當修持用功，則迥異。譬如登程，舟車各異，歸家是同。』

「問：『修觀者，想乎？觀乎？抑觀、想全用乎？取遠取近？』

「（十五）答：『觀想二字，何可分之爲二？攝心而想，即是觀。汝

認作二，則便成知一十，而不知其即二五也。又，觀想則何分遠近？』

「問：『每觀至少須若干日？』

「（十六）答：『汝將謂此一觀作幾天，又作彼一觀乎？不知佛雖說有十六，而最初即當觀十三，方為契理契機之修。』

「問：『初即想像者，非躐等乎？』

「（十七）答：『既知前說，此可類推。』

「問：『初觀是一心想日，抑須默持名號？』

「（十八）答：『觀與持名，原是一事。將謂作觀之時，便不能持名，不可持名乎？』

「問：『坐則修觀，餘時持名，較專持一種，為優為劣？』

「（十九）答：『有沈潛純粹之心，則修觀亦好，持名亦好。否則，持名較穩妥，以心志浮薄躁妄，作觀則多致魔事。』

「問：『觀見極樂國土，乃真淨土乎？抑假現象乎？』

「（二十）答：『觀見之極樂，乃唯心所現。謂之為假，便是門外漢。』

「問：『觀見極樂國土，及能聞法，是否為天眼通、天耳通？』

「（廿一）答：『此是觀力所致。若天眼、天耳，不作觀，亦可見聞。』

「問：『有云見佛者，乃心佛，非西方佛。若然，則往生時，心佛現前乎？抑彌陀佛來接耶？』

「（廿二）答：『臨終見佛，乃自心所感之佛，不得只歸於自心，而謂無佛來迎之事。』

「問：『至十三觀時，此時可得隨意往生乎？抑必俟命終，方可往生耶？』

「（廿三）答：『業報未盡，何能即生！古亦有其人，然非可責之於一切人也。』

「問：『觀至見佛聞法時期後，每天再觀，仍須自初觀始乎？』

「（廿四）答：『作觀，只取得力者作，何必從頭至尾，日日重習？佛之說此十六種者，前則令人知極樂之莊嚴，後之九品往生，令人知所修之因果。各觀既知，即觀佛一法中，即可圓觀諸觀耳。』

「問：『十四觀以下，乃各品生者，既無境可現，令觀之意為何？』

「（廿五）答：『此義已見前說。』

「問：『上之往生者，似乎不是修觀者之往生。不知修觀者之往生，也應如何著想？』

「（廿六）答：『往生者，品位萬別千差，經中只以九品攝之，汝何

由而知其上者，非作觀之往生乎？須知人根不同，即一法而高下懸殊，豈拘拘然於所修之法乎？蓋由彼各各心地中分也。文殊、普賢等，汝將謂用不著作觀乎？』

　　問：『記數念佛，吸念六句，呼念四句，如何？心既記數，又念佛，又須想佛乎？』

　　「（廿七）答：『念佛記數，從一至三，從四至六，從七至十，何定呼吸？汝係學煉丹運氣之人，故稍見一二字相似於彼，即謂是彼之功夫。念佛記數，為妄心難制者設。能如是念，如是記，如是聽，決定心漸調伏，此處誰令汝加一「想佛」二字乎？此係隨便念，何論呼之與吸？呼吸若使之長久，則傷氣受病，不可不知。』」（《續編》卷下《雜著》）

⑧《示華權師病中法語》：「人生在世，皆不能免疾病、死亡之苦。當此等苦事發現之時，唯有放下萬緣，一心念『南無阿彌陀佛』。若氣促，則只念『阿彌陀佛』四字。一心求佛慈悲，接引你往生西方。除此一念外，心中不可再起一絲毫別種的想念。亦不可望病速好，亦不可另起求神、求天保佑的想念。有此種想念，便與阿彌陀佛之心隔開了，因此便不能得佛慈力加被之力。你要曉得，天地父母，均不能令你出生死輪迴，唯有阿彌陀佛，能令你出生死輪迴。你若肯放下一切，一心念佛，若世壽未盡，就會速好；若世壽已盡，即往生西方。

　　然不可求病速癒，只可求速往生。求病癒，若壽盡，便不得往生。求往生，若壽未盡，則速得痊癒。往生西方，好處說不盡，較彼生到天上，做天帝、天王，尚要高超無數無量萬萬萬萬倍。你切不可癡心妄想怕死，有怕死的心，就不得往生了。我們在世間，猶如蛆在糞坑裏，囚在監牢裏，苦得了不得。往生西方，如出糞坑、監牢，到清淨安樂、逍遙自在之家鄉，何可怕死？若一有怕死的心，便永遠在生死輪迴中受苦，永無出苦的時期了。

　　你若能出聲念，則小聲念；不能出聲念，則心裏默念。耳朵聽別人念，心中亦如此念。又眼睛望著阿彌陀佛（即室中所供的佛），心中想著阿彌陀佛。有別種念起，當自責曰：『我要仗佛力生西方，何可起此種念頭，壞我大事？』你若肯依我所說的念，決定會往生西方，了生脫死，超凡入聖。永劫常受快樂，了無一絲一毫之苦事見聞，又何有此種疾病苦惱乎？儻心中起煩惱時，要曉得這是宿世惡業所使，要壞我往生西方之道，要使我永遠受生死輪迴之苦。我而今曉得他是要害我的，我偏不隨他轉。除過念佛外，一事也不念他，那就能與佛心心相應，蒙佛

接引，直下往生矣。好記我語，自可速得莫大之利益。」（《續編》卷下
《雜著》）

⑨《靈岩寺永作十方專修淨土道場及此次建築功德碑記》，參閱本書“一九
二六年（民國十五年丙寅）六十六歲”條【附記】。

⑩《覆沙庸之居士書》：「爲人子者，榮親之道，在於勵行修德，俾一切人
均以敬己而追念於所生，方爲最切要之法。每見世人，親死之後，到處
求有名、有位之人，爲之題贊。而不在己躬下，黽勉修德行仁，以期貽
親令名爲事。吾常謂：『世人多好名而惡實，特欲以一時作場面，不思
以終身爲紀念也。』汝既信受佛法，汝父亦已知『心具心造，心作心是』
之義。凡喪葬、敬僧、待客，均當依佛制，不用葷酒，以爲一鄉倡。

　　光老矣，精神、工夫、目力均不給，只作十六句頌，不能作生西記。
汝自作，或請其他高人作。光近來所有筆墨差事，一概推脫，非不欲爲人
效勞，力不支耳。汝信中將汝父之名字，一概不題，故只好於上款空二字，
祈補之。

　　汝父幸得往生，汝母在堂，固當預爲勸導，俾使盡世間一切人天福
報之虛榮心，決志往生，以超凡入聖爲志事，則其利大矣。凡喪中作佛事，
均當以念佛爲事。若念經、拜懺、做水陸道場，殊少實益也。」（《續編》
卷下《書》）

⑪《覆尹全孝居士書一》：「……《大悲咒》咒水治病，當發至誠懇切心，方
有靈驗。每日持咒之先，先禮釋迦、彌陀及常住三寶。如圖簡便，即念
南無本師釋迦牟尼佛、南無阿彌陀佛、南無十方一切諸佛、一切尊法、
一切賢聖僧（一拜），如是三稱三拜；次念南無大慈大悲觀世音菩薩，三
拜，即念《大悲咒》。初一遍，右手作寶手印（即右手大拇指壓第二食指、
第三中指、第五小指頭一節，舒第四無名指），畫梵書唵礙字 於水
上；左手結金剛拳印（左手大拇指壓第四無名指下節，第二食指、第三
中指、第五小指壓於大指之上，如難常結，不結亦可，或初念時至將畢
時結亦可。凡持咒時，均宜結此印）。《大悲咒》念若干遍，臨畢再結寶
手印，畫 字。此在末後一遍《大悲咒》初念時畫。

　　《大悲咒》念畢，照《大悲咒》遍數，念『部』（上聲）『林』（去聲）
二字若干遍。多念亦好。念此『部林』字，以祈速得圓滿成就也。不貪名，
不貪利，唯欲救人病苦，則便靈。有或持靈後，貪名利，或破戒，則便不
靈矣。」（《三編》卷二）

### 有關人物及佛教大事

熊十力《新唯識論》出版，引發教界、學界巨大轟動，紛爭蜂起。

世界佛學苑漢藏教理院於重慶成立，院長太虛主持開學典禮。

國民政府內政部頒佈《寺廟興辦公益慈善事業實施辦法》，規定各寺廟應按收入多少依規定標準逐年繳納定額款項充作經費，並成立委員會負責辦理，年終公佈辦理及收支情況。

廣州解行精舍禮請王弘願傳授密法，法會頗盛，因有比丘從其受灌頂，曼殊揭諦表示反對。此事在佛教界引起爭議。

# 一九三三年　七十三歲（民國二十二年　癸酉）

### 譜主事略

是年，關房內臭蟲忽然自動絕跡，此乃師念佛感應所致也[①]。在關房內除修持外，大師還常持《大悲咒》，加持水、米或香灰，為諸醫束手之病危者治病，極為靈驗。

《無量壽經》、《觀無量壽佛經》、《阿彌陀經》和《華嚴經·普賢行願品》，一向被稱為「淨土四經」。師一生弘化，以信願持名為本。持名之法，尤重勢至圓通。他曾說：「《楞嚴·勢至圓通章》，實為念佛最要開示，眾生果能『都攝六根，淨念相繼』以念，豈有不現前、當來，必定見佛，近證圓通，遠成佛道乎哉！」又云：「只此一章，便可與『淨土四經』，合而為五。」當時，弘化社要重印四經，師即增入，編為《淨土五經》，並撰《淨土五經重刊序》，以明緣起。

二月十九日，顧德谷居士至報國寺禮敬大師，師為之開示曰：「妄念之在人心，猶塵屑之在空間。空間無時無塵屑，人心亦無時無妄念。若不懇切念佛，匪特無由去妄，且不了妄念之謂何。其實，孔子所謂『克己』，即是克此妄也；孟子所謂『寡欲』，即寡此妄也；佛稱貪、瞋、癡為三毒，亦即此妄也；菩薩稱『無盡煩惱』，亦即妄之別名也。儒、釋之處境雖殊，而格除心之私欲，則無有不同。」

三月十二日，覆陳渭恩居士書，為之取法名宗法，諄諄告誡曰：「欲依佛

法了生死，必須敦行世間倫常，以爲賢人、善人，否則縱學佛法，亦難得眞實利益。以根本既缺，便難完全得佛法之眞利益也。須知佛法乃一切眾生之公共法，無一人不當修，亦無一人不能修。彼理學以種種謬說闢駁佛法者，乃昧心違理之言，非大公至正之論也。彼謂佛以因果輪迴爲騙愚夫愚婦之據，乃憑空妄造，實無其事，是開天下後世了無忌憚之端。馴至於今，遂現廢經廢倫、喪人喪德之慘象。學說誤人，一至於此！今當極力提倡因果報應，庶可挽回頹風，尤當至誠念佛、念觀世音，以期生則消除惡業，增長善根，沒則仗佛慈力，往生西方。」

四月二十四日，葛志亮居士抵蘇，皈依大師，師爲之取法名「慧亮」，囑其不要去看運氣煉丹之類的書，不要迷信扶乩。同時，又告訴他，可以去朝拜靈岩山。

九月十五日，覆李爾清居士書，勸其閱讀《嘉言錄》和《文鈔》，並修行淨土法門，「諸惡莫作，眾善奉行，」善教兒女，則利益大矣。

孟秋，師爲浙江樂清佛教淨業社撰寫緣起。

覆袁德常、陳慧恭、趙奉之、鄭慧洪、殷德增、許慧舫、陳慧新、宗誠及于歸淨諸居士書。

孟冬，撰《贛州壽量寺重興緣起疏》②。因重修《清涼山志》事告竣，大師作《重修清涼山志序》③。

覆宋慧湛居士書，談「孝」與「戒」 ④。

爲江西婺源縣內成立佛光分社撰寫《發隱》，闡發善惡報應之說⑤。作《婺源程志鵬居士懿行頌》、《沙公雪舫懿德頌》及《齊庾南公及金夫人百歲冥壽頌》。

大師爲南京三汊河創建法雲寺撰《緣起碑記》、《無錫西方殿緣起碑記》，爲曹菘喬《法華經寫本》作序⑥，爲《圓瑛法匯》作序。

師著《杯度齋文集序》⑦、《昆山佛教西方蓮華會緣起序》、《淨土聖賢錄序》。

福建鼓山湧泉寺新建放生園竣工，大師爲之撰寫碑文。

【原按】民國二十二年癸酉，鼓山湧泉寺新建放生園落成，大師爲撰碑文，勒石於白雲堂前。於放生之理，已發揮無遺。今福州怡山長慶寺第一山門放生池，增築圍牆，迨工告竣，而大師已八秩，力衰目病，不敢再勞老人筆墨。謹檢老人來諭眞迹，指示關於放生要旨六則，勒石池左。願與現（在）、未（來）從事放生者共勉之。

歲次庚辰仲春吉日皈依弟子羅智聲敬識

十一月二十二日晚，覆胡慧徹居士書一，為邵吉成、張立志、張馮修成三位老人分別取法名慧成、慧立、慧修，勸他們「生信發願，念佛求生西方。」

大師覆陳慧新、胡作初居士書。又覆江景春居士書一。

冬至日，江蘇淮安楊佩文居士因信佛虔誠，念佛精進，而得一舍利，送至大師驗看。師為之撰寫《楊佩文居士得舍利記》一文。同日，撰《淮安觀音庵普濟蓮社緣起》。

寒冬臘八日，師為季聖一居士《大乘百法明門論講義》一書題詞，並撰寫序文。大師認為，季居士所「注此論，俾性、相二宗，如融水乳，單復修持，各隨所好。措辭顯而易知，闡理深而可解。蓋欲閱者同開眞正知見，同悟唯心法門，同於百法中，證本具眞如。」

江蘇南通趙運昌請宋版《大藏經》一部，於家中供養，師為之作序。

十二月初九日，覆劉榮閣居士書，為之夫婦取法名，強調時局危險，須多念阿彌陀佛、觀世音菩薩，以保平安。

十日，覆拜竹居士書一，為之取法名「慧竹」，「謂依佛修持，當如竹之心空而節勁，力傲霜雪，不伍俗派也。」

注　釋

① 眞達、妙眞等《印光大師行業記》：「……至民國二十二年，臭蟲忽然絕迹。師亦不對人言。時近端午，德森念及問師。答云：『沒有了。』森以為師年老眼花，故一再堅請入內檢查，確已淨盡，了無蹤迹，殆為師遷單去矣。」（《三編》卷四附錄）

② 《贛州壽量寺重興緣起疏》：「……壽量寺者，贛州千五百年之古道場也。當蕭梁時，防禦史盧光裯為僧道成所建。初名盧興延壽，尋改聖壽。至宋祥符間，眞宗特敕賜今名。元明清來，代有興復。至清光緒間，忽罹回祿。民國四年，又遭洪水。致莊嚴佛刹，竟成坵墟。唯丈六鐵觀音像，巍然無恙。地方正紳，請光孝寺大春和尚兼任住持，遂與住僧德森大師，竭力經營，建觀音殿。後大春去世，德森離贛，繼住僧無狀，致市政公署視為廢地，擬改荣市場，開馬路。當地緇素通知德森，因函懇各界偉人，輾轉懇求保護。……中國佛教會亦一再函電，請其維持。並一面遴選妥人，前往籌劃興復。遂令取消前議，且願護持，令速恢復。而當地士紳劉君汲甫等力任斡旋，並願為後盾，助成興復。蓋法道之興，各有因緣。不因經此風潮，則此寺殆將湮沒矣。

惟現今時值末法，人根陋劣，匪仗彌陀大誓願力，往生西方，孰能

現生斷盡煩惑，了脫生死？是故此次恢復，專修淨土法門，並附設居士林、流通處，俾當地人士，咸知出五濁、登九品之要道，與敦倫常、盡己分、知因果、慎修持之良謨。如是，則蓮社啓而宗風丕振，禮教興而國運昌明，庶可副古人建剎命名之意，亦可慰諸公一番維護之熱心也。

但以寺無恒產，僧無積儲，祈不慧代爲疏引，用懇諸大護法及各善信，發菩提心，行方便事，輸金輸粟，轉勸轉募。俾含空寶殿，指日成功。滿月金容，經劫常住。淨宗興行，人知出苦之道；因果彰顯，群趨希望之途。……」（《續編》卷下《雜著》）

③《重修清涼山志序》：「舊志，係明萬曆間，鎮澄法師所修，大體甚好，間有未加詳考之失。其時憨山、紫柏、妙峰，皆屬摯友，不但於此山有大關係，實於佛法、世道有大關係，均未立傳。清康熙間，復有修者，絕未遍訪，且於大有關係之文字，任意刪削，因茲遂不流通。今依明志，稍爲考訂、增修耳。去春，一弟子李圓淨言：『文殊、普賢、觀音、地藏，四大菩薩，實爲一切眾生之恃怙。師在普陀，曾請許止淨居士，作《觀音本迹頌》，發揮觀音之深恩重德，至爲周到。師又另修王雅三所修之《普陀志》，何不將《清涼》、《峨嵋》、《九華志》，亦按此例而修之乎？況《清涼志》，亦無請處，而體裁尚好；《峨嵋志》，則只是志山，不復以發揮普賢之道爲事；《九華志》，則更可痛歎！當此世道人心陷溺已極之時，固宜亟亟修而流通，以作挽回之據。』遂忘其固陋，勉力從事。乃請許止淨標示大致，其修治則光任之，其校對則德森師任之。今已排竣，雖無大發明，然亦不無小補。至於近世之事，以身既不在其地，而以朝不保夕之年，亦不敢托人採訪，恐事未集而人已逝，致成空談，故將近事留於後來之哲人耳。」（《續編》卷下《序》）

④《覆崞縣宋慧湛居士書》：「佛教以孝爲本，大乘經多有發明。其最顯豁詳悉者，有《佛報恩經》、《地藏經》、《無量壽經》、《觀無量壽佛經》、《梵網經》。『孝』之一字，局於事親。通而論之，凡於理於心，能不違悖，均名爲孝。否則均爲不孝。學者必須通局兼修，方可名爲盡孝。眾生入道，均視宿因如何。不但癡傻之人難以教化，即大聰明、大學問人或更不如癡傻之人，尚能少種善根，不生譭謗。我等但隨分隨力而爲勸導。若欲盡人皆遵佛化，斷無此好因緣，只可隨緣盡心而已。

戒爲一切善法之根本，當看《在家律要》。然律文繁多，或難詳讀、詳記，但於心中常常存一『諸惡莫作，眾善奉行』之心，凡起心動念，不許萌一念之不善，如此則諸戒均可圓持。儻只在事相上講究，雖一戒不犯，

亦未能稱爲持淨戒人，以心中仍有犯戒之相，然而難矣。

　　蘧伯玉行年二十，而知十九年之非；以至行年五十，而知四十九年之非，欲寡其過而未能。孔子行年七十，尙欲天假數年，以期學《易》而免大過。此皆以心未能完全與天理吻合爲過，非此等人所作所爲。尙有過也。『諸惡莫作，眾善奉行』，是佛法戒經中之要義。後世鈍根人宜於此著力，則方爲契理契機。……」（《續編》卷上《書》）

⑤《婺源縣內成立佛光分社發隱》：「佛光者，心光也。在凡不減，在聖不增。只因眾生從未悟故，不能得其受用，反承此心光之力，起惑造業，輪迴六道，了無止息。故佛隨眾生之機，爲其說四諦、十二因緣、六度等因果法門，及湛寂圓融、常樂我淨等妙深理性，俾眾生依之而修，自有圓滿菩提之一日，而究竟親證此心光，得以普照法界也。

　　因果一法，儒教亦極注重。故孔子贊《周易》，最初即曰：『積善之家，必有餘慶；積不善之家，必有餘殃。』末後則曰：『一陰一陽之謂道。』夫積善、積不善，因也；餘慶、餘殃，則果矣。佛所說三世因果、六道輪迴，乃發揮因果之究竟者。有謂因果爲小乘，而不肯提倡者，是皆專事空談，不修實德也。如來成正覺，眾生墮惡道，皆不出因果之外，何得獨目之爲小乘乎？其曰：『一陰一陽之謂道，此所謂道，果何道也？非誠明合一之道乎？』誠明即德，乃吾人即心本具不生不滅之妙性，乃性德也。由無克復之功夫，則不能顯現，故謂之爲陰。明，即『明明德』之上一『明』字，乃朝乾夕惕、兢業修持之功夫，即修德也。修德之事顯著，故謂之爲陽。修德功極，性德圓彰，誠明合一，即所謂『明明德而止至善』也。前此之工夫，爲格、致、誠、正、修。後此之事業，爲齊、治、平。然此誠明合一，明明德而止至善，以迄於齊、治、平，非徒能如是也，固自有使之不能不如是者在也，合爲『使之不能不如是者』，即所謂三世因果、六道輪迴也。

　　人雖至愚，決無好兇惡吉、幸災樂禍者。聞『積善，必有餘慶；積不善，必有餘殃』，賢者必益加勤修，不肖者亦必勉力爲善。勉爲既久，則業消而智朗，過無而德明，昔爲不肖，今爲大賢。是知誠明之道，於自修，則已具足；於教人，非以因果相輔而行，亦不易盡人悉各依從也。合因果、誠明二法，方爲聖人繼天立極、垂型萬世之道，亦即自心本具之光，與普照法界之光也。

　　……近來世風日下，有心人各各提倡學佛。婺源由江易園居士提倡以來，一方人士，群起而和，所有分社，已有數處。良以蒙佛慈光，因茲

改惡修善者，消災癒病者，賊寇多不至，疫癘多不行，雨暘不時，念佛禱而即應者。……故為陳其八九百年來之事迹，俾後哲有所鑑焉。……」(《續編》卷下《雜著》)

【按】此篇《發隱》，與大師民國二十年所撰之《婺源翀田佛光分社發隱》，內容大同小異。

【按】江易園（1875～1942），名謙，號陽復。安徽婺源人。年十三能詩文，業儒。1914 年出任江蘇教育廳廳長，次年，任南京高等師範學校校長。後因病閱彭紹升《無量壽經起信論》，遂一心念佛，以致其病不治而癒。由此，先後皈依諦閑上人、大師，並深入經藏，融匯各宗，歸於淨土，且創設佛光社，弘揚淨土法門，頗得大師贊許。後來，沈溺於「扶乩」，不能自拔。遂受到大師嚴厲批評，但仍不思悔改。四十年代初，病逝於上海。

⑥《法華經寫本序》：「《法華》一經，義理宏深，功德廣大。開權顯實，授聲聞成佛之記，而散心念佛，及舉手低頭之善，亦作未來成佛之因；開迹顯本，示如來壽量無邊，而本地眷屬，及大士利生妙用，亦得迹本徹底全彰。普令一切眾生，同知永劫輪迴之幻苦，本具佛性之真心。從茲上慕諸聖，下重己靈，信願念佛，求生西方，以期永離五濁，速證無生，如《藥王本事品》所明，暢如來出世之本懷，作九界眾生之善導，其為利益，非佛莫知。以故凡讀誦、受持、書寫、流通者，其功德亦非世間凡夫二乘所能測度也。

余常謂：『欲得佛法實益，須向恭敬中求。』有一分恭敬，即消一分罪業，增一分福慧；有十分恭敬，即消十分罪業，增十分福慧。凡讀誦、受持、書寫之人，必須淨身、口、意，竭誠盡敬，如忠臣奉明主之聖旨，孝子讀慈親之遺囑，敬恭寅畏，不敢怠忽，則無邊利益，自可親得矣。若或漫無敬意，任性褻瀆，亦如近世儒者之讀儒書，絕無對越聖賢，不敢自安之想念，雖亦可以種未來得度之善根，其褻慢之罪，殊非淺鮮，固不可不為注意也。……」(《續編》卷下《序》)

⑦《杯度齋文集序》：「世亂極矣，凡有心者，莫不懷憂。郭介梅居士欲為挽救，前曾著《務本叢談》。繼又以多年文稿，薈萃成書。凡所述者，皆經、史、子、集及佛祖經論中之善惡事迹、嘉言懿行，及與時人往復之種種言論。分為四門：一孝友，二政治，三宏法，四德行，總名為《杯度齋文集》。

齋，何以杯度名？蓋欲度人於煩惱惡業大海之中，必須以古聖先賢之嘉言懿行，及如來所說三世因果、六道輪迴之理事，以為根據。而隨事隨境，以己之文字發揮之。有不喻者，又引古今事迹以為證。令強項者回頭、任性者革心。但以己之道德微薄，不能大有感化，如以杯度人，所度有限，乃自謙之名詞耳。須知此杯，乃如來大願船之流類，肯上此杯，即可直登豎窮三際、橫遍十方、廣大無邊之大願船，九法界若凡若聖，均由此船而登菩提覺岸。願在煩惱苦海中者，遇此一杯，切勿以其小而棄之，否則縱遇大願船，必以不識而錯過之，其為自誤也大矣。……」
（《續編》卷下《序》）

### 有關人物及佛教大事

國民政府內政部會同外交部發表解決上海靜安寺糾紛辦法：（1）依《監督寺廟條例》，該寺應以上海市政府為主管官署；（2）永定該寺為十方叢林，由上海諸山代表公舉高僧為該寺住持；（3）前住持志汶盜賣寺產不生效，由市府督飭住持切實清理。

西藏達賴致函班禪，請其回藏，合作鞏固邊疆。班禪離京北上，取道北平赴內蒙，中央政府派員護送其入藏。

# 一九三四年　七十四歲（民國二十三年　甲戌）

### 譜主事略

正月十九日，經曹培靈居士介紹，嚴德彬、秦效魯、丁希尹諸居士皈依大師，時嚴氏年僅十八歲。

因大師撰寫《贛州壽量寺重興緣起疏》，呼籲各地善信慷慨捐資，為修復壽量寺出力，共襄盛舉。時軍閥孫傳芳將軍欲捐法幣二千圓，作為修寺經費，並請求皈依大師，師婉言拒絕[①]。

近年來，大師為江西寺院之事費力頗多，在《覆萬梁居士書》中，師曾說：「二三年來，為江西事勞悴已極，人已成病。」

五月初二日，趙茂林居士夫婦、兒子及友人由滬至蘇，去報國寺拜見大

師。師詢問皈依後，信願如何，功課怎樣，他們一一如實相告，師勉勵其繼續用功，不可鬆懈。

夏日，師撰寫《南通佛教居士林唐閘分林緣起》，題寫《智積菩薩贊》、《徹悟禪師像贊》。

九月初五日，覆拜竹居士書二。

十月初五日，覆拜竹居士書三。

十二日，覆甯德晉居士書十一，回答印經有關事宜。

十一月十五日，覆甯德晉居士書十二，由於目力不濟，大師僅簡要回覆若干瑣事。

十二月初三日，覆倪慧表居士書。

冬，嚴德彬函求師開示青年學佛法要。師慈悲詳示勤惰之利害，言辭誠摯懇切[2]。大師爲江蘇南通金沙區佛教居士林成立起草宣言。

是年，安徽阜陽古剎資福寺被學校佔據，此事訟於官府。由於當局偏聽一面之辭，寺幾被廢滅。師遂發一函，從中斡旋，得以正視聽，寺院被還給僧眾管理。

大師重修《峨嵋山志》畢，並撰重修序。序中考證了舊志之種種錯謬，並言及重修四大名山志的進展情況[3]。

覆德暢居士書，解答其愛子夭折之疑問[4]。

師爲揚州都善壩蓮修精舍募建大殿作疏，撰寫《江蘇吳縣佛教會通告各寺院僧眾異言》[5]，並《林文忠公行輿日課發隱》[6]。

大師題《達摩祖師像贊》、《濟公禪師像贊》和《南屏宗乘頌》及《常熟蓮華庵放生池碑記》。

大師撰《吳縣香山草庵香光蓮社創修西方三聖殿碑記》、《天台山國清寺創建養老養病助念三堂碑記》[7]、《國清寺創開放生池碑記》、《淨土五經附華嚴經淨行品緣起序》、《靈岩山起建永年佛七助修大殿功德碑記》。

覆無錫佛學會少年學佛會書，又覆幻修大師書。大師認爲，念佛的宗旨是，生真信，發切願，專持佛號。而念佛用功最妙的方法是，「都攝六根，淨念相繼。」如此則「一心不亂」、「念佛三昧」可漸得矣。

覆陳渭恩居士書，論述學佛與學儒之關係[8]。又覆李慧澄居士書，認爲焚經之事不可提倡；燒往生錢也須仔細，不可同歸於垃圾中，否則利益未得而禍害先來。

　　大師覆覺明居士書，勸其年老應念佛不懈，以備謝世之需，並寄《淨土十要》、《淨土聖賢錄》、《佛法救劫編》、《觀音頌》、《歷史統紀》各一部。

注　釋

① 方德仁《先師印公生西周年頌並序》：「猶憶民廿三年，因事至津。孫馨遠（傳芳）約往會餐。談次伊已皈依先師，並應先師爲贛州壽量寺所作募捐啓，捐法幣二千圓。當時俱言爲實。及至蘇州謁師，乘便述及。師曰：孫之捐款，確已如數匯到，但伊與其夫人來函皈依，予未收錄，已介紹皈依北京某法師矣。仁初不甚注意。至次年某月，見報載施劍翹刺孫一事，始恍然師之不收孫爲弟子者，良有以也。……」（《全集》第七冊（2）印光大師生西周年紀念文）

【按】施劍翹（1906～？），1925年，其父遇難。1935年爲父報仇，刺殺孫傳芳。後蒙特赦。經此巨變，心始向佛。1945年曾作詩云：「四十年來一夢長，犧牲自我爲誰忙？醒來自覺佛緣近，心印菩提萬丈光。」後皈依妙真，成爲虔誠的佛教徒。

② 《覆嚴德彬居士書二》：「汝年已十八，何不認眞學字？並寫信之稱呼等，均不甚適宜。人生世間，勤則有成；若懶，則一事無成矣。且莫謂縱才能不出人上，而家業尙有可恃。須知越富貴，越要勤學；富貴家子弟多敗類，少有成正器者，皆因有家業可恃，卒至可恃者不足恃，而自己之德才，由其有可恃者，皆不成就；至可恃者不能恃，而自計之德才一無所有，則不爲庸人與寒賤，何可得乎？汝既發心皈依佛法，必須先要做個好人，存好心，說好話，行好事。一舉一動，雖在暗室，不可放逸。務必敦倫盡分，閑邪存誠，諸惡莫作，眾善奉行，以爲世間賢人、善人。能如是，方可爲佛弟子。所請之經書，必須格外恭敬。現在當詳閱《嘉言錄》、《文鈔》、《感應篇直解》，勿效騎走馬觀燈，則當可得益。」（《三編》卷二）

③ 《重修峨嵋山志序》：「舊志所載，殊爲訛謬，如千歲寶掌，於卷二《諸經發明》云：『漢永平癸亥之前，已住此山，蒲公見鹿迹如蓮華，徑投寶掌問之。掌令往洛陽，問摩騰、法蘭二師。蒲公於甲子往洛陽，謁二師。』不知甲子，即明帝七年，始遣蔡愔、秦景、王遵等往西域尋佛法，至十年丁卯，二師隨諸人始來洛陽。按《傳燈錄·寶掌傳》，東漢獻帝建安二十四年來中國。魏晉間，入蜀禮普賢，留大慈。舊志本傳只略東漢獻帝等一句，何不以此證前之訛，而竟兩存之，亦不說其孰是孰非耶？於一

生不至西蜀之智者大師，亦為立傳，且日與茂真尊者、孫真人弈棋於呼應峰下之棋盤石山上，又建呼應庵以居，均以相呼相應之弈棋，為峰名庵名。作此說者，不但不知智者，且絕不知佛法。智者一生，以身為法，作後學模範，何得日與閑僧曠道，常行犯佛禁戒，玩物喪志之事乎？玄奘生於隋文帝仁壽四年甲子，其兄長捷法師令其出家，居洛陽淨土寺。十五歲，因隋室喪亂，至長安。時唐室初立，尚事翦削，無暇弘法，遂與其兄往成都求學。未幾，聲聞遠著。武德五年，於成都受具，思欲入京，以期聞所未聞，為兄所留，遂私遁。由三峽達漢陽，至相州，沿途求學弘法。後至長安，欲追法顯、智嚴之迹，結侶上表，往遊西域，求所無經。斯時世始太平，中外尚未交通，故詔不允許。眾咸退心，師獨不屈。乃於貞觀三年八月私去，歷一十七年，始回中國。及至于闐，即遣使上表太宗。太宗優詔答之，且令沿途有司各為護衛迎送。師聞帝欲問罪遼濱，恐稽遲不遇，遂兼程而進。由流沙至沙州，是由甘肅而來者。帝敕有司，備儀仗相迎，忽至京城之西漕，有司莫知所措（以按程備儀，師兼程而進，故致有失）。此後，日事翻譯，未及卒業而寂。何得有履西域，至峨嵋九老洞，值聖真說偈授經之事乎？

但以世遠人亡，屢經滄桑，志乘軼失，無所依據，遂致以訛傳訛，無由考證，故致然也。當明季時，胡世安公好遊山而信佛，未息心以研究，故其博采藝文，輯譯峨籍，實為清蔣虎臣山志之權輿。虎臣自謂於譯峨籍，一字不遺。然其所錄，總以敘述山峰之嵾峻、岩壑之幽秀、風雲之變態、寺宇之興廢而已。至於普賢興慈運悲，四眾竭誠盡敬之所以然，尚不能稍為形容，況菩薩之本地風光，四眾之心契覺海者，又何能一為形容耶！

又，此山昔有道教，自大法昌明後，漸次歸真，明果滅妖，乾明作中峰之寺；羽流感德，黃冠作緇衣之僧。自後一致進行，皈依三寶，道教絕響，已千餘年。舊志于普賢及古高僧，有經傳可考證者，尚多錯訛，況於絕響已久之道教事實，能無訛謬乎？

黃帝往崆峒山，問道於廣成子，載於《莊子‧在宥篇》，何得又往峨嵋，復問道於天皇真人乎？天皇真人即廣成子，黃帝係有天下之責任者，非閑僧曠道隨意雲遊者比。崆峒已去兩次，而有所悟，即廣成子移居峨嵋，黃帝何得又往峨嵋？況蜀道之難，今尚興歎，當黃帝時，不比今更難百千倍乎？故知此諸記載，悉屬虛設。即的確之極，亦無關緊要，以此所說之法，乃佛法中人乘、天乘兩間之法，峨嵋道教，久已絕響，又何猶立此法，以致後世惑於兩歧，莫知去向乎？

故將此種記載多爲刪去，揭佛日以普被三根，亦天皇眞人之所贊許者。……《清涼志》去年已出書，《峨嵋志》不久亦可付印，《九華志》或於明年春夏間可出。四山舊志，唯《清涼》最佳，《普陀》次之，《峨嵋》又次之，《九華》最居其下。良以三山志皆屬不通佛學之儒士所修，故致買櫝還珠，敬卒隸而慢主人，只在山之形勢變幻處致力，不在菩薩興慈運悲、撥苦與樂處形容，志山而不志佛，顚倒行事，雖有其志，不能令見者、聞者增長善根，種菩提因。此今志之所深致意者，故爲略示其意。然以未曾親歷其境之人，不能詳加詢訪，故只按舊志及諸經傳，而爲證訂。至於近來名德及新建築，概不加入，以免逸軼名德之咎，掛一漏萬之譏，具眼知識，當能諒之。」（《續編》卷下《序》）

④《覆德暢居士書》：「切不可以自己一向熱心公益，皈依佛法，何以不蒙佛佑，而爲怨尤。須知吾人從無量劫來，所造惡業，無量無邊，或我欠人之債，或我欠人之命，以彼此有負欠故，致所生兒女種種不一：有還債者，有討債者，或有報德者，有報怨者。汝今生雖居心事事甚好，豈多劫多生，通通皆無罪業乎？故人當有不如意之境遇，只可發懺悔罪業心，不可生怨天尤人想。若能發懺悔心，不生怨尤，則所謂逆來順受，則後來之福，實難測度。汝此子者，大約是討債而來，債已討足，故隨即去世。汝於債主已去，不生解脫業累之想，反生怨天尤佛之心，則成顚倒矣。

……大率世之兒女之因，總不出討債、還債、報恩、報怨之四義。此子係汝宿世欠彼債者，債清即去；若還債及報恩者，則可得其孝養耳。又，汝已皈依佛法，當須曉得世間事事無常。若不極力念佛求生西方，則隨業輪迴於三途六道中，何可底止！此子之去，益當知一切事皆不可倚靠，唯有西方阿彌陀佛，乃我等一切眾生之倚靠。從茲發感激心，發精進心，以自己所作之種種功德，及所念佛之功德，同皆回向往生西方。汝能如是，則此兒之死，即爲汝作警策，免汝被世間福報眷屬所迷，不生厭離娑婆之心，亦不生欣求極樂之心。」（《續編》卷上《書》）

⑤《江蘇吳縣佛教會通告各寺院僧眾異言》：「……良由佛法者，心法也。此之心法，生佛同具，凡聖一如。在凡不減，在聖不增。佛由究竟悟證，故得福慧兩足，煩惑永亡，享眞常之法樂，施隨機之大教。眾生由徹底迷背，以致煩惑永熾，輪迴不休，如暗室之觸寶，反更受其損傷。世間諸教，咸屬權說，契理契機，唯獨佛教。以故自漢以來，教傳東土，歷朝欽敬，舉世尊崇。使無明因示果，俾世人敦倫盡分，以輔治道，識心達本，令學者斷惑證眞，以入聖流者，何能延至而今，仍復不墮厥緒耶？

　　況經三武之暴君，韓、歐之拘儒，以及程、朱陰奉陽違之辟駁，仍復振興於世者，以其有大力王臣爲之衛護，大德高僧爲之宏揚故也。清末，世風日下，國家無暇提倡，僧眾類多懈於修持，以致無正知見者，各懷驅僧奪產之念。然以世亂日亟，有心人各群起而學佛，尚不致於受大困厄。

　　我同袍當念爲佛弟子，當宏佛化，教化眾生，爲世津梁，報佛恩德。若自己尚不自勵，反資驅僧奪產者之根據，爲在家精修者所藐視，豈非自貽伊戚乎？人未有不願人恭維者，若不勉力修持，即是自討下作。佛法非天魔外道所能敗壞，唯不遵佛教戒之僧能敗壞，譬如獅子身上蟲，自食獅子肉。惟聖罔念作狂，惟狂克念作聖；人皆可以爲堯、舜，人皆可以作佛，所貴者自勉耳。

　　明末蕅益大師，木瀆鍾氏子，天姿聰敏，少即隨母吃素禮誦。七歲讀書，以聖學自任，誓滅釋老，開葷酒，作論數十篇辟佛。十七歲，閱蓮池大師《自知錄序》及《竹窗隨筆》，乃不謗佛。後遂極力研究，二十四歲出家，徹悟自心，深入經藏。一生著述數十種，均爲古今不多見者。

　　現有四川鄧奐坤，乃法政學堂畢業生，狂悖特甚。民國初，專門毀壞佛教，無論神廟、佛寺悉率其徒黨拆毀。後忽知非，力行改悔，來普陀求皈依，住上海居士林八年，精進修持。前年滬戰，彼住林中，不驚不動。林前後左右，均成一片焦土，林中所落大小炸彈，無一開炸，足見人能改過遷善，佛菩薩即嘉獎而保護之。吾人縱不如蕅益，亦豈不如奐坤乎？奐坤以罪大惡極之人，尚有如是感應，吾人何可因循度日，不加勉力，如登寶山，空手而歸乎？

　　近來政府每有明令，於中國佛教總會，令其誡飭僧伽，各守清規。須知僧爲人天師範，政府教飭，已失僧體。若猶夢夢，則後來之驅僧奪產，恐難苟免。現本縣佛教會既已成立，大家都要一致進行，維持佛教大局，不可只期自了。若佛教會無法維持，則欲自了者，不能了矣。是以各須認真修持，以自尊重。

　　現今在家居士，各務精修，及於研究，忍以堂堂比丘，反出居士之下乎？有血性者，當爲奮發。又與當各出資斧，以助會務。會務與己，休戚相關，譬如兩手兩足，互相爲用。一不相輔，便難生活。……

　　凡我同袍，祈各奮發大心，以期上續佛祖慧命，下作眾生福田，俾佛法重興於危亡之秋，人民盡被夫法化之益，則幸何如之！」（《續編》卷下《雜著》）

⑥《林文忠公行輿日課發隱》：「詳觀古之大忠大孝、建大功、立大業、道濟

當時、德被後世、浩氣塞天地、精忠貫日月者，皆由學佛得力而來。世儒不知道本，只見已然之迹，而不知其所以然之心，致其本隱而不顯，潛而不彰。以拘儒忌佛，故多主於潛修密證，不自暴露。若詳審其行迹，必有不可掩者。其子孫若非具正知見，必惟恐為俗儒隨譏，亦不肯為之闡發耳。以此因緣，致潛德幽光，湮沒無聞者多多矣。

《舊唐書》，凡佛法事迹，及士大夫與高僧往還之言論，俱擇要以載。歐陽修作《新唐書》，刪去二千餘條；《五代史》亦然。蓋惟恐天下後世，知佛法有益於身心性命、國家政治而學之也。其他史官，多是此種拘墟之士。故古大人之潛修而密證者，皆不得而知焉。

林文忠公則徐，其學問、智識、志節、忠義，為前清一代所僅見。雖政事冗繁，而修持淨業，不稍間斷。以學佛，乃學問、志節、忠義之根本。此本既得，則泛應曲當，舉措咸宜，此古大人高出流輩之所由來也。

一日，文忠公曾孫翔，字璧予者，以公親書之《彌陀》、《金剛》、《心經》、《大悲》、《往生》各經咒之梵冊課本見示。其卷面題曰：『淨土資糧』。其匣面題曰：『行輿日課』。足知公潛修淨土法門，雖出入往還，猶不肯廢，為備行輿持誦，故其經本只四寸多長，三寸多寬。其字恭楷，一筆不苟。足見其恭敬至誠，不敢稍涉疏忽也。其經每面六行，每行十二字。璧予以先人手澤，恐久而湮沒，作書冊本而石印之，以期散佈於各界人士，俾同知文忠公一生之修持，庶可當仁不讓，見賢思齊，因茲同冀超五濁而登九品焉。命光略敘原委。光幼即聞公之名而嚮往之，今知其修持如此之嚴密，誠所謂乘願再來、現宰官身而說法者。願見聞者，一致進行，同步後塵，……」（《續編》卷下《雜著》）

⑦《天台國清寺創建養老養病助念三堂碑記》：「溯自大教東來，雖有禪、教、律、密、淨之門庭不同，而無一不以往生淨土為歸宿者。天台山，為智者大師道場，大師以五時八教，判釋如來一代時教，又復注重於淨土一門。雖未見《華嚴》末後歸宗之文，其立法固暗與之合，足見佛、祖原是一個鼻孔。國清寺為大師將入滅定基之寺，至今一千三百數十年，雖屢經滄桑，代有興替，而賴有高人為之住持，故致至今道風不墮。

清乾隆初，寶琳珍公為之重興，殿堂寮舍，煥然一新。尚有三堂，力未暇及：一曰養老，以諸方名德，本寺耆舊，年老息心，專辦己事，不有專堂，何資淨業？二曰養病，十方僧侶，孤子一身，既來依止，即是同胞，一有疾病，不能隨眾，移此將息，以期速癒。如或世壽將盡，則移之助念堂中。三曰助念，凡病重臨終之人，移歸此堂，常住即派人輪班助念。

住持、班首當爲開導，令其通身放下，一心念佛，面前當供接引佛像，令其心念、口念，耳聽目睹，除佛之外，一無所念。庶可正念昭彰，隨佛往生。此出家修行，叢林宏法，至極緊要之一件大事。爲住持執事者，當視人之老、病、死，爲己之老、病、死，必使各得其所，決不肯含糊了事。則現在之道德日尊，往生之蓮品更勝矣。況古人建立叢林，原爲老病而設。亦令濟濟僧倫，有所依止；莘莘學子，有所參承。人誰無老？人誰無病？人誰無死？若不特開一堂，則老者病者，身心難安；身心不安，則於念佛求生，適成障礙。此特立養老、養病二堂之所以也。

然老病猶可將就，臨終斷難疏緩，若工夫未深，佛念未純，又加病苦沈重，不有知識開導，淨侶助念，便歸輪迴之中，絕無了脫之望矣。即工夫已深、佛念已純之人，又得大眾助念之力，豈不更爲速得見佛聞法、悟無生忍乎？是知助念一事，關係甚大。當此命光遷謝、升沉立判之時，既有開導助念之人，譬如怯夫避寇，擬乘郵船遠遁，得諸人之扶持，便可一躍而上，遂得安坐以達彼岸。

若無開導助念之人，必受破壞正念之禍，勿道工夫未深者，不能了脫，即佛念已純者，亦難往生。譬如勇士破圍而出，擬乘舟逝，被眾人之攀挽，即時墮入深淵，或超凡入聖，或依舊輪迴，在此呼吸之間，其得失之權，操之於住持者居多半，操之於執事者居少半。若住持執事，視他人之死，如己之父母、師友死，必極力如法助念，成就往生。既得往生，久必圓成佛道。是成就一人往生，即成就一眾生作佛也，其爲功德，何能名焉。

至民十七、八年，以住持不得其人，遂致一敗塗地。十九年，本山耆老，及諸鄉紳，恭請前退居可興和尚，復爲住持，以期恢復。興公又邀摯友靜權法師，爲之輔助。於是特開學社，宏闡台宗，興利除弊，百廢備舉。今又擬建此三堂，堂各五間，其地附近大廚，以期老病所需飲食、茶水方便耳。

每堂各安照應之人，各立規約。住持執事，時常巡視，不致照應之人，偷懶疏忽，其用心縝密，令人欽佩。命光作記，因嘉其爲法、爲人之誠，遂忘其固陋，而書其大意。願國清以後之住持執事，及諸方現未之住持執事，各各深注意焉。」(《續編》卷下《記》)

⑧《覆陳渭恩居士書》：「……須知佛法乃一切眾生之公共法。無一人不當修，亦無一人不能修。彼理學以種種謬說辟駁佛法者，乃昧心違理之言，非大公至正之論也。彼謂佛以因果輪迴，爲騙愚夫愚婦之據，乃憑空妄造，實無其事。是開天下後世了無忌憚之端。馴至於今，遂現廢經廢倫、

喪仁喪德之慘相，學說誤人，一至於此！今當竭力提倡因果報應，庶可挽回頹風，尤當至誠念佛、念觀世音，以期生前消除惡道，增長善根。沒則仗佛慈力，往生西方。……」（《三編》卷一）

### 有關人物及佛教大事

班禪列席中國國民黨第四屆中央執行委員會會議，被推選為國民政府委員。

法尊於四川縉雲山譯出藏文《菩提道次第廣論》。

# 一九三五年　七十五歲（民國二十四年　乙亥）

### 譜主事略

元月初四日、十五日，大師分別覆穆宗淨居士書二通，勸念觀世音事①，以及取名犯諱事②。

元月初六，覆高慧蔭居士書，接受其介紹的家鑫、祖芳二人為皈依弟子，並取法名，並寄贈《淨土十要》、《文鈔》、《嘉言錄》各一部。

二月一日，因年來函件日多，加以目力受傷，師不得已於滬上《新聞報》、《申報》和《佛學》半月刊刊登《謝絕函件啟事》，以靜心養目③。儘管如此，信函仍復不少。

二十日，覆甯德晉居士書十三，說明不能回陝西老家的原因，並寄《普陀山志》、《五臺山志》、《峨眉山志》各一部。

二十九日，覆甯德晉居士書十四，談因陝西匪災籌款、大師匯一千圓之事。

三月二十日，覆甯德晉居士書十五，說及又籌款五百匯至陝西，救濟災民。

二十一日，覆露園居士書。

大師覆契如居士書，談臨終求生西方之要事在於，「須令各眷屬，於彼臨終時，大家同為助念佛號。不可預為揩身換衣、問後事及閑安慰，直念至斷氣後過三點鐘，然後再為安頓，庶不致以孝心而誤親了生死之大事也。」

是年，國民政府全國教育會議召開。教育廳長提議將全國寺產作爲教育基金，全國寺廟改爲學校。形成決議後，呈請內政部大學院備案。

此事經報界披露後，群情震驚。佛教會理事長圓瑛、常務理事長大悲、明道諸師及關絅之、黃涵之、屈文六等同抵蘇州報國寺，叩關請示。師以衛教相勉，並示辦法。圓瑛一行遂返滬開會，公舉代表赴京請願。所幸佛光加被，教難得以解除。

四月，大師於報國寺閉關已五載，出關後有他往之意。

初七日，經報國寺住持明道、靈岩寺監院妙眞、壽量寺住持德性等人竭力挽留，大師慈悲，始俯允。

十一日，浙江省佛教會主席鍾康候居士專程到蘇州，禮請大師出關移錫杭州弘法，師因允諾在先，婉言辭謝④。

五月初二日，覆方耀庭居士書三，爲之寄送《淨土五經》、《歧路指歸》、《物猶如此》等書。

【按】《歧路指歸》一書，係戰德克居士根據大師《文鈔》之義編訂而成，採用問答形式，以釋疑慮而詳明淨土法門宗旨，後經大師修正而印行流通。

初七日，覆承恩居士書。

十五日，覆鄔崇音書，談對放生的態度。

十八日，覆覺僧居士書，又致張靜江、徐永業居士書。

大師覆李德明居士書二通，強調知悉因果報應的重要性，並爲莊厚澤取法名德扶，方長隆爲德澤，于霈霖爲德霖。同時，指出《歧路指歸》一書中的若干錯誤。

【按】李德明，即李炳南（1890～1986），號雪廬。山東濟南人。初學唯識學於梅光義，且於禪、淨、密等宗，亦所修習，並精於中醫。後皈依大師，專修淨土。民國三十八年赴臺，曾任中國醫藥學院及中興大學教授，業餘則致力於弘揚佛法，以「李老師」之名馳譽於臺灣佛教界。先後創辦臺中佛教蓮社、《菩提》雜誌社、慈光圖書館、慈光育幼院等弘法機構及慈善機構。著有《雪廬詩文集》、《佛學問答》、《阿彌陀經義蘊》等。

大師撰《佛說四十二章經新疏序》、《企廬蓮社緣起》⑤、《郃陽東鄉趙家村觀音寺募修葺殿宇聖像疏》、《普勸敬惜字紙及尊經書說》⑥，並題寫《遠公大師像贊》。

師爲王宗懿書《阿彌陀經》題《弁言》，撰蓮宗善導、承遠、法照、少康、

延壽、省常、袾宏、藕益、行策、實賢等祖師《像贊》，作《四川樂山縣大佛陵雲寺創建藏經樓功德記》⑦、《靈岩山篤修淨土道場啓建大殿記》、《大方廣佛華嚴經楷書序》、《阜寧合興鎮淨念蓮社緣起序》、《念佛懇詞序》、《紀文達公筆記摘要序》、《晉蓮宗初祖廬山慧遠法師文鈔序》。

【按】省常（959～1020），七歲即厭俗，年十七受具足戒，戒行謹嚴。後住杭州西湖昭慶寺，於西湖邊結白蓮社，專修淨業，後易名爲淨行社，蓋取《華嚴經·淨行品》之意。宰相王旦爲社首，士大夫預其會者達一百二十三人。世稱錢塘白蓮社主，又號昭慶圓淨法師。爲淨土宗第七祖。

【按】實賢，即省庵。

九月初十日，覆陸培穀居士書。大師認爲，所寄無垢子的《心經注》一書，「似是而非，不可看，亦不可流通。以彼用宗門之言句，作煉丹之表示，令未識禪家宗旨者，走入煉丹運氣一派，其誤人壞法也大矣。」同時指出，陸氏之病在於房事過度，必須時時節欲，並爲之寄用《大悲咒》加持過四千多遍的香灰，以爲治病之用，且告之以服用之法。

十月，覆甯德晉居士書十六。

十九日，覆方耀庭居士書四，爲其所寫之某居士往生記的文章作修改說明。

覆謝慧霖居士書二十九，信中談及明道法師去世及火化之事，並表示不願意移錫他往。

十一月初六，覆高慧蔭居士書。

十二月，覆逢辰居士書，勸其不要出家，應以在家修持爲佳⑧。又，爲季聖一所著《佛說四十二章經新疏》作序⑨。

大師覆營口徐永業先生書，指出其誤引菩薩及佛教勝迹之處。

甘肅平涼地區的鄭睿，係前清舉人，深中韓愈、歐陽修、二程及朱熹「辟佛」之毒害，六十歲前，與佛教爲仇；六十歲時，閱讀大師《文鈔》，幡然悔悟，遂吃長素，念佛求生西方，並函請大師，求爲皈依。後攜其弟，來蘇親近大師，又朝禮普陀山，且準備請數位念佛僧，開化鄉里。

注　釋

① 《覆穆宗淨書二》：「……念觀音，不獨邀淨友念，當於村中及近村宣告，無論老幼男女，通皆吃素，念南無觀世音菩薩。大家各人在各人家裏，一路做事，一路念，於行、住、坐、臥中常念。

……汝邀淨友念，是小辦法，教全村中老幼、男女念，是大辦法，頂好吃淨素，如其不能，亦須少吃，即未吃素，亦要念。當此兇險之時，唯念南無觀世音菩薩，爲能救護。彼怕死、願安樂者，當不至猶不以爲然而忽之。

聚道友念，宜分三班，一班出聲繞念，兩班靜坐密念。如此成天念，不至過勞。若一同出聲，久則過勞，或致受病。由不善設法，反令無知之人謂佛法不靈，徒造口業，不可不知。」（《三編》卷一）

② 《覆穆宗淨書三》：「令郎法名犯祖諱，當隨改，今作智睿，當不致又有犯者。若又犯，祈自己改之，不必又令光改。南北鄉風，各有不同。南方亦有嚴論諱者，亦有子用父名之要字。如父名鵬，子名小鵬；父名謙，子名續謙。至於法名，有專用一字者，則祖孫、父子同一上字。

光不用字派，隨用字，人多而無表白者，則同一上字，已有表白者，則各用上字，以免違俗之嫌。曾子，字子輿，孟子，亦字子輿；子思學於曾子，孟子乃子思之門人。古人寬而今人嚴，於此可見。然大事當依理，小事宜隨俗，此持身涉世之準則也。」（《三編》卷一）

③ 《謝絕函件啓事》：「印光，庸僧也，無所知識。十餘年來，多有謬認爲善知識，乘郵政之便，函件紛投。光不自量，來即答覆。去多夜，校書於電燈下，目大受傷。

以後凡來信，皆戒之後勿再來，而又失效。至今來函件者，較前仍未減。因不得已，故今登《新》、《申》二報，並《佛學半月刊》，以期周知。儻此後再有來信，決不開封，亦不答覆；如屬有關係掛號信，原函退回；平信則付字簍，以圖靜心養目，而可保守見天日之光也。

若仍謬以光爲善知識者，祈直接向上海佛學書局或蘇州報國寺弘化社，請閱《印光文鈔》、《嘉言錄》，其所獲利益，較信實多百倍，再進而閱《淨土五經》及古德淨土著述，則定可以因地心，契果地覺矣。」（《三編》卷四）

④ 妙真《永思集・中興淨宗印光大師行業記》：「民國十九年，掩關於蘇州報國寺，重修四大名山志，乘復興靈巖寺道場，及俯順群情，方便授與三皈五戒，於今忽忽五年。年來，緇素時以出關後之行止奉詢，默不表示，或答將往交通阻梗、郵局未設之鄉僻，藉避塵囂，聞者驚疑，迄未釋然。

二十四年四月初七日，報國寺住持明道、靈巖寺監院妙真、壽量寺住持德性偕蘇垣士紳代表張一麐、李根源及弟子吳谷宜、曹崧喬、季銘又

齊往關前，籲請留蘇施化。老人謙光盛德，辭以年老力衰，旋經張、李諸公懇切瀝陳，老法師駐蘇以來，世道人心，隱為維繫，地方治安，亦逢凶化吉，男女信徒增加無數，加之靈岩為東南唯一淨土道場，大殿尚未竣工，諸事均須秉承，弘化社刊物流通全國，年計約三十萬部，勢難中止，為節勞計，不妨規定應接日期，謝絕函件文字。出關以後，或住原處，或往靈岩，或往他處，總不離蘇州，方便化度，為全體請願之主旨，再三陳請，老人慈悲為懷，慨然俯允。……

　　四月十一日，杭州省佛教會主席鍾康侯居士來蘇，晉謁老法師，堅請出關之後，移駐杭州，俾便遵循。老人答以蘇、杭近在咫尺，如有機緣，可往一觀，而不能久住，因已允蘇州士紳之請，未便變更原約，婉言辭謝云。」

⑤《企廬蓮社緣起》：「……遠公首開蓮社，當時高僧、鉅儒之預會者，凡百二十三人。自茲厥後，代有高人，續焰傳燈，遍佈中外。如來大法，有律、教、宗、密、淨五種，唯淨土一法，最易修持，最易成就，為律、教、宗、密之歸宿，故古今律、教、宗、密諸善知識，皆務密修，尤多極力顯化者。此法真俗圓融，機理雙契，不但為學道者，立出輪迴之妙門；實為治國者，坐致太平之要道。故往聖前賢，通人智士咸皆修持，若群星之拱北，眾水之朝東焉。

　　邇來人心不古，棄本逐末，歐風東漸，競尚唯新，爭地爭域，互相殘殺，天災人禍，頻頻降作，國運危岌，民不聊生。其有心世道人心者，見此現象，恐人道或幾乎息，群起而設法挽救之。於是，各處成立淨業社、居士林，提倡佛學，明三世之因果，示六道之輪迴，表佛性之真常，贊淨土之超勝，令一切人守孝悌、忠信、禮義、廉恥之八德，行格致、誠正、修齊、治平之八事，則必能懲忿窒欲，閑邪存誠，諸惡莫作，眾善奉行，而為世間聖人、善人，發菩提心，自行化他，信願念佛，求生西方，迨至臨終，佛及聖眾親垂接引，令其往生，而為出世間上善人。……」（《續編》卷下《雜著》）

⑥《普勸敬惜字紙及尊經書說》：「人生世間，所資以成德達才、建功立業以及一才一藝、養活身家者，皆由文字主持之力，而得成就。字為世間至寶，能使凡者聖、愚者智、貧賤者富貴、疾病者康寧。聖賢道脈，得之於千古；身家經營，遺之於子孫，莫不仗字之力。使世無字，則一切事理，皆不成立，而人與禽獸無異矣。既有如是功力，固宜珍重愛惜。

　　竊見今人任意褻汙，是直以至寶等糞土耳，能不現生折福折壽、來

生無知無識乎哉！又，不但有形之字不可褻汙遺棄，而無形之字，更不可褻汙遺棄，孝悌、忠信、禮義、廉恥，若不措之躬行，則成亡八字矣；八字既亡，則生爲衣冠禽獸，死墮三途惡道，可不哀哉！」（《續編》卷下《雜著》）

【附記】

字，爲世間至寶，非金、銀、珠、玉、爵位可比；以金、銀、珠、玉、爵位皆由字而得，使世無字，則金、銀、珠、玉、爵位，亦無由而得矣。字之恩德，說不能盡。敬惜書字，福報甚大。宋朝王文正公之父，極其敬惜字紙。後夢孔夫子以手按其背曰：「汝何惜吾字之勤也，當令曾參來汝家受生，顯大門戶。」後生子因名王曾，連中三元，爲名宰相。沒後諡文正公，封沂國公。後世凡科甲聯綿、子孫賢善者，悉由先世敬惜書籍及與字紙中來。

近世歐風東漸，不但普通人不知敬惜書籍字紙，即讀書儒士，亦不恭敬書籍及與字紙，或置書於坐榻，或以書作枕頭；或大怒而擲書於地，或抽解而猶看詩書。不但大、小便後概不洗手，即夜與婦宿，晨起讀書，亦不洗手，每每以字紙揩拭器物，猶以敬惜爲名而焚化之，故致普通人無所取法，而垃圾裏、毛廁中、街頭巷尾，無處不是字紙遍地；舟車行人，每以報紙鋪坐處；出外婦女，率用報紙包鞋襪，種種褻瀆，不堪枚舉。以故天災人禍，相繼降作，皆由褻瀆天地間之至寶所致。不知此字紙中，皆有天地日月之字，聖賢經書之文，以此種至極尊貴之物，視同糞土，能不折福壽而現受其殃，貽子孫以愚劣之報乎？吾師前文，已包括其大致，猶恐舉一而不悉反三，故又擇其人所易忽者重言之。以期有心世道之人，展轉勸化，同皆敬惜書字，則富壽康寧，現身獲箕疇之五福，聰明睿智，後裔納伊訓之百祥矣。（陳先善述）

⑦《四川樂山縣大佛陵雲寺創建藏經樓功德碑記》：「……在昔陵雲寺處，水勢湍急，行舟每致撞破，爲害甚大。唐初，海通禪師見而愍之，欲爲救護，遂於山上，鑿一當來下生彌勒尊佛坐像，高三十六丈，所坐蓮華，不在數內。由師願力，感佛慈加，水改其道，靠山之處，湧一沙洲，而居人焉。師意以彌勒爲當來世尊，慈無能勝；造此大像，不徒仗佛慈力，救護行舟；深冀見聞之人，納於八識田中，爲現生發心修行，往生西方，將來回入娑婆，輔弼龍華之一大因緣。

終師之世，尚未圓功，至德宗貞元間始成。適南康王韋皋，爲西川節度使，作碑記。有曰：『身高三百六十尺，頭圍若干尺，目廣二丈，其餘相好，一一稱是，此吾國第一大佛也。』然佛眞法身，充滿法界，至於應化所現，則渺無一定。民國九年，常州莊思緘朝普陀，以所攝米佛三尊見示。其像微妙莊嚴，世無倫匹，係天然生成之立像，其米下之糠蒂尚存。凡見聞者，悉感佛恩。

……至於一大藏教之文，分爲經、律、論三，故名三藏。藏者，深固幽遠，取用不竭之謂。若於一字一句，得一入處，便可通一切法，達一切義，以故禪宗六祖聞『應無所住而生其心』一句，便嗣祖位；蓮宗行人，常持『南無阿彌陀佛』六字，即可現生生極樂國，預蓮池會。

此經、律、論三，自天竺來者，唐《開元釋教錄》，已有五千四十八卷。自後續譯亦不少，亦有遺亡。現清藏自『天地玄黃』，至『漆書壁經』漆字，凡四百八十五函，乃四千八百五十卷。此方著述，凡釋經、宗經、各疏論及傳記、語錄等，自書壁經，至兩疏見機止，凡二百三十九函，乃二千三百九十卷。統計共七千二百四十卷。此爲清雍正十三年二月開工，至乾隆三年十二月十五日圓工所刻者。

上根利智，於此各經一字一句，神而明之，便可自利利他，己立立人。次則至誠懇切，受持讀誦，依教奉行，明因果，識罪福，以身率物，俾一切人相觀而善，則於法門、於社會，均有利益。若了無敬意，只求多聞，或妄以臆見，論經深義，則雖是善因，定招惡果。願諸閱者，各力勉焉。

陵雲住持果靜和尚，久欲恭請大藏，俾緇素之有大志者，咸得研閱。然經樓未建，請來無安置處。幸民十八年，榮岩法師偕王旭東居士來寺觀光。因言請經修樓之事，二公即各慨助五百圓。於是，竭力經營，陶瓦庀材，於二十三年正月開工，至今年四月告竣。其樓七間，高五丈六尺，樓之兩旁，蓋平房各五間，以備閱經之人安宿。已往北平請經，於經未回之先，命光作創建經樓碑記。因將建寺之原由，與大藏之要義，並其函卷，撮略書之，俾後之來哲，咸委悉焉。……」（《續編》卷下《記》）

⑧《覆逢辰居士書》「光出家五十五年，絕不說教人出家一句話。以今之人一出家，皆變作懶惰、懈怠之類，此是上焉者；下之，則破齋犯戒，無所不爲。以故我誓不收徒弟，不勸人出家（此猶是清朝的景象，民國以來，政府屢欲驅僧奪產，廣東、陝西、河南許多大寺均拆毀改造，然猶有一班僧俗極力維持，尚能苟延歲月，否則早已全國了無僧人之聲迹矣）。汝且在家修持，是爲最穩當之修持。我已七十有五，且夕將死，一身尚嫌其多，豈肯又收徒弟？如不聽我說，即非我皈依弟子，任汝所爲，汝切勿見我；見我，水也不許你喝。我連我都照應不來，你即欲以一封皈依信，要我供給你一生。我無此精神財力，供給此不受師教之人。你把出家當成一件大快活事，不知今日之僧，直是無有生路可走耳！要尋死路，又何必以出家尋之？」（《三編》卷二）

⑨《佛說四十二章經新疏序》：「……然佛於周昭王二十六年示生印度，歷一

千年，至漢明帝永平十年，方請梵僧迦葉摩騰、竺法蘭二尊者，齎佛經像至洛陽。二尊者以華人初聞佛法，若即以圓頓深經見示，則機教不契，難以得益。《四十二章經》文義明顯，人易領會，故先譯之。而佛智圓妙，即淺即深，圓頓教理，仍復具足，見仁見智，是在當人之智識耳。

此經注解，唯蕅益大師為得其宗，其他亦各利一時之機。季聖一居士，宿具慧根，皈依台宗知識諦閑法師，親承講演，頗有心得。由是隨緣講說，而必以導歸極樂為事。此係依《華嚴》末後結頂之一著，與天台大師之《十疑論》而為提倡。以淨土法門，為一切諸法之歸宿處，《華嚴》尚且如此是，後學敢不依承？近有請講此經者，順時之宜，特製新疏，其立法頗易引新學之士，由茲入勝，以此輩人能生信心，則展轉勸化必廣，故詞不厭詳，必期於義無所隱而已。

……所願閱此經、此疏者，務須識心達本，解無為法，及遠離財、色，堅勇修持，庶可親證無念無作、非修非證之無上覺道耳。」（《三編》卷三）

【按】《十疑論》，又名《淨土十疑論》、《阿彌陀十疑論》、《天台十疑論》、《西方十論》。隋代智顗述。此書就彌陀淨土往生法門舉出十種疑難，然後一一加以解答。如「因何求生淨土？何以必須偏念西方阿彌陀佛」等，注釋書有宋《十疑論注》、元照《十疑論科》、僧樸《升量錄》等。

## 有關人物及佛教大事

上海菩提學會成立，推舉班禪為會長，印光、諾那為副會長，太虛等為導師。

大醒東渡日本，考察佛教。

# 一九三六年　七十六歲（民國二十五年　丙子）

## 譜主事略

二月十五日，皈依弟子諸慧心居士專程赴蘇晉見大師，師多予勉勵。同時，還關切地詢問上海一些弟子們的近況。

十八日，覆許煥文居士書一，為之取法名，並贈送經書、《一函遍覆》、《歧

路指歸》、《初機先導》、《物猶如此》等書。

春望日，師爲流通《華嚴經》中的《普賢行願品》作序。

大師爲王一亭所繪之高鶴年居士像題寫贊辭，其中有云：「人言居士性甚偏，我謂所偏即是圓。由偏故不理家計，由偏故深通教禪；由偏故雲遊全國諸名勝，由偏故遍參宗教諸高賢；由偏故專修淨土特別法，由偏故普令同仁結淨緣；由偏故不立嗣續，以家爲庵，安住貞節，俾全所天。今已老而將離此五濁惡世，直登西方極樂世界之九品寶蓮。」形象地概括了高氏生平的所作所爲，以及志向。

師撰寫《蘇州弘化社第六屆出納報告清冊弁言》。

江西吳南浦居士發菩提心，印送《淨土五經》結緣，師爲之題跋[①]。

五月六日，覆周志誠居士書二，因其全家念佛，師勸其自求精進，並說念佛只要「都攝六根，淨念相繼，入三摩地，斯爲第一。」

十八日，覆方耀廷居士書五，囑其設法保護湖北武昌祖庭東岩寺不被侵奪[②]。又爲成復初《懺悔文》題跋。覆慧空法師書。

大師覆江易園居士書四通。其中有「強調始終所應注意者，爲因果輪迴及家庭教育。」以及寄香灰、叮囑服用之法，還有遇江蘇水災，師捐資四十圓等事宜。

又覆張海橋、淨之居士書。又覆應脫法師書。

六月二十日，覆郭漢儒居士書一，勸其不要去學世上的「聰明特達之士，專以研究大乘經論爲志事」，而應以修持淨土法門爲依歸。

大師撰《靈岩山寺下院放生池附設放生會緣起碑記》、《中國濟生會蘇州分會捐放生池園永爲靈岩山寺下院功德碑記》、《無錫佛教淨業社年刊序》、《無量壽經頌序》。

七月初五日，張覺明因譜佛學歌曲事，奉書請大師寫歌詞，師覆書不允，並責之不務實修念佛，徒事外表，以求世譽之行爲，認爲惟有敦倫盡分，閑邪存誠，諸惡莫作，眾善奉行，方爲眞佛弟子。

八月十八日，覆張覺明居士書三，拒絕其爲大師畫像。

九月初四日，覆萬梁居士書三，爲其介紹來皈依大師的廖雲峰、周曉初、周洪生三人，分別取法名慧峻、慧朗、慧深，並寄贈《淨土五經》、《歧路指歸》、《飭終津梁》各一包。

初八日，覆張覺明居士書四、五。

十五日，覆謝慧霖居士書二十。

十七日，大師覆屈文六書一，極陳參加上海護國息災法會之個人特別要求③。

二十日，覆屈文六居士書二，說明參與法會期間，說法、皈依、生活等方面的一些想法。

二十三日，覆屈文六居士書三，提出去上海說法前後的日程安排，並特別表示無論供養香敬多寡，均分文不取，除了送代說的法師及站班的法師若干之外，其餘的全部作爲法會費用。

十月初二日，覆崔德振居士書五，規勸其少說大話，以老實念佛爲佳。

【按】以信中有提及赴滬作開示之語，以及與屈文六居士書事，故確定爲本年。

初六日，大師赴上海覺園爲啓建護國息災法會作開示八日，鄧慧載記錄。

首日，說念佛、吃素爲護國息災根本；次日，說因果報應及家庭教育；第三日，申述因果原理，並證以事實；第四日，說成佛大因果，並略釋《四料簡》；第五日，略釋天台宗六即義，兼說吃素、放生；第六日，以眞、俗二諦破除執見，並述近時靈感；第七日，說大妄語罪與佛之大孝，及致知格物、老實念佛等內容；最末日，法會圓滿，說三皈、五戒、十善及做人、念佛各要義。師開示法語，旨在反復闡明因果感應之理，破除妄見，啓示修身、齊家之道，以爲正軌，而終以導歸淨土法門，以爲究竟護國息災之法則④。

【按】覺園，其前身爲「南園」，是當時上海一流的私人花園。1916 年，由南洋兄弟煙草公司創辦人簡照南、簡玉階二人建造。1923 年，簡氏兄弟將南園捐獻給佛教界，作爲公共功德地，始更名「覺園」。後作爲上海佛教淨業社之址，成爲滬上有名的弘法場所。佛教界常在此舉行盛大法會及講經說法。1926 年又將覺園作爲專修淨土道場，出版發行《淨業月刊》，對於弘揚淨土影響很大。內設機構除佛教淨業社外，還有班禪紀念會（後改爲金剛道場）、法明學會、菩提學會、印光大師紀念會等，對於復興近代佛教具有重要作用。

【按】上海護國息災法會，由上海菩提學會、上海佛教淨業社發起主辦。王一亭任理事長，朱子橋、屈映光任副理事長。恭請大師於本年十一月二十一日至二十八日在覺園內啓建大悲佛七道場，回向護國息災。法會期間，師每日講淨土法要。同時，由圓瑛領眾薰修，具有一定影響。

　　法會期間，張覺明居士以收音機聆聽法語，並刺臂瀝血，書寫《阿彌陀經》一卷，送會供養⑤。

　　期間，要求皈依的弟子甚多，師隨緣滿足他們的願望。時綏遠戰事甚急的消息傳來，大師當即於會中提倡捐資支援，得敬儀近三千圓，師又自出一千圓，一起匯往綏遠⑥。

　　十七日晚，大師由上海返回靈巖山寺，為全寺大眾作開示，從靈巖寺的歷史一直說到去上海作開示，苦口婆心，要大家虔誠修習淨土法門。

　　不久，為《上海護國息災法會法語》作序。又撰《祭祖用素序》。為戰德克《歧路指歸》作序。為《物猶如此》一書作序，勸戒殺生⑦。

　　大師應邀為《影印宋磧砂版大藏經》作序。又作《靈巖開示法語序》。

　　王慧常居士是大師的皈依弟子，曾要求剃度出家，師曰：「汝年紀太大了，三藏十二部來不及看了。縱然出家，還不是同我一樣，不如這樣護法的好。」後來，王氏又欲做水陸道場，追薦亡母，並稟告大師，師曰：「不要做這些，還是念佛好。」

　　甘肅的成復初居士，自十六歲以來，受宋明理學毒害甚深，以辟佛老為己任，因此病困多年。後來，終於明白原委，決心痛改前非，力修淨行，並撰寫《懺悔文》印送同人，「以自己之迷悟，作來哲之法戒」。大師應邀為其《懺悔文》題寫跋語。

　　蔣心禪居士來蘇拜謁大師，請求皈依。師直言相告：「汝名禪，我不喜。既信我，宜老實念佛，求生西方，切莫高攀做不到之禪，結果無成，賜汝法名淨信。」

　　是年，大師救人救世心切，每每念誦《大悲咒》加持香灰，有時竟達六、七千遍之多，並以大餅乾桶存放，遇有患病者需要，便奉送之，或寄贈，挽救了不少人的生命。又，曾先後兩次為殷德增母子作開示。

　　注　釋

①《印送淨土五經跋》：「……江西吉安吳南浦居士，本宿根深厚，自少經商滬濱，心存慈善，奈全不知佛法，反目信佛為迷信。其室人張氏，雖具信心，而又不識邪正，從而相勸，亦難啟發。民國二十年，被匪綁至匪窟，愁苦交迫，尋思無計，遂憶及張氏勸信佛法之語，因而望佛慈救，冀出匪窟。詎知佛法不可思議，佛慈如母憶子，感應道交，捷如桴鼓，忽來巡捕，為救旁人之票，誤走地方，即將伊救出，不費分文，安然脫

險。乃知佛法有靈，略啓信心，遂往普陀等處進香禮佛。

二十二年，與室人張氏，偕一子，乘汽車，行至途中曲處，忽一西人少女，從旁橫來，適與車撞，被車橫壓，仆跌車下。伊父子三人嚇得魂不附體，汗流浹背，意謂此女已成三段，急念觀世音菩薩，以期佛慈加被解救。及停車下看，但見該西女，仰臥車下，恰在四輪當中，隨車拖走數十步。一時巡捕市民雲集，該女父亦尋至。將女援起，只見其滿面通紅，了無傷痕。旋經檢驗，毫無損傷，女即隨父而去。

居士經此二險，大啓信心，二十三年，特來向光求授皈依，遂為取法名曰慧雲；張氏法名曰慧賢，繼而進受五戒。從此信心真切，精進修持，復在靈岩各處廣作功德。又，數男名下連得數女孫，艱於男孫。至二十四年，適居士六十壽期，長兒媳遂生一麟兒。各親友群相道賀，居士因已長齋奉佛，則自己壽誕，及孫兒滿月，皆用素筵，毫不動葷，以為戒殺吃素倡。

今復以千圓印送《淨土五經》，贈送結緣，請光述其信佛因緣而為之跋。普願未發信心者，見聞起信，已發信心者，因而增長。必期人人信佛，同生西方，同圓種智，以慰諸佛普度眾生之本懷焉。」(《續編》卷下《雜著》)

② 《覆方耀廷居士書五》：「今日靈岩當家妙真師來言，彼有祖庭東岩寺，為歷代老祖庭，在武昌洪山之左，相去幾里。伊師公月霞師圓寂後，建塔於此，一徒孫某看守之。近來其人已死，月霞之徒慈光，來為看守，有壞人勾結，共欲奪而占之。以慈光之人既老而柔和，便乘此而行欺，祈居士為之調停。俾彼欲奪之人息此狂心，則彼本人名譽無損，佛法大體，亦無所傷。儻或狂心不歇，竟以法律從事，則彼個人與佛法大體，均無光彩。祈為婉轉，俾無形取消，彼此同得各適其適，何樂如之！居士德望素著，依理勸諭，必能見聽。此亦正人心敦風化之一端也。祈費神調停，則幸甚，幸甚！」(《三編》卷二)

《成復初懺悔文跋》：「……按其子淨念書云：『家嚴（成復初）自十六七歲即受程、朱遺毒，以辟佛老為己任。惜所居偏僻，佛經殊難一見，又無宏法高僧、超格達士可親近，遂以程、朱所說，為千古不易之定論，輒依其說以辟佛老，實絕不知佛老之所以。由其妄辟佛老，並將素所崇奉儒教真正宗旨，亦復迷昧。幸宿植善根，天鑑愚誠，俾其病困多年，以期自反。初則猶為天道無知，繼則大悟己見悖謬。從茲痛改前非，力修淨行，效了凡之立命，法淨意之革心，雖得天地光明，仍舊目睛昏翳（民十六年，右目起翳，不能睹物。至二十年，左目亦然。乃與

其子極力懺悔，其子刺血畫佛，以朱寫經，彼自作文發露，遂得目能見物），方知不暴己過，終難消業，懺陳宿愆，尚堪利人。因茲作《懺悔文》，印送同人，以自己之迷悟，作來哲之法戒。祈光作跋，冀廣流通。因略表受病之原委，期有心世道人心者，同挽頹風，同敦儒行，同修淨業，同沐佛恩。……」（《續編》卷下《雜著》）

③《覆屈文六居士書一》「此次法會，是護國息災。凡是國民，當盡心從事。光旦夕課誦，亦各為祝。今蒙會長及諸公之命，固當盡我愚誠，切不可用近時虛克己派，以致不成護國體裁。

　　光一生不入人社會，獨行其志。在普陀時，初常住普請吃齋亦去。一頓齋，吃二三點鐘，覺甚討厭，遂不去吃齋二十多年。此次乃個人盡心之事。若作平常請法師講經之派，則完全失宜。打七辦法，雖不能隨眾，仍須守打七之規矩，無論何人概不會；以若會一人，則非累死不可。光民十到杭州常寂光，彼照應事者覺無章程，來者屢續而來，兩日口內通爛。此次已成行家，固不得不先聲明。

　　光來時，當帶一茶頭，凡飲食諸事，歸彼料理。早、午、晚三餐，在房間獨食。早粥或饅頭或餅，只用一個；午一碗茶，四個饅頭；晚一大碗麵，茶房會說。光數十年吃飯不剩菜，故只要一碗菜，吃完以饅頭將碗之油汁揩淨，切不可謂菜吃完為菜少。

　　此外，所有絡絡索索的點心，通不用。七圓滿，亦不吃齋。即會中辦齋，光亦不同吃，無精神相陪故。圓滿之次日，即回蘇，亦不許送。送至門外即止。若又送則成市氣，不成護國息災之章程矣。

　　又，光不會客之話，說與招待諸君。即或有所餽送，均令彼持回。如不肯持回，即歸會中；食物如是，錢財亦然。作彼供養會中，不作彼送光。

　　又，光與茶頭來去之川資，皆歸光。會中不得私犒勞茶頭，以彼亦國民應分之事，不得特為厚道，反致不合法體。光是一特立獨行僧，恐或不悉，故為再陳。」（《三編》卷一）

④《上海護國息災法會法語》：

「第一日，說念佛、吃素為護國息災根本。

　　此次法會之目的，為護國息災，但何以方能達到此種目的？余以為根本方法，在於念佛。蓋殺劫及一切災難，皆為眾生惡業之所感召。若盡人能念佛，則此業即可轉移。如能有少數人念佛，亦可減輕。念佛法門，雖為求生淨土，了生脫死而設，但其消除業障之力，實亦極其巨大。而真

正念佛之人，必先要閑邪存誠，敦倫盡分，諸惡莫作，眾善奉行。尤需明白因果，自行化他。今日之『非聖無親，賊仁害義』等等邪說，皆是宋儒破斥因果輪迴，以致生此惡果。如人人能明白因果之理，即無人敢倡此等謬說矣！……

「念佛法門，根本妙諦，在於淨土三經。而《華嚴經》中《普賢行願品》所示，尤為根本不可缺乏之行願。蓋善財以十信滿心，參德雲比丘，即教以念佛法門，得入初住，分證佛果。從此，歷參五十餘位善知識，隨聞隨證，自二住以至十地，歷四十位。最後，在普賢菩薩處，蒙其開示，加被神威之力，所證遂與普賢等，與諸佛等，即成等覺菩薩。然後，普賢菩薩以十大願王，導歸極樂，勸進善財及華藏海眾，一致進行，求生西方極樂世界，以期圓滿佛果。

故知念佛法門，始自凡夫，亦可得入，終至等覺，亦不能超出其外，實為十方三世一切諸佛，上成佛道、下化眾生、成始成終之總持法門。故得九界同歸，十方共贊，千經俱闡，萬論均宣也。……

「再者，今人好言禪、淨雙修。究之所謂雙修者，乃是看念佛的是誰。此仍重在參究，與淨土宗之生信、發願、求往生，迥然兩事。又，禪宗所謂明心見性、見性成佛者，是指親見當人即心本具之佛性而言；密宗所謂即身成佛者，亦以即身了生脫死為成佛。若遽認為能成萬德具足、福慧圓滿之佛，則大錯特錯。蓋禪家之見性成佛，乃是大徹大悟地位，需能斷盡三界內之見、思二惑，方可了生脫死；密宗之即身成佛，則僅初到了生脫死地位而已。

此在小乘，阿羅漢亦了生死；而圓教之初信斷見惑、七信斷思惑，即已了生死。七信，與阿羅漢了生脫死雖同，其神通道力，則大相懸殊。八、九、十信破塵沙惑，至十信後心，破一品無明，證一品三德秘藏，而入初住，是為法身大士。歷十住、十行、十回向、十地、等覺四十一位，方入佛位。其歷程有如此之遠，豈一蹴即可驟至也？修淨土者，即生西方，即了生死，亦是即身成佛，但淨宗不作此僭分之說。而與禪宗之純仗自力，較其難易，則有天壤之別。……

第二日，說因果報應及家庭教育。

……欲言護國息災，先要知國如何護，災如何息。我謂欲達此目的，有二種辦法：一是臨時，二是平時。如能平時茹素、念佛，以求護國息災，誠有無限之功德；即臨時虔誠而求護息，亦有相當之效力，不過，仍以平素大家能護息為好。蓋平素若大眾茹素、念佛，願力相繼，則邪氣消而正

氣長，人人存好心，說好話，做好事，自能國家得護，而災禍不起矣！

古書有云：『聖人不治已病，治未病；不治已亂，治未亂。』蓋已亂之治難平，未亂之治易安。治國亦如治病，有治標者，有治本者。治病者，是已亂之治病，病成而求其速效，不得不頭痛醫頭，腳痛醫腳，先治其標；其標既治，然後再治其本，使其氣血周流，營衛舒暢。本既痊健，自能精神振奮，可以奮發有為。

現時國家危難，已至千鈞一髮之際，余以為今日欲言治國，需標本兼治。兼治之法，莫善於先能念佛，力善戒殺、吃素，且能深明三世因果之理。蓋現在世界之劫運，吾人所受各種災難，皆由過去多作惡業，以致現在感受苦果。故知此種惡果，即是過去惡因之所造成。欲免苦果，需去苦因。過去已種之苦因，念佛懺悔，乃能消除現在苦；不再種惡因，將來即可免受苦果。

何謂苦因？貪、嗔、癡三毒俱是；何為善因？濟人利物即是。若人人能明此因果之理，則諸惡莫作，眾善奉行，災禍自無從起矣。惟以今日不明因果之理，故多私欲填胸，無惡不作，止知有己，不知有人。詎知利人即是利己，害人甚於害己，故我平素常言：『因果者，聖人治天下，如來度眾生之大本。』舍因果而欲談治國平天下，何異緣木求魚？未見其能有得者也。

佛言：『欲知前世因，今生受者是；欲知來世果，今生作者是。』如今生所作所為，皆是惡事，來世安能免受惡果？若今生所作所為，皆是善事，來世何患不得善果？《易》曰：『積善之家，必有餘慶；積不善之家，必有餘殃。』《書》曰：『作善，降之百祥；作不善，降之百殃。』其理與我佛所講之因果正同。所謂『餘』者，乃是正報之餘，並非正報，本人來生後世所享受者，乃為其本慶、本殃；餘報則在其子孫，餘慶、餘殃，皆其先代所積，而流被者也。

「世人不知因果，以為人死後，即皆了脫，無所謂再有善惡果報，此為最誤天下後世之邪見。需知人死之後，神識並不隨滅。若人能知神不滅，則必樂於為善，不敢為惡。若以一死即了，則可且快目前，任意縱欲，無惡不作，此種極惡大逆之作為，皆為斷滅邪見所致之結果。果能盡人諸惡莫作，眾善奉行，則自然天下太平，人民安樂。

然此尚非究竟法。如何乃為究竟法？是即念佛，求生西方，了生脫死，並需閑邪存誠，敦倫盡分，不但國運可轉，災難亦可消。蓋今日之災難，皆是大家共業之所招。若人皆能念佛行善，則共業可轉，而劫運亦消矣。

如當『一二・八』滬戰時，念佛之人家，得靈感者甚多。彼一己獨修，尚能得如此靈感，況盡人皆能共修乎？故知國難亦可由大眾虔懇念佛挽回之也。又如，觀世音菩薩以三十二應身，入諸國土，尋聲救苦。如能至誠誦觀音聖號，自能即得感應。古今之得靈感而見諸記載者甚多，諸君可自翻閱之。除《普門品》中所述外，凡應以何身得度者，即現何身而救度之。應以山河、大地、橋梁、道路身得度者，亦現山河、大地、橋梁、道路身而救度之，不可思議，眞實無虛。

現在之人，眞發信心者少，無信心者甚多。若盡人能發信心，又能行善，亦何災不可消哉？凡人之信心，最好在幼小時培養。故爲父母者，於其子女幼小時，當即教以因果報應之理，敦倫盡分之道。否則及其長大，習性已成，即難爲力。尤重者，是在胎教。孕婦果能茹素、念佛，行善去惡，目不視惡色，耳不聽惡聲，身不行惡事，口不出惡言，使兒在胎中即稟受正氣，則天性精純，生後再加以教化，無有不可成爲善人者。

昔周太姜、太任、太姒相夫教子之淑德懿行，竟基成周朝八百年之王業，即其先範。故印光常謂：『治國、平天下之權，女人家操得一大半。』良以家庭之中，主持家政者，多爲女子，男子多持外務。其母若賢，則子女在家中，耳濡目染，皆受其母之教導，影響所及，其益無窮。若幼時任性驕縱，聽其自由，絕不以孝悌、忠信、因果報應爲訓，則長大，不難爲無惡不作、無作不惡之魔王眷屬。是故子女幼小時，切需養其善心，嚴加管教。要知今日殺人放火、無惡不作之輩，即多從彼父母之驕生慣養而來。

夫以孟子之賢，尚需其母三遷，嚴加管束乃成，況平庸者乎？現在大家提倡男女平權。謂爲提高女人的人格。其實，男女之體質既不同，其能力責任亦自各異，聖人所謂男正位乎外，女正位乎內。正位乎內者，即實行烹飪、紡織、相夫教子等內事，今令女人改任男子之事，則在女人正位之事荒廢，家事無人管，子女亦無人教，其害無窮；名爲抬高女人人格，實則不但推倒女人的人格，並家庭基礎而亦破壞，曷勝長歎！願女界英賢，各各認清自己的人格所在，庶家庭子女皆成賢善，天下尚安有不太平之理者？

故知治國、平天下之要道，在於家庭教育。而家庭教育，母實任其多半。子女在胎稟其氣，生後又視其儀、受其教，故易成賢善。此爲不現形迹，能致太平之要務，惜各界偉人，多未見及。願女界英賢於此節，能注意焉。

今人每稱婦人曰『太太』，需知此『太太』二字之意義，甚爲尊大。蓋此二字之淵源，遠起周代太姜、太任、太姒，皆是女中聖人，皆能相夫

教子。太姜生泰伯、仲雍、季歷三聖人；太任生文王，太姒生武王、周公。此祖孫三代女聖，生祖、孫三代數聖王，爲千古最美之盛治。後世之稱婦人爲太太者，即以其人比之三太也。由此觀之，太太實婦女無上之尊稱。婦女需確有三太之德，方足當之而無愧，甚願當代之女賢，均能實行相夫教子之道。使所生子女，皆成賢善，庶不負此優崇之稱號焉。

「其次，需認眞茹素。人與一切動物原是同屬含靈，何忍殺其性命，以充自己口腹？己身微受刀傷，即感痛苦；一念及此，心膽淒裂，又何忍殺生而食？況殺生食肉之人，積漸感染，易起殺機。今世之刀兵災劫，即皆由此而來。

……上海黃涵之居士之母，不能食素，且不信食素爲學佛要事。黃涵之函問勸信之法。余令其在佛前，朝夕代母懺悔業障，因母子天性相關，果能志誠，必得感應。涵之依之而行，月餘，其母即能吃長素。時年八十一，日課佛號二萬聲。至九十三歲，乃逝世。故我望一切大眾，能從今日起，皆注意戒殺、茹素，並勸自己之父母、子女及親友，共同茹素。要知此，亦是護國息災之根本方法也。……

「第三日，申述因果報應原理並以事實證明。

……現在世人不明因果之原理，以爲妄談邪說，即隨處討便宜，不肯吃虧。殊不知便宜即是吃虧，吃虧反是便宜。如今之爲父母者，多溺愛其子女，不嚴加管教，致養成其對錢財好貪便宜的習性，以爲如此可以保守家產，不致損失。豈知適得其反，貽患終身，間接亦與國家社會，有無限之影響。

茲舉一事爲例。隋朝代州趙良相，家資巨萬，有二子：長曰孟，次曰盈；盈強孟弱。其父將終，分家資爲二，孟得其上。及良相死，盈盡霸取其兄之產，止與兄園屋一區。孟傭力以自活。未幾趙盈死，生孟家爲子，名環；後孟亦死，生盈家，爲盈之子，名先。及長，而孟家益貧，盈家益富，趙環即爲趙先作僕使爲生，諺云：『天道弗平，盈者益盈。』環一日聞其寡母曰：『汝叔盈，霸汝家產，致汝世貧，今至爲其奴僕，可不恥乎？』環因懷恨，欲殺趙先。開皇初年，環從先往朝五臺，入峨谷東數十里，深曠無人。環拔刀謂先曰：『汝祖、我父，弟兄也。汝祖霸我產業，致我世貧。今爲汝僕，汝其心忍乎？我今殺汝矣。』先即捷走，環逐之入林，見草庵遂入。有老衲謂環曰：『子將何爲？』環曰：『吾逐怨對也。』老衲大笑曰：『子且弗爲，令汝自識之。』即各授以藥物，令充茶湯。環食已，如夢初醒，盡憶往事，感愧自傷。老衲曰：『盈乃環之前身，霸兄之產，是自棄其

產也；先乃孟之再來，受其先業，父命猶在耳！』二人遂皆棄家，從僧修道，後終於彌陀庵。事見《清涼山志》。因果報應，彰明顯著，如響應聲，如影隨形，絲毫不爽。如此，一班貪狠者，能弗悟乎？

又如，現在流傳五臺山之人皮鼓一事，亦是因果之最顯明可畏者，試言其由。唐北臺後黑山寺僧法愛，充監寺二十年，以招提僧物，廣置南原之田，貽其徒明誨。愛死，即生其家為牛，力能獨耕，歷三十年。牛老且病，莊頭欲以牛從他易油。是夕，明誨夢亡師泣曰：『我用僧物，為汝置田，今為牛，既老且羸，願剝我皮作鼓，書我名字於其上，凡禮誦，則擊之，我苦庶有脫日，否則，南原之皁，變為滄瀛，尚未能脫免耳！』言訖，舉身自仆。誨覺，方夜半，鳴鐘集眾，具宣其事。明日，莊頭報老牛已觸樹死。誨依其言，剝皮作鼓，書名於上。並賣南原之田，得價若干，送五臺齋僧。誨復盡傾衣缽，為亡師禮懺。後送其鼓於五臺山文殊殿，年久鼓壞，寺主又以它鼓易之，訛傳遂謂為人皮鼓耳。事亦見《清涼山志》。

總之，因果昭彰，無能或逃，然趙氏二子，夙世種有善根，能遇高僧，終能成道。若一班凡庸，安可自蒙而不篤信因果，自誤誤人，自害害人？今日皆但看目前，不顧後世，好佔便宜，不願吃虧，其子女耳濡目染，相習成風，而社會風俗，亦遂因之日益險惡，爭奪以起，大亂以興，殺人盈城盈野，而目不為瞬，心不為顫，無非由此故也。且殺人者，殘忍惡毒，不以為可悲、可憐，反自矜其功，而他人亦為交相讚歎；甚至有殺父母、兄長反自以為大義滅親者。噫！禍變至此，天理絕，人道滅，不僅道德喪亡，抑將浩劫無已。

故現在欲救護國家，應從根本做起。根本為何？即確信因果是。如果洞明因果事理，而又能篤信力行，則世道人心，自可挽回。余以為舉世所有之宗教哲學，無如佛教之精奧易行者。今之人所以不信因果，大多是受宋儒之影響，宋代理學家如程明道、程伊川、朱晦庵等，因看大乘佛經，稍能領會『全事即理』之意致；又親近一、二宗門知識，會得『法法頭頭，不出一心』之旨，實未曾備閱諸經論，及遍參各宗知識，遂竊取佛經之義以自雄，用以發揮儒家之奧，又恐後人亦看佛經，知彼之所得力處，遂昧心闢佛。因精妙處不能闢，乃在事實上加闢。……謂『天即理』也，豈真有冕旒而王者哉！謂鬼神為二氣之良能，謂打雷為陰陽之氣，搏擊而成聲；將實理實事，認作空談；專以正心誠意，為治國治民之本。

不知正心誠意，必由致知格物而來，彼以致知為推極吾之知識，以格物為窮盡天下事物之理。而不知物乃心中私欲，因有私欲障蔽自心，故

本具眞知無由顯現。能格除私欲，則其本具之眞知自顯。眞知顯，而即意誠心正矣。正心誠意，雖愚夫愚婦一字不識者，亦做得到。若如彼說，推極吾之知識，窮竭天下事物之理，雖聖人亦不易做到，故知此處一錯，治世之根本盡失。

又，以無因果輪迴，令人正心誠意。夫既無有因果，一死永滅，善惡同歸於盡，又誰顧此空名而正心誠意者？又，理學家謂：『有所爲而爲善，即是惡。』此語直是破壞世間善法，……但自程、朱以後，儒者即皆不敢說因果。因說，則即將受人攻擊，謂非純儒，謂悖先賢，故凡識見卑劣者，則隨聲唱和之以辟佛；識見高明者，大抵偷看佛經，以期自雄，口中則仍痛辟佛法，以爲後來入鄉賢祠、入文廟之資本。在程、朱當日之心，不過但求儒教興隆，不問佛教存滅，馴至於今日，此種破滅因果輪迴之貽毒，一旦爆發，浸成非聖非經、滅良滅倫、獸性獸行、無親無恥、賊仁賊義、禍國禍民之惡果，可不哀哉？

現在綏遠戰事甚急，災禍慘極。我忠勇之戰士，及親愛之同胞，或血肉橫飛，喪身捐命；或屋毀家破，流離失所，無食無衣，饑寒交迫。言念及此，心膽俱碎！今晨圓瑛法師向我說及此事，今勸大家發心救濟，集腋成裘，原不在於多寡，有衣助衣，有錢助錢，隨緣隨力，功德無量，定得善果。要知助人即是助己，救人即是救己，因果昭彰，絲毫不爽。若己身有災，無人爲助，果能稱念聖號，亦定蒙佛、菩薩冥加佑護。

余是一貧僧，素無積蓄，凡在家弟子有所佈施，皆用以印刷經書，今挪出一千圓，以爲援綏之倡。蓋惟能賑人災，方能息己之災。現在一班士女，競尙奢華。一瓶香水之值，聞有三四十圓，至二三百圓者，不如將此靡費之資，移作助綏之用？又有一等人，專好聚財，生前既不肯用，死後尙期帶至地下，欲其子女爲其厚葬，或則留爲子孫之用，殊不知今日有掘墓之危險，留之反將貽大禍於將來，即如陝西，現有掘墓團之組織，專門做此行爲。爲人子者，既欲孝其父母，何忍因孝而反使其枯骨暴露以飽鳥獸？何不將此鉅款，用救災民之能生死皆利也。又有貧苦之人，雖有志爲此，而力實不及，則可多念佛代爲回向。既可息人之災，又可利己之災，是更盡人能行。

聞當滬戰時，蘇州曹滄州居士之孫，奉父命，由滬赴蘇，迎其三叔祖及叔父等往滬。彼叔祖、叔父均不願去，曹孫乃以其妻之珠寶等，纏於腰，坐小輪船往滬，忽強盜來，曹急跳岸，適墮水中。所帶金珠共值二三萬，均送與爲己換衣之一人，而自稱貧士，是教蒙學之教師，幸而得免。

儻爲大盜所知，不知又要費幾萬以贖之，是豈非錢財之禍人耶？今人但貪目前便宜，不能看破，每爲錢財而吃虧，其例甚多，不勝枚舉。

昔有某居士問我以挽回劫運之方，余曰：『此甚易事，在明因果之理而篤行之耳！』能發信心，必有善果，且私僞之心既消，心中光明正大，任何災難，皆冰雪消融矣。

洪楊之役，江西木商袁恭宏被匪所獲，縛於客廳柱上，門上加鎖，俟時而殺之。袁自意必死，以默念觀音聖號。良久入睡，醒而身在野地，仰首見星辰，遂得逃脫。此是一確例。以是，甚望大家大發信心，秉乾爲大父、坤爲大母之德，存民吾同胞、物吾同與之仁，凡在天地間者，皆愛憐之，護育之，視之如己，更能以因果報應、念佛求生西方之道勸化。儻盡人能實行此，則國不期護而自護，災不期息而自息矣。……

「第五日，略釋天台宗六即義，兼說吃素放生。

……隋天台智者大師，著《觀無量壽佛經疏》，立六即佛義，以對治自甘墮落，及妄自尊大之病根，其說甚精，學者不可不知。六即佛者，一理即佛，二名字即佛，三觀行即佛，四相似即佛，五分證即佛，六究竟即佛也。

六，以明階級淺深；即，則明當體就是。譬如初生孩子，與其父母形體無異，而其力用，則大相懸殊。故不可謂此幼孩非人，但亦不得以成人之事，令是孩承當。若能知六而常即，則不生退怯；知即而常六，則亦不生上慢。從茲努力修持，則由凡夫而圓證佛果，由『理即佛』而成『究竟即佛』矣！

「理即佛者，一切眾生，皆有佛性。雖背覺合塵，輪迴三途六道，而其佛性功德，仍自具足，故名理即佛。以此心之理體即是佛也，無機子頌曰：『動靜理全是，行藏事盡非，冥冥隨物去，杳杳不知歸。』因一切眾生雖未聞佛法，不知修持，而一念心體，仍完全同佛，故曰：『動靜理全是』；因其迷背自心，作諸事業，故曰：『行藏事盡非』，蓋所事全不與佛性相應也；終日終年昏昏冥冥，故曰：『冥冥隨物去，杳杳不知歸』也。

「名字即佛者，或從善知識，或從經典，聞知即心本具寂照圓融不生不滅之佛性，於名字中通達瞭解，知一切法皆爲佛法，一切眾生皆可成佛。所謂聞佛性名字，即得瞭解佛法者，是也。《頌》曰：『方聽無生曲，始聞不死歌，今知當體是，翻恨自蹉跎。』謂從前但知生死輪迴，無有了期，今乃知佛性眞常，不生不滅。既知當體即是成佛眞因，則汲汲修持，反恨從前虛渡光陰，以致未能早爲證實矣。

「觀行即佛者，依教修觀，即圓教五品之外凡位。五品者，一隨喜

品，聞實相之法，而信解隨喜者。二讀誦品，讀誦《法華》及諸大乘經典，而助觀解者。三講說品，自說內解，而導利他人者。四兼行六度品，兼修六度，而助觀心者。五正行六度品，正行六度，而自行化他，事理具足，觀行轉勝者。《頌》曰：『念念照常理，心心息幻塵。遍觀諸法性，無假亦無眞。』既已圓悟佛性，依教修觀，對治煩惱習氣，故曰：『念念常照理，心心息幻塵』；了知一色一香，無非中道；一切諸法，無非佛法；一切眾生，皆當作佛，故曰：『遍觀諸法性，無假亦無眞。』

「相似即佛者，謂相似解發，即圓教十信之內凡位也。初信斷見惑；七信斷思惑；八、九、十信，斷塵沙惑。《頌》曰：『四住雖先脫，六塵未盡空，眼中猶有翳，空裡見華紅。』四住者，一見一切住地，乃三界之見惑也；二欲愛住地，乃欲界之思惑也；三色愛住地，乃色界之思惑也；四有愛住地，乃無色界之思惑也。初信斷見，七信斷思，故曰：『四住雖先脫』。然由色、聲、香、味、觸、法之習氣猶有未盡，故曰：『六塵未盡空』。此蓋指七信位說，八、九、十信，則塵沙惑破，習氣全空矣。習氣者，正惑之餘氣，如盛肉之盤，雖經洗淨，猶有腥氣；貯酒之瓶，雖經蕩過，猶有酒氣。『眼中猶有翳，空裡見華紅』者，以無明未破，尚不能見眞法界之本體也。

「分證即佛者，於十信後心，破一分無明，證一分三德，即入初住，而證法身，是爲法身大士。從『初住』至『等覺』，共四十一位，各各破一分無明，證一分三德，故名分證即佛也。因無明分四十二品，『初住』破一分，以至『十住』則破十分，歷『十行』、『十回向』、『十地』，以至『等覺』，則破四十一分矣。初住，即能於無佛世界，現身作佛，又復隨類現身，渡脫眾生，其神通道力，已不可思議，何況位位倍勝，以至四十一位之等覺菩薩乎？《頌》曰：『豁爾心開悟，湛然一切通。窮源猶未盡，尚見月朦朧。』『豁爾心開悟，湛然一切通』者，言其分破、分證之景象也。『窮源猶未盡，常見月朦朧』者，言其猶有無明雲翳，未能徹見性天眞月之光輝也。

「究竟即佛者，從等覺，再破一分無明，則眞窮惑盡，福慧圓滿，徹證即心本具之眞如佛性，入妙覺位，而成無上菩提道矣。《頌》曰：『從來眞是妄，今日妄皆眞，但復本時性，更無一法新。』『從來眞是妄』者，未悟以前，惟此皆空之五蘊，而妄生執著，色法、心法互相形立，以致苦惱隨生。既悟之後，雖亦惟此五蘊，而全體是一個眞如，了無色心、五蘊之相可得，故曰：『從來眞是妄，今日妄皆眞』也。然此所證之眞，並非新得，不過復

其本具之眞如佛性而已,故曰:『但復本時性,更無一法新』也。

又,眾生在迷,見佛菩薩及一切眾生,皆是眾生,故譭謗佛法,殺害眾生,不知罪過,反以爲樂。佛既徹悟自心、佛、眾生三無差別之心,見一切眾生,與佛無二,故於怨、於親,皆爲說法,令得度脫。雖是極其惡逆不信之人,亦無一念棄捨之心。因見彼是未成之佛故也。

「今晨黃涵之謂余曰:『圓瑛法師言,道場將近圓滿,於圓滿日,舉行放生,於十六日,說三皈五戒,請爲大眾宣說放生受皈戒之大意,俾大家同發利人利物之心。』故今特爲之宣佈。本法會本爲護國息災,若推究災之來由,多因殺生食肉而起,故欲止殺劫,當從戒殺吃素、護惜物命及買放物命做起,大家各需發心,護惜物命,……蓋放生之意義,即是使大家發心護生。自己放生,當然不再殺生。即己不放生,看到他人放生,抑亦何忍殺生?如人人能護惜生物,不加殘害,則物尚不忍殺,何況殺人?自然殺劫可消,而國運可轉矣!

但世人盡有一面出資放生,一面仍照常殺生食肉者。如此,雖有放生之小功德,恐難敵殺生之大罪過。現本會定於圓滿日,舉行放生。願諸位發心捐助,自利利物,功德不可思議。

至於此次皈依弟子之供養,決定全作爲賑災之用,印光絕不取用分文。蓋我是一孤僧,既無廟宇,又無徒弟,除衣食外,留錢無用。一旦命終,火化之後,骨爐投入大海了事,亦無需造塔及作任何紀念也。且皈依之事,最初我本不允,亦以屈文六居士及圓瑛法師之敦勸,謂諸發心者求法情殷,爲滿彼等之願,情不可卻,故爲允可。

余素輕視金錢,不似他人,每名弟子需出香敬若干,始准皈依,余要其能誠敬修持耳。蓋切不可以皈依一事,視作買賣,需出代價若干,方能購得皈依名目。如此,方是眞實皈依三寶之信徒,方能得了生脫死、超凡入聖之大利益也。

「第六日,以眞、俗二諦破除執見,並述近時靈感。

世人執空執有,妄生己見,故迷而不覺。世尊設教,欲令眾生破此二見,故特設一念佛法門,俾其從有而悟空,得空而仍不廢有,則空、有二法互相資助,得益乃大。況兼仗彌陀願力,故其力用,超過一切法門,而爲一切法門之所歸宿也。

世有一種下劣知見之人,教以念佛,求生西方,則曰:『我等業力凡夫,何敢望生西方,但求不失人身,即足矣』。此種知見,由不知眾生心性,與諸佛之心性一如無二,但因諸佛修德至極,性德圓彰,眾生則但具

性德，不能修德，即有所修，亦多悖性而修，反增迷悖之故。

又有一種狂妄知見人，教以念佛，則曰：『我就是佛，何需再念佛？汝等不知自己是佛，不妨常念；我既自知是佛，何必頭上安頭？』此種知見，由於但知即心本具佛性之佛，而未知斷盡煩惑、圓滿福慧之佛。此種人，若知性修理事，不可偏執，力修淨行，則可遠勝彼下劣知見者。否則自誤誤人，將永墮阿鼻地獄，了無出期矣！故執空、執有之謬知，即下劣、狂妄之謬見，皆惟念佛最為易治。以『是心作佛，是心是佛；若不作佛，則不是佛矣』此二句經文，為破下劣、狂妄二見之無上妙法也。究論佛法大義，不出真、俗二諦。真諦，一法不立，即聖智所見之實體；俗諦，萬行圓彰，即法門所修之行相也（俗，即建設之義，不可作世俗、俗鄙講）。

「學佛之人，必須真俗圓融，一道齊行。蓋因一法不立，始能修萬行圓彰之道；萬行圓彰，始能顯一法不立之體。今為求其易解之故，特說一喻：

真如法性之本體，譬如大圓寶鏡，空空洞洞，了無一物。而胡人來，則胡人現；漢人來，則漢人現；胡、漢俱來，則亦俱現。在當空空洞洞、了無一物時，不妨胡來胡現，漢來漢現；正當胡來胡現、漢來漢現時，仍然空空洞洞，了無一物。禪宗多主真諦，即在萬行圓彰處，指其一法不立；淨宗多主俗諦，即在一法不立處，指其萬行圓彰。明理智士，自無偏執。否則寧可著有，不可著空。以著有，雖不能圓悟佛性，尚有修持之功；著空，則撥無因果，成斷滅見，壞亂佛法，貽誤眾生，其禍之大，不可言喻矣。

吾人念佛，先從有念而起，念至念寂情亡時，則既無能念之我，亦無所念之佛，而復字字句句，歷歷分明，不錯不亂，即所謂念而無念，無念而念也。念而無念、無念而念者，正念佛時，了無起心念佛之情念；雖無起心念佛之情念，而復歷歷明明，相續而念，但此功夫，非初心者所能即得。若未到無念而念之功夫，即不以有念為事，則如毀屋求空。此空，決非安身立命之所也。

古之禪德多有禮拜持誦、不惜身命、如救頭燃者，故永明延壽禪師，日課一百零八種佛事，夜往別峰，行道念佛，況後世學者，可不重事修，而欲成辦道業乎？必能徹悟一法不立之理體，力行萬行圓修之事功，方是空有圓融之中道。

空解脫人，以一法不修為不立，是諸佛所謂可憐愍者。蓮池大師云：『著事而念能相續，不虛入品之功；執理而心實未通，難免落空之禍。以事有挾理之功，理無獨立之能，故也。』故吾人學佛，必需即事而成理，

即理而成事；理事圓融，空有不二，始可圓成三昧，了脫生死。若自謂我即是佛，執理費事，差之遠矣。故當用力修持，一心念佛，從事而顯理，顯理而仍注重於事，方有所得。如等覺菩薩，尚以十大願王，回向往生西方極樂世界，以期圓滿佛果。今以凡夫，而乃不自量，妄視念佛為小乘，不足修持，則將來能免入阿鼻地獄乎？

又，念佛人要各盡己分，不違世間倫理，所謂敦倫盡分，閑邪存誠，諸惡莫作，眾善奉行。若不孝父母，不教子女，是乃佛法中之罪人，如此，而欲得佛感應加被，斷無是理。故學佛者必需父慈、子孝、兄友、弟恭，己立立人，自利利他；各盡己分，以身率物；廣修六度萬行，以為同仁軌範。需知孝悌、忠信、禮義、廉恥，亦在六度萬行之中。

世之不信佛者，如戴有色眼鏡，以觀察萬物，紅綠色彩，由鏡而異，不能得各物之本色。故我等學人，切勿執持己見，如妄執己見，坐井觀天，一俟閻羅索命，方悟前非，悔之已晚。斯世澆漓，社會紊亂，天災人禍，環疊相生，欲謀挽救，需人盡敦倫盡分，孝親慈幼，大公無私，愛人若己方可。果能人心平和，世界自安，國難自息矣。現在最大之禍患，即在於人存私心，私心之極，則但知有己，不復顧人，私偽詐欺，陰毒險狠，專恣殘酷，敲剝壓逼，無所不盡其極，斯世可成羅剎世間，其究亦必致天怒人怨，身爐家墟而後已。

世人多羨唐虞之治，熙熙皞皞，天下太平，而歎今之世風頹喪，人心險惡。然一究其何以至此，實不外公與私而已。公極，則世界可大同；私極，即子殺其父母。若皆能破除私心，無相殘害，則唐虞三代之世，亦何難復見於今日哉！昔普陀有一老僧走路，偶腳撞凳致痛，遂怒踢凳倒，且連踢幾腳。此種知見，即由任情我慢，絕不返省之所致。此見若熾，則充其所極，不難殺人放火，亦不以為過，反以為能矣。

現在殺機更盛，殺人之具，亦日益巧妙。大劫當前，誰能倖免？惟有大眾一心修善，虔誠念佛，哀祈佛力加被方可。當滬戰時，閘北房舍，多成灰燼，獨一皈依弟子夏馨培之寓所，未被波及。即當戰事劇烈時，彼全家同念觀世音聖號所感。且最奇者，戰事起後第七日，其一家人始由十九路軍救出，及戰停歸家，室中數物，一無所失，苟非菩薩之護佑，何能若是乎？蓋伊供職《新聞報》館已數十年，夫婦均茹素、念佛甚虔，是知觀音菩薩大慈大悲，遇有災難，一稱聖號，定蒙救護也。

或曰：『世人千萬，災難頻生，觀音菩薩僅一人，何能一時各隨其人而救之？即能救護，亦不勝其勞矣。』殊不知此並非觀音處處去救，乃眾

生心中之觀音，自為救之耳。觀音本無心，以眾生之心為心，故能應以何身得度者，即現何身而為說法，如皓月當空，所有水中，皆現月影，千江有水千江月，試問此月為多、為一耶？不可言一，萬水之月各現；亦不可言多，虛空之月常一也。諸佛菩薩之救度有情，亦復如是。其不得感應者，則由眾生之尚未虔誠，或太業重障深，非菩薩之不為救護，如一池污濁之水，欲月顯現其中，何可得哉？

明乎此，我等大眾念佛，猶有不正心誠意、懇敬而達之者，吾不信也。山西聞喜縣一弟子葉滋初，偶騎騾行於大嶺間，一邊高峰，一邊深澗，雪凍成冰，騾滑而蹶，遂跌下澗中。適半崖有一大樹，恰落在大樹之枝間，竟得以無虞，否則，粉身碎骨矣。此樹何由而有？亦可云即為觀音之所示現也。

又民國十七年，寧波蔡仁初在滬開五金玻璃店，人極淳厚，與聶雲台善。雲台令其常念觀音，意防綁票。仁初信之。一日，將出，己之汽車在門外，綁匪先以手槍趕去駕車者，踞坐其上。仁初一出即上車，車即開行，始知被綁，遂默念觀音，冀車壞得免，已而果輪胎爆裂，車行蠕蠕；再前行，油缸又炸破，車遭火焚。匪下車，恨甚，向蔡擊三槍，而蔡三跳獲免，遂乘人力車歸。其年六月，因與夫人同至普陀，皈依三寶。

又，張少濂為某洋行經理，素不信佛。一日，坐汽車行於冷靜處，二匪以手槍逐去駕車者，謂張云，速即開往某處。二匪各持手槍迫之。張默念觀音，行至熱鬧處，適有二人打架，巡捕吹嘯，二匪即跳下車逃去。蓋以張念觀音之故，致匪誤為巡捕將捉己也。其舅周渭石已先皈依，一日，請余至其家，少濂亦遂皈依。

又，鎮海李覲丹之子為洋行買辦，得吐血病二年，不時吐，即不吐時，痰中常帶血。一日，為匪綁去。覲丹畏懼異常，全家為之念觀音求救，並請法藏寺僧助念，後匪索銀五十萬圓，李家止允五萬，匪魁謂非五十萬不可，但每說五十萬時，頭即作痛，後竟以五萬贖回。且自匪綁去後，非但不吐血，連吐痰亦不再帶血，二年餘之痼疾，竟由被綁而遂痊癒矣。以上所述感應事蹟，諸位宜深信而亦力行，方不負今日之聽講也。……

「世人食肉，已成習慣，但需知無論何肉，均有毒。是因生物被殺時，恨心怨氣所致。人食之，雖不至即時喪命，但積之既久，則必發而為瘡、為病。年輕女人於生大氣後，餵孩子奶，其孩每死亦因生氣而奶成毒汁之故。人之生氣，非因致命之痛，毒尚如此，何況豬、羊、雞、鴨、魚、蝦等要命之痛，更可推知。

余於十餘年前，見一書云：有一西洋女人，氣性甚大，某日生氣後，

喂其子奶，其子遂死，不知其故。後又生一子，復因生氣後餵奶而死。因將奶汁令醫驗之，則有毒，方知二子皆為奶毒死。

近有一老太婆來皈依，余勸其吃素，告以肉皆有毒，並引生氣西婦毒死二子為證。彼云：伊有兩孩亦是因此死的，因彼夫性氣橫蠻，一不順意，即將她毒打。孩子見之則哭，彼即餵奶，孩子遂死。當時並不知是被奶毒死。其媳亦因餵奶，死一子，可知世間被毒奶藥之孩子，不知多少。因西婦首先發覺，至此老太婆證之，才大明其故。故喂孩子之女人，切勿生氣。儻或生大氣，當時切勿即喂孩子，需待心平氣和，了無恨意後，再隔幾點鐘，乃可無礙。若當時，或不久即喂，每易致命，雖不即死，亦每成病，而不自知其故。

同此一理，牛、羊等一切生物在被殺時，雖不能言，其怨毒蘊結於血肉中者，不知幾許。人食之，無異服毒。非特增殺業，招罪報於將來，現生亦多釀病短壽，誠甚或憐而可惜。此事知者猶少，故表而出之，望大家皆能留意。

由此以推，可知人當怒時，不獨其奶有毒，即眼淚、口唾亦都有毒。若流入小兒口眼中，亦為害不淺。有一醫生來皈依，余問彼，醫書中有此說否？彼云：未見。世間事之出常情外者頗多，不可盡以其不合學理而非棄之。例如，治瘧疾方，用二寸寬一條白紙寫烏梅兩個，紅棗兩個，胡豆幾顆（按病人歲數多少，寫多少顆。如十歲，寫十顆；二十寫二十顆），折而疊之，在瘧未發前一點鐘，男左女右，縛於臂膊上，即可不再發。此法甚效，即二三年不癒者，亦可即癒，非藥、非符、非咒而能奇效如此，豈可盡以常理解之？

因知世間萬事，每難思議，即如眼見耳聞，乃極平常事，盡人皆知者。但若問其眼何以能見，耳何以能聞，科學家將謂：由神經作用。若再進問：神經何以有此作用？又何以有神經？則能識者恐少矣。佛法中亦有不可思議者，有可思議而不可思議者，神而明之，存乎其人，不可概以常情測度之也。

「第七日，說大妄語罪及佛之大孝，及致知格物、老實念佛等。

現世學佛之人，多有自謂我已開悟，我是菩薩，我已得神通，以致貽誤多人者。一日，閻老見喚，臨命終時，求生不得，痛苦而死，難免入阿鼻地獄。此種好高鶩遠、自欺欺人之惡派，切勿染著。有則改之，無則加勉，至戒！至戒！

「殺、盜、淫等，固為重罪，但猶人皆知其所為不善，不至人盡為

之，故其罪尚少。若不自量，犯大妄語，未得謂得，未證謂證，引諸無知之輩，各相效尤，壞亂佛法，貽誤眾生，則其罪之重，不可形容。修行之人，必須韜光隱晦，披露罪過。儻虛張聲勢，假妝（裝）場面，縱有修行，亦已被此虛驕之心喪失大半，故佛特以妄語列為根本戒者，即以防護其虛偽之心，庶可真修實證也。

是以修行之人，不可向他人誇說自己功夫，如因不甚明瞭，求善知識開示印證，自可據實直陳，但不可自矜而過說，亦不必自謙而少說，要按真實情況而說，方是真佛弟子，方能日有進益也。

「六祖慧能禪師云：『佛法在世間，不離世間覺，離世覓菩提，恰如求兔角。』是知世間一切事物，均為佛法。吾人舉心動念，都要了了明明，不可為妄念所迷。即如世間極惡至壞之人，以至孩提之童，如有人言其不善則怒，言其善則喜；其怒不善而喜善，即其本覺之真心發現也。所可惜者，不知自返而擴充其善，仍復日為不善，致成好名無實，而入於小人之域。假使彼能自返曰：我既喜善，當力行善事，力戒惡事，則近之可希賢希聖；大之，且可了生脫死，成佛覺道矣！其所重，在能自覺，覺則不至隨迷情而去，終至於永覺不迷。若不自覺，則日欲人稱善，而日縱行諸惡，豈不大可哀哉！故此喜人稱己為善之念，可證眾生皆有佛性，而其順性、悖性之行為，則一在自勉自棄；一在善惡知識之開導、引誘也。現世之災難頻生，半由人多不務實際，從事虛名，好名而惡實，違背自己本心所致。若能回光返照，發揮原有佛性，不自欺欺人，明禮義，知廉恥，則根本既立，無復悖理亂德之行，而災患自息矣。

「……佛法之教人，在於對治人之煩惱習氣，故有戒、定、慧三學，以為根本。蓋以戒束身，則悖德乖理之事不敢作，無益有損之言不敢出；由戒生定，則心中紛擾，妄亂之雜念漸息，糊塗昏憒之妄為自止；因定發慧，則正智開發，煩惑消滅，進行世出世間諸善法，無一不合乎中道矣。

戒、定、慧三，皆是修德，皆由正智親見之心體，是即明德。此之明德，在《中庸》則為誠，即醇真無妄；明德，即離念靈知。誠與明德，皆屬性德，由有克己修省之修持，性德方彰，故需注重首一明字，則明德自能徹見而永明矣！

佛法與世法，本來非兩樣，或有以佛辭親割愛，謂為不孝者，此乃局於現世，未知過去、未來之淺見也。佛之孝親，通乎三世。故《梵網經》云：『若佛子，以慈心故，行放生業。一切男子是我父，一切女人是我母。我生生無不從之受生。』故六道眾生，實皆是我父母；其殺而食者，乃無

異於殺食父母。佛之於一切眾生，皆能愍念而度脫之，其爲孝也大矣，何況更能度親永免輪迴，尤非世間任何孝子所能及哉！且世間之孝，親在，則服勞奉養；親歿，則但於生歿之辰設食祭奠，以盡爲子之心。設或父母重罪，已墮異類，又誰能知其所殺以祀之生物中，決無本我父母在其中乎？昧三世無盡之理，而以數十年之小孝責佛，其所知所見之淺小，亦可笑矣！故佛之教人戒殺放生、吃素念佛者，其孝慈實可謂無盡也。

或又謂，豬、羊、魚、蝦之類本天以資養人者，食之又何罪？此蓋因未身歷其境而妄說。若親嘗其苦，即望救不暇，尚何暇置辯！《勸戒錄類編》載，福建蒲城令某君，久戒殺生，其妻則殘忍好肉，生辰之先，買許多生物，將欲殺以宴客，趙曰：『汝欲祝壽，令彼就死，於心安乎？』妻曰：『此皆迂詞，若依佛法，男女不同宿，不殺生命，數十年後，不將舉世皆畜生乎？』趙知無法可勸，聽之。至夜，其妻忽夢入廚房，見殺豬，則己即變成豬，殺死還知痛，拔毛破腹，抽腸裂肢，更痛不可忍；及殺雞、鴨等，亦皆見己成所殺之物，痛極而醒，心跳肉顫。從此發心，盡放所買之生而吃長素。此人宿世有大善根，故能感佛慈加被，令彼親受其苦，以止惡業。否則，將生生世世供人宰食，以償債矣。世之殺生食肉者，苟亦能設身處地而作己想，則何難立地回頭。至言天生豬、羊等物，本以養人，則試問，天之生人，亦所以養虎、狼、蚊、蚤等物乎？不值一笑矣。

「又有一類人說，我之食牛、羊、雞、鴨等肉，爲欲度脫彼等也。此說不但顯教無，即密宗亦無之。若果有濟顛僧之神通，亦未爲不可，否則邪說誤人，自取罪過，極無廉恥之輩，乃敢作是說耳。夫彼既能以殺爲度，則最尊者父母，最愛者妻子，何不先殺其父母、妻子食之，以度之乎？其荒誕可不復言矣！

南梁時，蜀青城山有僧名道香，具大神力，秘而不泄。該山年有例會，屆時眾皆大嚼大喝，殺生無數，道香屢勸，不聽。是年，乃於山門外掘一大坑謂眾曰：『汝等既得飽食，亦分我一杯羹，如何？』眾應之。於是道香亦大醉飽，令人扶至坑前大吐。所食之物，飛者飛去，走者走去，魚蝦水族，吐滿一坑，眾皆驚服，遂永戒殺生。道香旋因聞志公之語，當即化去（有蜀人在京，謁志公。志公問：『何處人？』曰：『四川。』志公曰：『四川香貴賤？』曰：『很賤。』志公曰：『已爲人賤，何不去之？』其人回至青城山，對香述志公語。香聞此語，即便化去）。需知世之沈潛不露者，一旦顯示神通，每即去世示寂，以免以增煩惱。否則，需如濟公之裝癡詐顛，令人莫測其妙乃可耳！……

「宋楊傑，字次公，號無爲子，參天衣義懷禪師，大悟。後丁母憂，閱大藏，深知淨土法門之殊勝，而自行化他。臨終，說偈曰：『生亦無可戀，死亦無可捨。太虛空中，之乎者也；將錯就錯，西方極樂。』楊公大悟後，歸心淨土，極力提倡。至其臨終，謂生死於眞性中，猶如空花，以尚未能證眞性，故不得不求生西方以證之；將錯就錯者，若既徹證眞性，則不必再生西方。求生，尚是一錯；但未證，則不可不求生西方，故曰：將錯就錯，西方極樂蓮池大師。《往生集》，於《楊公傳》後贊曰：『吾願天下聰明才士，皆能成就此一錯也。』此可謂眞大聰明而不被聰明所誤者。

若宋之蘇東坡，雖爲五祖戒禪師後身，常攜阿彌陀佛像一軸以自隨，曰：『此吾生西方之公據也。』及其臨終，徑山惟琳長老勸以勿忘西方。坡曰：『西方自有，但此處著不得力耳！』門人錢世雄曰：『此是先生平生踐履，固宜著力。』坡曰：『著力即錯。』語絕而逝。此即是聰明自誤之鐵證，望各位避免之。

「……我等凡夫，業根深重，儻不致力於此，是捨易而求難，惑之甚矣。且今世殺人之具日新月異，若飛機、大炮、毒氣、死光等，山河不能阻，堅物不克禦，我等血肉之軀何能當此！而人生朝露，無常一到，萬事皆休。是以欲求離苦得樂者，當及時努力念佛，求佛加被，臨終往生。一登彼土，永不退轉，花開見佛，得證無生。……

「第八日，法會既圓，爲說三歸、五戒、十善及做人、念佛各要義。

「汝等爲何要皈依三寶？我想，總不外欲求生西方、了生脫死而已。如何方能達到此等地步？即需從皈依三寶爲始。所謂皈依佛、皈依法、皈依僧也。能皈依三寶，眞實修持，才得了生脫死，往生西方。

且所謂三寶者，有自性及住持二種。佛者，覺悟之義；自性佛者，乃即心本具、離念靈知之眞如佛性也；法者，軌範之義；自性法者，乃即心本具、道德仁義之懿範也。僧者，清淨之義；自性僧者，乃即心本具，清淨無染之淨行也。是爲自性三寶。

住持三寶者，釋迦牟尼佛在世則爲佛寶，佛滅度後，所有範金、合土、木雕、彩畫之佛像，皆宜尊如佛寶。佛所說離欲清淨諸法，凡三藏十二部諸經典，皆爲法寶。出家受具、修持清淨行者，皆爲僧寶。皈者，歸投，如客歸家。依者，依託，如子依母，如渡依舟。人在生死大海之中，若不依歸自性三寶與住持三寶，則即無法可出此大苦。若肯發至誠心，皈依三寶，如法修行，則即可出生死苦海，了生脫死矣。譬如人失足墮海，狂濤洶湧，有滅頂之尤，在此千鈞一髮，生死存亡之際，忽有船來，即便

趨登，是為歸投義。

因知自性三寶之故，從此克己修省，戰兢惕厲，再求住持三寶，及十方三世一切三寶，則可消除惡業，增長善根，即生成辦道業，永脫生死輪迴。如此，遇救登船，安坐到岸，曩時之兇險已脫，現在得重慶更生，無限利益，由此而得，是則依託義。世事紛擾，煩惱萬端，處此生死大海，眾生當皆以三寶為船。既得皈依，鼓棹揚帆，不懈不退，自能徑登彼岸，永臻安樂。

既皈依佛，當以佛為師，自今以始，至於命終，虔誠敬禮，一息不容稍懈。再不可皈依天魔外道、邪鬼邪神。既皈依法，當以法為師，自今至終，不可再皈依外道典籍。既皈依僧，當以僧為師，自今至終，不可再皈依外道徒眾。若既皈依三寶，而仍信仰外道，尊奉邪魔鬼神，則雖常日念佛修持，亦難得真實利益。以邪正不分，決無了生死希望之故，其各凜諸。

再則，需知所謂皈依者，乃皈依一切佛、法、僧三寶，非皈依個人。例如，今日各位來皈依，我不過代表僧寶，並非皈依我一人。每見人們俗有誤解皈依之意義者，在家人則曰：我皈依某法師；出家人則曰：某是我皈依弟子。遺大取小，廢公為私，可悲可歎！故為因便說明，免再貽誤，望各注意。

「三皈之義既明，再言五戒。所謂五戒者，一不殺生，二不偷盜，三不邪淫，四不妄語，五不飲酒也。不殺生者，好生惡死，物我同情，我既愛生，何致彼死，言念及此，安忍殺生！……又何敢稍造殺業乎？故需首重戒殺。

「不偷盜者，即是見得思義，非予不取也。此事凡稍知廉恥者，皆能不犯。但人非聖賢，孰能無過？蓋私欲一起，則易為情遷。若大利當前，能避之若蛇蠍、狂奔急避者，亦不易見也。且所謂盜，並非專指盜人財物而言，即居心行事，有類於盜者，亦即為盜。如假公濟私，損人利己，恃勢取財，用計謀物，忌人富貴，願人貧賤等皆是。又如，陽取為善之名，及至遇諸善事，心不真誠，事多敷衍。如設義學，則不擇嚴師，誤人子弟。施醫藥，則不辨真假，誤人性命。遇見急難，則漠不急救，延緩遊移，每致誤事。一切敷衍塞責，不顧他人利害，虛糜公帑，貽誤公益者，實皆同盜。人皆心存盜心，事作盜事，社會遂以腐亂，天下亦不太平矣。故需嚴重戒盜。

「不邪淫者，陰陽相感，眾庶以生，男女居室，人之大倫，生男育女，教養成人，上關國家，下續宗嗣，故所不禁。若非正配，苟合私通，

即爲邪淫。此乃悖乎正義，亂乎人倫，生爲衣冠禽獸，死墮三途惡道，既出地獄，再爲雀、鴿等淫物。既得爲人，亦多夭賤。妻女淫邪，其報至酷，亦至顯，但人當淫欲生時，每不能自制。故我佛令淫欲重者，時作不淨觀，觀之既久，即能見色生厭。

又，若將所見之一切女人，皆作母女、姊妹想，生孝順心、恭敬心，則淫欲惡念，亦無由而生矣。此乃斷除生死輪迴之根本，超凡入聖之階層，宜常警惕。至如夫婦相交，原非所禁。但亦需相敬如寶貝，節欲保身，寡欲多男，不可縱欲無度，致喪身命而乏嗣續。再則，雖是己偶，荒淫亦犯，不過較邪淫罪稍輕耳。故需切重戒淫。

「不妄語者，言必有信，不虛妄發也。若見言不見，不見言見，以虛爲實，以有爲無，凡一切詐欺誑諞，隱謾諞飾，心品不相應，欲以欺哄於人者皆是。……故需並重戒妄語。……

「不飲酒者，酒能迷亂人性，壞智慧種。飲之，令人顛倒昏狂，妄作不規之事。故凡修行者，絕不許飲。要知一切妄念邪行，多由飲酒而生。以是需兼重戒酒。此爲遮戒，已受戒者，飲之得犯戒罪，未受戒者，無罪。但總以不飲爲是。蓋有罪、無罪，雖已受戒與否而異，其能爲眾罪之根本則一。至於釀禍、致病、促壽、夭嗣，又不待言也。

「至於十善，亦當謹守。十善者，不殺生，不偷盜，不邪淫，是爲身三業。不妄言，不綺語，不兩舌，不惡口，是爲口四業。不慳吝，不嗔恚，不邪見，是爲意三業。若持而不犯，則爲十善。若犯而不持，即爲十惡。十惡分上、中、下，感地獄、餓鬼、畜生三惡道身。

十善亦分上、中、下，感天、人、阿修羅三善道身。善因感善果，惡因感惡果，自作自受，理有必然，決無稍差。此十善，總該一切善法。若能遵行，無惡不斷，無善不修。汝輩既皈依受戒，更宜全體恪遵。並需一心念佛，求生西方，不可疏忽。若不力行，及至臨終，始知重要。而業風所飄，不能自主，雖悔無及矣！

「……尤需注意者，作任何事，均宜憑天理良心。例如作醫，有天良者，救人危急，即可大積陰功；無天良者，或使人輕病轉重，從中漁利，良心喪盡，定得惡果。

清蘇州孝廉曹錦濤，精於岐黃，任何險症，每能著手回春。一日，正欲出門，忽有一貧婦跪於門外，泣求爲其姑醫病。謂以家道貧寒，難請他醫，聞公慈悲爲懷，定可枉駕爲治。曹公遂爲往治，及公既歸，貧婦之姑枕下，白銀五兩，不知去向，想爲曹公所取。其婦登門問之，曹公即如

數予婦。及婦歸，姑已將銀尋得。婦大慚愧，復將銀送還謝罪，並聞公何以自誣盜銀？曹公曰：『我欲汝姑病速癒耳！我若不認，汝姑必定著急加病，或致難治。故但期汝姑病癒，不怕人說我盜銀也。』其居心之忠厚，可謂無以復加矣！所以，公生三子：長為御醫，壽八十餘，家致大富；次為翰林，官至藩臺；三亦翰林，博通經史，專志著述。孫曾林立，多有達者。彼惟利是圖之醫，其後如何？我不必言，亦當有目共見矣！

……曹公甘受盜名，救人性命，善報在於子孫。若己更能念佛，求出三界，並令子孫亦各吃素、念佛，則善報當在西方，為福更大矣。汝輩既已皈依，當虔受三皈，為了生脫死之本；謹持五戒，為斷惡修善之基；奉行十善，為清淨身、口、意三業之根。從茲諸惡皆泯，眾善力行，三業既淨，後再遵修道品，了脫生死，得與蓮池勝會。

需知善惡因果，如影隨形，莫之或爽：實行其事，即實得利益；若沽名釣譽，好作狂言，自欺欺人，自謂已得佛道，是大妄語，必受惡報。修行人，總需心地光明，三業清淨，功德自能無量。《觀經》云：『孝養父母，奉事師長，慈心不殺，修十善業，是為三世諸佛淨業正因，至要弗忘。』放下屠刀，立地成佛，有為者亦若是。」（《三編》卷四）

⑤ 張覺明居士在紀念大師的詩偈中有「巍巍功德增敬仰，刺臂書經瀝之誠」之句，並解釋說：「上海啓建護國法會時，余在菰城，以收音機靜聆法語，因刺臂瀝血書《阿彌陀經》一卷。送會供養，以表護法之誠。」

⑥ 《永思集續編・印光大師的人生佛教》：「民國二十五年，赴上海護國息災法會說法，聞綏遠災，即席提倡，除捐收敬儀幾三千圓外，更寫淨資一千。車返蘇城，先至寺取款匯後，始循眾請登靈岩山。其如饑如溺之悲心，類皆如是。」

⑦ 《物猶如此序》：「……須知人物雖異，靈蠢互形，蠢人識暗，靈物智明；五倫八德，固不讓人，其誠摯處，比人更深。敢以我強，殺食其肉，致令未來，常受人食。歷觀史籍，自古及今，凡利人利物者，子孫必定賢善發達；凡害人害物者，子孫必定庸劣滅絕。

……清嘉道間，江西廣豐徐太史謙，字白舫，隱居著書，以期覺世牖民，志切戒殺，博覽群書，凡物類之懿德懿行，輯為一書，分孝友、忠義、貞烈、慈愛、恤孤、眷舊、踐信、守廉、翼善、救難、酬德、雪冤、知己、通慧十四鑑，而名其書為《物猶如此》。

蓋欲見者聞者，咸皆發起敦倫盡分，閑邪存誠，諸惡莫作，眾善奉行。體天地好生之德，不戕異類；推吾儒胞與之懷，普庇群生。念彼物類，

尚有如此種種懿行，而吾人以六尺之身，與天、地並立爲三才，又復受聖賢之經書教誨，若不以繼往開來，贊天地之化育，仁民愛物，慰天地之慈心，則不但有負於天地、聖賢教育之深恩，且有愧於飛走潛泳之異類也。……」（《續編》卷下《序》）

### 有關人物及佛教大事

上海影印宋代《磧砂藏》出版，共五百九十三冊。

內政部統計公佈寺院僧尼數字：寺廟、庵堂二十六萬七千餘所，僧尼七十三萬八千餘人，而在家信徒超過出家人五倍以上。

# 一九三七年　七十七歲（民國二十六年　丁丑）

### 譜主事略

元月二十二日，覆塵空法師書一，要求他認眞修習淨土法門。

二十五日，師覆慧才居士書，談論對於頻得嘉夢的看法。

同月，畢智耀居士抵蘇州報國寺，皈依大師，師爲之取法名「智耀」。

二月，朱壽觀居士到蘇州，頂禮大師，皈依爲弟子，師爲之取法名「智持」。

春，弟子楊信芳居士至蘇晉見大師，告知自己去歲夢中所見師爲大勢至菩薩化身一事，師嚴詞斥責，說：「莫瞎說！莫瞎說！以凡濫聖，招人譭謗。此夢更不許汝對人說，否則非我弟子！」[①]

陝西弟子馬昆山、蘭州弟子無名共同發心，流通《藥師琉璃光如來本願功德經》，師爲之撰《重刻序》。

【按】此序與師民國十一年所撰之《藥師琉璃光如來本願功德經重刻序》，題目相同，但內容不一致。彼序略述本經大義及流通原委。此序主要說明重刻因緣，末後附有贊辭。

四月，張覺明、范古農兩居士同赴蘇州報國寺，頂禮大師。張氏遂皈依爲弟子[②]。

五月十六日，覆許煥文居士書二。此書信有二事值得留意：一是大師自

言「出家以來，發願不住持寺廟，不剃度徒弟，不入各社會（團體）。」這是一生堅持的原則，不曾有違犯。二是提到蘇州張善子畫虎養虎之事，以爲老虎，「野性難馴，終恐殺人」。後張氏偕虎前來，大師爲之說三皈依，並取法名格心。

同月，范古農居士送友人到蘇州報國寺，向大師求戒。

鑑於國際戰火頻仍，生靈塗炭之慘狀，大師於上海《新聞報》、《申報》發表《普勸全球同胞同念觀音聖號啓事》，期以消除劫難，共享太平。爲印送《淨土五經》題跋。

六月初五日，覆郭漢儒居士書二，鄭重告誡他說：「末世學佛所宜注重者，在知因果與修淨土。以知因果，則不敢自欺欺人，作傷天害理、損人利己之事；修淨土，則雖是具縛凡夫，便可仗佛慈力往生西方。諸餘法門，皆須煩惱斷盡，方可了生脫死。否則縱令大徹大悟、有大智慧、有大辯才，曉得過去、未來，要去就去，要來就來，尙不能了，況具足煩惱者乎？」因此，師寄《淨土五經》兩本、《無量壽經頌》一包相贈。

二十二日，覆劉德惠居士書，談對《論孟分類》一書的修改意見，但婉拒作序之請。同時，大師在信中還提供了自己在印刷方面的經驗及資訊。

七月二十三日，覆何希淨居士書，勸其念佛要「以眞信切願爲本，能念到一心不亂，則甚好。」

二十四日，覆吳桂秋居士書，接受其爲皈依弟子，以好好念佛相囑咐。

八月初三日，覆甯德晉居士書十七，其中指出「日人以豺虎之心，欲吞吾國。吾國許多人私受日人之賄，爲彼作走狗，致彼之凶勢益大。使無人爲彼用，決不至有如此之橫蠻也。」

初四日，覆無邊居士書一，談及五臺山廣濟茅蓬僧人遭遇，受地方官吏欺壓，欲逐僧下山之事。

初六日，經戴滌塵居士介紹，費智儼至報國寺關房前求爲弟子，大師爲之開示。

初八日，大師致函徐志一居士，爲之談論念佛之法，其中特別推介大勢至菩薩「都攝六根，淨念相繼」之法，以及《淨土十要》、《寶王三昧論》所提倡的隨息之法。

十二日，覆易思厚居士書，回答觀音菩薩是男身還是女身的問題，並指出其引用經文的錯誤、《高王經》是僞經，同時，又爲之指明，皈依三寶的不

同儀式、方法等事宜。

「八一三」事變後，師聞有漢奸出賣軍事情報給日寇之消息，痛斥漢奸爲狗子不如③。

八月十九日，覆穆宗淨居士書四，勸其少來函，而應「以持《大悲咒》，念觀音爲要。」

張慧滋居士專程前往蘇城，皈依大師爲弟子。

大師覆周孟由居士書，回答有關《心經》「色不異空」四句含義問題④。

又，大師覆戰德克居士書二通，其中談到，接受三十六人皈依，爲之一一取法名，他們所供養的香敬均作爲印刷《歧路指歸》一書的費用，並指出扶乩之不可信。同時，勸他們念觀音菩薩名號各十萬聲，並發心發聲念到一百萬之數，以祈消滅殺劫，功德大矣。

九月十八日，覆甯德晉居士書十八，勸人念觀音菩薩，並說「觀音於救苦救難之事，大乘經中屢屢發揮，如《法華經·普門品》、《楞嚴經》第二十五《觀音耳根圓通章》、《華嚴經·善財參觀音章》，《大悲經》則專說《大悲咒》及觀音救苦之事；《悲華經》則說觀音菩薩因地發願救苦之事。其他經中，說者甚多。」

秋，滬戰正酣，蘇州風聲漸緊。皈依弟子吳契悲居士勸大師移至靈巖山以避敵機轟炸。師曰：「死生有命，命若當死，避亦無益。」吳氏勸說再三，至於涕下。大師握其臂曰：「汝放心可矣。」終不納諫，吳氏揮淚而去。

十月初十日，國難劇變，蘇城一日數驚，師關居如常。然終不忍違廣大弟子之再三勸請，移錫靈巖山寺，掩關修七，說法度人，一如往昔。

大師覆甯德晉居士書十九。

覆李德明居士書六，談「毒乳殺兒」之事，並痛斥邪教騙人⑤。

【按】此信未署日期，因其中提到「去秋，……息災會開示」之語，故確定爲本年。

師爲安徽阜陽資福寺撰寫《重建念佛堂開蓮社緣起》。爲湖南郭涵齋《釋門法戒錄》作序⑥。

是年，師完成《九華山志》的編撰工作，並作序以記其事⑦。至此，四大名山志全部修撰告竣。

十二月三日，覆任慧嚴居士書。信中告誡說：「須知學密，身、口、意持咒，三密相應外，觀相準確，方有相應。若得即身成佛之地位，恐不容易耳！佛法

廣大，方便多門，念佛一法，知易行難。若能一心不亂，亦是無上法門。三根普被，帶業往生。」勸其多多閱讀《淨土十要》、《一函遍覆》，便不難明白。

師答覆念佛居士長信，凡七千六百餘字。信中縱論念佛、放生、吃素、教育孩子、婚嫁、魔障、治病、辦學等事，不厭其煩，誨人不倦。

大師覆游有維居士書，勸其年輕，應謙卑自牧，學問愈廣博，愈覺不足，則將來前途，難可測量。同時，鼓勵他「先將淨土一法，認眞研究修持，此是凡夫即生了生死之大法。」又，覆鄭棐諶居士書。

靈岩寺監院妙眞收集大師信稿，編爲上、下二冊，題名《印光法師文鈔續編》，排印流通。

注　釋

① 楊信芳《永思集·致施戒園居士書》：「……民國廿五年，國曆十一月廿三日夜，余宿張家，與孝娟共榻。中宵睡去，遙見觀音大士立小島上，環島皆海，水天一色。大士身長丈許，瓔珞莊嚴，手持淨瓶，如世所繪。余則在一葉扁舟中，舟駛近島，大士招手告余曰：『大勢至菩薩現在上海教化眾生。汝何昏迷，不去聞法？』余無以答。大士又曰：『印光和尚是大勢至化身，四年後化緣畢矣！』言訖而隱。……

翌晨，以夢告張太太，並問有否菩薩名大勢至，有和尚名印光者乎？張太太固信佛，驚曰：『大勢至，乃西方極樂世界之菩薩，印光和尚之名，昔曾聞諸孝娟之父，云是普陀山得道高僧。』余曰：『印光和尚今在上海耶？』張太太曰：『不知。』余爲之悶悶。次日讀《申報》，見登有丙子護國息災法會通告。乃知上海聞人請印光和尚來滬，在覺園主持法會。奇哉此夢！三人驚詫不已。乃與張太太母女同赴覺園，聽印光大師說法，三人同皈依焉。余蒙賜法名『慧芬』，張太太『慧範』，孝娟『慧英』。……

昨得蘇友書，云印光大師已坐化於靈岩山。嗟夫！大師逝矣！化緣四年，竟符昔夢。余與大師有一段香火因緣，不可無詞。垂淚走筆，語不成文。寄上海《覺有情》半月刊發表，藉志於哀。南無大勢至菩薩！

二十九年十二月七日楊信芳記」

【附記】

《覺有情》編者按：楊女士記中有「四年後化緣畢」之語，嘗疑曷弗早日發表，而必俟諸大師西歸之日始布於世。迨閱女士「致施君書」，乃知其曾遭大師呵斥，不許告人也。是夢之奇，在於未聞佛法之女生，且不知有大勢至與印光和尚之名。女士感是夢，善根自不凡。不有是夢，孰知無邊光之悲願哉！

此外，圓瑛法師在爲紀念大師往生所作的詩中，亦有「乘願再來勢至身，圓通念佛訓群倫」之句，可作參考。

② 張覺明《永思集・印光大師畫像記》：「余於二十六年四月初一日，恭迎范古農老居士蒞湖講《阿彌陀經》。法緣殊勝，人多座少，皆恭立兩廊，靜聆法音。至佛誕日圓滿後，乃請范老居士介紹，同赴蘇報國寺，請大師傳授五戒，始得瞻禮慈容。言談舉止，與二次夢中所見無異。當在畫像時，覺兩手太肥大，屢思修改，終以欲符夢境而未果。是時留意注視我師兩手，果與夢見無異，不禁欣喜之至！

總觀上來各諭，足見大師之慈懷謙德，識周慮遠。其所以用種種善巧方便啓迪余者，可謂至矣，盡矣！……所謂『若一味向外事上用心，恐於了生死一著子弄得難以成就。』深長思之，慈悲引導，無微不至矣。……」

③ 德森《普向蓮友吐眞心》：「我親教師印公老人，在『八一三』滬戰開始時，聞有漢奸王某，出賣封鎖長江消息。老人即云，就是狗子，亦不應咬自己家裏人。那有中國人幫助敵人來滅自己之國，此等事，豈非狗子之不若耶！」

④ 《覆周孟由問〈心經〉『色不異空』四句書》：「此大士以己所照見五蘊皆空之相示人也。色，爲五蘊之首，故先詳言之：

言『色不異空』者，以色雖有形相可見，乃是幻妄之相。以深般若智觀照之，當體了不可得，有如虛空。不但色當體了不可得，而空亦了不可得，故又云『空不異色』。此恐人認世間空爲色空之相，謂空亦無有實際可得，亦如色之了不可得。良以空亦是世間法，雖無形相，而其空洞虛豁，猶有空相。

五蘊中，色蘊之空，不是虛空之空，故隨即曰：『空不異色』，乃是圓離空相之空，故曰：『空不異色』。謂此空之空，亦如色之了不可得，不可認爲空洞虛豁之空。又恐不了，又曰：『色即是空，空即是色』。謂色即是空之不可得，空即是色之不可得。此之色空，是寂照雙彰雙泯，色空雙即雙離之色空也。若見及此，自可親證眞如佛性。色蘊既如是，受、想、行、識之四蘊可以例知，故不再說，只云『亦復如是』。五蘊既如是，一切法亦然。故又曰：五蘊皆空之相，爲一切諸法之空相，『不生不滅，不垢不淨，不增不減』，當體如是，不必約凡聖、生佛配說。以本無有生，何由有滅，及與垢淨、增減乎哉？是故諸法空相之中，無色、受、想、行、識之五蘊，無眼、耳、鼻、舌、身、意之六根，無色、聲、香、味、觸、法之六塵，無眼界（眼下略去一識字），乃至無意識界之六識，是無六凡

界法。『無無明，乃至無老死』，是無十二因緣流轉門，『亦無無明盡，乃至亦無老死盡』，是無十二因緣還滅門，是無緣覺界法；『無苦、集、滅、道』，是無聲聞界法；『無智』，智為六度末後之一度，是無菩薩界法；『亦無得』，得即菩提、涅槃，是無佛界法。有將『色不異空』之空，作真空實相解者，粗看頗似順，詳審似未圓。何以故？既無五蘊、六入、十二處、十八界之世間六凡界法，又無四諦、十二因緣、智、得出世間之四聖界法，一切凡聖諸法皆空，何得不空世間之空乎？

由其凡情、聖見均無，故能圓滿菩提，歸無所得；由其無所得故，故能心無罣礙、恐怖，遠離顛倒夢想，究竟涅槃也。此法，乃三世諸佛究竟成佛之法，以諸法空相中，無此凡聖、生佛等法，故能從凡至聖，修因證果，圓證此法。譬如作屋，為取其空，方能住人；若其不空，人何能住？由空而方可真修實證；若其不空，則無此作用矣。以深般若智中，不見此種情見之相為無，切不可誤會以不修為無；若以不修為無，則破壞諸佛正法，必定永墮阿鼻地獄，宜詳審思之。

光之此說，容有不合前人處，其大旨不至大悖佛經。亦可作見峰見嶺、見仁見智之一種所見耳！」（《續編》卷上《書》）

⑤《覆李德明居士書六》：「光於去秋始知毒乳殺兒之慘，故於息災會開示中說。若生大氣後，當過一日，待乳之毒性轉好再餵。今春以屢聞人言死者、病者之多，因作一毒乳殺兒之廣告，云當過三日再餵。其書印出，寄予南京一弟子，彼以此書說與其妻。其妻係西洋人，云此名火急奶，氣平後半日即可。須一生氣，隨即令心平氣和，否則懷恨在心，乳難轉好矣。餵之時，須先擠出半茶碗倒了，再令兒吃，即無患。若過三日，奶或發脹痛，反為不美。故即令改紙板，第二次三萬，當無誤。

……自儒者破斥因果，世之狂者愚者，遂得大逞其志。各人瞎造謠言，立一教門，引誘無知之人，入彼邪黨，而且秘而不稍泄露。故致全國之人，多半入於邪途。犯未得謂得、未證謂證之大妄語。而無所畏懼者，皆由宋儒辟因果輪迴，以壯其業膽也。」（《三編補》5）

⑥《釋門法戒錄序》：「溯自佛興周昭，道播西乾。時至漢明，法傳東震。初則唯弘北地，至吳始及南方。自晉以來，遍及中外，高麗、日本、暹羅、緬甸，咸於此時，沐佛法化。關中羅什，廬山遠公，弘法功勳，莫之與京，故得法傳各國，等蒙佛恩。自茲厥後，迄至大唐，經論法門，悉皆圓備。綜其大宗，其名有五，曰律、曰教、曰禪、曰密、曰淨。各宗知識，固皆法法咸通，至於弘揚，或兼或專，唯期契機，故不一定。多有已證聖果，

乘願示生，弘揚佛法，利益眾生。生則王臣欽敬，士女尊崇；沒則人天悲泣，鳥獸哀鳴。為現世之師範，作後代之津梁。其道德利益，說莫能盡。

然崑崗出玉，亦有頑石；檀林多香，或生臭草。或乘願示現病行，或迷心故犯清規。迹其所失之利益，與其所感之苦報，皆足以啟迪後人之善心，懲創末法之逸志，永為法門背道違法之龜鑑，固未必非逆贊佛化，促人依教奉行也。

湖南郭涵齋居士，博覽群書，隨便抄錄可法可鑑者，各若干條，名曰《釋門法戒錄》，志期利人。然以衰老之年，精神不給，未能按朝代前後而列，殊歉妥帖。至於令閱者效法防戒，固無所礙。附後摘錄《雲棲法彙》中切要訓誨若干條。前之可法者，乃其懿行，此為嘉言，常以古德之懿行嘉言，口誦心惟，如染香人，身有香氣，其人縱頑劣，亦當進而為知行合一之士，況素有希賢希聖、學佛學祖之大志者，其為利益，何可量哉！……」（《續編》卷下《序》）

⑦《重修九華山志序》：「九華山者，地藏菩薩應化之道場也。地藏菩薩，於無量劫前，久證法身，已成佛道，而不居佛位；以眾生度盡，方證菩提，地獄未空，誓不成佛為願。其悲憫眾生受生死苦之心，莫名深切，故佛於忉利天，為母說法時，凡十方世界諸佛菩薩、天龍八部，皆來集會，雖以佛眼，莫能數知。此諸佛菩薩，皆由地藏教化，方得道果，而地藏尚示聲聞儀式，其於十方世界現種種身以說法外，又常在幽冥極苦處，以行救度，十方諸佛菩薩莫不讚歎其興慈運悲之深心，而蕅益大師一讀《菩薩本願經》，即發大菩提心。以地藏乃諸佛之師、菩薩之母，尚汲汲以度吾人眾生為事，儻不以自他同出生死為志事，其孤負慈恩也大矣。

菩薩示生在唐新羅國（唐高宗之前，原有高句麗、新羅、百濟三國之分。高宗滅高句麗，百濟之地悉歸新羅，并為一國。五代時，王建繼之，國號高麗。自明初至今，乃名朝鮮。人多以新羅為暹羅，實誤），王族。姓金，名喬覺。至高宗永徽四年來九華，其苦行道迹，世莫能逾，識者以為地藏示現，……而拘墟者不知菩薩分身塵剎世界應化之迹，每謂此之地藏非《本願經》之地藏，然則布袋和尚亦可云非當來下生之彌勒菩薩乎？

此山由菩薩建立道場後，歷年久遠，屢經鼎革，故志書失傳。至明嘉靖間，方輯志書，歷萬曆、崇禎以及清康熙、乾隆、光緒，凡經六次，皆官廳主持，儒士編輯。於菩薩弘慈大悲、法門精妙旨趣，未能發揮。蓋與尋常山經水志無異，殊失名山道場為國祝釐、為民祈福之所之意，然亦無譭謗佛法之文字。《光緒志》，周山門修時，作許多譭謗之文附之，

以彰己之知見高明。令僧出資,而板存縣署,且不許翻刻,吾不知其意爲何故也。

茲由李圓淨請重修,祈許止淨居士爲之鑑訂,德森法師爲之編輯,……因將菩薩度生深慈大悲,略爲發揮,期見聞者,各生正信,庶可仗菩薩慈力,離幻妄苦,得究竟樂。……」(《續編》卷下《序》)

### 有關人物及佛教大事

「七七事變」發生後,上海組織成立僧侶救護隊,樂觀任總幹事,屈映光任總隊長,宏明任隊長,閩南佛學院師生等百餘人任隊員,每日赴抗戰前線救護受傷官兵及難民,甚得多國朝野贊許。

抗日軍興,支那內學院得政府資助,連同歷年所刻經板遷往四川,於江津覓地設院址。

歐陽漸、呂澂編校《藏要》完成。

# 一九三八年　七十八歲（民國二十七年　戊寅）

### 譜主事略

春,大師偶閱《百丈清規序》有感,遂撰《辯訛》一文,闡述自己的觀點①。

四月,戴滌塵居士偕母至靈巖山寺,皈依大師。初八日,師爲之授十戒,爲其母授五戒。中午,戴氏於寺中設齋供眾,師居然非常罕見地書聯語以贈:「勸親修淨盡儒道,祈眾往生暢佛懷」,此舉令戴氏感動不已。

此年,德森因處理《九華山志》等事去上海,大師即承擔弘化社全部事務。

七月初八,覆張仁本居士書,囑咐臨終助念等事②。

又,大師覆宋慧湛居士書,談請淨土經籍事。覆曹培靈居士書,說生男生女事。又覆張覺明、袁德常、竇智睿、翟智淳等居士書。

夏日,報國寺藏經樓忽然發現白蟻無數,僧眾一時手足無措,不知如何應對。師在靈巖山聞此消息,即送大悲水過去,令人在白蟻出沒處噴灑之,

白蟻從此絕迹，此乃大師之神力感應也。

九月初四，大師覆費範九居士書。

同月，嚴德彬居士致函大師，爲其亡父母、妹兄求師作幽冥戒本師，爲之求受幽冥淨戒，並承諾爲之吃素三年，以報劬勞之恩。大師覆函允諾，並開示曰：「汝欲弘揚淨土，報父母恩，何祇吃三年素？不知近多年來之殺劫，皆由殺生、食肉而起。汝欲爲一切人說淨土法門，自己尚不斷肉食，則人亦將效法吃肉矣。」於是，嚴氏遂發心長齋，並持五戒，終身不悔。

十月十三日，覆嚴文樸居士書，接受三十九位信徒的皈依，並各取法名，寫在紙上，所供養的二十五圓香敬，大師將錢交給報國寺，寄送基本等價的佛書，如《西方公據》、《初機先導》等。

十四日，覆倪文卿居士書，縱談臨終之要，言辭懇切。

是年，張汝釗（慧超）因至友聘其編譯基督教典籍，推託不得，函商於師。師又作一決裂開示以教。師接引張氏，皆用折法，效果頗佳③。

大師爲福建福州佛學圖書館成立，撰寫《緣起》，駁斥韓愈、歐陽修、二程、朱熹辟佛之說，力倡因果報應說④。

師爲弟子朱清泰說《學醫發隱》⑤，又爲另一弟子彭孟庵父子說《人字發隱》⑥。該父子是避難來靈岩山的。某日，彭氏與同宿舍郎某因小事不和，非常生氣。師得知後，即從容教育之，爲之說做人之道。

大師又撰《家庭教育爲天下太平之根本發隱》、《靈岩山寺啓建四眾普同塔碑記》⑦，爲圓瑛《勸修念佛法門》作序，並題《淨土宗祖堂贊》。

大師著《靈岩山寺專修淨土道場念誦儀規序》、《歷朝名畫觀音聖像珂羅版印流通序》、《正學啓蒙三字頌游注序》⑧。

除夕日，大師覆張覺明居士書，以當時的實際事例說明念佛往生西方之眞實不虛。

注　釋

① 《百丈清規序辯訛》：「按百丈禪師生於唐玄宗九年，壽九十五歲，至憲宗元和九年正月歸寂。所著《清規》，首章即祝釐，次章即報恩，又次章即報本，此種極嚴重之佛事，若無佛殿，向何處舉行乎？自百丈寂後，歷二百餘年，至宋眞宗景德元年楊億爲《清規》作序，有『不立佛殿，唯樹法堂』者。表佛祖親囑受，當代爲尊也。竊疑乃『前立佛殿，後樹法堂』，正合佛祖親囑受之意。而近千年來，無人改正。今弘儲禪師亦據此

爲論斷，不禁痛心疾首。禪寺無佛殿，將絕無佛耶？抑供於旁邊小屋耶？奉旨祝釐於偏旁小屋，不唯輕佛，其輕君也大矣。以此一事，知此『不』字、『唯』字，乃『前』字、『後』字之訛。揚州所刻《清規證義》已令改正。今避難寓靈巖，見所錄儲公所作《寶王殿記》，深恐以訛傳訛，將人天師表之百丈，竟以魔外之行爲誣之。因略爲辯論，以期後之來哲，各各尊佛、尊祖，以繼持法道於無既也。知我罪我，所不計焉。」（《三編》卷四）

② 《覆張仁本居士書》：「人於臨終，所最要緊者，全家眷屬預爲助念。若家道豐足，又當請僧俗蓮友助念。念至氣斷後，仍不一動；常念至歷三小時後，方可料理指身、換衣等事。如此助念，決定可以往生，不可常以手探其暖涼，若神識未盡去，一經手觸，或致發生瞋念，則誤事不小。

光說此者，以冀汝母臨終時，不致有所遺誤也。死後，遷化最好。唯所買之缸上，俱有彌勒菩薩像，實爲褻瀆，宜買蓮花缸，勿買彌勒佛像缸。

又，當以此對一切信佛人說，汝父既得往生，當勸汝母亦持長齋，汝與妻子縱不能長齋，亦當少吃。須知多年來兵禍連結，皆是大家殺生、食肉所感。家中永禁殺生，自然一切吉祥。表中凡祭神待客，皆不用葷酒。

今爲汝寄《喪祭須知》一本、《童蒙須知》一本、《觀音慈林集》一本。祈過細看，以後一舉一動，自可蒙佛菩薩加被，逢凶化吉，遇難成祥矣。……」（《三編》卷三）

③ 弘量《追慕原始要終之第一位大導師》：「……有一西友梅夫人，是我患難生死之交，以重幣聘我編譯耶教典籍，再三推諉不得，乃郵書商諸先師，又得其決裂開示如下：

慧超鑑：汝之慧根，培自多生，何於梅夫人之小恩，猶不能忘情乎？……彼敦促汝應聘作此文字，乃令汝長劫墮阿鼻地獄，永無出期。……所謂大丈夫者，富貴不能淫，貧賤不能移，威武不能屈也，汝與彼小恩之人，加汝後來永墮阿鼻地獄之苦，猶猶豫不決，不能明與彼說，則汝之智慧，變成愚癡矣，可不哀哉！當以我所說之恩怨，比較與彼說之，彼若知理，當不見怪，不知理而怪，只可任彼怪，何可令天下後世明理之人唾罵乎？

唾罵尚屬小焉者，墮苦之事，雖親身父母以威嚴逼之，也只好避走不會，亦斷不肯作此種文字，以圖陷害天下後世人正眼……我

唯願汝超凡入聖，爲大菩薩，知汝必不至被彼所惑，然情既難忘（因我有報梅夫人詩，中有云：「聘卻個金易，情忘一點難」句），若再有二三宿世怨家勸罵，則難免入其圈套矣！故作此恨語，以成就汝白璧無瑕之本質，非我之好譏刺人也，亦係宿生願力所使也。

受此嚴重訓誨後，我即以婉言謝絕梅氏，而梅夫人究竟不能忘情於我，時復以淒婉之心情相告，彼既爲我傷心，我亦未免爲彼感懷，然繼思各人應尊重各人的信仰，如何可以相強？乃於一日五鼓，燃臂香三柱，在佛前虔誠祝告：『願佛爲我解散宿世外道師友眷屬，令我不再退墮。』然後再郵書梅氏，詳論信仰不同各點，彼固博通世學之達人，知我志意已決，萬難改易，亦從此不復再來相勸了。」（《全集》第七冊（8）印光大師生西十周年紀念文）

④《福州佛學圖書館緣起》：「世人未讀佛經，不知佛濟世度生之深謀遠慮，見韓歐、程朱等辟佛，便以崇正辟邪爲己任，而人云亦云，肆口誣衊，不知韓歐絕未看過佛經。韓之《原道》，只『寂滅』二字是佛法中話，其餘皆《老子》、《莊子》中話，後由大顛禪師啓迪，遂不謗佛；歐則唯韓是宗，其辟佛之根據，以王政衰而仁義之道無人提倡，故佛得乘間而入。若使知前所述佛隨順機宜，濟世度生之道，當不至以佛爲中國患，而欲逐之也。歐以是倡，學者以歐爲宗師，悉以辟佛是則效。明教大師欲救此弊，作《輔教編》，上仁宗皇帝，仁宗示韓魏公，韓持以示歐，歐驚曰：不意僧中有此人也，黎明當一見之。次日，韓陪明教往見，暢談終日，自茲不復辟佛。門下士受明教之教，多皆極力學佛矣。

程朱讀佛大乘經，親近禪宗善知識，會得經中全事即理，及宗門法法頭頭會歸自心之義，便以爲大得，實未遍閱大小乘經，及親近各宗善知識，遂執理廢事，撥無因果，……且謂人死，形既朽滅，神亦飄散，縱有剉斫舂磨，將何所施？神已散矣，令誰托生？由是惡者放心造業，善者亦難自勉。

夫因果者，聖人治天下，如來度眾生之大權也。謂其實無，致後之學者皆不敢說因果，唯以正心、誠意爲修齊、治平之本，而使善者不能不正心、誠意，惡者不敢不正心、誠意者，因果也。既不講因果，則治國、治家、治身、治心之法，徒具虛文，不得實益。

數百年來，尚能支持者，猶有古大人之流風善政未全泯滅也。近來廢棄舊法，競尚唯新，爭城爭地，互相殘殺，弱肉強食，釀成大劫者，皆由全國儒者皆不敢說因果，恐人以違背先賢攻擊。又，或稍有樹立，當入文

廟，人以佞佛而阻之，故視說因果為畏途，以致從古未有之大亂大為發生。

（假）使家庭、學校、社會皆講因果，斷不至亂至此極！在程朱當日，恐佛教盛則儒教衰，故作此違理昧心之辟駁，以衛護儒教。其相爭相殺，多年不息之慘象，實未看到。所謂人無遠慮，必有近憂。彼恐不辟佛，儒者皆悉學佛。不知儒者果皆學佛，儒教當更興盛。……」（《續編》卷下《雜著》）

⑤《學醫發隱》：「佛為大醫王，普治眾生身心生死等病。然生死大病，由心而起，故先以治心病為前導。果能依法修持，則身病即可隨之而癒。身病有三：一宿業，二內傷，三外感。此三種病，唯宿業難治。儻能竭誠盡敬，發自利利他之大菩提心，念南無阿彌陀佛，及念南無觀世音菩薩聖號，超度宿世所害之怨家對頭，彼若離苦得樂，病者即可業消病癒，不但不復為祟，反感超度之恩，而陰為護佑。凡嬰此病及醫此病者，均不可不知此義。二內傷，或用心過度，或於酒色財氣，各有嗜好。若能敦倫盡分，閑邪存誠，諸惡莫作，眾善奉行，兼用藥治，必易痊癒。儻不注意於根本，唯仗醫藥，亦難見效。縱效，亦不能永不復發。三外感，但能依前內傷所說之法而行，縱有外受風寒、暑濕之患，亦極易治。若不注意於懲忿窒欲，閑邪存誠，即外感亦不易治。以根本受傷，徒治枝末，殊難得益。所以聖人致治於未亂，保身於未病，雖無治保之奇績，其為治保也大矣。

余素不知醫，頗欲世人咸皆無病，日持《大悲咒》，加持淨水。有久嬰痼疾、中西醫士均不能治者，令其戒殺護生，吃素念佛，及念觀音。果真至誠，即可立刻回機，不久自癒；縱不即癒，決無加重之理。且能消除惡業，增長善根，又無所費。

汝欲學醫，雖以針灸、藥品為事，須以大菩提心，常以佛菩薩聖號及《大悲咒》，普為自他持誦，以期彼此同獲現生身心安樂，臨終決生西方，則不負為佛弟子，隨分隨力，普利自他之道。若如世之庸醫，唯期得利，不以救人病苦為事。縱令財發巨萬，亦只得其自身永墮惡道，子孫或成敗類，或竟滅絕，徒得自利利他之機，但成害人害自之果，可不哀哉！可不畏哉！

《感應篇》云：『禍福無門，唯人自召。』獨世之大聰明人，多多皆是欲得福樂，反召禍殃。汝能不隨彼流，當可得大國手之名實，否則，便是民賊而已。何取何舍，祈自擇焉。」（《續編》卷下《雜著》）

【附錄】《白礬救命神效方》：白礬，又名明礬，或名礬石。凡誤食河豚及

其他一切毒物，或因事故逼迫意欲輕生自盡，吞吃鴉片、砒霜、藤黃，一切能壞人臟腑，令人斃命各毒物，及服錯了毒藥等，均可用白礬一塊，打碎，用開水充化，再對涼水幾碗，只要礬水保存濃厚酸澀性味乃可。即令患者服此礬水幾碗，不到一刻鐘，便可將所食毒物，嘔吐淨盡，即得保全性命，縱使服毒時間過久，多灌礬水入肚，或亦仍可救治。即（使）臟腑已壞，挽救不及，亦無所害。按白礬，性涼，味酸澀，解諸毒，故極對症。

　　霍亂症，亦可以此救治。此由天津馮文符醫士，歷十餘年之經驗，百發百中，屢見神效。印單廣傳，以期普救，實仁人君子之用心。且白礬隨地可買，價又便宜。願閱者留心，方便救人，功德不可思議。即以此救人功德回向西方，亦可作增上緣。

⑥《人字發隱》：「人為倮蟲之長，身不過數尺，壽不過數旬，竟與高厚悠久莫測之天地，並稱三才，其義何屬？

　　須知才者，德能之稱。天以普覆萬物，生成化育為德能；地以普載萬物，含養滋培為德能；人以贊天地之化育，繼往聖，開來學為德能，設無人之德能，則天地之德能猶有所憾。又得人參贊繼開之德能，俾天地之德能，圓滿充足，豎窮三際，橫遍十方，人與天地並稱三才者，此也。

　　人之德能，大端有四：人者，仁也，仁慈惻隱，自利利他，故名為人；人者，忍也，忍勞忍苦，擔當柱地撐天之事，故名為人；人者，任也，力任孝悌、忠信、禮義、廉恥之八德，俾無所歉缺，故名為人（此八事，匹夫匹婦皆能為之。此乃參贊化育、繼往開來、撐柱天地之大事。若一疏忽，或亡一二，或八字俱亡，則成冒名之偽人，非與天地並名三才之真人矣。若能類推，則希聖希賢，學佛學祖，有餘裕矣）；人者，盡也，盡儒教倫常之道以敦倫，盡佛教心性之道以證心，故名為人。人之義，大矣哉！願一切同倫，各各擔荷人之四義，豈獨吾國之幸，實天下萬國之深幸也。

　　或曰：汝作此說，汝能一一無憾否？答曰：鳥之將死，其鳴也哀；人之將死，其言也善。我悲我之一一有憾，冀一切同倫一一無憾，臨壽終時，猶有如我無窮之深悲也。君不見《未曾有因緣經》，野幹說法，天帝釋拜聽乎？使盡大地人皆為天帝釋，亦不至不許野幹開口，君何得固執人我相而責我乎？」（《續編》卷下《雜著》）

⑦《靈巖山寺啟建四眾普同塔碑記》：「人生世間，直同幻化，縱壽百年，亦彈指頃。其生也，隨夙因而來；其死也，隨現因而去。雖具常住不變、寂照圓融之佛性，由迷而未悟，反承此佛性功德之力，起惑造業，輪迴六道，豈不大可哀哉？如來愍之，於其生時，令修淨行，期其返迷歸悟，

返妄歸眞，以復本具之佛性；於其死後，焚化屍體，爲示六塵無體，五蘊皆空，親證常住之妙心耳！

西域葬法有四：一水漂，投諸江河，以餧魚鼈也。二火焚，火焚其屍，冀破我執也。三土埋，穴土掩藏，俾無暴露也。吾國皆主土埋，然滄桑互變，地路屢更，掘墓暴骨，極爲慘傷。四施林，置之林間，俾鳥獸食也。今外蒙古，置之曠野，以飼鳥獸。

自佛法東來，僧皆火化。而唐宋崇信佛法之高人達士，每用此法。以佛法重神識，唯恐耽著身軀，不得解脫。焚之，則知此不是我，而不復耽著。又爲誦經念佛，期證法身。儒教重形迹，其神識之升降，絕不致意，而厚其棺槨，以冀常不變壞。現今全國開通火、汽車路，掘出之無主骨骸，不勝其多，慘不忍視。智識高者，皆欲改革葬法。

常州天寧寺，有四眾普同塔，係開一大穴，中作四隔，於上塔四面，各開洞戶。凡比丘、比丘尼、優婆塞、優婆夷，以各骨袋投諸穴中。去春，靈岩寺造此塔，仿其法而變通之，作普通、特別兩種。普通者，其塔下開四穴，上豎四塔，是何眾骨，由何眾塔背洞口，將骨袋投入。特別者，上建西方三聖佛龕，後作小龕，供入塔者牌位。

下用水泥作地室，分東、西兩序。每序四弄，每弄對面兩向，每向六格，每格若干號，共計一千三百九十九號。龕室分爲四部：一比丘、二比丘尼、三優婆塞、四優婆夷。化者之骨，裝瓷罐中，由佛龕下入室安置。若預先納費報名，訂安某格某號者，無論何時入塔，皆依所訂而安。否則，先入者在前，次入者在後。上蓋五間大屋，正中三間佛龕，下即特別制塔。龕後東、西四塔，即普通制塔。兩邊二間，爲香燈、司水，及年老不能隨眾者所住。長年專一念佛，俾亡者常聞佛號，蓮品高升。存者痛念無常，急求往生。冥陽兩利，同沐契理契機之深恩。見聞發心，共修心作心是之妙道。庶博地凡夫，仗佛力而超凡入聖。既預海會，即此生而斷惑證眞。實了生死之最勝因緣，亦壽終後之極善歸宿也。……」（《續編》卷下《記》）

⑧《正學啓蒙三字頌游注序》：「甚矣，人心之陷溺，正道之難聞也。人性本善，本具明德，由無人指示，昧而弗知。其有指者，或更增其昧，以致畢生不聞正道。故孔子謂：『朝聞道，夕死可矣。』足見世之虛生浪死者多多也。良由道在邇而求諸遠，事在易而求諸難。講學者欲明聖人之道，反晦聖人之心，以不在根本上著手，而在枝末上致力，且將根本認爲枝末，枝末認爲根本。雖欲誠意正心，不以格去心中私欲之物爲事，此心既被私欲之物錮蔽，其知見皆隨心之私欲而爲定準。如愛妻、愛子者，其妻子再不好，

總覺得好，絕不覺其不好。以心溺於愛，便無正知正見。若將愛之私欲去盡，則妻子之好與不好，如鏡現相，妍媸立見矣。私欲既無，眞知自現，則意不期誠而自誠，心不期正而自正，身不期修而自修矣。

知，即明德。格、致、誠、正、修，乃明明德之工夫。五者備，而明德明。後之齊、治、平，乃親民，而止於至善之事也。夫三世因果、六道輪迴之事理，《詩》、《書》、《易》以及《史》、《漢》，已有其事，不過未能詳言其所以耳。有此，則中下之人，知作善而降祥，作不善則降殃，有所冀慕，有所恐懼，則欲不正心誠意，冀善報而有所不能，懼惡報而有所不敢。

……易園居士，初不知佛，亦未免人云亦云。及看佛經，方知從前之謬。遂家居潛修，一鄉之人，均受其化。欲爲天下後世作一明導，因著《三字頌》，以明佛之所以爲佛，及孔老與佛同而不同，佛與孔老異而不異之所以然。以人未看佛經，不但不知佛，亦不知儒。既看佛經，方眞知儒。即出世而經世，即消極而積極，佛、儒心法，一以貫之。並略敍學史之要，以期大啓藩籬，歸於大同。門人齊用修，特爲箋注，以期閱者悉知，於民二十年，排印行世，光曾爲序。今門人游有維，以齊注太略，未閱佛經，及儒教群籍者，或難徹了。因援引經論，以暢通之，其爲利益，可勝言哉！……」(《續編》卷下《序》)

## 有關人物及佛教大事

中國佛學會於重慶召開改選大會，太虛連任理事長，法尊、法舫、梅光羲、黃懺華、謝健等當選爲監理事。

道安於南嶽倡導組織「南嶽僧侶救護隊」，爲空襲中受難同胞服務。當地五大寺僧一致回應，參加者一百二十餘人。道安任大隊長，大定、智圓各任分隊長，集中於祝聖寺參加訓練。每遇空襲，即攜帶工具、藥品前往救助。

# 一九三九年　七十九歲（民國二十八年　己卯）

## 譜主事略

正月，大師致函張覺明居士，請其繪製蓮宗十二祖師像。

二十六日，覆張覺明居士書十一，商量繪蓮宗祖師像事宜。

二十八日，覆張佩芬、慕蘭居士書，談論家庭教育問題。

二月初二日，大師覆張以銓居士書二，接受他及父母皈依，並教之以持名念佛爲學佛正行。

初三日，覆慧基、慧敏二居士書，囑其念佛，並勸家人、親屬一同念佛，自利利他。

十二日，覆張覺明居士書，再談圖繪蓮宗祖師像事宜。

三月十五日，覆楊慧芳居士書三，言及時局艱難，規勸學佛人自行念佛，念觀音，往生西方。並附寄《一函遍覆》作爲開示，經驗藥方一張，以行方便。在附言中，特地要求：「當與諸皈依者說，不許來信，亦不許介紹人皈依，以無目力應酬故也。」

春，接引陸淨善居士等人，慈悲開示，教誨親切①。

戴滌塵居士家中新佛堂落成，大師賜書「純一佛堂」匾額，及聯語「五蘊皆空，一法不立」。同時，告誡說：「今後須專心念佛，純一無二，諸惡莫作，眾善奉行。」

浙江永嘉的周群錚居士爲宣傳因果報應思想，發心編輯《因果實證》一書出版流通，取材於見聞確切的因果事迹，大師爲之撰寫序文。

五月十五日，覆顧宗況居士書，爲之說淨土法門之殊勝。

同日，覆夏壽祺居士書，談論臨終念佛往生西方諸事宜。大師在附言中，還特別強調僧人不可祝壽，甚至說自己「寧受斬頭之刑，不願聞祝壽之名。」

二十日，覆胡慧徹居士書二，痛斥江蘇南通地區扶乩之風大興，壞亂佛法，貽誤眾生。

私淑大師德澤、苦無機緣承事的針灸師王野楓居士，由范古農居士紹介，上書大師求皈依，如願以償。

七月初二日，覆胡慧徹居士書三，再斥扶乩之害，主張值此國家危難之際，一切人應同念佛號及觀音菩薩號，以爲預防之計。

初六日，覆無邊居士書二，論及印經咒之注意事項②。

十二日，覆王慧常居士書一，勸其通身放下，念佛求生西方。

二十日，覆塵空法師書，爲之寄淨土類書籍，以及勸念觀世音菩薩名號，以求天下太平，人民安樂。

八月初七日，覆孫藝民居士書，爲之取法名慧淨，並說手淫、邪淫之害，勸其閱讀《文鈔》，以及念佛之法，

同日，覆楊慧芳居士書四，再次強調學佛貴在自行，務必戒殺吃素，敦倫盡分，諸惡莫作，眾善奉行，以為不信佛法者之模範。

孟夏，《印光法師文鈔續編》出版，大師為之撰寫《發刊序》。

秋，靈巖山寺內香光廳落成。師應請題「香光莊嚴」四字匾額並跋語。

【按】香光莊嚴，指念佛三昧的作用。念佛能莊嚴行者，如同香氣染人，故名。如《首楞嚴經》卷五所說：「若眾生心憶佛念佛，現前、當來必定見佛，去佛不遠，不假方便，自得心開。如染香人，身有香氣，此則名曰『香光莊嚴』。」

【跋語】如來福慧功德之香，慈悲攝受之光，豎窮三際，橫遍十方，普皆薰照。具縛凡夫，絕不聞見。如瞽聵者，當午過遊檀林，了不知有檀香日光也。儻生正信心，常念佛號，以如來萬德洪名，冥薰加被，則業消智朗，障盡福崇，自可隨己分量，或得三昧而稍聞見，或證無生而大聞見，迄至以佛莊嚴而為莊嚴矣。監院妙真大師，冀蒞此者，同染佛香，同蒙佛光。祈題此四字，並以跋告來哲。

同時，師還書寫《楞嚴經大勢至菩薩念佛圓通章》和「一心念佛」的條幅及「莫訝一稱超十地，可知六字括三乘」、「法門廣大普被三根因茲九界同歸十方共贊，佛願洪深不遺一物故得千經並闡萬論均宣」、「大士現千手千眼遍提普照，眾生當一心志歸命投誠」、「妙相莊嚴普攝庶類，悲心惻怛廣度群萌」等聯語。

韓覺安居士致函大師，請求皈依，師復函允諾，並開示。

無錫曹培靈居士夫婦，連生五女，自皈依佛法後，力行善事，吃素念佛，並竭力提倡勸化，自利利人。民國二十五年，與袁麗庭居士等人發起籌辦無錫佛教淨業社，多方倡導，不遺餘力。同年冬日，遂生一男兒。至二十八年秋天，再生一男，喜不自勝。因感佛恩，乃以百圓供養大師。師復函居士，為其子取法名福永，鼓勵居士好生教導，使之將來成才。同時，師將此百圓錢交予黃涵之居士，以捐助兩名貧民子弟入學。

大師作《題玉柱大師心迹頌》、《靖江佛教居士林緣起》。

十月十八日，師覆楊慧芳居士書，以信徒念佛往生之實例，說明淨土法門之不可思議。

十一月一日，覆邊無居士書三，再次說明念《摩利支天咒》不如念觀音聖號便捷與有效。

十二日，覆穆宗淨居士書五，爲其推薦的三十位皈依居士一一寫法名，並勸他不要再來信，因爲眼疾，寫信十分困難。但是，師在附言中特別指出，「光目乃光之宿業所致，不得於蓮社中爲光祈禱，及效法無知俗人祝壽，以敗佛門。光一生聞見僧祝壽代爲發羞。汝等自己修持，不得拉光名於此無道理之俗派中，令有知見者譏誚。切切！」

覆圓瑛法師書，祝賀其劫後歸來，並以一心念佛相勉勵③。

【按】此信未署年月日，依據圓瑛法師因爲抗戰募款而被捕，時在 1939 年 10 月，11 月釋放。故列於本年。

如岑法師輯錄佛菩薩、祖師有關弘揚淨土法門的經句、語錄，以及近世著名學人的言論，彙集爲一書，題名《思歸集》。請大師作序。師不但爲之寫序文，還在序末題偈頌曰：「應當發願願往生，客路溪山任彼戀。自是不歸歸便得，故鄉風月有誰爭？」

致妙眞大師書五，其中有「大劫臨頭，了無可避之地。光素不喜動，況此種到處放炸彈之惡劇，豈肯舍所安之地而他往乎？……切勿以光爲念，死生有命，況光已望八之年，還有何怕死之念乎」之語。

大師爲崔德振居士撰聯語：「知佛性常奮克證志，思地獄苦發菩提心。」

致妙眞大師書六，以佛法精神處理他人家務之事④。

【按】此信未署何年份，暫列於本年。

冬日，有一外國人至靈岩山，謁見大師，有所詢問。師遂自述略歷及行願④。未幾，師染疾。致德森書二通，內容類似遺囑⑤。又撰《挽回世道人心標本同治錄序》⑥。又覆濟善居士書⑦。覆吳慧德女士書。

十二月二十一日，大師覆穆宗淨居士書六，補寄因誤寄之法名，自歎身心疲憊，朝不保夕。

農曆除夕日，大師示現神通一次⑧。

【按】此據錢穆《晚學盲言》所記，因未署年月，故暫列於本年。

注　釋

① 陸淨善《恩師圓寂四周年紀念感懷》：「憶己卯春，偕馬君靜良、丁君耀宗，叩謁師於靈岩，瞻仰慈容，深生孺慕。時大師師壽已八十矣，猶自己洗滌衣服，開示學人，親切懇至。問余何年皈依，素食幾年，家有何人，是否念佛。教余拜佛，須至誠恭敬，如面金容，安詳舒徐，攝心屏息。師自拜佛，令我等觀。雖父母教子，不能如此周致也。以師高年碩德，對於我等

一視同仁，平等看待。其慈悲接引，樂何如乎？是其於眾生，作一子想矣。」
（《全集》第七冊（5）印光大師生西四周年紀念文）

②《覆邊無居士書二》：「凡印經咒，必須眉目清楚，主伴注明，令發心念者一目了然；儀不可太繁，繁則易於生厭。惜令師空公及般若行者，未爲說明，念字不可加『口』，加口則便失意。……」（《三編》卷二）

③《覆圓瑛法師書》：「前日接手書，知誣事已明，送回講堂。而且於此危險之中，得大相應工夫，可謂因禍而得福。正所謂不經一番寒徹骨，爭（怎）得梅花撲鼻香。願從此後，專以都攝六根，淨念相繼法門，以爲在三界牢獄中諸佛子說，則其利益，唯佛能知。……」（《三編補》6）

④《與妙眞大師書六》：「見字，即擇眞有道心之人十位，或二十位，單於一處，念觀音聖號三日，必須自己常去料理，以免悠忽。寶存我之父，乃一倔強不知世務之人，因數年來小輩以存我待彼等頗惜錢，而與做功德則不惜錢，小人又乘此以挑唆之（存我之嫂頗聰明而壞），其父鴻年，決欲分家自理，且又不洞（音董）事，又不知人情，一經彼管，後來或致一家受殃。存我八九年前印書錢，有二三千，明道處、靈岩及弘化社所用，爲數甚巨。當此無法解決之時，只好求菩薩加被，令其父一旦醒悟，仍交存我，則尚有可救。否則，非到一家失所不止。此款歸光出，勿與餘人說所以，但勸其發報恩心，求大士加被即已。今晨，海瀾來，詳說大概，二點鐘去。三點鐘，存我來，知其絕無辦法，令念觀音，並許自己及靈岩爲助（十月廿九燈下）。

又，其父完全不知世務，故已七十六歲，尚爲愛孫子故，令其分家，且將帳本收回（一姨太太先已逃過，彼若一不甚好，便會卷包而去）。一旦命終，則一家之依靠必爲壞人偷去，便成無依無靠之窮人矣，可畏之至！」（《三編補》6）

《大師自述》：「經歷　光緒七年出家，八年受戒，十二年住北京紅螺山，十七年移住北京圓廣寺，十九年至浙江普陀山法雨寺，住閑寮，三十餘年不任事。至民國十七年，有廣東皈依弟子，擬請往香港。離普陀，暫住上海太平寺。十八年春，擬去，以印書事未果。十九年來蘇州報國寺閉關。廿六年十月，避難來靈岩，已滿二年。現已朝不保夕，待死而已。此五十九年之經歷也。一生不與人結社會，即中國佛教會亦無名字列入。

「近來動靜　自到靈岩，任何名勝均不往遊，以志期往生，不以名勝介意故。

「行事　每日量己之力念佛，並持《大悲咒》，以爲自利利他之據。

一生不收一剃度徒弟，不接住一寺。

「主義及念佛教義　對一切人，皆以信願念佛、求生西方為勸。無論出家、在家，均以各盡各人職分為事，遇父言慈，遇子言孝，兄友弟恭，夫和婦順，主仁僕忠，人無貴賤，均以此告。令一切人先做世間賢人、善人，庶可仗佛慈力，超凡入聖，往生西方也。並不與人說做不到之大話，任人謂己為百無一能之粥飯僧，此其大略也。」（《三編》卷一）

⑤《致德森法師書二》：「凡上海所有之款，通歸印《文鈔》，不必一一報明。光大約不久了，故將已了者了之，不能了者亦了之。光死，決不與現在僧相同，瞎張羅，送訃文，開弔，求題跋，斂些大糞堆在頭上以為榮。以後即不死，外邊有信來，也不要寄。信來，師願結緣，則隨意答覆。否則，原書寄回。

五台之信不寫了，法度尚不以為然，寫之亦只自討煩惱，任他明心見性去。《藥師經》今日為寄去，以後師當與彼商酌，光不問事了。

光自民六年漸忙，忙得不得了；只為別人忙，自己工夫荒廢了。儻阿彌陀佛垂慈接引，千足萬足。至於作傳、贊、誄、聯者，教他們千萬不要斂大糞向光頭上堆，則受賜多矣，祈慧察。師幫光十九年辛苦，不勝感謝！

「光死，亦不必來山，以免寒涼。又及」（《三編》卷一）

《致德森法師書三》：「德師又鑑：此刻似不如清晨之疲怠，諒不至即死。然死固有所不免，當與熟悉者說，光死，仍照常為自己念佛，不須為光念。何以故？以尚不與自己念，即為光念，也不濟事；果真為自己念，不為光念，光反得大利益。是故無論何人何事，都要將有大利益的事認真做，則一切空套子、假面具都成真實功德，真實人方是佛弟子。光見一大老死，一人作像贊云：『於穆大雄，出現世間』……

好好的佛法，就教好名而惡實的弄得糟透了。吾人不能矯正時弊，何敢跟到斂大糞的一班人湊熱鬧，以教一切人為自己多多的斂些，意欲流芳百世，而不知其實在遺臭萬年也。光無實德，若頌揚光，即是斂大糞向光頭上堆。祈與一切有緣者說之。」（《三編》卷一）

⑥《挽回世道人心標本同治錄序》：「……箕子之陳《洪範》也，末後方說：『向用五福，威用六極』，五福、六極，乃示前生之因，為今生之果。向，順也。用，以也，得也。一壽、二富、三康寧、五考終命，乃前生修道、修德之所感之果；四攸好德，乃前生修道、修德之習性也。極，窮厄也。威，義當作違，悖逆也。謂前生所作所為，悖逆道德，致今生得一橫死之凶，與夭壽之短折（凶與短折，合為第一），二及身不康之疾，三心不

寧之憂，四用不足之貧，五貌醜之惡，六身無能力之弱也。

　　儒者昧於前因後果，一一歸於王政，不幾滅天理而誣王政乎？小兒生於富貴家，則享福；生於貧賤家，則受苦，豈王政分別令生乎？故經云：『欲知前世因，今生受者是；欲知來世果，今生作者是。』《洪範》，乃大禹所著，箕子以陳於武王者。末後五福、六極之說，發明三世因果之義，極其確切。

　　……在彼（宋儒）斷其必無因果，而《春秋傳》、《史》、《漢》中，每有冤殺者作祟，蒙恩者報德，種種事實，悉是前賢爲佛教預爲騙人之據乎？既無因果，無有後世，則堯、桀同歸於盡，誰肯孳孳修持，以求身後之虛名乎？以實我已無，虛名何用？

　　……一部《易經》，無非示人趨吉避凶、戰兢惕屬、克念修持之道。若如彼說，則伏羲、文王、周公、孔子，皆成錯誤教人爲惡之罪魁禍本也，有是理乎？

　　……費子智儼，昔曾深受程、朱之毒，及其年老而閱歷深，世亂而知禍本。於是皈依三寶，遍閱群書，於三世因果、六道輪迴之事迹，略錄大概，冀閱者棄斷滅之邪見，遵儒、佛之洪規。果能人各依行，則世返唐虞，人敦禮教，以互相殘殺之毅力，作互相維持之大業，故名其書曰《挽回世道人心標本同治錄》。以醫家治病，急則治標，緩則治本。如其人咽喉腫脹，二便不通，不先用消腫、通便之劑，則其人即死，雖有治本之法，絕無可用之地，故先治標。其餘各標病，但將腑臟調理好，標病不治自無矣。……」（《續編》卷下《序》）

【按】《史》，指司馬遷所著之《史記》；《漢》，即《漢書》。

⑦《覆濟善大師書》：「日前接手書，以字小目昏，天又陰黑，故不即覆。今則天清日朗，因以手、眼二鏡相輔而閱，及略覆耳。所敍數年前之相，甚爲危險。幸未遇同志之大善知識，故得識其狂妄，不至以弘法而作滅法之業。否則，危乎危矣。至於所敍修淨法則，皆本諸祖誠言，固無不當，而圓人受法，無法不圓。《無量壽》、《觀經》、《彌陀》，雖文相不同，而意義則互融耳。佛爲九法界眾生說，吾人何可不自量而專主於最勝者觀乎？丈六八尺，佛已爲我輩說過矣。下品將墮地獄之前，大開持名之法，是《觀經》仍以持名爲最要之行。《無量壽》詳說佛誓及與淨相，是爲依小本修者之要訣。由有此二經，則知小本之文，但撮要耳！是知雖依小本，不得以二本作不關緊要而忽之。

　　至於修持，果眞至誠，於一瞻、一禮、一稱名，皆可消無量罪，增

無量福，非一定須作什麼修方可耳！心地清淨，聖境現前，乃得我固有，何可如貧兒拾金，作極喜顛狀？既有此狀，完全是凡情氣概。若不省察，難免著魔。

昔智者大師，誦《法華經》，於是真精進，是名真法供養如來處，豁然大悟，寂爾入定，親見靈山一會，儼然未散。（假）使有狂喜不支之相，則何能入定乎哉？思此，則知聖境現而狂喜者，皆係凡情，殊乖聖智。儻不自量，亦危乎其危。

淨土一法，乃十方三世一切諸佛上成佛道、下化眾生、成始成終之總持法門，多有欲作千古第一高人者，藐視而譭謗之。吾人當以諸佛、諸祖為師，不當以此種高人為據，則可即生蒙佛慈力，往生西方。否則，了生脫死，當在驢年。」（《續編》卷上《書》）

⑧ 錢穆《晚學盲言》：「余在對日抗戰時，曾一度返蘇州，時印光和尚在靈岩山。寺僧盡散，一伙頭工人隨侍。除夕，印光賞以數百文。晚餐後，伙頭告，當回家。印光言，汝今夜仍當返。伙頭言，既回家，當俟明晨來。遂辭去。半山樹林中一強人，劫其錢去。伙頭念錢既被劫，不如仍返山寺。歸告印光。印光言，錢仍當送回。劫者因已晚，不下山，來叩山門求宿。伙頭開門，見是林中劫者，云，你果送錢來了。劫者初不知應門者即是被劫人，至是，遂直認，並請謁和尚，跪求留寺落髮。印光勸其歸，好自為人。此事傳出，來者如市。……」

## 有關人物及佛教大事

四川漢藏教理院設立「譯經部」，由法尊主持，翻譯藏文經典。

國際宣傳委員會聘太虛組織「佛教訪問團」，赴南洋、印度等國訪問。

圓瑛因至南洋募款捐助抗日大業，被日本憲兵逮捕，未久獲釋。

# 一九四〇年　八十歲（民國二十九年　庚辰）

## 譜主事略

元旦日，得廣慧和尚消息，即致長信，談修行之要①。又致胡子笏居士書，仍舊關心五臺碧山寺的狀況。

二月初二日，覆郁連昌昆季書，解答其父病中思食肉之故，並以現世生活中的事例爲證②。

善覺法師來函，詢問佛法難題，如「以四十八願中有『唯除五逆』之句，而《觀無量壽經》又許五逆往生，互相衝突」。大師作詳細解答③。

經永嘉張德田居士的再三懇求，大師爲天下求子者撰寫《禮念觀世音菩薩求子疏》④。

仲春，眞達和尙、德森、吳南浦、張慧賢、胡松年、楊欣蓮、黃照青、李傳書等人同赴靈岩山看望大師，住十餘日。

三月二十八日，覆胡慧徹居士書四，談念佛出現瑞應之事。

四月十二日，覆理慧才居士書，認爲其弟決定往生西方，是一件好事。

夏日，大師爲靈岩山寺重修彌勒樓閣撰寫《功德碑記》⑤。又覆楊煒章、章緣淨居士書，覆塵空法師書。

八月初五日，覆秉初和尙書，勸念觀音菩薩名號。

十五日，覆屈翰南居士書，勸其都攝六根，淨念相繼念佛，以求實證，並寄送《文鈔續編》。

二十日，覆王子立居士書三。其中指出，宋代王龍舒居士對淨土經文的理解錯誤⑥。

【按】王龍舒（1127～1173），即王日休，字虛中，南宋龍舒（今安徽舒城）人。原爲國學進士，所著六經訓傳，長達數十萬言。一日棄之，專修淨土，布衣蔬食，日課千拜。紹興三十年（1160），校輯《阿彌陀經》，歷時三年完成。乾道九年圓寂。著有《龍舒淨土文》十卷。

二十三日，覆王慧常居士書二，仍勸彼念佛，念觀世音菩薩。

夏季末，酷暑苦旱，民眾惶恐不安。靈岩山寺僧眾爲之設壇祈雨。師以無緣慈悲，自動止語七日，除日常功課外，禮佛三百拜，持《大悲咒》一百遍，並書「祈雨不說閒話」六字之紙，貼於關房門上，謝絕客人來訪。

大師撰《錢武肅王射潮發隱頌》⑦。又覆神曉園、王子立、喬恂如諸居士書。

秋，費陂龍居士從當地倒塌的寶塔中，搜尋到佛經若干卷，經裝裱後送至靈岩，讓大師看，師爲之撰《題吳江費陂龍靈岩藏經圖偈》。

九月十九日，接周圓證居士函，大師囑妙眞法師代爲開示，賜法名，並寄贈《文鈔續編》⑧。

十月十九日，覆龍澄徹居士書。此為大師最後之遺書⑨。

二十三日，李圓淨居士晉見大師。

二十五日，李氏與大師合影。

二十七日晨，師策杖至浴室沐浴。途中腳扭了一下。經延醫診治，並無損傷。

次日，大師早起，精神如常。午後，師召集靈岩山寺全體職事開會，討論寺院住持人選，並確定升座儀式等事宜。

十一月初一日，妙眞和尚升任靈岩山寺住持。

初三日晚，大師食粥碗許。又語眞達法師曰：「淨土法門，別無奇特，但要懇切至誠，無不蒙佛接引，帶業往生。」語罷，神情逐漸疲憊，體溫下降。

初四上午，大師從床上坐起，說：「念佛、見佛，決定生西。」言訖，大聲念佛。

下午二時一刻，大師索水淨手後，起立說：「蒙佛接引，我要去了。大家要念佛，要發願，要生西方」。三時左右，妙眞和尚至，大師囑咐道：「汝要維持道場，弘揚淨土，不要學大派頭。」

至五時許，大師於大眾念佛聲中，端坐如常，安詳生西⑩。

注　釋

① 《致廣慧和尚書》：「四、五年來，未得一晤，不勝憶念。去秋，法度監院師來山，云擬往南洋新加坡，祈光與一二相識之人寫一信，俾南洋人無從生疑。光於二十六年戰事起後，絕不知山上情景，得度師面述，不勝歡喜。因交度師三百圓，與度師說，祈彼轉稟座下，不知度師言及否？

　　　五臺爲文殊應化道場，在昔高人住止，不勝其多。清季以來，國家不暇提倡，以致所云道場，只存寺廟，欲求一清淨戒僧，亦甚難得。自光緒三十三年，恒修、乘參二老發菩提心，於北臺頂，蓋一廣濟茅蓬，光聞其名，心極欽佩，未能睹面談敘。二老去後，果定上人繼志住持，曾見四、五次，亦未詳談。

　　　至民二十四年，座下與胡居士來蘇見訪，其時正在風雨飄搖、存亡莫定之時，直是救亡不暇，何能談及其餘？幸文殊大士加被，俾成永固之業。而各居士聞之，悉爲計劃將來弘法方針，法度師持嶯雲台所訂章程，有萬年僧眾道糧基金一條，光閱之，不勝欣慰，以欲轉法輪，須賴食輪；若無食輪，道何由修？故爲急務。現在江浙各省，佛法雖衰，由天災人禍相繼降作，一班在家居士，群起而提倡念佛，雖似占僧之佛事財利，然其

為佛法之屏藩，不在小處。

當光緒初，上海各報日載僧人劣迹，其雖有事實，而憑空捏造者居多半。自民國以來，居士修持機關，各處咸有，各報館遂不敢日載捏造之謠言，以誣蔑佛法。

近來佛法，約居士邊論，似乎大興；約僧眾邊論，則絕無興相。何以故？居士多以念佛為主，僧眾之應酬經懺者，日只以為人念經、拜懺為正事，修持一事，置之度外。有正念者，歸於宗門。參禪一事，非小根行人所做得到。即做到大徹大悟地位，而煩惱未能斷盡，生死仍舊莫出。現在人且勿論，即如宋之五祖戒、草堂清、真如喆，其所悟處，名震海內。而五祖戒後身為蘇東坡。東坡聰明蓋世，而不拘小節，妓館淫坊亦常出入，可知五祖戒悟處雖高，尚未證得初果之道，以初果得道共戒，任運不犯戒（任運者，自然而然也）；未證初果者，要常常覺照，方可不犯，初果則自然而然，不至犯戒。如耕地，凡所耕處，蟲離四寸，道力使然。若不出家，亦復娶妻，而雖以要命之威力脅之，令行邪淫，寧肯捨命，終不依從。東坡既曾出入淫坊，則知五祖戒尚未得初果之道力，說什麼了生死乎？

真如喆後身，生大富貴處，一生多受憂苦。既知其生大富貴處，又不明指為誰者，得非宋之欽宗乎？金兵相逼，徽宗禪（音繕，傳也）位於太子，始末二年，遂被金兵擄徽、欽二宗去，均向金稱臣，死於五國城。以真如喆之悟處，生於皇宮之大富貴處，此之富貴也是虛名，一生多受憂苦，乃是實事。以大國皇帝，被金擄去為金臣，可憐到萬分了。

草堂清，後身作曾公亮，五十歲拜相，封魯國公。然於佛法亦甚疏遠，未及東坡之通暢也。海印信，亦宋時宗門大老，常受朱防禦（防禦，武官名）家供養。一日，朱家見信老入內室，適生一女，令人往海印寺探，則即於女生時圓寂。此語杭州全城皆知。至滿月日，圓照本禪師往朱防禦家，令將女兒抱來，女兒一見圓照即笑。圓照呼曰：『信長老，錯了也！』女兒遂一慟而絕。死雖死矣，還要受生，但不知又生何處？

秦檜，前生乃雁蕩山僧，以前生之修持，為宋朝之宰相，受金人之賄賂，事事均為金謀，殺金人所怕之岳飛。凡不與伊同謀者，或貶謫，或誅戮，卒至死後永墮地獄，百姓恨無由消，遂以麥作兩條（秦檜與夫人）共炸而食之，名之為油炸檜。又鑄鐵像，跪於岳墳前，凡拜岳墳者，皆持木板痛打，又向其頭、其身尿以泄恨。後有姓秦的，作浙江巡撫，謂鐵人於岳墳前被人尿，污穢岳墳，投之西湖，俾岳墳常得清淨。自後西湖水臭，不堪食用。常見湖中漂幾死屍，及去打撈，又沈下去。因茲出示，多來船

舫，圍而打之，則是鐵鑄之秦檜與其夫人，並金兀朮。知其罪業深重，仍令安置墳前，被人打尿。

光於民國十年至岳墳，仍舊尿得污皀不堪。夫以五祖戒、草堂清、真如喆之道德，尚不能了生死。而為大文宗、為宰相，已遠不如前生。至喆老為皇帝，而為臣於虜廷，則可憐極矣。秦檜之結果，令人膽寒而心痛。以多年禪定工夫，後世得為宰相。一被金人之賄賂所迷，直成香臭、好歹、忠奸不知之癡呆漢，及至打尿其像，炸食其身，千百年來，尚無更改。

參禪人以宗自雄，不肯仗佛力以了生死者，儻一念此結果，能不自反曰：仗自力與仗佛力相差懸遠，曷若專修淨業，以祈現生了脫之為愈乎？宋朝大名鼎鼎之宗匠，來生尚退步於前生，再一來生，又不知作何行狀乎？光宿業深重，……六十年來，悠悠虛度，今已八十，尚未心佛相應。若或專仗自力，則其自誤，何堪設想！然以六十年之閱歷，及詳察自他之善根。仗佛力者，尚不易即證三昧，仗自力者，誰是超過五祖戒、草堂清、真如喆以上之人？

民國以來，大改舊章，廢經廢倫，廢孝免恥，實行獸化，舉國若狂，互相殘殺，日事戰爭。有智識者，恐人道或幾乎息，於是各各設法挽救。明三世之因果，闡六道之輪迴，普令老幼男女，同念萬德洪名。其間雖不無隨人湊熱鬧，而實有愚夫愚婦得大感應者，今舉其二，以顯其不可思議之迹耳。

一雲南保山城內鄭慧洪（乃皈依法名，俗名不記得），經商昭通。於民國十一年，函祈皈依，因以所印之書寄之。彼即勸其父母吃素、念佛；其父（名伯純）乃博學隱士，初專研究《易經》數年，次又研究丹經。以其子慧洪勸其學佛，遂又研究禪宗，後則專修淨業，與其夫人同求皈依。伯純，法名德純，夫人，法名德懿。民二十二年，慧洪由川回滇，道經蘇州，住報國寺數日。次年春，慧洪死，其母心疼兒子，服毒，結跏趺坐，合掌念佛而逝。逝後面貌，光華和悅，凡見聞者，莫不讚歎。

保山，乃雲南邊地，素不知佛。伯純以博學宿德，提倡淨土，有智慧者稍有信從。其夫人服毒，結跏趺坐，念佛而逝。一邑之人，十有八九，皆信伯純所說，而念佛求生西方矣。若善知識臨終，能結跏趺坐，合掌念佛，亦不平常，況以無學問之老太婆服毒而能如是，設非佛力加被，曷克臻此乎？由是知佛力不可思議、法力不可思議、眾生心力不可思議，然眾生雖具有不可思議之心力，不以佛力、法力加持，亦不能得其受用。……

　　二則，江蘇如皋掘港陸紫卿（法名德超），稍通文字之農夫。夫妻、子女均皈依。其女出家，仍在家住。其子出家，未幾死。其出家衣服、戒費及送終費，皆彼供給。意欲以田產賣盡，做功德，以免有所掛念。田已賣矣，其兄知之，令其贖回。其兄以弟無子，當以己子承繼，謀家產起見，勢極凶勇，不得已，覓鄉長說其事。其田定規賣得便宜，故鄉長不肯令贖。其人進退兩難，從鄉長家出，即投河而死，其屍直立水中，面西合掌。其家知之，往迎其屍。因寄信靈巖當家，祈於念佛堂立一牌位，方知其事。此去年臘月八日事。世有立化者，然亦不多。德超投河而直立河中，校彼平地立化者為奇特。設非通身放下，決期往生者，能如是乎？

　　夫以五祖戒、草堂清、真如喆之所悟，聲震全國。死後為宰相、為皇帝，其道力已退步，而況了生死乎？此二人，乃愚夫愚婦之資格，臨終橫死，比得道之善知識無少軒輊，可知自力之不足恃，佛力之難思議。

　　近世為僧者，率以參禪為無上乘，念佛為愚夫愚婦之修持。今謂古之參而大悟已證者，則其神通道力，固非凡情所能測度。其大悟而未證，如五祖戒等，能如此二人之景象乎？一則專仗自力，一則兼仗佛力，故致上智不及下愚，弄巧翻成大拙也。……由是元明以來，凡宗家知識，多皆提倡念佛，如中峰本、楚石琦等。蓮池悟後，主張淨土；徹悟悟後，廢參念佛。以觀時之機，不得不然。如夏葛而冬裘，渴飲而饑食，不可死守一法。相宜而行，則有大利而無少弊矣。

　　又淨土一法，普利群機，實為如來一代時教中之特別法門，其利益超出一代通途教理之上。……按《高僧傳》三集《法照大師傳》云，大師於大曆二年，棲止衡州雲峰寺，屢於粥缽中現聖境，不知是何名山。有曾至五臺者，言必是五臺。後遂往謁。大曆五年，到五臺縣，遙見白光，循光往尋，至大聖竹林寺。師入寺，至講堂，見文殊在西，普賢在東，據師子座，說深妙法，師禮二聖，問言：『末代凡夫，去聖時遙，知識轉劣，垢障尤深，佛性無由顯現。佛法浩瀚，未審修行於何法門，最為其要？唯願大聖，斷我疑惘。』文殊報言：『汝今念佛，今正是時。諸修行門，無過念佛，供養三寶，福慧雙修。此之二門，最為緊要。所以者何？我於過去，因觀佛故，因念佛故，因供養故，今得一切種智。故知念佛，諸法之王。汝當常念無上法王，令無休息。』師又問：『當云何念？』文殊言：『此世界西，有阿彌陀佛。彼佛願力，不可思議。汝當繫念，令無間斷，命終之後，決定往生，永不退轉。』說是語已，時二大聖各舒金手，摩師頂，為授記莂：汝以念佛故，不久證無上正等菩提。若善男女等，願疾成佛者，無過念佛，則能速證無上菩提。語

已，時二大聖互說伽陀。師聞已，歡喜踴躍，疑惘悉除。此係法照大師親到
竹林聖寺，蒙二大聖所開示者。《清涼舊志》被無知禪僧將所開示改作禪語，
殊可痛恨。今修之志，按《高僧傳》三集《法照大師傳》錄。不標《清涼志》
者，恐不知者以舊志閱之，則反爲疑謗，瞎正法眼，斷人善根，罪莫大焉。
此段前後俱略，其開示處，一字不遺。唯於『照』字，爲順口氣作師字，特
爲標明。五臺，乃文殊應化之道場。文殊，乃七佛之師。自言：我於過去因
觀佛故，因念佛故，今得一切種智。是知一切諸法，般若波羅蜜，甚深禪定，
乃至諸佛，皆從念佛而生。過去諸佛，尚由念佛而生，況末法眾生，業重福
輕，障深慧淺，藐視念佛，而不肯修，意欲一超直入如來地，而不知欲步五
祖戒、草堂清之後塵，尚不能得乎？禪宗自梁發源，其教人親見自性之法語，
雖高超玄妙，猶有文義。六祖後，南嶽、青原二祖，遂用機鋒轉語，唯恐人
以解義爲悟，而不能實證，故以此法，杜妄充悟道之弊。而其參究工夫，大
非易易，多有數十年尚未徹了者。趙州八十，尚南北參叩，故云：趙州八十
猶行腳，只爲心頭未悄然。可知此種大根行人，尚如是之勤勞，況根性下劣
者乎？至宋而禪道仍大興，則實證者蓋寥寥矣。即如五祖戒，乃非常之人，
爲雲門偃之法孫，爲宋大覺璉國師之法祖。門庭高峻，若龍門然，學者每每
望崖而退。在當時之聲望，何等赫然，而只一見惑尚未曾斷，說什了生脫死，
超凡入聖乎哉？

　　……今人誰有五祖戒之道力，猶欲仗自力以了生死，而又高推禪宗，
藐視淨土，其故何哉？一則以少閱經典及《華嚴經》，或曾閱過，絕不注意。
二則不知禪家宗旨，無論問佛問法，縱盡世間所有爲問，答時悉皆指歸本
分，絕不在佛、在法及在諸事上答。所謂問在答處，答在問處。若認做按
事說者，則完全錯會了也。而今人業深慧淺，每將直指本分之話，認做解
義訓文之詞。如趙州云：『老僧念佛一聲，漱口三日。』及『佛之一字，吾
不喜聞。』個個認爲實話，遂以念佛爲不屑而藐視之。不知趙州『佛之一
字，吾不喜聞』下，有問：『和尚還爲人否？』州曰：『佛佛乎？』有問：『和
尚受大王如是供養（趙國父子二王，及燕王，均恭敬供養），如何報答？』
州云：『念佛乎。』又僧問：『十方諸佛，還有師也無？』州云：『有。』問：
『如何是諸佛師？』州云：『阿彌陀佛，阿彌陀佛乎。』夫『念佛一聲，漱
口三日』與『佛之一字，吾不喜聞』及以佛佛爲人，以念佛報恩、以阿彌
陀佛爲十方諸佛師，皆是指歸本分之轉語。若將前之二字，認作實話而實
行之，必至謗佛謗法謗僧，永墮惡道。若將後之三語，認作實話而實行之，
必至業盡情空，現生證聖，往生上品，漸至成佛。此二種話，各禪書均一

齊同錄。前二語，凡一切人皆常提倡。後三語，吾數十年來未見一人言及一句者。前後所說皆歸本分。後三句，縱不會趙州之意，其利益比會得趙州之意更大。以雖不會趙州之祖意，乃是遵如來金口誠言之佛教。前二句，縱會得趙州意，也不過是開悟而已，其去了生死尚大遠在。何以一人之話，會不得當做實話，其禍莫測，而人人提倡。會不得當作實話，其利無窮，而舉世無聞。良由最初未遇真善知識，不在己躬研究，一聞希奇相似辟駁之話，則心中悅愉，常常提倡。不知古人令人親見本來之直捷話，認做鄙棄念佛之謗法話，末世此一類人甚多。除知自諒，有涵養，決不肯以測字之法為參宗之法者，不受其病。否則，悉是以誤為悟之流，尚可以循例而行，不思改革乎？況且各處居士，護持廣濟之心，極其熱烈，若猶以參禪之名自命尚可。若以仗自力不能得大利益，將何以報答諸居士之熱心？又何以奮發諸居士之道念乎？光愧無才德，然以出家六十年之閱歷，本不敢對一切人說。但以果定上人與和尚，均肯垂青枉顧。兼以年已八十，朝不保夕，不以光之所知，供碧山常住，實抱歉之至！

念佛法門，乃律、教、禪、密諸宗之歸宿，人、天、凡、聖成佛之捷徑。……伏願和尚，愍光愚誠，觀時之機，輟參念佛。遵文殊、普賢之聖訓，步徹悟、蓮池之芳塵。俾學者咸得現生了脫之益，令護法同預蓮池上善之會。三世諸佛，悲心大慰於寂光。五宗列祖，破顏微笑於真際。巍巍五臺，既有弘成始成終之人；芸芸佛子，當齊修心作心是之道。不知和尚肯垂聽否？……」（《續編》卷上《書》）

② 《覆郁連昌昆季書》：「汝父因病思食肉，以不知一切眾生皆是過去父母、未來諸佛，故任意殺食；若知是過去父母、未來諸佛，則此貪味之心，直下消滅烏有矣。

……興安某縣一鄉民與其母，居家貧，傭工養母。後其母死，止己一人，便不認真傭工。一日晝寢，夢其母痛哭而來，言『我死變作豬，今在某處，某人殺我，汝快去救我！』其人驚醒，即往其處，見其殺豬之人與夢合，而豬已殺矣。因痛不能支，倒地而滾，大哭失聲。有人問者，以無錢贖此豬，言我心痛，不便直說。

從此，發心吃素，鄉愚不知修行法門，遂募化燈油，滿一擔則挑送武當山金殿供燈。募化人一燈頭油，三個銅錢，錢作買香燭供果用，已送過幾次。後有一外道頭子欲造反，事泄而逃，官府畫圖到處捉拿。其人與化油者，同名姓、相貌，因將化油者捉住。彼以母變豬化油對，不信。又得其賬簿人名數千，係出油錢（人）的名，遂以為造反之名。在湖北邊界

竹溪縣署，苦刑拷打，因誣服定死罪。又解鄖陽府重審，彼到府稱冤，因說娘變豬化油事。知府甚有高見，以其人面甚慈善，決非造反之人；聞彼說娘變豬之話，謂汝說之話，本府不相信。本府今日要教汝開齋，端碗肉來令吃。其人一手端碗，一手捉筷。知府拍省木逼著吃，其人拈一塊肉，未至口，即吐一口血。知府方知是誣。遂行文竹溪縣，釋其罪，令在竹溪邊界蓮花寺出家。……

其人出家後，一心念佛，頗有感應。後回陝西故鄉，地方人稱為周老禪師，建二小廟。……將示寂，與鄉人說，我死，以缸裝之，修一塔。過三年啓塔看，若壞則燒之；不壞，則供於大殿一邊。後啓塔未壞，供大殿內，現身為鄰縣縣少爺看病，病癒不受謝。云『汝若念我，當往某處某寺來訪。』後來訪，言係大殿所供之僧名，閱之即是。因此香火成年不斷。此人，印光之戒和尚之師公也。

……此人若非娘變豬，亦不過一守分良民而已；若非鄖陽府逼令吃肉，肉未入口，血即吐出，則其案決無翻理。以彼視此肉即同娘肉；以官威強逼，不敢不吃，未吃而心肝痛裂，故吐血，故官知其誣，而為設法行文釋罪，令其出家也。

汝父若知此義，必不至長思肉味；若再起此念，即作吃自己父母之肉想，則其念即消滅矣。人死變畜生，尚是好的；若墮餓鬼、地獄中，比畜生不知更苦幾多萬萬倍！

……以七十歲之老人，長齋多年，尚欲吃肉，何況來生後世能不造業而仍如今生修持乎！以故佛祖皆勸人求生西方也。以一生西方，即入佛境界，凡心已無，佛慧日開，較比參禪、研教、大徹大悟、深入經藏者，勝過無量無邊倍矣。」（《三編》卷二）

③《覆善覺大師書》：「……至於《無量壽經》，乃至十念，咸皆攝受。唯除五逆、誹謗正法者，此約平時說，非約臨終說。以其既有五逆之極重罪，又加以邪見深重，誹謗正法，謂佛所說超凡入聖，了生脫死，及念佛往生之法，皆是誆騙愚夫愚婦奉彼教之根據，實無其事，由有此極大罪障，縱或有一念、十念之善根，由無極慚愧、極信仰之心，故不能往生也。《觀經》下下品，乃約臨終阿鼻地獄相現時說。雖不說誹謗正法，而其既五逆十惡，具諸不善，必不能不謗正法。若絕無謗法之事，何得弒阿羅漢、破和合僧、出佛身血乎？每有作此無謗法，彼有謗法解者，亦極有理。但既不謗法，何又行三種大逆乎？是知四十八願，係約平時說。《觀經》下下品，是約已見地獄至極之苦相說。其人恐怖不可言宣，一聞佛名，

哀求救護，了無餘念，唯有求佛救度之念。

雖是乍聞乍念，然已全心是佛，全佛是心，心外無佛，佛外無心。故雖十念，或止一念，亦得蒙佛慈力，接引往生也。四十八願，乃約平時說，《觀經》下下品，乃約臨終說。由時事不同，故攝否有異。謂為衝突，則成鑿死卯子漢矣！」（《續編》卷上《書》）

【附記】善覺原函：「印公老法師慈鑑：久仰泰斗，恨未親承。弟子自出家以來，於淨土法門，深生信願，依而行之，蓋已久矣。近閱《佛法與科學之比較研究》，呂碧城女士與王季同居士書，以四十八願中，有『唯除五逆』之句，而《觀無量壽佛經》又許五逆往生，互相衝突而退信心。王季同之答，不甚詳盡。弟子障重多疑，於此亦深生疑惑，且恐他人亦生此疑。故特上書，伏懇我公慈憫，詳為開示。俾弟子及現、未一切眾生除疑生信，無任感謝之至！

再者，四十八願中，『唯除五逆』下，尚有『誹謗正法』四字，而《觀經》無之，不知因無此四字，不成衝突否？」

④《禮念觀世音菩薩求子疏》：「伏以觀音大士，誓願洪深，法界有情，等蒙攝受，善根未種、未熟、未脫者，令其即種、即熟、即脫。應以何身得度者，即現何身而為說法。良由大士無心，以眾生之心為心；大士無念，以眾生之念為念，故得慈起無緣，悲運同體，如皓月之普印千江，若陽春之遍育萬卉；遍塵剎感，遍塵剎應，無求不遂，有願皆從也。

弟子○○○同室人○○○，痛世道之危岌，愍人心之陷溺，愈趨愈下，了無底止，仰冀大士賜我福德智慧之子，以期將來窮則獨善，以倡導於一鄉；達則兼善，挽狂瀾於既倒。特立三約，以為先容：一保身節欲，二敦倫積德，三胎幼善教。勉行此三，以期無負大士之洪慈也。

又，祈四海內外，一切同人，咸息惡心，咸發善念，咸生福德智慧之子，咸體普覆並載之仁，視鄰邦如手足，以天下為一家。互相維持，不相侵暴。以期上慰乾父、坤母之洪恩，下符與天、地並稱三才之人名；轉大亂為大治，普天同慶；暢佛化於兩間，萬國咸寧。唯願菩薩，普施無畏，愍我愚誠，滿我所願。

○○○○年○月○○日弟子○○百拜上呈求子三要：第一，保身節欲，以培先天。第二敦倫積德，以立福基。第三，幼胎善教，以免隨流。此三要事，務期實行。再以至誠，禮念觀世音，求賜福德智慧、光宗華國之子，必能所求如願，不負聖恩矣！

第一，保身節欲，以培先天者。若不節欲，則精氣薄弱，必難受孕；

即或受孕，必難成人；即或成人，以先天不足，決定孱弱。既無強健勇壯之身力，亦無聰敏記憶之心力，未老先衰，無所樹立。如是求子，縱菩薩滿人之願，人實深負菩薩之恩矣！

第二，敦倫積德，以立福基者。欲生福德智慧、光宗華國之子，必須敦倫盡分，孝親敬長，善待眷屬，愍恤僕使，此行之家庭者。至於鄉黨親朋，俱宜和睦勸導，俾老者善教兒女，幼者善事親長。常以敦倫盡分，閑邪存誠，諸惡莫作，眾善奉行，戒殺護生，吃素念佛，願生西方，永出苦輪，普為同人，懇切演說，令培出世之勝因，咸作守道之良民。能如是者，一舉一動，悉益自他，一言一行，堪為模範。所生之子，必能超群拔萃，大有樹立。菩薩固能滿人之願，人亦可慰菩薩之心矣！

第三，胎幼善教，以免隨流者。古昔聖人，皆由賢父母之善教而成，況凡人乎？若求子者，肯用胎教之法，其子必定賢善。從受孕後，其形容必須端莊誠靜，其語言必須忠厚和平，其行事必須孝友恭順。行住坐臥，常念觀音聖號，無論出聲念、默念，皆須攝耳而聽，聽則心歸於一，功德更大。

……果能如此謹身、口、意，虔念觀音，俾胎兒稟此淳善正氣，則其生也，定非凡品，及兒初開知識，即與彼說因果報應、利人利物者必昌，害人害物者必亡。須知利人利物，乃真利己；害人害物，甚於害己。作善必得善保，作惡必得惡報。及說做人，必須遵行孝悌、忠信、禮義、廉恥之八德，方可不愧為人。否則形雖為人，心同禽獸矣。

不許說謊，不許撒癩，不許拿人什物，不許打人罵人，不許糟踐蟲蟻、字紙、五穀、東西。舉動行為，必期於親於己有益，於人於物無損。

又，須令其常念觀音聖號，以期消除惡業，增長善根。幼時習慣，大必淳篤，不至矜己慢人，成狂妄之流類。如此善教，於祖宗則為大孝，於兒女則為大慈，於國家社會則為大忠。……」（《續編》卷下《雜著》）

【附記】附記禁忌，免致禍害。凡求子者，必須夫婦訂約斷欲半年，以培子之先天。待婦天癸盡後一交，必定受孕。天癸未盡，切不可交，交必停經，致成帶病，頗有危險。又，須吉日良夜，天氣清明。大風大雨，雷電震閃，亟宜切戒。《禮記·月令》：「季春，先雷三日，道人以木鐸巡于道路曰：雷將發聲，有不戒其容止者，生子不備，必有凶災。」古聖王痛念先民，特派官宣佈此令，又復著之於經，其天地父母之心乎。道人，宣令之官。木鐸，即鈴，振鈴俾眾咸聽也。巡，行也。道路，城市街巷及鄉村也。容止，謂房事。不備，謂五官、四肢不全，或生怪物。凶災，謂其夫婦，或得惡疾，或致死亡。既受孕後，永斷房事，所生兒女，必定身心強

健，福壽增長。孕後交一次，胎毒重一次，胞衣厚一次，生產難一次；孕久若交，或至墮胎，及與傷胎。茲因浙江永嘉張德田居士，愍念世道人心，愈趨愈下。於去秋，函祈光作《禮念觀音求子疏》，並說其保身、積德、善教等法，以期所生之子，皆為賢善，庶可漸臻太平。光屢以老辭，彼屢次懇求，情難再卻，為作簡疏，及與三要，以塞其責。」

⑤《靈巖山寺重修彌勒樓閣功德碑記》：「彌勒者，當來下生，娑婆世界之教主也。樓閣者，善財南參時，彌勒所住之屋宇也。重屋名樓，岑樓名閣。此之樓閣，勝妙無比，凡夫二乘，權位菩薩，皆不能見。乃彌勒無量劫來，上求下化，妙勝功德所感之報境也。善財既參德生、有德二善知識已，又令往南方海岸國，大莊嚴園，毗盧遮那莊嚴藏大樓閣，請教彌勒菩薩：『彼菩薩必能為汝說究竟契理契機妙法，令汝得大利益。』於是，善財極力對治煩惱習氣，極力修持戒、定、慧道。至海岸毗盧遮那大樓閣前，五體投地，願見彌勒，說偈讚歎，乃見彌勒從別處來。善財頂禮，彌勒為同來大眾，讚歎善財，為真佛子、真法器。

又，為善財說菩提心種種功德，以培成佛之基，令入大樓閣中，周遍觀察，則能了知學菩薩行。學已，成就無量功德。善財白言：『唯願大聖，開樓閣門，令我得入。』彌勒彈指出聲，其門即開，令善財入，入已還閉。見其樓閣，廣博無量，同於虛空。地及宮殿，一切供具，皆以無量眾寶而共合成。

又見其中，有無量百千諸妙樓閣，一一廣博嚴麗，皆同虛空，不相障礙，亦無雜亂。於一處中，見一切處；一切處中，悉如是見。

爾時，善財普申禮敬，才始稽首，自見其身，遍在一切諸樓閣中，普禮一切諸佛、法、僧，具見種種不可思議自在境界：所謂或見彌勒初發菩提心，行菩薩道，所親何知識，所證何三昧，以至親證法身，於十方法界，經佛剎微塵數劫，現三乘六道等身，以行教化，一一圓見；並十方世界一切諸佛，從初發心，以至成佛度生，及與涅槃，法住久近，亦各圓見。

善財在樓閣中，上求下化，經佛剎微塵數劫，精勤修持種種妙行，而不疲倦，一心直趣無上菩提。時彌勒菩薩，即攝神力，入樓閣中，彈指作聲，告善財言：『善男子起，法性如是。此是菩薩知諸法智，因緣聚集所現之相。如是自性，如幻如夢。』是知此大樓閣，即法界藏。凡法界中所有諸微妙事，此樓閣中，無不圓見。所謂十世古今，始終不離於當念；無邊剎土，自他不隔於毫端。非彌勒神通道力，善財竭誠盡敬，何克臻此？近世諸方，無不以彌勒像，供於殿前。不稱彌勒殿，乃名天王殿，直是以

彌勒爲天王之寄客，甚失尊敬之義。

　　靈岩修前殿，因與監院妙眞大師，說其所以。又節錄《華嚴經》善財參彌勒章，以示彌勒德超十地，道證等覺，慈濟眾生，非佛莫知，因名其殿爲彌勒樓閣。以期後之入者，皆同善財，或於現生，或於來世，各得親證樓閣中道，以慰彌勒『時時示時人』之大慈悲心。

　　又，諸方所供之彌勒像，乃唐季彌勒示現之布袋和尚像。今既知是彌勒示現，固宜供微妙莊嚴之本像。以現處兜率天，故戴五佛冠爲標識。略敘緣起，以告來哲，知我罪我，所不計也。」（《續編》卷下《記》）

⑥《覆王子立居士書三》：「《無量壽經》中有三輩；《觀無量壽佛經》有九品。下三品，皆造惡業之人，臨終遇善知識開示念佛，而得往生者。王龍舒死執三輩即是九品，此是錯誤根本，故以下輩作下三品，其錯大矣。故上輩不說發菩提心，中輩則有發菩提心，下輩則云不發菩提心。《無量壽經》三輩，通有發菩提心。在王居士意謂下輩罪業深重，何能發菩提心？不思下輩絕無一語云造業事，乃係善人，只可爲九品中之中品。硬要將下輩坐下品，違經失理，竟成任意改經，其過大矣。

　　在彼意謂佛定將一切眾生攝盡，而不知只攝善類，不及惡類。彼既以善人爲惡人，故云不發菩提心；死執下輩即是下品，故將善人認作惡人。不知九品之下三品，臨終苦極，一聞佛名，其歸命投誠，冀佛垂慈救援之心，其永奮感激，比臨刑望赦之心，深千萬倍。雖未言及發菩提心，而其心念之切與誠，實具足菩提心矣。

　　惜王氏不按本經之義，而據《觀經》，硬誣衊善人爲惡人，竟以惡人爲判斷。王氏尚有此失，後人可妄充通家乎？既有《無量壽經》，何無事生事。王氏之誤，蓮池大師指出，尚未說其何以如此，今爲說其所以，由於死執三輩即九品也。」（《三編》卷二）

⑦《錢武肅王強弩射潮發隱頌》：「曰稽武肅王，降神自上蒼。遍民奮義勇，滅巢而誅昌。鴻功及大業，古今少克當。受封在吳越，澤國患無央。擬築捍海堤，大興夫農桑；潮大基難固，祭神祈降祥。又令諸精兵，強弩射潮疆；潮徙堤基固，害無而利強。一誠即有感，射潮成虛張。蓋恐群雄心，猶欲來侵攘。射潮潮遷徙，藉此懾虎狼。數十年亂世，吳越頌平康。至人所計慮，其意甚深長。經唐季五代，無一處清涼。吳越儒佛教，闡揚追盛唐。此際無吳越，綱常悉喪亡。古今忠義士，無一不表彰。德惠飫民深，全國民仰望。永叔性偏僻，辟佛護門牆。奮志修二史，擬爲萬古防；刪盡佛徒語，誣衊吳越王。致令忠義士，各各懷感傷。觀彼瀧岡表，親德甚煒煌。

修史任私心，大爲無忝妨。大學明明德，格物爲總綱。居心有私欲，難得好下場。奉勸諸文士，謙抑自審量。勿矜奇立異，須循天理常。克念狂作聖，罔念聖作狂。聰明能克念，萬代永流芳。」（《續編》卷上附錄）

【附記】

　　跋：「印光法師爲武肅王作《射潮發隱頌》，函示前來。以武肅王射潮而潮退，乃水神感王保民之德，並非畏王強弩之威。後世無王之德，欲效王之威，未見其可。將來重印文集，應將此意表明之，云云。法師闡明此等眞理，萬古不磨。又讀法師《求子三要》，處處以根本立論，實有功世道之文。何謂三要？一曰，節欲爲強種根基，二曰，積德爲發福要道，三曰，善教爲人群進化。國人如能切實奉行，雖治平不難矣。說者謂佛教多係獨善其身，而以往生西方歸淨土爲勖，似屬消極，並非積極。如由法師此文，與其《文鈔》觀之，實係積極，而非消極。今世之人不察，每以佛教爲空虛，以致佛學未能發揚光大，故世道陵夷，江河日下，良可慨也。試觀佛學昌明之世，即爲人類太平之時。回溯五代時，天下大亂，殺人如麻。而吳越百年，人民老死不識兵革，果由何道以致之？或云：武肅王築海塘，興農桑，濬河流，闢水利，使人民富庶，有以致之。此固是也。然根本之道，猶不在此。當時人民不置兵革，實係武肅王保境安民之功。而保境安民，即是不欲稱干比戈，廣開殺戒。欲減少人類之屠殺，即是尊崇佛教之原理。由此一念之誠，遂無子陽自大之心，而有佛氏知足之戒。武肅王受佛教原理之陶熔，故有此保境安民之善念，此平日弘宣佛化之精神，有以致之。故羅隱勸王討梁（即朱溫）曰：縱無成功，猶可退守杭越，自稱東帝。王未從其言，蓋恐一旦興兵北伐，生民必遭塗炭。以一家一姓之尊榮，而使天下之人，皆遭水深火熱之慘禍，於理何忍？於心何安？

　　迨宋太祖統一宇內，忠懿王即秉武肅王之遺訓，納土歸朝。視去國如傳舍，終不使吳越之民罹兵戈之禍。武肅王之德澤，不獨及於當時吳越之民，且流風餘韻，傳至千餘載，至今杭州猶有佛國之稱，風俗純厚，人多善良，蓋由此也。

　　武肅王信佛，而一心行善，故積德於子孫，繼繼繩繩，簪纓不替。且歷代隆祀，廟食千秋，此實信佛之報耳！愈至亂世，愈須推廣佛學，使人類有互讓之美德，而無爭奪之野心，庶殺人之禍可免，太平之日可期。

　　今者歐氛正熾，美雨欲來。將來死於大炮、飛機者，不知幾千百萬人。果歐美人士，悟徹中華佛理，放下屠刀，又何不可成佛？此等劫運，全由人造。苟能如武肅信佛戒殺，一意爲民之用心，則歐美大戰可止，殺禍可消。勿謂佛教屬於消極，未能救世，證以武肅之往事，可以恍然矣。由此以觀，佛學實爲人類遷善改過之樞紐。所謂諸惡莫作，眾善奉行，豈僅獨善其身，實可兼善天下，佛理之功，豈淺鮮哉！」

⑧ 周圓證《永思集續編・追念印公恩師》：「二十九年秋，聞師在靈岩。大

士出家日，冒然而上書。述學佛宗旨，懇請而收錄。吾師大慈悲，恩重逾山嶽。不責魯莽非，垂光蒙攝照。囑妙眞法師，代筆而開示。賜法名圓證，當之眞感愧。贈文鈔續集，恭敬而展誦。字字皆珠璣，句句悉超勝。依此而進修，決得眞解脫。一生不懈怠，臨終定見佛。」

⑨《覆澄徹居士書》：「上月二十九，令弘化社寄書十四包。收到否？此非弘化社書，光以錢請，令彼寄耳！

光一向凡需請書送人，皆照售價出資。一免經手人因光作弊，二可隨意多少，無人敢嫌意，及光不敢隨意，我出資，則兩不相妨。現已作即死之想，已無餘蓄。

如再請，可直與弘化社接洽，光不與聞矣。

牢山，乃憨山大師弘化之地，陳飛青欲修寺，以大師年譜抄本，持來祈排印流通。光寄信各圖書館問年譜疏，皆無有。後聞北京嘉興寺，有書冊全藏，托人請人，抄出，付排，故寄二包。

憨山，於佛法有大功，於明社稷有大功。若不謫廣東，以談笑而息大亂於始萌者幾次，則其危也，甚於纍卵矣。

光於《六詠頌》，略標大要。事在有心人，唐陶熔月初來信，為三人祈法名。內有張勳棟者，以文學自豪，覺得蔑地，惟有我高。唐與說因果，不信；唐令閱《文鈔》，閱幾篇，即求代祈皈依。然念佛求生，尚不肯盲從。若看到《與顧顯微書》，當不敢不盲從也。

唐以明年來山住數月為請。光不許來，即來，只可住數日即去。此人乃居士引進，其志較比泛泛悠悠之男子，尚為眞切，況又是回回乎？」

（《三編》卷二）

【按】澄徹居士於此信後有按語。其中云：「伏思《華嚴經》云：『牢山，即那羅延窟，為歷劫諸大菩薩修行之所。』海印寺遺址尚在。憨公，為有明古德，建幢於此，蓋有深意存焉。其地三面環海，聳立摩空，奇石古松，觸目皆是。澄徹昔履其境，趺坐片刻，身心俱忘，即歎為北方唯一修行之地。」特錄於此。

⑩ 靈岩山護關侍者《永思集·印光大師示寂記》：「……夏曆十月廿七日，為寺中沐浴之期。是日清晨七時許，大師自關房策杖赴浴室，步履稍急，足忽躓。由隨侍人扶回關房。即延吳無生居士診視，毫無損傷。

二十八日早起，精神如常。午間亦進食。下午一時，大師召集在山全體執事及居士等三十餘人，告眾曰：『靈岩住持，未可久懸，即以妙眞師任之。』於是詹十一月初九日為妙眞師升座之期。大師曰：『太遲了。』

次改選初四日，大師曰：『亦遲了。』乃復擇初一日，大師曰：『斯可矣。』

議定後，進晚餐，即休息。至後夜分，抽解六次，皆溏瀉。二十九日晨，精神少現疲乏，過午即恢復，行動如常。晚，食稀粥一碗，且準備翌日親為妙真師送座。入夜，安寢。

十一月初一日，早起精神甚佳，並討論接座儀式頗詳。因真達老和尚由滬趕至，故送座之事，乃由真老行之。來賓有叩關問疾者，一一與之周旋。是日，略進飲食，入晚就寢。

初二日早起，精神體力稍有不適，延王育陽、李卓穎居士及本寺昌明師，合擬一方。服藥後，眠息二三小時。晚，來眾為助念，安臥入睡。

初三日，早、午均見良好，尚能自己行動，至解房大、小淨。便後，洗手，佛前禮佛，及在室外向日二次，食粥一碗。入晚，又進粥碗許。食畢，對真達老和尚云：『淨土法門，別無奇特，但要懇切至誠，無不蒙佛接引，帶業往生。』說畢，少頃，大便一次，尚不須人扶持。嗣後，精神逐漸疲憊。十時後，脈搏微弱，體溫降低。

初四日上午一時三十分，大師由床上起坐云：『念佛見佛，決定生西。』言訖，即大聲念佛。二時十五分，大師坐床邊呼水洗手畢，起立云：『蒙阿彌陀佛接引，我要去了。大家要念佛，要發願，要生西方。』說竟，即坐椅上。侍者云：『未坐端正。』大師復自行立起，端身正坐，口唇微動念佛。

三時許，妙真和尚至。大師吩咐云：『你要維持道場，你要弘揚淨土，不要學大派頭。』自後，即不復語，只唇動念佛而已。

延至五時，如入禪定，笑容宛然，在大眾念佛聲中，安詳生西矣。直到現在，矗立如故，面貌如生。」

護關侍者謹白
民國二十九年夏曆十一月初四下午八時記。

## 有關人物及佛教大事

第十五世達賴拉木登珠在拉薩舉行坐床大典。

日華佛教學會於杭州西湖之濱設立永久會址，聯絡當地寺僧、社會名流及偽政府官員，以擴大組織，發行《日華佛教》、《東亞佛教事情》等刊物。

日軍攻入五臺山，將各寺廟金、銀佛像及香爐等佛教文物，盡行搜刮，運回日本。

陳垣撰成《明季滇黔佛教考》一書。

# 【譜後】

〔1〕 一九四〇年臘月初八，眞達、妙眞、了然、德森等撰《中興淨宗印光大師行業記》。

〔2〕 胡松年《印光大師荼毗記》：「農曆二月望，乃印光大師示寂之百日，舉行荼毗典禮。是日，適爲釋尊涅槃日。……住山善信達一千餘人，而當日來山者復眾。山上擁擠甚，在山麓遙仰頂禮者，尙屬不少。念佛之聲，震達雲霄。天氣先日雨雪，十五日則天朗氣清，風和日麗，龕供法堂。上午十時，諸山長老，集龕前誦經上供。下午二時，由眞達和尙說法起龕，爐幡魚磬前導，至寺西化身窟，靈龕經過處，善信男女，紛跪路旁，揮淚悲慟，哽咽啜泣，如喪考妣。……安置靈龕畢，復由眞達和尙說法舉火，香氣氳氲，大眾唱贊回向。國內各大名山、名大叢林及各地佛教會、佛學會、居士林、蓮社，各特派代表來山參加荼毗典禮，國外如菲律賓、新加坡、檳榔嶼、南洋群島各佛教團體代表廣洽、明瑞、正觀諸長老暨葉青眼居士等，復有外國人士及僧侶，專程來山，參觀大典。地方機關、公共團體亦各派代表前來致祭。……大師荼毗後三日，檢骨得五色舍利珠百餘顆，精圓瑩澈，夜間視之，有光放射。又有大小舍利花及血舍利等，共一千餘粒。在山緇素，親見之餘，莫不驚歎罕有。……」

〔3〕 一九四一年二月，大師荼毗之後，陳海量編輯《印光大師永思集》行世。《永思集》分大師傳記、遺教、七眾愴辭和附錄四個部分。

三月，「印光大師永久紀念會」成立。總會設於上海，新加坡、檳城、菲律賓等處設立分會。此後，天津、成都、阜寧等許多地方設立分會。

七月，「永久紀念會」發起創辦《弘化月刊》，第七期刊出紀念大師圓寂周年專號。「永久紀念會」大力宣揚淨土宗念佛法門，尊大師為淨土宗的第十三代祖師。

〔4〕一九四三年，西北印光大師永久紀念會，公建大師舍利塔於西安終南山塔寺溝。由太虛作《塔銘》。

〔5〕一九四三年，為紀念大師生西三周年，靈岩山寺啓建佛七一堂，《弘化月刊》第三十期出紀念特刊。同年，釋廣覺、徐志一編輯《印光法師文鈔嘉言續編》一冊，蘇州弘化社印行。

〔6〕一九四四年，四川定光寺印光大師舍利塔落成。范古農撰寫《塔銘》。同年，《印光大師文鈔簡編》出版，收錄大師文章、書信共廿一篇，並附《行業記》及《舍利記》。

〔7〕一九四五年，是大師往生五周年。釋應脫嘗刊出《擬編印光大師年譜啓事》，然因時局動蕩，未能如願。

〔8〕一九四七年，成立「印公建塔委員會」，集資籌建印公塔院。經數月，塔院落成。農曆九月十九日，靈岩山舉行大師靈骨奉安典禮。九月十三日始，作報恩佛七四十九天。先在紀念堂內舉行一七，至十八日，將舍利靈骨請到香光廳後廳供養。十九日上午，在大師靈骨前集全寺緇素，舉行傳供。下午迎請舍利靈骨，恭送入塔院奉安。報恩佛七繼續在塔院內進行，至十一月初四，印公往生日圓滿為止。同時，塔院內闢紀念室，陳列大師遺物、遺著、手迹及照片，供人瞻仰。

〔9〕一九五○年，靈岩山寺等佛教機構在上海常德路418號佛教淨業社啓建大師生西十周年紀念法會，共二十一日，自農曆十月十九日起七至十一月初十日圓滿。法會期間，恭請大師弟子妙眞和尚主七，圓瑛法師講《觀音普門品》，能海上師講「阿彌陀佛四十八大願」，續可法師講《普賢行願品》。同時，靈岩山寺則舉行精進佛七，共四十九日，至農曆十二月初七日圓滿。此外，法會還決定續印大師《文鈔正編》一千部，滬上《弘化月刊》則出版紀念大師專號。

〔10〕一九五三年，李淨通編集《印光大師文鈔菁華錄》一冊，蘇州弘化社印行。

〔11〕一九五四年四月，由靈岩山寺妙眞、了然、德森、廉音、如岑諸師及周孟由、吳谷宜、費範九、袁伯庸、竇存我、游有維等人，為紀念大師，

傳播遺教，弘揚淨土，聘請名畫家唐雲、孔小瑜合作畫廿五幅，每幅後配寫大師略傳，分請名書家書寫，虛雲和尚作序，高鶴年題跋。由靈岩山寺精印成冊，題名《印光大師畫傳》。

〔12〕一九五四年，靈岩山寺妙眞和尚刊行《印光大師言行錄》。內容有《大師遺墨》、《史傳》、《法語》、《舍利記》等。

同年，由游有維、羅鴻濤居士開始在《弘化月刊》上徵集大師遺文，至一九六〇年收藏有七百二十件，共三十多萬字，本擬出版，惟因當時經濟無力承擔，加上緇素弟子們仍感到搜集未全，遂將全部文稿移置靈岩寺藏經樓保存，但未及流布。

〔13〕一九六〇年，爲大師生西二十周年，臺灣《菩提樹》雜誌發行紀念專號。

〔14〕一九七一年，臺灣出版《印光大師永思集續編》，作爲大師圓寂三十周年祭。書中收入《弘化月刊》第七期大師圓寂周年紀念專號、第十七期印祖塔院落成專輯和《菩提樹》第九十七期大師生西二十周年紀念專號等內容。

〔15〕一九七七年，臺灣廣定法師經多方搜羅，頗費心血，編成《印光大師全集》（精裝六冊）由佛教出版社出版流通。

〔16〕一九八〇年，蘇州靈岩山寺重修竣工，殿宇恢宏，寶相莊嚴，僧眾雲集，以大師倡導的「一心念佛」爲主要修持門徑，繼承淨土家業，弘法利生。

〔17〕一九八三年，靈岩山寺出資重修大師舍利塔。九月一日舉行隆重法會，全國各地諸山長老蒞寺參加，盛極一時。

〔18〕一九九〇年，爲大師往生五十周年紀念，蘇州靈岩山寺重印《增廣印光法師文鈔》、《續編文鈔》和《紀念畫冊》。福建莆田廣化寺新印大師《文鈔三編》（上、下冊），此爲靈岩山寺僅存之孤本，原稿嘗經七年搜集、數十年珍藏，且經「文革」劫後餘生，彌覺珍貴。

〔19〕一九九一年，《印光大師全集》增訂爲全精裝七冊，由臺灣佛教出版社再版流通。

〔20〕一九九三年，臺灣會性法師著《讀印光大師文鈔記》一書，由青蓮出版社出版。

〔21〕一九九八年，臺灣見正法師撰《印光大師的生平與思想》一書，由法鼓文化出版社出版流通。

〔22〕二○一○年，《印光法師文鈔續編補》凡十萬餘字，出版在即。

〔23〕二○一一年，夏金華撰寫《印光大師年譜長編》（即本書），凡二十五萬餘字。由臺灣花木蘭文化出版社出版，作為對大師誕辰一百五十周年之紀念。